알기쉬운

원가계산

-기초와 실무활용-

전 기 수 저

도서출판 두남

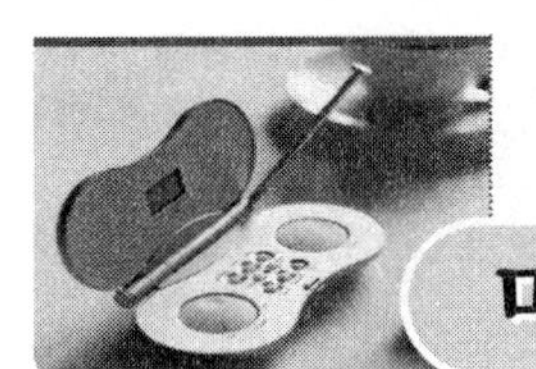

머리말

이 책은 두 가지의 목적을 고려하여 집필하였다.

첫 번째는 기업의 원가계산 담당자들에게 실질적인 도움이 될 수 있는 방향으로 구성하였다. 그러한 목적을 위하여 두 부분으로 구성하여 PART I 에서는 원가의 기본적인 개념과 구체적인 계산방법을 중심으로 서술하였고, PART II 에서는 계산된 원가자료를 활용할 수 있는 방법들에 대하여 서술하여 실무적으로 활용도를 높일 수 있는 방향으로 서술하였다.

두 번째의 목적은 원가계산에 관하여 사전 지식이 많지 않거나 실무 경험을 풍부하지 않는 독자들도 쉽게 이해할 수 있는 내용으로 구성하였다. 물론 원가회계에 관한 상당한 지식과 경험을 가진 독자들에게도 도움이 될 수 있도록 비교적 깊이 있는 부분에 대해서도 서술하였다. 이를 위하여 각 Chapter의 내용에 대한 이해도를 높이기 위하여 본문의 중간에 예시를 제시하고 각 절이 끝날 때마다 연습문제를 제시하여 반복 학습이 가능하도록 하였다. 또 실무적인 감각을 유지하기 위하여 예시자료나 연습문제에서 금액의 수치를 현실에 가깝도록 큰 금액을 사용하였다.

이 책은 크게 두 부분으로 구성되어 있다.

PART I 에서는 현존하는 각종의 원가계산방법들을 제시하면서 구체적인 원가계산의 기법들을 학습할 수 있도록 하였다. 기업의 형태나 규모 등에 따라 원가계산의 주체가 적용할 수 있는 다양한 원가계산의 방법들이 있으므로 가장 적합한 계산방법 하나를 선택하여 원가계산시스템을 구축하거나 또는 두 가지 이상의 계산방법을 혼용하여 원가계산시스템을 구축하는 데 있을 것이다. 이와 같이 원가계산시스템을 구축하는데 필요한 기법들이 상세히 설명되어 있다.

PART Ⅱ 에서는 앞에서 계산된 원가자료를 구체적으로 활용할 수 있는 방법을 제시하였다. 원가계산은 원가자료를 통하여 기업의 재무상태나 경영성과를 표시하는 것뿐만 아니라 기업의 내부적 의사결정에 유용하게 사용되는 것이 목적이므로 이를 달성하기 위한 세부적인 방법들이 제시되어 있다.

이 책은 원가회계에 관심이 많은 경영학도, 각종 자격증을 준비하는 수험생, 원가계산에 관한 학습의 경험이 없는 관리자나 엔지니어들에게 유익한 내용이 되리라 확신한다. 아울러 대학이나 사회교육기관의 원가회계 교재로도 활용하기에 적합하도록 구성하였다.

아울러 나름대로 정성과 열의를 가지고 원가회계의 학습자나 기업의 원가계산 담당자들의 입장에서 집필하려고 노력하였으나 아마도 부족한 부분이 많이 있으리라 생각한다. 부족한 부분은 앞으로 지속적으로 수정・보완해 나갈 것을 약속하며 이 책을 읽는 독자들의 코멘트가 있다면 더욱 발전된 모습으로 보답할 수 있을 것으로 확신한다. 출판을 위해 수고가 많으신 도서출판 두남의 전두표 대표님과 교정작업을 도와주신 박순정님에게도 감사드린다.

2014년 양재동 연구소

저자 전기수

차 례

PART I 원가의 계산

PART II 원가의 활용

PART I

원가의 계산

Chapter 1

원가회계의 기초

제1절 원가회계 시스템

1. 회계시스템의 의의

회계시스템(accounting system)이란 기업의 일상적이고 반복적인 경영활동뿐만 아니라 비일상적인 경영활동들에 대하여도 그 과정이나 결과를 화폐단위로 측정, 분류, 요약하여 정보이용자들에게 재무정보(financial information)를 제공하기 위한 과정을 의미한다. 기업의 경영자, 투자자, 채권자, 정부기관 등과 같은 내・외부의 다양한 정보이용자들은 이러한 정보를 활용하여 합리적인 경제적 의사결정을 하게 된다. 회계의 분야는 재무회계, 원가회계, 관리회계, 세무회계, 회계감사 등으로 세분화 할 수 있다.

1.1 재무회계

재무회계(financial accounting)는 기업이 투자자, 채권자, 정부 등 기업의 외부에 존재하는 정보이용자들에게 당해 기업의 재무에 관한 정보를 제공함으로써 그들이 경제적 의사결정을 하는데 유용한 근거가 되도록 하는 회계분야이다. 재무회계는 재무상태, 경영성과 및 현금흐름의 변동에 관하여 화폐적 가치로 평가한 재무적 정보를 제공하는 분야이며 재무제표(financial statements, F/S)의 작성・보고의 방법으로 광범위한 외부의 이용자들에게 정보를 제공하므로 일반목적회계(general purpose accounting)라고도 한다. 이와 같이 재무회계는 불특정 다수를 대상으로 하기 때문에 일반적이고 신뢰성 있는 정보를 전달해줄 수 있는 재무제표의 작성 및 보고와 관련된 문제를 다루고 있다. 이를 위하여 재무회계에서는 일반적으로 인정된 회계원칙(generally accepted accounting principles, GAAP)을 기준으로 하며 구체적으로는 기업회계기준 등의 준거에 따라 재무제표를 작성한다. 일반적으로 인정된 회계원칙을 사용하는 이유는 역사적 재무정보를 주로 다루고 있어 객관적으로 작성될 것이 요구되고 공평타당하고 신뢰성 있게 작성되어야 하기 때문이다.

1.2 관리회계

관리회계(managerial accounting)는 기업 내부의 경영자들이 의사결정을 하는데 사용하는 정보이므로 개별적이고 직접적인 형태이며 주관적인 정보가 많이 포함되어 있다. 재무회계(financial accounting)와 달리 특정 원칙에 따라 작성되는 것이 아니라 자유로운 형식을 가지며 비재무적 정보도 포함되는 특징이 있다. 기업의 전략적 의사결정, 단기적 특수의사결정, 계획과 통제, 성과 평가에 유용한 정보를 제공한다. 또 관리회계는 재무회계와 마찬가지로 과거 지향적인 정보를 대상으로 회계정보를 생성하기도 하지만 미래 지향적인 정보도 포함하고 있다. 관리회계는 내부보고와 내부의 경영계획 · 통제를 위한 회계로 원가자료의 이용을 강조하는 회계이다. 재무회계와 관리회계의 주요 특성을 정리하면 다음과 같다.

구분	재무회계	관리회계
목적	외부보고 목적	내부보고 목적
정보이용자	외부의 불특정 다수	내부 경영자
보고수단	일반목적의 재무제표	기업 내부의 고유한 방법
강제성	법률에 의하여 의무 작성	필요할 때마다 임의 작성
준거기준	기업회계기준 등	일정한 준거기준 없음
정보특성	객관적, 과거지향적	주관적, 미래지향적

1.3 원가계산과 재무제표

재무제표란 용어는 재무회계에서 사용되는 개념으로서 신뢰성을 제고시키기 위하여 기업회계기준에 의하여 작성하도록 하고 있다. 우리나라 현행 기업회계기준은 한국채택국제회계기준(K-IFRS), 일반기업회계기준, 특수분야 회계기준으로 구분하여 운용되고 있다. 한편 원가의 3요소에 대한 당기 소비액의 집계를 통하여 총제조비용을 산출하고 이를 재무상태표 항목인 재공품 계정으로 대체시킨 후 기말재공품을 차감하면 당기제품제조원가가 산출된다. 당기제품제조원가는 역시 재무상태표 항목이 제품 계정으로 대체되고 제품 계정에서 출고한 부분이 매출원가를 구성하여 손익계산서 항목인 매출원가 계정으로 대체된다. 이로써 매출액에서 매출원가를 차감하여 매출손익을 산출한다. 이처럼 원가의 계산은 재무제표 작성의 가장 기초적인 자료가 되므로 기업의 경영성과를 평가하는데 가장 중요한 자료이다. 원가계산과 재무제표의 관련성을 그림으로 표시하면 다음과 같다.

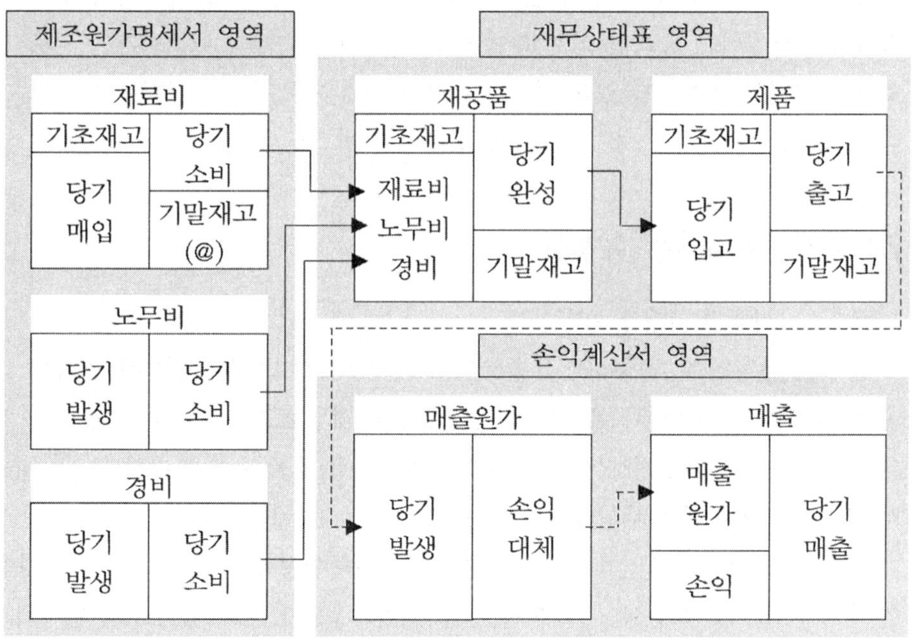

(주) 단, ⓐ는 재무상태표 영역에 속한다.

[원가계산과 재무제표의 관련성]

2. 원가관리회계의 의의

원가회계(cost accounting)는 제품의 정확한 원가정보를 생성하는 과정으로서, 원가정보는 재무회계와 관리회계에서 제품원가 정보로 사용된다. 원가회계는 관리회계와 구분하여 별도로 분류하기도 하지만 구분 없이 같은 의미로 사용되는 것이 일반적이다. 원가회계는 원가자료를 측정 · 평가하거나 원가계산의 방법을 주로 다루는 회계로서 관리회계와 재무회계의 일부분인 제품원가계산(products cost)을 포함하며 관리회계보다는 넓은 의미의 회계이다.

원가회계는 재무회계와 관리회계에서 필요로 하는 원가정보를 제공하기 위해 제조활동과 영업활동에 관한 원가자료를 확인, 분류, 집계하는 분야로 재무제표를 구성하는 재무상태표에서는 재고자산 가액을 결정하고 손익계산서에서는 매출원가를 결정하는 데 필요한 원가자료를 제공할 뿐만 아니라 예산의 설정, 경영활동의 통제, 성과평가 등과 같은 관리적 의사결정을 수행하는 데 필요한 원가자료를 제공하는 중요한 회계 분야이다. 결국 원가회계와 관리회계는 서로 강조하는 점에서만 차이가 있을 뿐 이 두 가지 개념의 회계가 결합하여 원가와 관리의 회계를 구성하는 것이므로 이들을 포괄하여 '원가관리회계'라고 한다.

2.1 원가관리회계의 유용성

원가관리회계의 유용성으로는

첫째, 전통적인 원가회계의 유용성으로서 재무제표 작성에 필요한 원가의 집계에 이용된다. 제품원가 계산에 이용됨으로써 재무보고를 위하여 수행되는 회계이며 제품원가 계산정보는 외부 공표용 재무제표에 계상될 매출원가(손익계산서)와 기말재고자산(재무상태표)의 평가 근거자료가 된다.

둘째, 경영자들은 경영효율성 제고를 위한 계획수립과 의사결정을 위해 다양한 정보를 필요로 하는데 원가정보는 필수적인 정보가 되고 있다. 즉, 원가회계에 의한 정보는 원재료의 구매, 제품의 제조 및 판매, 투자의 결정, 자금의 조달 등과 같은 경영 의사결정에 필요한 정보를 제공해 준다. 기업이 미래의 목표를 설정하고 그 목표를 달성하기 위한 대안을 탐색하는 단계인 계획에서는 미래원가가 중요시 된다. 미래원가는 과거의 역사적 원가자료로부터 추정될 수 있지만 역사적 자료는 제품의 변경, 기술의 발전, 매출수량의 변동, 원가의 변동, 생산능률의 변화 등에 의해 변동되므로 이들 변동내용을 고려하여 추정되어야 한다. 이러한 미래원가의 추정은 원가회계에 바탕을 둔 정보로부터 유도할 수 있다.

셋째, 경영통제를 하기 위해 필요한 자료를 제공하기 위한 목적으로 원가 관리회계가 활용될 수 있다. 원가관리회계는 예산이 편성된 기업의 경영계획이 적절히 통제되도록 돕는 역할을 수행한다. 각 조직단위에 대한 표준이 설정되고 그 표준은 실제결과와 비교하여 평가된다. 이때 원가차이가 발생할 경우에는 그 차이를 규명하고 그러한 차이가 발생하지 않도록 하거나 또는 그러한 원가차이에 대응하는 조치가 취해진다. 통제에서는 표준의 설정, 성과보고서의 작성, 원가차이의 분석 등이 중요한 수단이 된다. 이러한 원가관리회계의 유용성은 궁극적으로 기업의 가치를 극대화하는데 초점이 맞추어진다.

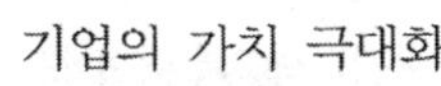

재무적 관점

- 원가정보를 이용하여 재무제표 작성
- 원가정보를 활용하여 경쟁기업과 비교

운영의 관점

- 원가 유발요인분석을 통하여 생산성 분석
- 성과 및 프로세스의 개선책 모색

의사결정 관점

- 판매가격의 결정
- 외주 또는 자가제조의 결정
- 생산요소의 활용도를 극대화
- 신제품개발의 타당성 검토

[원가관리회계와 기업의 가치 관련성]

2.2 원가관리회계의 한계

전술한 바와 같이 원가관리회계의 유용성에도 불구하고 원가관리회계가 가진 몇 가지의 한계점도 있다.

첫째, 원가회계가 제공하는 정보의 본질적인 특성으로서 원가회계가 제공하는 정보는 정량적 자료일 뿐이라는 한계가 있다. 기업의 경영자가 경영계획을 수립하고 실행하며 통제하는 등의 경영의사결정에는 정량적 정보뿐만 아니라 정성적 정보(질적 정보)도 필요하지만 원가회계에서는 이러한 질적 정보를 제공하지 못한다.

둘째, 재무회계가 일반적으로 인정되는 회계기준(한국채택국제회계기준, 일반기업회계기준, 특수분야회계기준)에 의거하여 객관적으로 측정 가능한 회계자료를 기초로 수익과 비용을 인식함으로써 일관성 있는 회계처리가 가능한 반면 원가관리회계는 경영자의 이용 목적에 따라 다양한 회계절차를 적용해야 하므로 실무적인 어려움이 존재한다.

셋째, 기업이 생산하는 제품의 원가는 당해 기업이 채택하고 있는 원가회계시스템에 의해 자동적으로 계산되는데 반하여 경영자는 특정한 시점에서 특정한 목적의 경영의사결정에 필요한 원가정보를 필요로 한다. 그러나 원가회계는 그러한 목적적합성 있는 원가정보를 무한정 제공하기 어렵다.

넷째, 보다 다양하고 정밀한 원가정보를 획득하기 위해서는 추가적인 노력과 자원의 투입이 필요하게 되므로 원가정보의 생산을 위한 시간과 비용이 과다하게 증가할 위험이 있다. 따라서 원가관리회계의 책임자는 경제적인 원가정보의 생산을 위해 노력해야 한다.

3. 원가의 분류

원가는 분류의 목적이나 방법에 따라 그 종류가 다양하다. 원가의 행태별 분류, 원가 요소별 분류, 원가의 추적 가능성별 분류, 원가의 기능별 분류 및 기타의 분류 방법이 있다. 그 외에도 원가의 계산방법에 따른 분류가 있으며 이에 대하여는 제2절에서 따로 설명하기로 한다.

3.1 원가의 행태별 분류

원가의 행태별 분류는 원가요소가 조업도(생산량이나 판매량)에 따라 어떻게 변동하느냐를 기준으로 분류하는 방법이다. 이 분류방법은 관리회계에서 많이 사용되며 특히 PART Ⅱ에서 설명하게 되는 CVP 분석, 특수의사결정 및 성과평가회계 등에서 매우 다양하게 이용된다.

1) 변동원가

변동비(variable cost)는 조업도가 변함에 따라 총원가가 비례적으로 변동하는 원가이다. 조업도에 따라 비례적으로 변동하므로 단위당 원가는 일정한 행태를 보인다. 변동원가는 재료비와 같이 조업도의 변동에 따라 같은 비율로 변동하는 순수변동원가와 총원가가 일정한 고정원가가 혼합된 행태의 준변동원가(semi-variable cost)가 있다. 준변동원가는 기본사용료가 정해져 있고 사용량에 따라 추가적으로 원가가 발생하는 전력요금, 수도요금, 전화요금 등이 이에 속하며 혼합원가라고도 한다.

준변동원가에 대하여 원가관리회계에서는 금액 기준으로 특별히 큰 의미를 가지지 않는다면 모두 순수변동원가로 간주하여 처리한다. 그것은 원가관리회계에서도 적용되는 원가정보 산출에 관한 경제성의 원칙이 적용되기 때문이다.

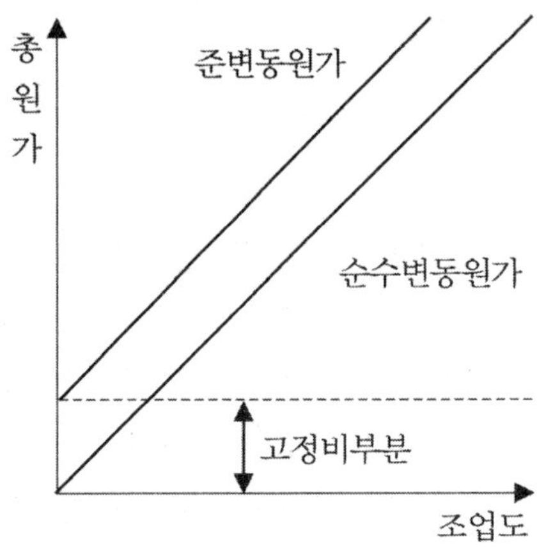

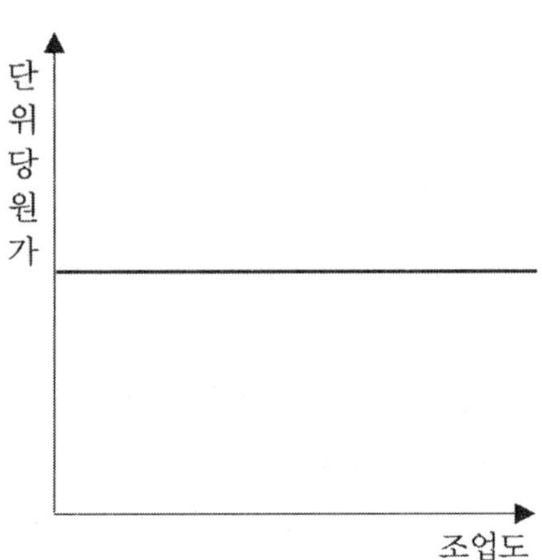

2) 고정원가

고정원가(fixed cost)는 조업도의 변동에 관계없이 언제나 일정하게 발생하는 원가이다. 조업도와 무관하게 발생하므로 조업도에 따라서 단위당 원가는 조업도에 반비례하면서 변동된다. 고정원가는 다시 기초고정원가(committed fixed cost)와 재량고정원가(discretionary fixed cost)로 구분할 수 있다. 기초고정원가는 감가상각비의 경우와 같이 경영자의 의지에 따라서도 변동될 수 없는 고정원가로서 현재 시점에서는 의사결정에 아무런 영향을 미치지 않는다. 재량고정원가는 단기적으로는 금액이 확정되어 있지만 경영자의 의지에 따라 어느 정도 변동의 여지가 있는 고정원가이다. 그러나 특정 회계기간에서는 조업도에 영향을 받지 않고 고정되어 있다.

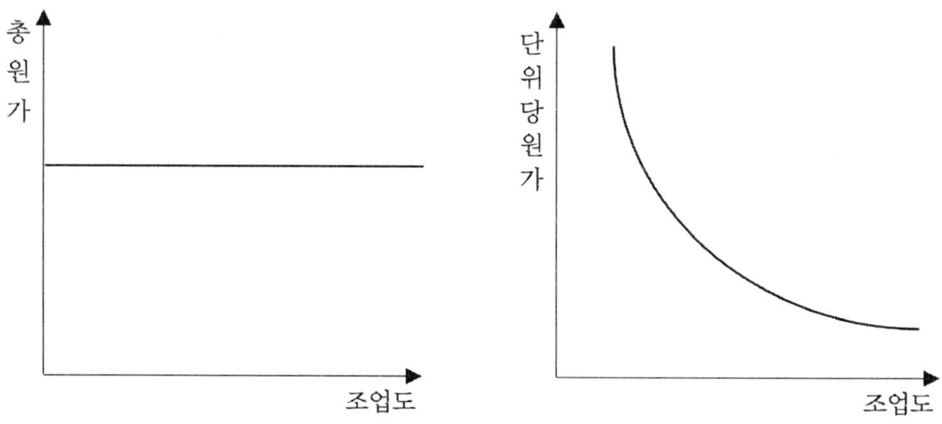

3) 단계원가

단계원가(step cost)는 일정한 범위 내에서는 고정비의 성격을 갖지만 조업도의 변동에 따라 일정 수준이 되는 시점에 급격하게 증가하거나 감소하는 고정비로서 준고정비(semi-fixed cost)라고도 한다. 단계원가는 조업도의 급격한 변동에 따라 원가도 급격히 변동하지만 그 이후에는 다시 일정 범위까지는 변동되지 않는 특성을 가지고 있다. 생산량의 증가에 따라 설비를 증설하는 경우 그 설비의 감가상각비가 여기에 해당한다.

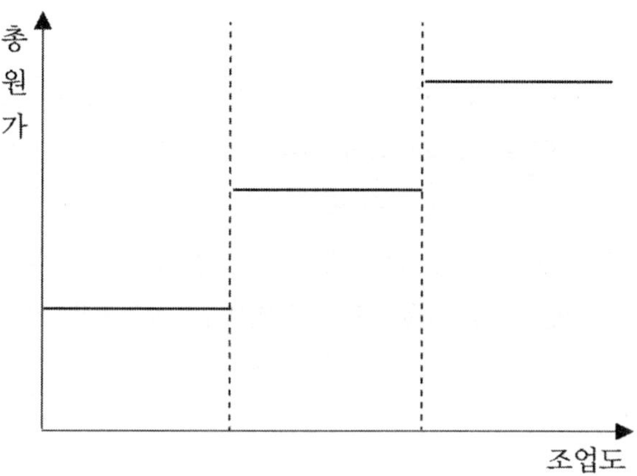

3.2 원가의 요소별 분류

원가의 요소별 분류는 제품의 제조에 투입되는 원가요소(cost elements)의 종류별로 분류한 것이다. 원가의 3요소라 일컬어지는 재료비, 노무비 및 경비가 여기에 해당한다. 재료비(material cost)는 제품을 구성하는 필수적인 원재료 등의 원가이며 노무비(labor cost)는 제품을 생산하기 위하여 투입되는 작업자에 대한 전체 인건비 말한다. 경비(overhead cost)는 재료비와 노무비를 제외한 모든 원가로써 대부분 간접비(공통비)의 성격을 가진다. 여기에서 분류하는 노무비와 경비는 제조원가를 구성하는 원가로서 단지 제조를 위하여 투입되는 작업자에 대한 인건비와 관련 경비 및 지원 부문에 대한 경비만을 의미하므로 판매활동이나 일반관리활동을 위한 인건비 및 관련 경비는 포함하지 않는다.

3.3 원가의 추적가능성별 분류

원가의 추적가능성별 분류란 원가요소별 분류 이외에 개별제품 또는 개별 작업에 대하여 원가발생의 추적 가능성을 기준으로 분류하는 것으로 직접원가와 간접원가가 있다. 그러나 직접원가와 간접원가는 항상 고정된 개념은 아니다. 여러 사업부문을 경영하는 경우 기업 전체를 위한 광고비용은 간접원가이지만 특정 사업부의 제품만을 위한 광고비용은 직접원가가 된다.

1) 직접원가

직접원가(direct cost)는 원가의 발생이 특정한 제품 또는 작업에 대하여 직접 관련시킬 수 있는 개별원가(individual cost)이다. 일반적으로 재료비는 직접원가인 경우가 많으며 노무비 중에서도 해당 제품 또는 작업에 직접 투입되어 당해 작업에만 종사한 경우 그 작업자에 대한 인건비 등이 여기에 해당한다. 원가를 계산할 때 직접원가는 해당 제품 또는 작업에 직접적으로 배부한다.

2) 간접원가

간접원가(indirect cost)는 제품의 제조나 작업으로 인하여 발생한 원가이긴 하지만 특정한 제품이나 작업에만 국한하여 발생한 원가가 아닌 공통원가(common cost)로서 간접재료비, 간접노무비, 간접경비로 구성된다. 따라서 원가를 계산할 때 간접원가는 일정한 배부기준에 따라 각각의 제품이나 작업에 합리적으로 배분한다. 보조부문의 간접원가를 제조부문으로 배부하는 것을 원가배분(cost allocation)이라 하고, 제조부문의 간접원가를 합리적인 배부기준에 따라 각각의 개별 제품이나 작업에 배부하는 것을 원가배부(cost application)라 하며 이는 후술하는 개별원가계산이나 종합원가계산에서 중요한 개념이다.

3.4 원가의 기능별 분류

원가의 기능(function)별 분류는 가장 기초적인 분류방법 중 하나로서 제조원가와 비제조원가로 분류할 수 있다. 제조원가(manufacturing cost)는 제품의 제조를 위하여 발생한 원가로서 제조원가명세서를 구성하는 원가요소들이다. 제조원가는 생산 공장에서 발생한 재료비, 노무비, 경비로 구성되며 제품이 완성된 후 제품이라는 자산의 형태로 남아 있다가 판매될 때 매출원가라는 비용으로 변환된다. 제조원가 중에서 노무비와 경비를 합하여 가공비원가(conversion cost) 또는 전환원가라고 한다.

비제조원가(non-manufacturing cost)는 제조활동 이외의 판매나 일반관리활동에서 발생하는 원가이다. 이는 제품의 제조와 직접적인 관련이 없으므로 제조원가를 구성하진 않지만 수익을 창출하기 위한 활동으로 인하여 발생한 원가이므로 수익에 대응하는 비용으로 손익계산서에서 이를 인식하며 일반적으로 판매비와관리비가 여기에 속한다.

3.5 기타의 분류

1) 통제가능원가와 통제불능원가

통제가능원가(controllable cost)는 경영자의 의지에 따라 원가발생을 통제할 수 있는 원가이며 통제불능원가(uncontrollable cost)는 경영자의 의지와 관계없이 발생하는 원가이다. 통제불능원가에 대하여는 일반적으로 성과평가의 대상으로 하지 않으며 이러한 분류방법은 Chapter 12에서 설명되는 책임회계와 성과평가에서 매우 중요한 개념이다.

2) 매몰원가와 관련원가

매몰원가(sunk cost)는 과거에 이미 발생한 원가로서 현재 또는 미래의 의사결정에 아무런 영향을 미치지 않는 원가이다. 즉, 이미 과거에 행해진 의사결정의 결과로 인하여 이미 발생하였거나 발생하고 있는 원가이며 의사결정에서 고려할 필요가 없는 비관련원가이며 과거원가이다. 반면 관련원가(relevant cost)는 의사결정에서 복수의 선택 대안이 있는 경우 각각의 선택에 따라 증감하는 원가를 말한다. 따라서 복수의 선택 대안 중에서 동일하게 발생하는 원가는 관련원가가 아니다. 관련원가는 차액원가(differential cost)라고도 하며 각각의 선택대안과 관련이 되는 미래원가이다. 아울러 기회원가(opportunity cost)는 복수의 선택 대안 중에서 하나를 선택함으로써 포기하게 되는 다른 선택 대안으로부터 획득할 수 있는 현금유입액을 말하며 복수의 선택 대안 중에서 일부를 선택하는 경우 반드시 고려하여야 하는 원가이다. 매몰원가, 관련원가 및 기회원가는 Chapter 9 특수의사결정방법론과 관계되는 중요한 개념이다.

3) 실제원가와 미래원가

실제원가(actual cost)는 제조활동의 결과로서 나타나는 사후원가이다. 재화나 용역의 소비된 가치를 화폐단위로 환산한 원가이며 역사적 원가, 과거 발생원가라고도 한다.

미래원가(future cost)는 제조활동을 수행하기 이전에 표준 또는 목표가 되는 원가로서 제품의 단위당 원가로 사전에 설정되고 표준원가(standard cost)와 예산원가(budget cost)가 이에 속하며 기업의 단위부서에 대한 성과평가에 있어서 유용한 수단이 된다. 미래원가에 속하는 표준원가는 주로 제품의 제조 단계에서 적용되는 원가임에 비하여 예산원가는 판매활동이나 일반관리활동 등을 포함하는 기간원가이며 기업 전체의 예산편성에 이용된다.

4. 원가계산의 흐름

원가계산의 기본적인 흐름을 파악하기 위하여 일차적으로는 원가를 제조원가와 비제조원가로 구분하여야 하며, 기본적으로는 제1절에서 설명한 원가계산과 재무제표의 관련성에서와 같은 흐름을 가진다. 원가계산의 흐름에서 제조기업과 비제조기업의 차이는 제조원가의 존재여부에 있다. 제조 기업은 비제조기업에 비하여 제조원가의 계산이라는 과정이 있으므로 상대적으로 좀 더 복잡한 흐름을 가진다.

4.1 제조기업의 경영활동 과정과 원가의 흐름

제조기업의 경영활동을 기능(function)별로 분류하면 크게 구매과정, 제조과정 및 판매과정으로 이루어진다. 제조기업에 적용되는 제조원가는 요소별 분류방법에 의한 재료비, 노무비, 경비로 세분된다. 일반적으로 원가회계시스템이 완벽하게 갖추어지지 않은 경우에는 이와 같은 분류에 따른 기본적인 흐름만을 가진다.

그러나 이와 같은 기본적인 원가계산의 흐름만으로는 추적가능성에 의한 분류방법인 직접원가와 간접원가를 구분할 수 없어 다품종의 제품을 생산하는 경우에 각 제품별로 정확한 원가계산이 불가능하다. 따라서 기업 전체의 원가계산은 가능하겠지만 제품별로 구분하여 원가계산을 할 수 없으므로 원가정보의 이용 효율성에는 적합하지 않는 흐름이다.

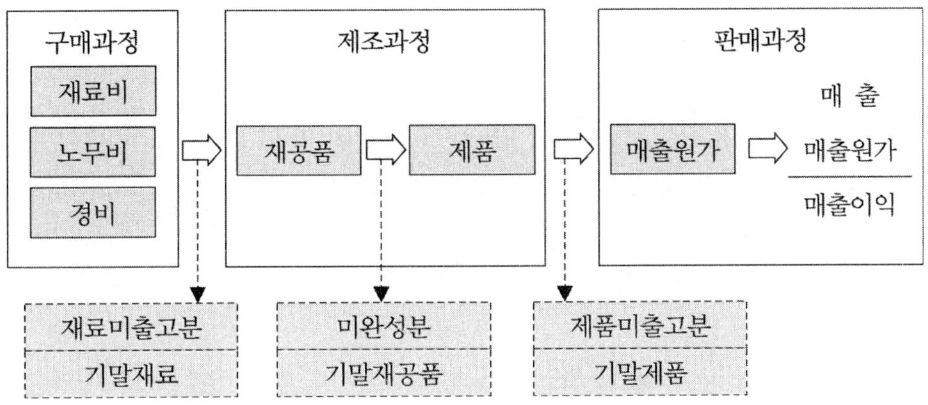

[제조기업의 경영과정과 원가흐름도]

이러한 비효율을 개선하기 위하여 각 원가요소를 직접비와 간접비로 분류하여 원가를 계산한다. 재료비의 경우에는 직접재료비가 대부분을 차지하므로 실무적으로는 간접재료비를 별도로 고려하지 않거나 또는 아예 처음부터 경비항목(소모품비 등)으로 분류하여 원가를 계산 한다.

노무비의 경우에는 직접노무비와 간접노무비가 동시에 존재하는 경우가 대부분이므로 이를 분류하여야 한다.

경비의 경우에는 대부분 기업에서 간접경비가 많고 직접경비는 거의 발생하지 않거나 금액 기준으로 중요성이 크지 않아 모두 간접경비로 분류하여 원가계산을 한다. 다만, 직접경비가 실제로 발생하면서도 금액 기준으로 중요성이 있는 경우에는 직접경비로 분류하여야 한다. 이상의 내용을 종합하면 원가요소를 직접재료비(direct material cost), 직접노무비(direct labor cost), 제조간접비(factory overhead cost)로 분류할 수 있으며 이를 그림으로 표시하면 다음과 같다.

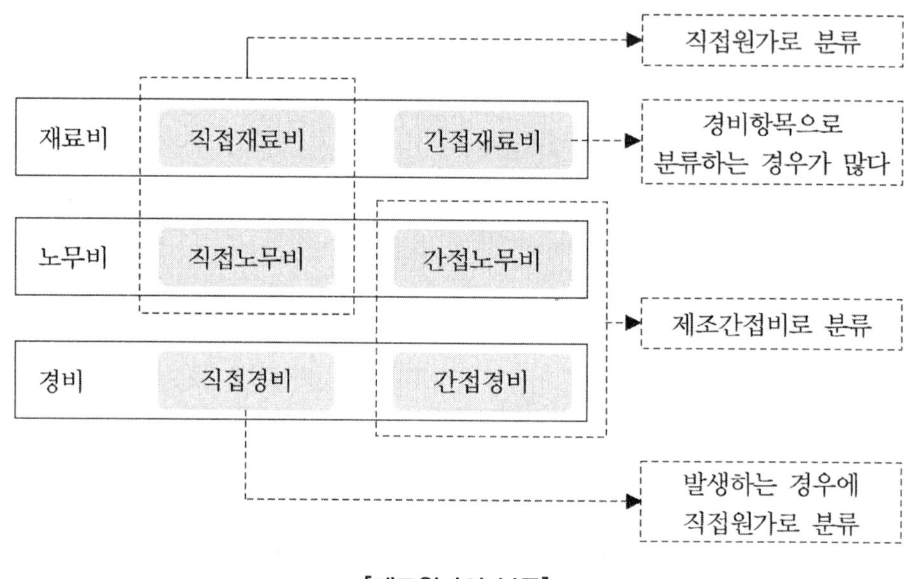

[제조원가의 분류]

4.2 원가의 3요소 및 계산

제조원가를 구성하는 원가의 3요소를 재료비, 노무비, 경비라 하였다. 이러한 원가요소들을 계산하기 위하여 각각 다음의 과정을 거친다.

1) 재료비의 산출

재료비의 계산은 당기에 소비된 재료의 사용금액을 말한다. 재료의 사용금액은 다음의 산식으로 표현할 수 있다. 재료비는 전술한 바와 같이 개별 제품에 추적이 가능한 경우가 많으므로 직접재료비로 분류한다. 단, 추적이 불가능하고 공통적으로 사용되는 간접재료비가 있는 경우에는 간접재료비로 분류한다. 그러나 실무적으로는 기업의 원가계산에서 계산의 편의성 및 경제성을 고려하여 금액 기준으로 중요성이 없는 경우에는 경비로 분류하여 원가계산을 하는 경우가 많다.

재료원가 = 기초재료재고액 + 당기재료매입액 − 기말재료재고액 = 당기소모수량 × 소비단가

예시 **재료원가의 산출**

- 컴퓨터를 생산하는 (주)하진의 재료 변동내역은 다음과 같다.
- 20×2년 1월 1일의 재료 재고액 : ₩ 5,000,000
- 당해 연도의 년간 재료 구매액 : ₩ 450,000,000
- 20×2년 12월 31일 재료 재고액 : ₩ 15,000,000

풀이 ○ 재료비 = 기초재료재고액 + 당기재료 매입액 - 기말재료재고액
= ₩ 5,000,000 + ₩ 450,000,000 - ₩ 15,000,000
= ₩ 440,000,000

재료비의 계산과정에 필수적으로 수반되는 문제가 바로 재고의 수불관리에 관한 것이다. 재고의 수불관리는 단순히 수량의 관리뿐만 아니라 소비재료의 금액과 기말재료의 평가에도 이용된다.

재료의 소비수량을 결정하는 방법으로 실지재고조사법과 계속기록법이 있다. 실지재고조사법(periodic inventory system)은 당기 재료의 입고수량은 기록하되 출고(소비)수량은 건별로 기록하지 않는다. 그 후 기말에 일괄적으로 재고의 수량을 실제재고조사를 통하여 확정함으로써 소비수량을 산출하는 방법이다. 이러한 방식은 재고의 입출고가 빈번하여 일일이 기록하기 번거로운 저가품 등에 사용되는 방법이다. 재고의 수량과 더불어 소비된 재료와 기말의 재고에 대한 평가(단가의 결정)도 중요한 문제이며 이에 대하여는 본 Chapter의 4.3에서 후술한다.

당기출고수량 = 기초재고수량 + 당기입고수량 - 기말재고수량

계속기록법(perpetual inventory system)은 재료의 입출고가 발생할 때마다 장부에 기록함으로써 소비수량과 기말재고량을 산출하는 방식이다. 일반적으로 많은 기업에서는 계속기록법에 의하여 재고의 입출고를 기록하고, 일정 기간마다 실지재고조사를 통하여 그 차이수량을 조정하는 방법을 사용하고 있다.

기말재고수량 = 기초재고수량 + 당기입고수량 - 당기출고수량

2) 노무비의 산출

노무비는 생산 활동에 종사하는 인력의 노동에 대한 대가이며 모든 원가는 발생주의에 따라 원가로 인식하므로 노무비도 발생주의에 따라 인식한다. 특히 우리나라 제조 기업의 경우 당월 노무비를 익월에 지급하는 경우가 많으므로 노무비의 실제 지급 여부와 무관하게 발생시점에 대하여 판단하여야 한다. 노무비 중에서 직접 생산 활동에 종사한 근로자에 대한 인건비와 같이 추적 가능한 노무비는 직접노무비로 분류하고 설비지원 근로자 등의 인건비와 같이 추적이 불가능한 노무비는 간접노무비로 분류하여 합리적인 배부기준에 따라 배분한다.

노무비 = 직접노무비 + 간접노무비
= (작업시간 × 임률) + (초과작업시간 × 초과임률)
= 당기지급액 + 당기말 미지급액 - 전기말 미지급액

예시

- 직접 근로자 A
  - 시간당 임률 : ₩ 50,000
  - 근무시간 : 총 44시간 (초과근무시간 4시간 포함)
- 설비지원부서 근로자 B
  - 시간당 임률 : ₩ 40,000
  - 근무시간 : 총 40시간 (초과근무 5시간 포함)
- 초과임금 : 정상임금의 1.5배

풀이 ○ 노무비의 계산

구분	근로자 A	근로자 B
정상임금	44시간 × ₩ 50,000 = ₩ 2,200,000	40시간 × ₩ 40,000 = ₩ 1,600,000
초과임금	4시간 × ₩ 50,000 × 50% = ₩ 100,000	5시간 × ₩ 40,000 × 50% = ₩ 100,000
합계	₩ 2,300,000	₩ 1,700,000
원가분류	직접노무비	간접노무비

3) 경비의 산출

경비는 재료비와 노무비를 제외한 모든 원가요소를 말하는 것으로 일반적으로 대부분 제조간접비에 속하는 경우가 많다. 경비도 노무비와 마찬가지로 발생주의에 의하여 원가계산을 하여야 한다. 경비의 특성상 노무비에 비하여 많은 계정과목이 사용되므로 각각의 계정과목에 대하여 선지급한 비용이나 미지급된 비용을 확인하여야 한다. 또 경비는 제품의 제조를 위하여 소비되는 원가로서 제조경비만을 의미하는 것이므로 판매비와관리비의 항목들과는 엄격하게 구분할 필요가 있다. 그 이유는 경비는 원가요소인데 반하여 판매비와관리비는 수익에 대응하는 기간비용이기 때문이다.

경비는 지급경비, 월할경비, 측정경비, 발생경비로 구분할 수 있으며 경비의 종류에 따라 원가계산 기간 동안의 소비금액을 다른 방법으로 산출한다.

지급경비(expense payed)는 원가계산의 기간 중에 실제로 발생하여 이미 지급하였거나 향후 지급하여야 하는 경비로서 복리후생비, 여비교통비, 통신비 등이 이에 속한다. 유의하여야 하는 것으로 지급경비는 실제로 지급 사실의 여부에 따라 원가로 인식하는 것이 아니라 지급액이 결정되었을 때 원가로 인식하여야 한다는 것이다.

> 지급경비 = 당기 지급액 + 당기말 미지급액 - 전기말 미지급액
> - 당기말 선지급액 + 전기말 선지급액

월할경비(expense quota by month)는 일정한 기간 단위로 발생총액을 각 원가기간에 안분하여 배분시키는 원가로서 감가상각비가 대표적인 월할경비이며 균분법과 조업도비례법이 있다.

균분법 월할경비 = 년간 발생예정금액 ÷ 12개월 조업도비례법 월할경비 = 조업도 단위당 예정금액 × 실제 조업단위 수 조업도 단위당 예정금액 = 연간 예정금액 ÷ 년간 예정 조업단위 수

측정경비(expense measured by gage)는 원가계산의 기간 말에 측정계기를 이용하여 사용량을 측정하여 소비금액을 산출하는 경비로서 전기료, 수도료 등이 대표적인 측정경비이다.

발생경비(expense accured)는 현금의 지출이 발생하지도 않았으며 측정계기에 의해 측정되지도 않는 경비로서 그 발생금액은 사후에 실제조사를 통하여 확인한 후 원가로 산입하며 재고감모손실, 공손비 등이 이에 속한다.

4.3 원가계산을 위한 재고 관리

재료비의 계산에서 수량의 결정과 더불어 소비단가를 결정하여야 한다. 매번 구입되는 재료의 가격은 변동할 수 있으므로 소비되는 재료가 어느 단가의 재료를 사용하였는지가 중요하다. 물론 소비된 재료의 개별단가를 알 수 있다면 개별법을 사용할 수 있어 큰 문제가 없겠지만 대부분의 경우에는 동종의 재료라 할지라도 구매한 이후 보관 중에 섞여서 개별단가를 알 수 없는 경우가 더 많다.

이와 같이 소비된 재료의 단가를 알 수 없을 때 사용하는 방법으로 선입선출법, 후입선출법, 이동평균법, 총평균법이 있다. 소비된 재료의 단가를 산출하는 방법은 후술하는 판매된 제품의 단가를 산출하는 경우에도 동일하게 적용된다.

1) 개별법

개별법(specific identification method)은 출고된 재료와 기말의 재고에 대하여 개별 단가를 모두 확인할 수 있을 때 사용하는 방법이다. 입출고의 빈도가 높지 않으며 고가의 재료인 경우에 적합하며 수익 · 비용 대응의 원칙에서도 가장 이상적인 방법이다. 그러나 개별 단가를 확인할 수 있도록 가격표를 붙여야 하는 등의 불편함이 있다.

예시 개별법에 의한 재료비 단가의 산출

○ 재료의 입출고 현황

월일	입고			출고			재고		
	수량	단가	금액	수량	단가	금액	수량	단가	금액
7. 1	20	100	2,000				20		
7. 5				10			10		
7. 10	30	110	3,300				40		
7. 15	50	120	6,000				90		
7. 31				50			40		
합계	100		11,300	60			40		

풀이 ○ 개별법에 의한 단가의 산출

- 7. 5일자는 전량 @ ₩ 100인 재료이며, 7. 31일자는 @ ₩ 110인 재료 20개와 @ ₩ 120인 재료 30개이다. (이 가정은 개별법에만 적용)
- 재료소비금액 = (10 개 × @ ₩ 100) + (20개 × @ ₩ 110)
  + (30개 × @ ₩ 120) = ₩ 6,800
- 기말재고금액 = (10개 × @ ₩ 100) + (10개 × @ ₩ 110)
  + (20개 × @ ₩ 120) = ₩ 4,500

월일	입고			출고			재고		
	수량	단가	금액	수량	단가	금액	수량	단가	금액
7. 1	20	100	2,000				20	100	2,000
7. 5				10	100	1,000	10	100	1,000
7. 10	30	110	3,300				10 30	100 110	1,000 3,300
7. 15	50	120	6,000				10 30 50	100 110 120	1,000 3,300 6,000
7. 31				20 30	110 120	2,200 3,600	10 10 20	100 110 120	1,000 1,100 2,400
합계	100		11,300	60		6,800	40		4,500

2) 선입선출법

선입선출법(first in first out method, FIFO)은 먼저 입고된 재료가 먼저 소비되었음을 가정하는 방법이다. 이 방법은 실제 물량흐름과 원가의 흐름이 비슷해지는 장점이 있으나 기말재고액은 최근의 원가가 반영되고 재료소비액은 비교적 오래된 원가가 반영되는 문제점이 있다.

예시 선입선출법에 의한 단가 산출

○ 물량 흐름은 1) 개별법에 의한 예시와 동일

풀이 ○ 단가의 산출

월일	입고			출고			재고		
	수량	단가	금액	수량	단가	금액	수량	단가	금액
7. 1	20	100	2,000				20	100	2,000
7. 5				10	100	1,000	10	100	1,000
7. 10	30	110	3,300				10 30	100 110	1,000 3,300
7. 15	50	120	6,000				10 30 50	100 110 120	1,000 3,300 6,000
7. 31				10 30 10	100 110 120	1,000 3,300 1,200	40	120	4,800
합계	100		11,300	60		6,500	40	120	4,800

3) 후입선출법

후입선출법(late in first out method, LIFO)은 선입선출법과는 상반되는 방법으로 나중에 입고된 재료를 먼저 사용한 것으로 가정하는 방법이다. 이 방법에서는 재료의 소비금액은 최근의 원가가 반영되는 반면 기말재고액은 비교적 오래된 원가가 반영되는 방법으로 지속적으로 물가가 상승하는 경우에는 원가가 많이 계상되어 매출총이익이 낮아지는 문제점이 있으며 한국채택국제회계기준(K-IFRS)에서는 인정하지 않고 있다.

예시 후입선출법에 의한 단가 산출

○ 물량 흐름은 1) 개별법에 의한 예시와 동일

풀이 ○ 단가의 산출

월일	입고			출고			재고		
	수량	단가	금액	수량	단가	금액	수량	단가	금액
7. 1	20	100	2,000				20	100	2,000
7. 5				10	100	1,000	10	100	1,000
7. 10	30	110	3,300				10 30	100 110	1,000 3,300
7. 15	50	120	6,000				10 30 50	100 110 120	1,000 3,300 6,000
7. 31				50	120	6,000	10 30	100 110	1,000 3,300
합계	100		11,300	60		7,000	40		4,300

4) 이동평균법

이동평균법(moving average method)은 재료가 입고될 때마다 기존의 재고와 평균하여 단가를 결정하는 방법으로 계속기록법에 의해서만 적용이 가능하다.

예시 이동평균법에 의한 단가 산출

○ 물량 흐름은 1) 개별법에 의한 예시와 동일

풀이 ○ 단가의 산출

월일	입고			출고			재고		
	수량	단가	금액	수량	단가	금액	수량	단가	금액
7. 1	20	100	2,000				20	100	2,000
7. 5				10	100	1,000	10	100	1,000
7. 10	30	110	3,300				40	107.5(*)	4,300
7. 15	50	120	6,000				90	114.4(**)	10,300
7. 31				50	114.4	5,722	40		4,578
합계	100		11,300	60		6,722	40		4,578

(*) (₩ 1,000 + ₩ 3,300) ÷ (10개 + 30개) = ₩ 107.5
(**) (₩ 4,300 + ₩ 6,000) ÷ (40개 + 50개) = ₩ 114.4

4) 총평균법

총평균법(weighted average method)은 기초재고금액을 포함하여 일정기간 입고된 재료의 총입고금액을 기초재고수량을 포함하는 총입고수량으로 나누어 단가를 결정하는 방법이다. 이 방법은 재고의 입출고가 발생하는 기간의 도중에는 평균단가를 계산하지 못한다는 불편함이 있다.

예시 총평균법에 의한 단가 산출

○ 물량 흐름은 1) 개별법에 의한 예시와 동일

풀이 ○ 단가의 산출

월일	입고			출고			재고		
	수량	단가	금액	수량	단가	금액	수량	단가	금액
7. 1	20	100	2,000				20		
7. 5				10			10		
7. 10	30	110	3,300				40		
7. 15	50	120	6,000				90		
7. 31				50			40		
합계	100	113(*)	11,300	60	113(**)	6,780	40	113	4,520

(*) ₩ 11,300 ÷ 100개 = ₩ 113

(**) 총입고금액을 총입고수량으로 나눈 단가(*)를 기간 말에 일괄 적용하여 산출한다.

4.4 제조원가와 매출원가

1) 제조원가

제조원가는 총제조원가(current manufacturing cost)와 제품제조원가(cost of goods manufactured)로 구분할 수 있다. 총제조원가와 제품제조원가는 거의 유사한 개념이지만 기초와 기말의 재공품 유무에 따라 달라진다. 일정기간 동안 제품의 제조과정에서 발생한 모든 원가의 합이 총제조원가인데 비하여 제품제조원가는 최종 제품으로 완성된 제품에 대한 원가의 합이다.

즉, 제조는 순환·반복적으로 일어난다는 점에서 생산요소는 투입되었으나 아직 최종 제품으로 완성되지 않은 것들이 존재하고 이를 재공품이라 한다. 재공품은 일정 부분 원가요소가 투입되어 총제조원가를 구성하지만, 완제품으로 완성되지 않았으므로 제품제조원가에는 산입되지 않는다. 제조원가와 제품제조원가를 산출하는 산식은 다음과 같다.

총제조원가 = 직접재료비 + 직접노무비 + 제조간접비 제품제조원가 = 기초재공품재고액 + 총제조원가 - 기말재공품재고액

제품의 제조와 직접 관련되는 제조원가를 제외한 판매비나 일반관리비 등의 원가를 기간원가(period cost)라고 하며 이는 일정기간의 경영성과를 표시하는 손익계산서에 산입하여 같은 기간 동안 발생한 기간수익에 대응하는 기간원가를 말한다. 이상의 원가요소별 원가계산 방법에 의하여 다음과 같은 제조원가명세서를 작성할 수 있다.

제조원가명세서

과목	금액		비고
Ⅰ. 재료비		×××	'직접재료비' 용어 사용가능
1. 기초재료재고액	×××		
2. 당기재료매입액	×××		
계	×××		
3. 기말재료재고액	×××		
Ⅱ. 노무비		×××	'직접노무비' 용어 사용가능
1. 급여	×××		
2. 수당	×××		
3. · · · ·	×××		
Ⅲ. 경비		×××	'제조간접비' 용어 사용가능
1. 전력비	×××		
2. 수선비	×××		
3. · · · ·	×××		
Ⅳ. 당기총제조원가		×××	
Ⅴ. 기초재공품재고액		×××	
합 계		×××	
Ⅵ. 기말재공품재고액		×××	
Ⅶ. 당기제품제조원가		×××	

2) 매출원가

매출원가(cost of goods sold)는 판매된 제품에 대한 원가로서 매출에 대응하는 비용으로 손익계산서에 표시되며 매출금액에서 매출원가를 차감하여 매출총이익을 산출한다. 완성된 제품 중에서 아직 판매되지 않고 재고로 남아있는 제품에 대한 원가는 매출원가를 구성하지 않는다. 유통업은 제품을 제조하는 것이 아니라 판매를 목적으로 상품을 구입한다는 점에서만 다를 뿐 산출방법은 동일하다.

제품매출원가 = 기초제품재고액 + 제품제조원가 - 기말제품재고액
상품매출원가 = 기초상품재고액 + 순매입액 - 기말상품재고액

이상의 계산과정을 거친 후 다음과 같이 손익계산서를 작성할 수 있다.

손익계산서

과목	금액	
Ⅰ. 매출액		×××
Ⅱ. 매출원가		×××
1. 기초제품재고액	×××	
2. 당기제품제조원가	×××	
계	×××	
3. 기말제품재고액	×××	
Ⅲ. 매출총이익		×××
Ⅳ. 판매비와관리비		×××
Ⅴ. 영업이익		×××

4.5 비제조기업의 경영활동과 원가의 흐름

비제조기업의 경우에는 제품의 생산이라는 과정이 존재하지 않으므로 원가의 계산이 상대적으로 용이한 측면이 있다. 즉, 재료비, 노무비, 경비라는 원가의 3요소가 존재하지 않으므로 제조원가를 산출해야 하는 절차가 없다. 다만, 유통업의 경우라면 제조활동 대신 판매할 상품을 구매하는 활동이 있으므로 이와 관련한 원가계산만 수행하면 된다. 상품매출원가는 판매한 상품에 대한 원가로서 재고로 보유하고 있는 상품에 대한 원가는 상품매출원가를 구성하지 않는다. 이는 전술한 바와 같이 제조업에 해당하는 제품매출원가의 산출방법과 같은 논리이다. 특히 유통업이 아닌 서비스업(전문지식・용역 제공업 등)의 경우에는 매출원가 자체가 존재하지 않으므로 매출액에서 곧바로 판매비와관리비를 차감하여 영업이익을 산출한다. 이들의 경우 손익계산서를 비교하면 다음과 같다.

손익계산서 (유통업)

과목	금액	
Ⅰ. 매출액		×××
Ⅱ. 매출원가		×××
1. 기초상품재고액	×××	
2. 당기상품매입원가	×××	
계	×××	
3. 기말상품 재고액	×××	
Ⅲ. 매출총이익		×××
Ⅳ. 판매비와관리비		×××
Ⅴ. 영업이익		×××

손익계산서 (서비스업)

과목	금액	
Ⅰ. 매출액		×××
Ⅱ. 판매비와관리비		×××
Ⅲ. 영업이익		×××

연습문제

1-1. 다음의 각 질문에 답하라.

1) 원가관리회계의 유용성과 한계에 대하여 설명하라.

2) 원가의 행태별 분류에 대하여 설명하라.

3) 원가의 요소별 분류에 대하여 설명하라.

4) 원가의 추적가능성별 분류에 대하여 설명하라.

5) 원가의 기능별 분류에 대하여 설명하라.

6) 다음의 (주)하진 자료를 기초로 원가요소별 소비금액, 당기총제조원가 및 당기제품제조원가를 산출하고 제조원가명세서를 작성하라.

○ 직접재료비와 관련한 자료

기초재료재고액	₩ 10,000,000
당기재료매입액	₩ 250,000,000
기말자료재고액	₩ 15,000,000

○ 직접노무비 지급 및 발생에 관한 자료

당월 급여 지급액	₩ 120,000,000	전월 발생분
당월 급여 발생액	₩ 140,000,000	익월 10일 지급예정
야근수당 당월 지급액	₩ 30,000,000	당월 발생분

○ 경비(제조간접비) 발생 및 지급에 관한 자료

전력비	₩ 60,000,000	익월 15일 지급예정
지급임차료 지급액	₩ 40,000,000	
보험료 지급액	₩ 25,000,000	
소모품비 지급액	₩ 14,000,000	전월분 ₩ 4,000,000 포함
감가상각비	₩ 55,000,000	
여비교통비 지급액	₩ 1,000,000	

○ 재공품 관련 자료

기초재공품재고액	₩ 34,000,000
기말재공품재고액	₩ 28,000,000

풀이 1) ~5)는 생략

6) 원가요소별 소비금액, 당기총제조원가, 당기제품제조원가를 산출한다.

○ 직접재료비

기초재료재고액 ₩ 10,000,000 + 당기재료매입액 ₩ 250,000,000
- 기말재료재고액 ₩ 15,000,000 = 직접재료비 ₩ 245,000,000

○ 직접노무비

당기 지급액 ₩ 150,000,000 + 당기말 미지급액 ₩ 140,000,000
- 전기말 미지급액 ₩ 120,000,000 = 직접노무비 ₩170,000,000

○ 경비(제조간접비)

당기 지급액 ₩ 80,000,000 + 당기말 미지급액 ₩ 60,000,000
+ 당기 발생액 ₩ 55,000,000 - 전기말 미지급액 ₩ 4,000,000
= 경비(제조간접비) ₩ 191,000,000

○ 당기총제조원가
직접재료비 ₩ 245,000,000 + 직접노무비 ₩ 170,000,000
+ 경비(제조간접비) ₩ 191,000,000 = 당기총제조원가 ₩ 606,000,000
○ 당기제품제조원가
기초재공품재고액 ₩ 34,000,000 + 당기총제조원가 ₩ 606,000,000
- 기말재공품재고액 ₩ 28,000,000 = 당기제품제조원가 ₩ 612,000,000
○ 제조원가명세서 작성

제조원가명세서

과목	금액	
Ⅰ. 재료비		₩ 245,000,000
1. 기초재료재고액	₩ 10,000,000	
2. 당기재료매입액	₩ 250,000,000	
계	₩ 260,000,00	
3. 기말재료재고액	₩ 15,000,000	
Ⅱ. 노무비		₩ 170,000,000
1. 급여	₩ 170,000,000	
Ⅲ. 경비		₩ 191,000,000
1. 전력비	₩ 60,000,000	
2. 지급임차료	₩ 40,000,000	
3. 보험료	₩ 25,000,000	
4. 소모품비	₩ 10,000,000	
5. 감가상각비	₩ 55,000,000	
6. 여비교통비	₩ 1,000,000	
Ⅳ. 당기총제조원가		₩ 606,000,000
Ⅴ. 기초재공품재고액		₩ 34,000,000
합 계		₩ 640,000,000
Ⅵ. 기말재공품재고액		₩ 28,000,000
Ⅶ. 당기제품제조원가		₩ 612,000,000

제2절 원가계산 방법에 따른 분류

1. 생산의 형태에 따른 분류

앞에서 살펴본 바와 같이 원가계산의 흐름은 생산의 형태, 원가의 속성, 원가의 범위 등에 불구하고 동일하다. 그러나 생산되는 제품의 특성이나 공정, 원가의 관리제도, 기업 내부의 의사결정시스템에 따라 다양한 원가계산 방법이 존재한다. 기업의 생산형태에 따른 분류방법으로 개별원가계산과 종합원가계산이 있다.

1.1 개별원가계산

개별원가계산(job-order costing)은 단일 제품이나 단일 작업에 대하여 각각 이루어지는 원가계산 방식으로 건설업, 조선업, 영화제작 등과 같이 주문에 의해 생산이 이루어지는 제품에 적합한 원가계산방법이다. 개별원가계산은 각각의 제품별로 원가를 계산하므로 정확한 원가의 계산이 가능하고 수익·비용 대응의 원칙이 정확하게 지켜진다. 개별원가계산에 적합한 업종의 작업에는 통상 제조지시서를 사용하는 경우가 많다. 개별원가계산에 대하여는 Chapter 2에서 상세히 설명한다.

1.2 종합원가계산

종합원가계산(process costing)은 화학업종, 제약업, 제지업, 플라스틱제조업, 자동차제조업 등과 같이 단일 품종 또는 소품종의 제품을 대량·연속적으로 생산하는 업종에 적합한 원가계산방법이다. 종합원가계산은 계획생산이나 시장생산을 통하여 생산한 제품을 시장에서 불특정 다수인을 대상으로 판매하거나 지속적으로 소비되는 산업재의 중간재를 생산하는 제품에 적합한 방법이다. 같은 공정에서 생산되는 제품은 동질적인 것으로 가정하여 당해 기간에 발생한 총원가를 총생산수량으로 나누어 단위당 평균원가를 산출한다. 종합원가계산에 대하여는 Chapter 3에서 상세히 설명한다.

1.3 결합원가계산

기업의 생산형태에 따라서는 단일 품종 또는 소품종의 제품을 대량・연속적으로 생산하기도 하지만, 동일 공정에서도 다양한 품종의 제품을 생산하는 경우도 있다. 이러한 경우 개별원가계산의 방법과 종합원가계산의 방법을 혼용하여 사용하거나 또는 결합원가계산방법을 사용한다. 동일한 공정을 거치면서 생산되는 제품 중에는 특정한 공정의 중간 단계에서 더 이상의 추가 공정 없이도 판매가 가능한 제품이 완성되거나 또는 추가 공정을 통하여 추가적인 가공 작업을 한 후 최종 제품을 생산하기도 한다. 이러한 경우에 적합한 원가계산방법이다. 결합원가계산에 대하여는 Chapter 4에서 상세히 설명한다.

2. 원가의 속성에 따른 분류

원가계산방법은 원가가 가진 속성(attribute)을 기준으로 분류할 수도 있다. 경영활동의 결과 실제 발생한 원가를 기초로 원가계산이 이루어지는 실제원가계산, 실제원가와 예정원가를 혼용하는 정상원가계산, 모든 원가요소를 사전에 설정한 표준으로만 계산하는 표준원가계산으로 구분된다.

2.1 실제원가계산

실제원가계산(actual costing)은 직접재료비, 직접노무비, 제조간접비 등의 원가요소에 대하여 실제로 발생한 원가를 기초로 계산하는 사후원가계산방법이다. 생산이 완료된 이후 생산에 이르기까지 발생한 실제원가를 이용하므로 사실에 부합하고 정확한 원가의 계산이 가능하다는 장점이 있으나 원가의 계산에 상당한 시간이 소요되고, 계절적 요인 등의 영향으로 인하여 생산시점에 따라 원가계산의 결과가 달라질 수 있으며 또한 조업도의 변동에 따라서 평균적인 단위원가가 변동되는 단점도 있다. 이러한 실제원가계산방법의 단점을 극복하기 위하여 정상원가계산의 방법을 이용하기도 한다.

실제원가 = 실제 소비량 × 실제 단가

2.2 정상원가계산

정상원가계산(normal costing)은 직접재료비와 직접노무비는 실제원가로 계산하고 제조간접비는 예정원가(예정배부액)를 이용하여 원가를 계산함으로써 신속한 원가계산이 가능하다. 이를 통하여 원가계산의 적시성(timeliness)을 높이고 조업도의 변동에 따른 단위당 원가의 변동을 최소화하려는 목적으로 이용된다. 정상원가계산에도 정상개별원가계산과 정상종합원가계산의 방법이 있다. 정상원가계산에 대하여는 Chapter 5에서 상세히 설명한다.

직접재료비, 직접노무비 = 실제 소비량 × 실제 단가 제조간접비 = 실제 배부기준 × 예정배부율

2.3 표준원가계산

표준원가계산(standard costing)은 모든 원가요소에 대하여 과학적이고 통계적인 방법을 이용하여 사전에 결정된 원가를 이용하는 방법이다. 표준원가는 기업 또는 사업부서가 달성해야 하는 목표원가로서의 역할을 하며 신속한 원가계산을 가능하게 해 준다. 또 차이분석을 통해 구매부서나 생산부서의 목표 달성에 대한 성과평가의 수단으로 이용하는 원가중심점(cost center) 책임회계제도(responsibility accounting system)의 한 방법이라 할 수 있다. 표준원가계산에 대하여는 Chapter 6에서 상세히 설명하고 성과평가에 관하여는 Chapter 12에서 상세히 설명한다.

표준원가 = 표준 소비량 × 표준 단가

3. 원가의 범위에 따른 분류

생산하는 제품에 대한 원가요소 중에서 어느 정도 범위까지 제품원가에 포함시키느냐에 따른 분류방법이다. 고정비와 변동비 전부를 원가계산에 포함시키는 전부원가계산과 변동비만을 원가계산에 포함시키는 변동원가계산 및 초변동원가계산으로 구분한다. 전부원가계산과 변동원가계산에 대하여는 Chapter 7에서 상세히 설명한다.

3.1 전부원가계산

전부원가계산(absorption costing)은 직접재료비, 직접노무비, 변동제조간접비 및 고정제조간접비를 모두 제품원가에 포함시키는 방법으로 흡수원가계산이라고도 한다. 우리나라의 한국채택국제회계기준(K-IFRS)에서는 재무보고를 목적으로 하는 재무제표를 작성할 때 이 방법을 사용하도록 하고 있다.

3.2 변동원가계산

변동원가계산(variable costing)은 직접재료비, 직접노무비, 변동제조간접비 만을 제품의 원가계산에 포함시키고 고정제조간접비는 기간비용으로 처리하는 방법이다. 기업 내부의 특수목적이나 성과평가 등을 위하여 사용하는 방법으로 우리나라의 기업회계기준에서는 인정하지 않고 있다. 한편 변동원가계산의 변형된 형태로서 초변동원가계산(super-variable costing)이 있으며 이는 제품단위수준의 변동원가에 해당하는 직접재료비만을 변동원가로 간주하고 직접노무비나 제조간접비(변동제조간접비까지 포함)는 고정비용으로 간주하여 기간비용으로 처리하는 방법이다.

원가계산의 방법에 따른 분류에서 유의하여야 할 사항이 있다. 기업에서 원가계산의 방법을 선택하고 관련 시스템을 구축하려고 할 때 하나의 방법만을 사용하도록 고집하여서는 안 된다. 회사의 상황에 따라 여러 종류의 원가계산방법을 적절히 조합함으로써 원가계산의 적시성, 경제성, 유용성을 함께 증대시킬 수 있는 방법을 모색하여야 한다.

연습문제

1-2. 다음의 각 질문에 답하라.

1) 생산의 형태별 원가계산 분류 중에서 업종을 중심으로 가장 적합한 원가계산방법을 설명하라.

2) 원가의 속성에 따른 원가계산의 방법을 설명하라.

3) 원가의 범위에 따른 원가계산의 방법을 설명하라.

풀이 생략

Chapter 2

개별원가계산

제1절 개별원가계산의 개념

1. 개별원가계산의 의의

1.1 개별원가계산의 의의

개별원가계산(job-order costing)이란 건설업, 조선업, 주문생산업 등과 같이 종류를 달리하는 제품을 개별적으로 생산하는 업종에 적합한 원가계산 방법으로서 각 제품을 생산할 때 작업지시서에 의하여 생산하고, 또 제조원가도 작업지시서별로 집계하기 때문에 '작업지시서별 원가계산'이라고도 한다. 개별원가계산의 목적은 개별 제품이나 작업별로 정확하게 원가를 계산함으로써 해당 제품이나 작업별로 수익과 비용을 정확하게 대응시키는데 있다. 작업지시서별로 원가를 집계할 때 제조간접비는 합리적인 기준에 의해 배부하기 때문에 제조간접비 배부기준에 따라 개별 제품 또는 작업의 원가에 미치는 영향이 크므로 제조간접비의 합리적인 배분이 중요하다.

개별원가계산의 특징으로는 첫째, 특정 제품을 생산하기 위해 작업지시서가 발행되고 특정 작업지시서에 따라 원가계산표를 작성한다. 둘째, 모든 원가는 제품별로 직접원가와 간접원가로 분류하여 직접원가는 작업지시서에 직접 집계하고 제조간접비는 합리적인 원가배부기준에 따라 작업지시서에 배부한다. 셋째, 인위적인 기말재공품의 평가과정을 거치지 않는다. 즉, 기말까지 완성되지 않은 제품은 그때까지 원가계산표에 집계된 금액이 곧 기말재공품의 평가금액이 된다. 넷째, 원가계산 기간은 중요하지 않으며 언제라도 원가계산을 행할 수 있다. 다섯째, 직접비는 실제원가를 이용한다. 반면에 제조간접비는 실제원가 또는 예정원가를 이용하여 작업지시서별로 배부하며 제조간접비의 배부방법과 절차가 원가계산의 과정에서 가장 중요하다.

1.2 개별원가계산의 절차

개별원가를 계산하기 위해서는 우선 원가계산의 대상이 되는 개별 제품 또는 작업을 파악하여 정의한다. 둘째, 제조원가 중 직접원가(직접재료비, 직접노무비)를 산출하여 해당 개별 제품 또는 작업에 직접 배부한다. 셋째, 개별 제품 또는 작업에 직접 대응되지 않는 제조간접비를 산출하여 사전에 설정된 배부기준에 따라 배부한다. 이때 제조간접비를 공장 전체의 원가를 하나의 원가집합(cost pool)으로 보아 집계하거나 또는 각 부서별로 집계하여 사용할 수 있다.

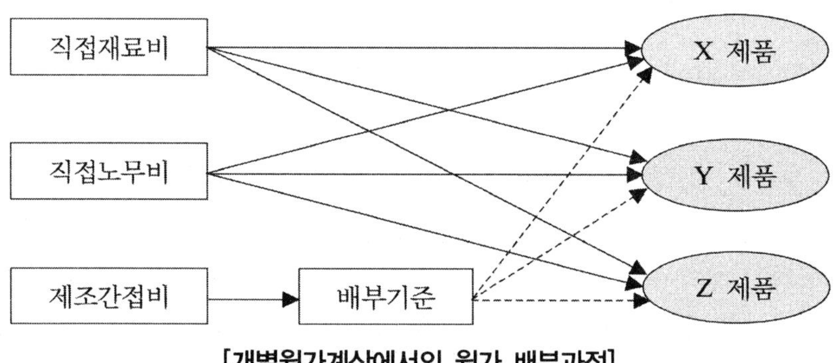

[개별원가계산에서의 원가 배부과정]

1.3 작업지시서

작업지시서는 제조지시서(production order), 제조명령서, 제조지령서라고도 하며 특정 제품의 제조 또는 작업을 제조부문에 지시하기 위한 서식이다. 즉 특정 제품을 어디서, 어떻게, 언제까지, 얼마만큼 제조할 것인가 하는 사항을 전체 생산기획을 담당하고 있는 부서가 직접 생산을 담당하는 부서에 전달하는 서식이다. 작업지시서를 발행하는 경우에는 반드시 작업지시서 번호를 기입하여야 하며, 이 번호는 공장의 내부서류에는 모두 이 번호에 의하여 작성되며 생산관리, 원가관리 등도 이 지시서 단위로 이루어진다.

작업지시서는 특정작업지시서와 계속작업지시서의 유형으로 나눌 수 있으며 특정작업지시서는 각각의 작업이나 특정 제품의 생산을 위하여 개별적으로 발행되는 작업지시서이며 특정한 제품이나 작업이 완료되면 자동적으로 작업지시서의 명령이 완료된다. 따라서 새로운 작업이 시작될 때마다 작업지시서도 다시 발행된다.

반면에 계속작업지시서는 동종의 제품을 계속 생산할 때마다 발행되는 작업지시서로 한번 발행되면 일정기간 동안 효력이 계속 발생한다. 따라서 특정 작업지시서는 개별원가계산의 형태에 주로 쓰이고 계속 작업지시서는 종합원가계산의 형태에 주로 사용된다.

또 다른 유형으로서 '주작업지시서'와 '부작업지시서'가 있다. 주작업지시서는 제품 생산을 몇 개의 세부 작업으로 나누어 생산을 할 경우에 사용하는 것으로 전체 생산에 대한 작업지시서를 말하고, 부작업지시서는 각 세부 작업에 대한 작업지시서를 말한다. 이때 제조원가는 먼저 부작업지시서의 원가를 먼저 집계한 후 주작업지시서에 총합하는 방법으로 계산한다. 작업지시서의 일반적인 양식을 소개하면 다음과 같다.

<table>
<tr><td rowspan="2">작 업 지 시 서
작성일 : 년 월 일</td><td rowspan="2">결
재</td><td>작성</td><td>검토</td><td>승인</td></tr>
<tr><td></td><td></td><td></td></tr>
<tr><td colspan="5">부서 귀중 발행번호 :
고 객 명 : 주문일자 :
주문번호 : 납기일자 :</td></tr>
</table>

제품명 및 규격	단위	수량	비고

작업개시 : 년 월 일 인도장소 :

작업완료 : 년 월 일 발 행 자 : ㉐

1.4 작업원가표

작업원가표(job cost sheet)란 개별원가계산제도의 가장 기본적 요소로서 일정한 작업에 대한 원가를 개별 제품 또는 작업별로 기록하여 집계하기 위하여 사용되는 것이다. 기업의 원가부문 담당자는 생산부서로부터 작업지시서를 수령하면 다음과 같은 작업원가표를 작성한다. 개별원가계산의 핵심은 작업원가표에 있다.

작 업 원 가 표	결재	작성	검토	승인

제품및규격 : 고 객 명 :

Order NO : 제조착수일 : 년 월 일

완성품수량 : 제품완성일 : 년 월 일

직접재료원가					직접노무원가					제조간접원가			
일자	청구서 NO	품명	수량	금액	일자	부문	작업시간 보고서NO	시간	금액	일자	부문	배부율	금액
합 계					합 계					합 계			

원 가 집 계 표

구분	예정원가	실제원가	차이
직접재료비	×××	×××	×××
직접노무비	×××	×××	×××
제조간접비	×××	×××	×××
합계	×××	×××	×××

			특기사항
판매가격		×××	
제조원가	×××		
핀매비와관리비	×××	×××	
매출이익		×××	

생산되는 제품은 그 제품의 작업지시서 번호에 의해서 대표되며 그에 대응하는 작업원가표가 각각 작성된다. 따라서 특정제품에 대하여 발생한 원가는 그 제품의 작업지시서 번호를 추적하여 그 번호가 기재된 작업원가표에 집계된다. 그러므로 공정 중에 있는 재공품에 대한 제조원가 발생을 통제하기 위해서는 작업원가표에 집계되는 원가항목을 체계적으로 통제해야 한다.

2. 개별원가계산과 종합원가계산의 차이

개별원가계산은 개별 제품 또는 작업을 각각 생산하는 데 소요되는 소비원가를 식별하는 방법이다. 종합원가계산은 동일 공정에서 발생한 원가를 식별한 후 일정기간 동안 해당 공정에서 소비된 총원가를 생산된 총수량으로 나누어 단위당 원가를 계산하는 방법이다. 개별원가계산과 종합원가계산의 중요한 차이를 살펴보면 개별원가계산은 다품종 개별 제품에 적합한 방법이며 종합원가계산은 동종 또는 소품종의 대량·연속 생산제품에 적합한 방법이다. 또 개별원가계산은 생산된 제품이나 작업의 하나하나에 대한 개별원가의 파악이 가능한 반면 종합원가는 단위당 평균원가의 개념이 적용된다. 이러한 개별원가계산과 종합원가계산의 주요 차이점을 정리하면 다음과 같다.

구분	개별원가계산	종합원가계산
생산의 형태	주문생산	대량·연속 생산
생산의 수량	개별 주문에 의해 결정	판매계획에 의해 결정
원가의 집계	개별 제품별로 집계	일정기간 동안 전체 생산량에 대한 총원가를 집계
단위당 원가	개별 제품에 대하여 개별적으로 직접 산출	평균원가를 산출 : 일정기간 동안 생산된 제품에 대한 총투입원가를 총생산수량으로 나누어 산출
원가계산의 핵심	제조간접비의 배부	완성품환산량의 계산 기말재공품의 평가
기말재공품의 평가	별도의 평가 절차가 불필요	별도의 절차에 따라 완성품환산량을 산출하여 평가

3. 개별원가계산의 유용성과 한계

개별원가계산은 여러 관점에서 유용성이 인정된다. 첫째, 개별 제품별로 정확한 원가계산이 가능하다. 작업원가표를 통해서 집계한 제조원가를 제품수량으로 나눔으로써 단위당 제품원가를 산출하기 때문에 원가를 정확하게 산출할 수 있다. 이로 인하여 제품별 손익분석 및 계산이 용이하다는 장점이 있다. 둘째, 작업원가표를 사용함으로써 개별 제품 또는 작업별로 효율적으로 원가를 통제할 수 있을 뿐 아니라 개별 제품 또는 작업의 실제원가와 예산원가를 비교하여 미래를 예측하는 자료로 활용할 수 있다.

이러한 유용성에도 불구하고 한계점도 내포하고 있다. 각 개별 제품 또는 작업별로 원가를 계산하기 때문에 비용과 시간이 많이 발생하고 원가계산의 자료가 지나치게 상세하고 복잡해짐에 따른 오류의 발생 가능성이 높아진다. 이와 같은 유용성과 한계점에 대응하기 위하여 원가계산의 방법을 하나의 방법만으로 한정하여 사용하는 것보다 여러 가지의 방법을 적절히 조합하여 가장 이상적인 원가계산시스템을 구축하려는 노력이 필요하다.

4. 직접재료비의 계산

개별원가계산에서 직접재료비의 산출은 비교적 용이하게 수행될 수도 있으나 특별한 주의가 필요하다. 직접재료비를 산출하기 위해서는 재료에 대한 수불의 관리가 필수적으로 전제되어야 한다. 재료의 수불에 관한 사항은 Chapter 1에서 재료비 원가의 흐름을 통하여 설명하였다. 재료에 대한 수불의 관리는 어떤 원가계산의 방법을 사용하든 매우 중요한 과정이지만 특히 개별원가계산에서는 더욱 중요하다.

예를 들어 어떤 기업에서 특정한 재료를 사용하여 X, Y, Z의 제품을 생산한다고 가정하면 재료를 출고하는 시점에서 그 재료가 정확하게 어느 제품을 위하여 소비될 것인지에 대한 정보가 포함되어야 한다. 이를 위해서는 재료를 소비하고자 하는 부서에서 재료의 전반적인 관리를 담당하는 부서로 재료를 청구하는 단계에서부터 정보가 표시되어야 한다. 일반적으로 재료를 청구할 때 재료출고요청서 등의 양식을 사용하게 되는데 이 요청서에 관련 정보가 기록되어야 한다.

이러한 정보는 재료에 관한 전반적인 관리를 담당하는 부서, 재료를 사용하여 생산에 직접 투입하는 부서, 원가를 담당하는 부서가 공유하여야 하며 정기적으로 수불에 관한 사항들을 확인 · 점검하여야 한다.

재료수불부

월일	입고			출고			재고		
	수량	단가	금액	수량	단가	금액	수량	단가	금액
						… … ₩ 5,000,000			

제품별 원가계산서

원가요소	갑 제품	을 제품	병 제품	합계
직접재료비	₩ 2,000,000	₩ 1,800,000	₩ 1,200,000	₩ 5,000,000
직접노무비				
제조간접비				
합계				

5. 직접노무비의 계산

직접노무비의 경우에도 직접재료비와 마찬가지로 투입금액을 개별 제품 또는 작업에 정확하게 배부되어야 한다. 직접노무비의 계산을 위해 작업에 투입되는 근로자는 매일 작업시간표를 작성하여야 하며 이를 일정기간 단위로 집계하여 근로자별 총 투입시간을 산출한다. 산출된 총 투입시간에 임률을 적용하여 개별 제품별 또는 작업별 직접노무비 금액을 산출한다.

직접노무비를 산출하는 기초자료인 개별 제품별 투입시간은 '시간관리'의 개념을 적용한다. 여기에서 시간관리란 단순히 근태관리를 위한 시간만 기록하는 것이 아니라 개별 제품 또는 작업을 위해 투입된 시간과 기타의 시간을 정확하게 구분하여 기록하여야 한다. 기타의 업무를 위하여 투입된 시간은 직접노무비를 구성하지 않고 간접노무비(제조간접비)를 구성하여 별도의 배부절차를 이행하여야 하기 때문이다. 물론 단순히 작업을 위한 대기시간이나 생리적인 문제해결을 위한 시간은 직접 투입시간으로 분류하면 된다.

투입시간내역서

성명	출퇴근			총 투입시간				
	출근시간	퇴근시간	근무시간	갑 제품	을 제품	병 제품	기타	합계
갑			170	60	50	45	15	170
을			175	45	78	25	27	175
병			160	55	46	57	2	160
합계			505	160	174	127	44	505
임률				₩ 30,000	₩ 30,000	₩ 30,000	₩ 30,000	₩ 30,000
노무비				₩ 4,800,000	₩ 5,220,000	₩ 3,810,000	₩ 1,320,000(*)	₩ 15,150,000

제품별 원가계산서

원가요소	갑 제품	을 제품	병 제품	합계
직접재료비				
직접노무비	₩ 4,800,000	₩ 5,220,000	₩ 3,810,000	₩ 15,150,000
제조간접비				
합계				

(*) 기타의 업무에 투입된 시간에 대한 노무비는 직접노무비가 아니므로 여기에서 계산하지 아니하고 간접노무비(제조간접비)를 계산할 때 반영한다.

6. 제조간접비의 계산

제조간접비는 직접재료비나 직접노무비에 비해서 상대적으로 조금 복잡한 과정을 거친다. 이는 직접적으로 개별 제품이나 작업에 직접 대응하는 것이 아니므로 합리적인 배부기준에 따라 배부하여야 하는 과정을 거쳐야 하기 때문이다.

또 제조간접비는 여러 가지의 특징을 가진 많은 항목들로 구성되어 있으며 변동원가와 고정원가의 형태도 있기 때문이다. 제조간접비를 배분하기 위해서는 배부율을 먼저 결정하여야 한다. 배부율이 결정되면 배부기준에 배부율을 곱하여 산출하며 산식으로 표현하면 다음과 같다.

$$\text{제조간접비 배부율} = \frac{\text{총제조간접비}}{\text{배부기준}}$$

$$\text{제조간접비 배부액} = \text{개별제품의 배부기준} \times \text{제조간접비 배부율}$$

여기에서는 배부기준을 결정하는 문제가 중요하다. 배부기준은 일반적으로 금액을 기준으로 하거나 시간을 기준으로 하는 경우가 가장 많다. 금액을 기준으로 하는 경우에는 직접재료비 기준, 직접노무비 기준, 직접원가 기준 등의 방법이 있으며 시간을 기준으로 하는 경우에는 직접노동시간 기준, 설비 가동시간 기준 등이 있다.

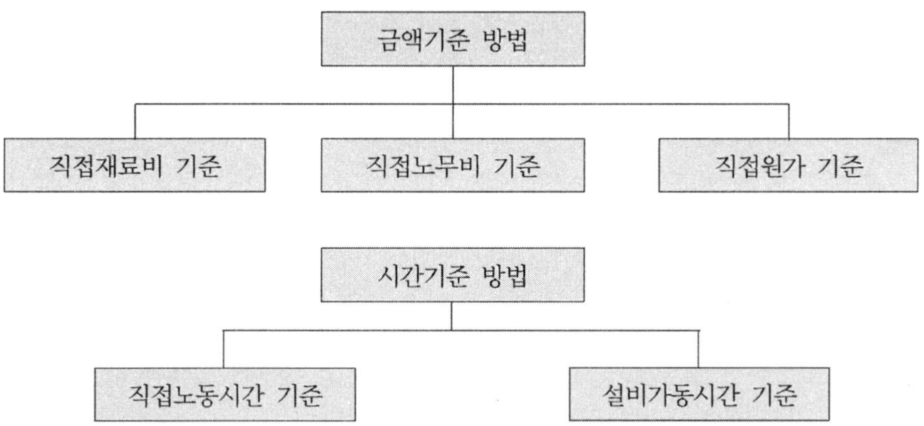

또 공장 전체의 제조간접비를 공장 전체의 배부기준으로 나누어 배부율을 결정하거나 공장 내 각각의 사업부 단위로 배부율을 결정하는 방법이 있다.

사업부 단위로 제조간접비 배부율을 결정하는 방법이 제조간접비의 발생 결과와 그 원인에 대한 인과관계를 잘 반영할 수 있으므로 정확한 원가계산이 가능한 장점이 있는 반면 계산절차가 다소 복잡하다는 단점도 있으므로 기업의 실정에 알맞은 방법을 선택하면 될 것이다. 제조간접비의 배부에 관하여는 제2절에서 다시 상세하게 설명하도록 한다.

연습문제

2-1. 종합건설업을 영위하는 (주)하진의 다음 자료를 기초로 다음 물음에 답하라.

1) 금액기준을 적용하여 제조간접비 배부율을 구하라.

2) 수량기준을 적용하여 제조간접비 배부율을 구하라.

3) 직접원가기준 배부율을 적용하여 각 건설현장에 제조간접비를 배부하라.

4) 직접원가기준 배부율을 적용하여 현장별 제조원가명세서를 작성하라.

5) 직접원가기준 배부율을 적용하여 매출총이익을 산출하라.

○ 건설현장과 관련한 자료

구분	갑 건설현장	을 건설현장	병 건설현장	합계
직접재료비	₩ 35,000,000	₩ 25,000,000	₩ 15,000,000	₩ 75,000,000
직접노무비	₩ 10,000,000	₩ 9,000,000	₩ 4,500,000	₩ 23,500,000
직접노동시간	340 hr	285 hr	96 hr	721 hr
장비가동시간	750 hr	550 hr	135 hr	1,435 hr

○ 3개 현장에 대한 총제조간접비는 ₩ 58,000,000이었으며 개별 현장별로 구분이 되지 않는다.

○ 건설현장 중에서 갑, 을 건설현장은 완공되어 건축주에게 인도하였고, 병 건설현장은 아직 준공되지 않았다.

○ 인도(매출)한 총금액 ₩ 200,000,000이다.

풀이 1) 금액기준 제조간접비 배부율

직접재료비기준 : $\dfrac{\text{총 제조간접비 ₩ 58,000,000}}{\text{직접재료비 ₩ 75,000,000}} = 0.77$

직접노무비기준 : $\dfrac{\text{총 제조간접비 ₩ 58,000,000}}{\text{직접노무비 ₩ 23,500,000}} = 2.47$

직접원가기준 : $\dfrac{\text{총 제조간접비 ₩ 58,000,000}}{\text{직접원가 ₩ 98,500,000}} = 0.59$

(주) 배부율은 각각의 조업도 단위당 제조간접비 금액 또는 비율을 의미한다.

2) 수량기준 제조간접비 배부율

직접노동시간기준 : $\dfrac{\text{총 제조간접비 ₩ 58,000,000}}{\text{직접노동시간 721 시간}} = \text{₩ 80,443.83 / 시간당}$

설비가동시간기준 : $\dfrac{\text{총 제조간접비 ₩ 58,000,000}}{\text{설비가동시간 1,435 시간}} = \text{₩ 40,418.12 / 시간당}$

(주) 배부율은 각각의 조업도(직접노동시간 또는 설비가동시간) 단위당 제조간접비 금액을 의미한다.

3) 직접원가기준 배부율을 적용한 제조간접비 배부

구분	갑 건설현장	을 건설현장	병 건설현장	합계
직접재료비	₩ 35,000,000	₩ 25,000,000	₩ 15,000,000	₩ 75,000,000
직접노무비	₩ 10,000,000	₩ 9,000,000	₩ 4,500,000	₩ 23,500,000
직접원가	₩ 45,000,000	₩ 34,000,000	₩ 19,500,000	₩ 98,500,000
현장별배부액	₩ 26,497,462	₩ 20,020,305	₩ 11,482,233	₩ 58,000,000

4) 작업현장별 제조원가명세서

구분	갑 건설현장	을 건설현장	병 건설현장	합계
직접재료비	₩ 35,000,000	₩ 25,000,000	₩ 15,000,000	₩ 75,000,000
직접노무비	₩ 10,000,000	₩ 9,000,000	₩ 4,500,000	₩ 23,500,000
제조간접비	₩ 26,497,462	₩ 20,020,305	₩ 11,482,233	₩ 58,000,000
제조(건설)비용	₩ 71,497,462	₩ 54,020,305	₩ 30,982,233	₩ 156,500,000
기말재공품	₩ 0	₩ 0	₩ 30,982,233 (*)	₩ 30,982,233
제조(건설)원가	₩ 71,497,462	₩ 54,020,305	₩ 0	₩ 125,517,767

5) 매출총이익 산출

매출액 ₩ 200,000,000 - 건설원가(=매출원가) ₩ 125,517,767
= 매출총이익 ₩ 74,482,233

(*) 개별원가계산에서는 기말재공품을 평가하는 별도의 절차가 필요하지 않으며, 완성되지 않은 병 건설현장의 원가 전액이 기말재공품이다.

(주) 완공된 것은 전량 인도하였으므로 기말제품재고는 없다. 따라서 제조(건설)원가가 곧 매출원가가 된다.

제2절 제조간접비 배분

1. 제조간접비 배분 방법

일반적인 제조 기업들은 생산관련 조직에서 직접 제품을 생산하는 부문(제조부문)과 이들 제조부문에 대하여 서비스나 용역을 제공하는 등의 지원업무를 담당하는 부문(보조부문)으로 구성되어 있다. 생산과 관련되는 모든 조직은 제품의 제조에 직접 참여하든 또는 간접적으로 참여하든 제조간접비를 발생시키게 된다. 직접재료비와 직접노무비의 경우에는 개별 제품으로의 추적이 가능하지만 제조간접비는 추적이 불가능하므로 특정한 방법에 의하여 배분하는 절차가 필요하다.

배분의 절차로서 보조부문에서 발생한 제조간접비를 먼저 제조부문으로 배부한다. 이는 보조부문에서 발생한 제조간접비는 개별 제품의 생산과 원가 발생간의 인과관계를 증명하기 곤란하기 때문이다. 보조부문에서 제조부문으로 배분된 제조간접비와 처음부터 제조부문에서 발생한 제조간접비를 합하여 최종적으로 개별 제품 또는 작업으로 배부한다. 이를 그림으로 표시하면 다음과 같다.

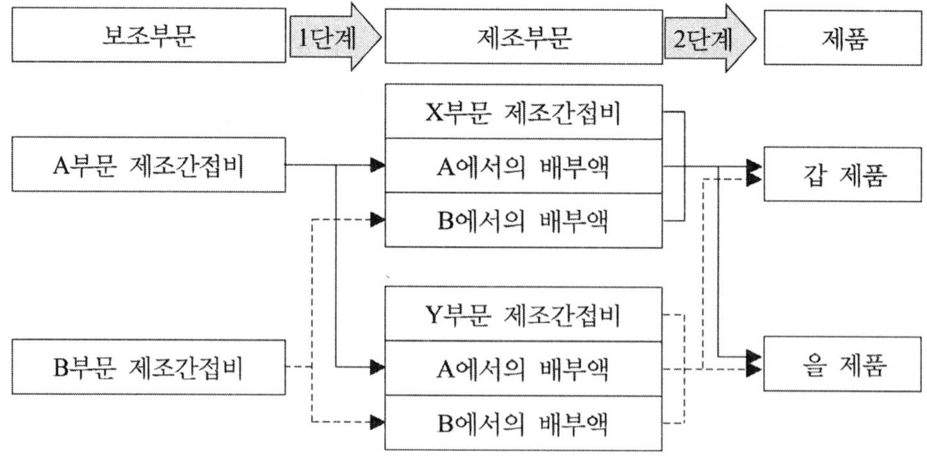

[제조간접비의 배부 과정]

원가계산의 과정 중 제조간접비의 배분 등에서 원가배분(cost allocation)이라는 용어와 원가배부(cost application)라는 용어를 사용한다. 원가배분이란 좀 더 포괄적인 개념으로서 개별 제품 또는 작업에 원가를 배부하는 절차를 통칭하는 의미이며 원가배부는 원가의 배부 대상인 개별 제품 또는 작업에 원가를 최종적으로 배부하는 의미로 사용된다. 실무적으로는 용어에 대하여 지나치게 구속될 필요는 없을 것으로 보인다.

2. 제조부문으로의 배분

전술한 바와 같이 제조간접비를 배분하는 1단계 절차로서 보조부문에서 발생한 제조간접비를 제조부문으로 배분한다. 제조부문으로의 배분을 위해서는 먼저 보조부문에서 발생한 제조간접비를 집계(accumulation)하고 그 후 배부기준에 따라 제조부문으로 배분하는 절차를 거친다.

2.1 제조간접비의 집계

제조간접비를 각각의 개별부문 단위로 집계할 수 있다면 별다른 문제가 없겠지만 일반적으로 그러한 경우는 많지 않다. 각각의 개별부문 단위로 개별 집계가 가능한 항목도 있지만 그렇지 않은 경우도 많이 있기 때문이다. 따라서 이런 문제를 해결하기 위하여 제조간접비를 부문개별비와 부문공통비로 나누는 작업이 선행되어야 한다. 부문개별비는 개별부문 단위별로 집계가 가능한 제조간접비이며 부문공통비는 개별부문 단위별로 집계가 불가능한 공장 전체의 제조간접비이다. 이러한 부문공통비는 전체 발생금액에서 합리적으로 결정된 배부기준을 적용하여 각 개별부문으로 집계한다. 부문공통비를 개별부문별로 배분하는 기준은 원가의 발생요인과 가장 인과관계가 깊은 기준을 선정하는 것이 가장 중요하다. 다만, 구성원들이 일반적으로 인정할 수 있는 공평성, 공정성, 수혜기준, 부담능력 등을 적절히 고려하여 결정할 수 있다. 이러한 배부기준의 선정은 구성원들이 합리적이라고 인정할 때 유용성은 높아진다. 부문공통비의 배부기준은 단지 원가를 계산하기 위한 절차에만 머무는 것이 아니라 각 책임중심점의 성과평가에 직접적으로 영향을 미치기 때문이다. 일반적으로 사용하는 부문공통비의 배부기준을 예시하면 다음과 같으며 이 배분기준은 하나의 예시에 불과하므로 실무적으로는 기업의 상황을 고려하여 적절한 배부기준을 결정하여야 한다.

원가항목	배부기준
전력비	설비별 전력용량 × 가동시간
감가상각비	유형자산의 가액 및 내용년수
세금과공과	인원수, 면적 등
보험료	설비의 대수, 면적 등

이와 같이 부문공통비의 배부기준이 결정되면 부문개별비는 직접 집계하고 부문공통비는 각 보조무분별로 배부하여 집계한다. 제조간접비의 배부집계표 양식의 예시는 다음과 같다.

구분	합계	보조부문		제조부문		
		A	B	X	Y	Z
부문개별비						
○○ 비	×××	×××	×××	×××	×××	×××
×× 비	×××	×××	×××	×××	×××	×××
부문공통비						
○○ 비	×××	×××	×××	×××	×××	×××
×× 비	×××	×××	×××	×××	×××	×××
합계	×××	×××	×××	×××	×××	×××

예시 제조간접비 배부집계표 작성

○ 제조간접비 발생 현황

항목	금액	비고
전력비	₩ 15,000,000	부문공통비
복리후생비	₩ 3,000,000	부문공통비
여비교통비	₩ 2,000,000	
통신비	₩ 1,800,000	
감가상각비	₩ 25,000,000	부문공통비
보험료	₩ 1,300,000	
세금과공과	₩ 1,000,000	
합계	₩ 49,100,000	

○ 개별부문비 집계결과

항목	합계	A 보조부	B 보조부	X 제조부	Y 제조부
여비교통비	₩ 2,000,000	₩ 200,000	₩ 100,000	₩ 800,000	₩ 900,000
통신비	₩ 1,800,000	₩ 350,000	₩ 550,000	₩ 500,000	₩ 400,000
보험료	₩ 1,300,000	₩ 160,000	₩ 130,000	₩ 550,000	₩ 460,000
세금과공과	₩ 1,000,000	₩ 100,000	₩ 150,000	₩ 430,000	₩ 320,000

○ 공통비 배부기준

항목	배부기준	A 보조부	B 보조부	X 제조부	Y 제조부
전력비	가동시간	50 hr	150 hr	450 hr	350 kr
복리후생비	인원수	8 명	4 명	36 명	32 명
감가상각비	면적	35 ㎡	55 ㎡	650 ㎡	510 ㎡

○ 공통비 배부율

항목	배부율산출	배부율
전력비	₩ 15,000,000 ÷ 1,000 hr	₩ 15,000 / hr
복리후생비	₩ 3,000,000 ÷ 80 명 .	₩ 37,500 / 명
감가상각비	₩ 25,000,000 ÷ 1,250 ㎡	₩ 20,000 / ㎡

풀이 ○ 제조간접비 배부집계표

구분	합계	보조부문		제조부문	
		A 보조부	B 보조부	X 제조부	Y 제조부
부문개별비					
여비교통비	₩ 2,000,000	₩ 200,000	₩ 100,000	₩ 800,000	₩ 900,000
통신비	₩ 1,800,000	₩ 350,000	₩ 550,000	₩ 500,000	₩ 400,000
보험료	₩ 1,300,000	₩ 160,000	₩ 130,000	₩ 550,000	₩ 460,000
세금과공과	₩ 1,000,000	₩ 100,000	₩ 150,000	₩ 430,000	₩ 320,000
부문공통비					
전력비	₩ 15,000,000	₩ 750,000	₩ 2,250,000	₩ 6,750,000	₩ 5,250,000
복리후생비	₩ 3,000,000	₩ 300,000	₩ 150,000	₩ 1,350,000	₩ 1,200,000
감가상각비	₩ 25,000,000	₩ 700,000	₩ 1,100,000	₩ 13,000,000	₩ 10,200,000
합계	₩ 49,100,000	₩ 2,560,000	₩ 4,430,000	₩ 23,380,000	₩ 18,730,000

2.2 보조부문에서 제조부문으로 배분

각 부문별로 제조간접비를 집계한 후 보조부문의 제조간접비는 제조부문으로 대체하여야 한다. 제조부문으로 대체하는 방법은 보조부문 상호간에 어떤 형태로 업무적 관련성을 갖느냐에 따라 달라진다. 보조부문 상호간에 전혀 업무적 연관성이 없는 경우에 적용하는 직접배분법, 보조부문 상호간의 업무 관련성에 있어서 일방의 보조부문이 타방의 보조부문에 용역을 제공하는 경우에 적용하는 단계배분법, 보조부문 상호간의 업무 관련성을 고려하는 상호배분법이 있다.

1) 직접배분법

직접배부법(direct method)은 보조부문 상호간 업무의 관련성이 전혀 없거나 있다고 하더라도 무시할 정도인 경우 또는 원가배분의 편의를 위해 보조부문의 제조간접비를 배부기준에 따라 제조부문에 직접 배부하는 방법이다.

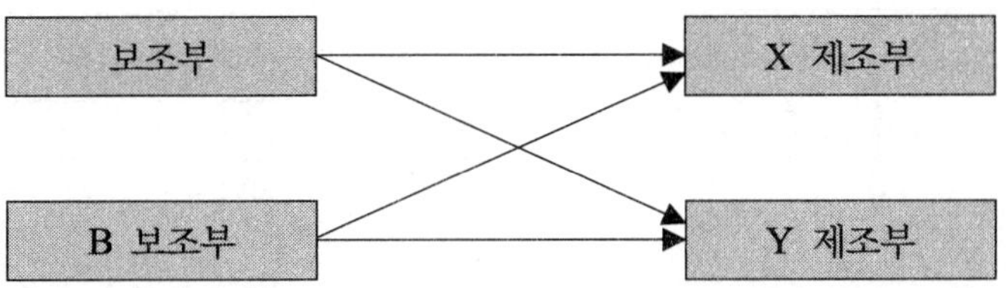

2) 단계배분법

단계배부법(step method)은 특정 보조부문의 제조간접비를 제조부문의 제조간접비와 다른 보조부문의 제조간접비로 배부한 다음, 배부 받은 보조부문에서 자신의 제조간접비와 함께 일괄하여 제조부문으로 다시 배부하는 방법이다. 이 방법은 보조부문 상호간에 용역이나 서비스의 제공이 이루어지는 경우에 적합한 방법이다. 점선부분은 해당 보조부와 다른 보조부는 상호 관련성이 없기 때문에 다른 보조부로 배부하지 않고 제조부문으로 직접 배부하는(직접배분법) 제조간접비를 의미한다.

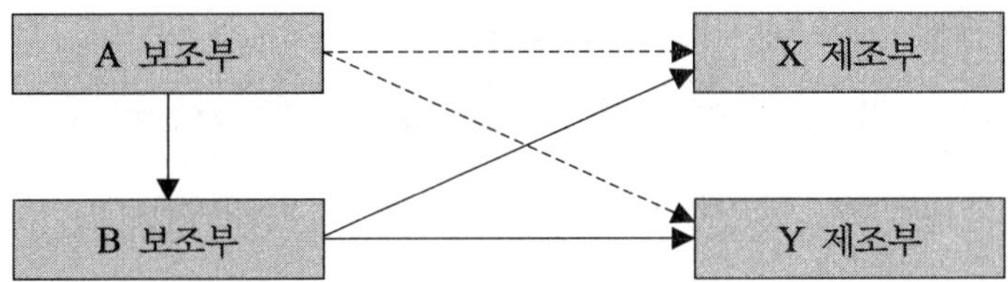

3) 상호배분법

상호배분법(reciprocal method)은 보조부문 상호간에 용역이나 서비스의 제공이 이루어지는 경우에 적합한 방법으로써 이론적으로 가장 우수한 반면 실무적으로 적용하는데 많은 불편이 존재한다. 또 상호배분법은 연립방정식을 이용하여 계산하여야 한다. 보조부문의 총원가는 다음의 산식을 이용하여 모든 보조부문의 총원가를 계산하면 연립방정식에 의거하여 각각 상호 대체되는 금액을 도출할 수 있다.

총원가 = 자신의 발생 제조간접비 + 타 보조부문에서 대체되는 금액 = 자신의 제조간접비 + (타 보조부문 제조간접비 × 배부율)

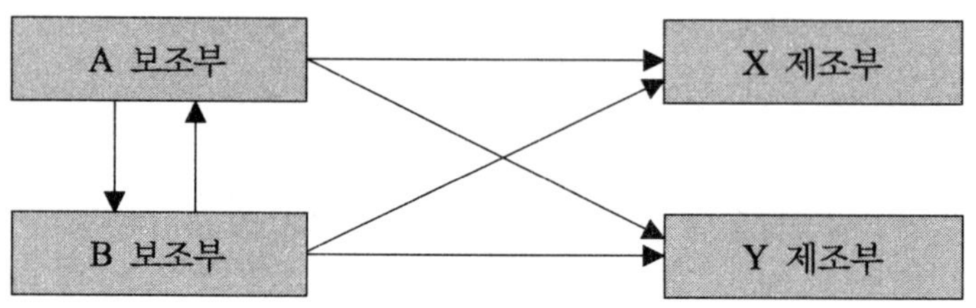

예시 보조부문 제조간접비를 제조부문으로 배분

○ 제조간접비 관련 자료

항목	A 보조부	B 보조부	X 제조부	Y 제조부
제조간접비	₩ 4,000,000	₩ 5,000,000	₩ 8,000,000	₩ 9,000,000
A 보조부	-	300 hr	400 hr	600 hr
B 보조부	50 명	-	150 명	350 명

○ 직접배부법에 의한 제조부로의 배분

항목	A 보조부	B 보조부	X 제조부	Y 제조부
제조간접비	₩ 4,000,000	₩ 5,000,000	₩ 8,000,000	₩ 9,000,000
A 보조부	₩Δ4,000,000(*)		₩ 1,600,000	₩ 2,400,000
B 보조부		₩Δ5,000,000(**)	₩ 1,500,000	₩ 3,500,000
합계	-	-	₩ 11,100,000	₩ 14,900,000

(*) A 보조부의 제조간접비 배부는 시간을 기준으로 X 제조부와 Y 제조부에 배분(400 hr : 600 hr)한다.

(**) B 보조부의 제조간접비 배부는 인원을 기준으로 X 제조부와 Y 제조부에 배분(150 명 : 350명)한다.

풀이 ㅇ 단계배부법

항목	A 보조부	B 보조부	X 제조부	Y 제조부
제조간접비	₩ 4,000,000	₩ 5,000,000	₩ 8,000,000	₩ 9,000,000
A 보조부	₩Δ4,000,000(*)	₩ 923,077	₩ 1,230,769	₩ 1,846,154
B 보조부		₩Δ5,923,077(**)	₩ 1,776,923	₩ 4,146,154
합계	-	-	₩ 11,007,692	₩ 14,992,308

(*) A 보조부의 제조간접비 배부는 시간을 기준으로 B 보조부와 X 제조부 및 Y 제조부에 배분(300 hr : 400 hr : 600 hr)한다.

(**) B 보조부는 A 보조부로부터 대체받은 금액과 자신(B)의 제조간접비를 합산하여 일괄적으로 제조간접비 배부는 인원을 기준으로 X 제조부와 Y 제조부에 배분(150 명 : 350명)한다.

ㅇ 상호배분법

상호배분법을 적용하기 위해서는 우선 연립방정식을 이용하여 A보조부와 B보조부의 제조간접비를 계산하여야 한다.

A 보조부 총제조간접비

= ₩ 4,000,000 + (B 사업부 제조간접비 × 50명 ÷ 550 명)

= ₩ 4,000,000 + (B × 0.09)

B 보조부 총제조간접비

= ₩ 5,000,000 + (A 사업부 제조간접비 × 300 hr ÷ 1,300 hr)

= ₩ 5,000,000 + (A × 0.23)

⇒ A 보조부의 총제조간접비 = ₩ 4,550,000

⇒ B 보조부의 총제조간접비 = ₩ 6,050,000

항목	A 보조부	B 보조부	X 제조부	Y 제조부
제조간접비	₩ 4,000,000	₩ 5,000,000	₩ 8,000,000	₩ 9,000,000
A 보조부	₩Δ4,550,000(*)	₩ 1,050,000	₩ 1,400,000	₩ 2,100,000
B 보조부	₩ 550,000	₩Δ6,050,000(**)	₩ 1,650,000	₩ 3,850,000
합계	-	-	₩ 11,050,000	₩ 14,950,000

(*) A 보조부의 제조간접비 배부는 연립방정식에 의해 산출한 총제조간접비를 시간 기준으로 B 보조부와 X 제조부 및 Y 제조부에 배분(300 hr : 400 hr : 600 hr)한다.

(**) B 보조부의 제조간접비 배부는 연립방정식에 의해 산출한 총제조간접비를 인원 기준으로 A 보조부와 X 제조부 및 Y 제조부에 배분(50 명 : 150 명 : 350명)한다.

3. 개별제품으로의 배분

보조부문의 제조간접비를 제조부문으로 배분하는 과정이 완료되면 제조간접비 배분의 2단계 과정으로 진행된다. 제조부문에서는 보조부문으로부터 배부 받은 금액과 제조부문 자신에 이미 배부되어 있는 제조간접비를 합산하여 개별 제품 또는 작업에 대하여 배분하는 과정을 수행한다.

제조부문에 배부된 제조간접비를 개별 제품 또는 작업에 배분할 때 적용하는 배부기준은 제1절에서 설명한 바와 같이 금액을 기준으로 하는 경우와 수량(시간)을 기준으로 하는 경우가 있다. 금액을 기준으로 하는 경우에는 직접재료비 기준, 직접노무비 기준, 직접원가 기준이 있으며, 수량을 기준으로 하는 경우에는 설비가동시간 기준, 직접 노동시간 기준 등이 있다. 제조간접비의 배부율을 결정하는 것은 중요한 사안인 만큼 다시 그 산식을 표시한다.

$$\text{제조간접비 배부율} = \frac{\text{총제조간접비}}{\text{배부기준}}$$

$$\text{제조간접비 배부액} = \text{개별제품의 배부기준} \times \text{제조간접비 배부율}$$

그런데 일반적으로 제조기업의 경우 제조부문(production department)은 복수의 제조부문(공정, process)을 거쳐서 최종 제품이 완성되는 경우가 많다. 그러한 경우 각 공정들의 특성으로 인하여 원가를 발생시키는 요인인 원가동인(cost driver)이 다를 수 있다. 가령, 사출제품을 생산하는 경우 사출기를 사용하기 때문에 기계의 가동시간이 중요한 요소인 반면 검사공정이나 포장공정은 수작업에 의해 이루어져 직접 노동시간이 중요한 원가동인이 된다. 이처럼 제조간접비의 배부기준을 하나로 통일하여 정하기 어려운 경우도 많이 있으므로 부문별로 제조간접비 배부율을 결정할 것인지 아니면 공장 전체의 제조간접비 배부율을 결정할 것인지에 대한 검토가 이루어져야 한다.

3.1 공장 전체의 제조간접비 배부율

공장 전체의 제조간접비 배부율(plant-wide overhead rate)을 사용하는 경우란 개별 부문별 특성을 고려하지 않고 동일 공장에서는 하나의 배부기준만을 사용하는 것을 말한다. 이러한 방법을 사용하는 경우에는 제조부문뿐 만 아니라 보조부문을 포함한 공장 전체의 제조간접비를 사용하기 때문에 전술한 보조부문의 제조간접비를 제조부문에 배분하는 절차를 수행할 필요가 없다. 어떤 방법을 사용하더라도 공장 전체의 제조간접비 총액은 동일하기 때문이다. 공장 전체의 제조간접비 배부율을 산출하는 방법은 공장 전체의 제조간접비를 대상으로 하므로 다음과 같은 산식으로 표현할 수 있다.

$$\text{공장전체 제조간접비 배부율} = \frac{\text{공장전체 제조간접비}}{\text{공장전체 배부기준}}$$

공장 전체 제조간접비 배부율을 사용하는 방법은 정확하지는 않지만 계산상의 편리함과 경제성 등으로 특히 중소기업에서 많이 사용한다.

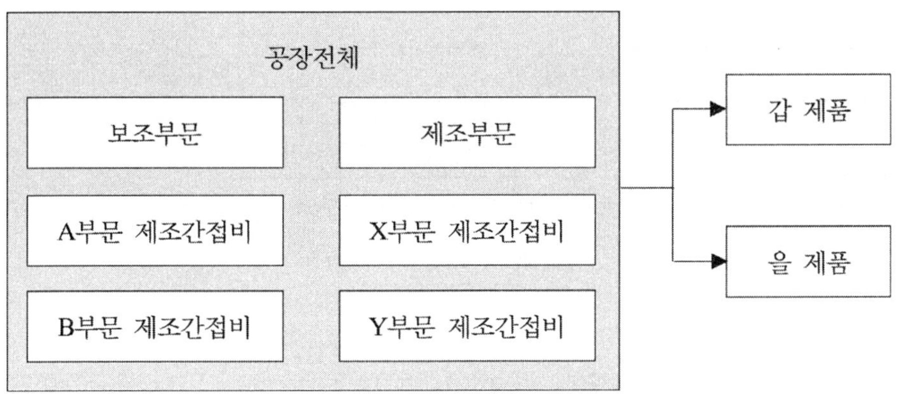

[공장 전체 제조간접비 배부율 산출 과정]

3.2 부문별 제조간접비 배부율

공장 전체의 제조간접비 배부율을 사용하면 개별부문이 가진 공정상의 특징을 반영하지 못하는 단점이 있다. 이러한 단점을 보완하기 위하여 부문별 제조간접비 배부율(departmental overhead rate)을 사용한다. 개별부문별 특성을 원가의 동인으로 보아 부문별 제조간접비 금액을 배부기준으로 나누어 배부율을 결정하며 산식으로 표현하면 다음과 같다.

$$\text{부문별 제조간접비 배부율} = \frac{\text{부문별 제조간접비}}{\text{부문별 배부기준}}$$

부문별 제조간접비 배부율을 사용하기 위해서는 전술한 바와 같이 보조부문의 제조간접비를 제조부문의 제조간접비로 배분하는 절차를 수행하여야 한다. 보조부문의 제조간접비를 제조부문으로 배분하는 방법에서도 직접배분법, 단계배분법, 상호배분법에 따라 부문별로 배부되는 제조간접비의 금액에 차이가 발생하므로 어떤 방법을 사용할 것인지에 대한 검토가 필요하다. 부문별 제조간접비 배부율을 산출하는 과정을 그림으로 표현하면 다음과 같으며 이는 전술한 제조간접비 배부과정의 그림과 동일한 형태를 띤다.

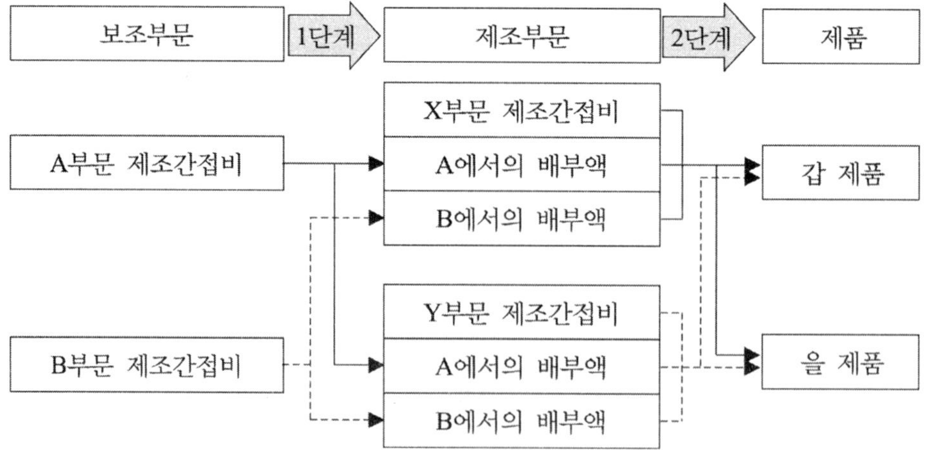

[부문별 제조간접비 배부율 산출 과정]

이처럼 공장 전체의 제조간접비 배부율을 적용할 것인지와 부문별 제조간접비 배부율을 사용할 것인지에 따라 배부금액이 차이가 발생하며, 부문별 제조간접비 배부율을 사용하더라도 배부 방법에 따라 금액에 차이가 있으므로 구성원들이 공감하는 방법을 사용하는 것이 현명할 것이다.

예시 공장 전체 제조간접비 배부율 산출

- 앞의 예시자료 제조간접비 발생총액 : ₩ 26,000,000
- 배부기준 : 작업시간 기준 (총 1,000 hr)
- X 사업부 작업시간 : 400 hr, Y 사업부 작업시간 : 600 hr

풀이

- 공장 전체의 제조간접비 배부율을 산출하기 때문에 보조부문의 작업시간 등은 고려 대상이 아니다.
- 공장전체 제조간접비 배부율 $= \dfrac{₩\,26{,}000{,}000}{1{,}000\ \text{시간}} = ₩\,26{,}000/\text{시간당}$
- X 사업부 제조간접비 : 400 hr × ₩ 26,000 = ₩ 10,400,000
- Y 사업부 제조간접비 : 600 hr × ₩ 26,000 = ₩ 15,600,000

연습문제

2-2. (주)하진의 다음 자료를 기초로 물음에 답하라.

1) 보조부문 제조간접비를 직접배분법, 단계배분법, 상호배분법에 의하여 A 보조부는 kw, B 보조부는 인원 기준으로 제조부문에 배분하라.

2) 직접배분법에 의하여 산출한 제조부문의 최종적인 제조간접비를 부문별로 배분하라. 단, X 제조부는 기계가동시간, Y 제조부는 직접노동시간을 기준으로 배분하라.

3) 위 2)의 배분방법에 따라 제품별 제조원가를 산출하라.

○ 제조간접비 관련 자료

항목	A 보조부	B 보조부	X 제조부	Y 제조부
제조간접비	₩ 500,000	₩ 300,000	₩ 900,000	₩ 700,000
A 보조부	-	150 kw	200 kw	250 kw
B 보조부	35 명	-	75 명	65 명
기계가동시간	-	-	750 시간	500 시간
직접노동시간	-	-	200 시간	300 시간

○ 제조활동과 관련한 자료

항목	갑 제품	을 제품	병 제품	합계
직접재료비	₩ 2,000,000	₩ 1,500,000	₩ 1,800,000	₩ 5,300,000
직접노무비	₩ 900,000	₩ 700,000	₩ 850,000	₩ 2,450,000
기계가동시간				
X 제조부	300 시간	200 시간	250 시간	750 시간
Y 제조부	180 시간	150 시간	170 시간	500 시간
직접노동시간				
X 제조부	80 시간	70 시간	50 시간	200 시간
Y 제조부	90 시간	110 시간	100 시간	300 시간

풀이 1) 보조부문 제조간접비의 제조부문 배분

○ 직접배분법

항목	A 보조부	B 보조부	X 제조부	Y 제조부
제조간접비	₩ 500,000	₩ 300,000	₩ 900,000	₩ 700,000
A 보조부	₩Δ500,000		₩ 222,222	₩ 277,778
B 보조부		₩Δ300,000	₩ 160,714	₩ 139,286
합계	-	-	₩ 1,282,936	₩ 1,117,064

○ 단계배부법

항목	A 보조부	B 보조부	X 제조부	Y 제조부
제조간접비	₩ 500,000	₩ 300,000	₩ 900,000	₩ 700,000
A 보조부	₩Δ500,000	₩ 125,000	₩ 166,667	₩ 208,333
B 보조부		₩Δ425,000	₩ 227,679	₩ 197,321
합계	-	-	₩ 1,294,346	₩ 1,105,654

○ 상호배분법

상호배분법을 적용하여기 위해서는 우선 연립방정식을 이용하여 A보조부와 B

보조부의 제조간접비를 계산하여야 한다.

A 보조부 총제조간접비

= ₩ 500,000 + (B 사업부 제조간접비 × 35명 ÷ 175 명)

= ₩ 500,000 + (B × 0.20)

B 보조부 총제조간접비

= ₩ 300,000 + (A 사업부 제조간접비 × 150 kw ÷ 600 kw)

= ₩ 300,000 + (A × 0.25)

⇒ A 보조부 총제조간접비 = ₩ 589,474

⇒ B 보조부 총제조간접비 = ₩ 447,369

항목	A 보조부	B 보조부	X 제조부	Y 제조부
제조간접비	₩ 500,000	₩ 300,000	₩ 900,000	₩ 700,000
A 보조부	₩Δ589,474	₩ 147,369	₩ 196,491	₩ 245,614
B 보조부	₩ 89,474	₩Δ447,369	₩ 191,729	₩ 166,166
합계	-	-	₩ 1,288,220	₩ 1,111,780

2) 부문별 제조간접비의 산출

○ 직접배분법에 의한 제조부문 제조간접비 : 문제 1)에 의한 금액

○ X 제조부의 제조간접비 배부율

$$= \frac{₩ 1,282,936}{\text{기계가동시간 } 750\text{시간}} = ₩ 1,710.58/\text{시간당}$$

○ Y 제조부의 제조간접비 배부율

$$= \frac{₩ 1,117,064}{\text{직접노동시간 } 300\text{시간}} = ₩ 3,723.55/\text{시간당}$$

3) 제품별 제조원가 산출

항목	갑 제품	을 제품	병 제품	합계
직접재료비	₩ 2,000,000	₩ 1,500,000	₩ 1,800,000	₩ 5,300,000
직접노무비	₩ 900,000	₩ 700,000	₩ 850,000	₩ 2,450,000
제조간접비				
X 제조부	₩ 513,175	₩ 342,116	₩ 427,645	₩ 1,282,936
Y 제조부	₩ 335,119	₩ 409,590	₩ 372,355	₩ 1,117,064
합계	₩ 3,748,294	₩ 2,951,706	₩ 3,450,000	₩ 10,150,000

제3절 활동기준원가계산

1. 활동기준원가계산의 개념

1.1 활동기준원가계산의 의의

활동기준원가계산(activity-based costing, ABC)은 제조간접비를 발생시키는 원가의 동인(cost driver)인 개별 활동을 추적하여 그 원가동인(활동)이 제품의 생산에 미치는 영향을 분석하여 제조간접비를 배분함으로써 정확하게 원가를 계산하는 방법이며 활동기준회계(activity-based accounting)라고도 한다. 전통적인 원가계산 제도는 직접재료비와 직접노무비의 비중이 높은 반면 제조간접비의 비중이 상대적으로 낮았기 때문에 제조간접비의 배분을 생산량과 조업도와의 인과관계가 높은 직접노무비, 직접 작업시간, 기계의 가동시간 등을 기준으로 배부하더라도 타당한 방법으로 인정되었다.

그러나 대규모의 설비투자, 생산방식의 자동화 및 소품종 대량생산의 체제에서 다품종 소량생산으로 생산 형태로 변화 등으로 인하여 제조간접비가 차지하는 비중이 상대적으로 점점 증가하였다. 전통적인 제조간접비의 배부는 공장 전체 또는 부문별 제조간접비를 직접노무비나 설비의 가동시간 등을 원가동인으로 하여 개별 제품 또는 작업에 배부하였으나, 활동기준원가계산에서는 공정 내에서의 활동을 구분하고 각각의 투입활동에 따라 원가를 배분한다. 따라서 제조간접비의 배분을 직접노무비나 설비 가동시간 등을 기준으로 배부하는 것이 아니라 제조간접비의 발생 원인이라 할 수 있는 활동(activity)을 배부기준으로 하여 제조간접비를 배부하는 원가계산 방법이다.

즉, 활동기준원가계산은 활동은 자원(resource)을 소비하고 제품은 활동(activity)을 소비한다는 것을 기반으로 하여 모든 원가를 활동을 중심으로 파악하고 이를 근거로 원가를 계산한다는 개념이다. 여기에서 활동이란 각종의 자원을 소비하는 공정 내의 작업이라 정의할 수 있다.

활동기준원가계산의 개념을 이해하기 위해서는 활동(activity)과 원가동인(cost

driver)이라는 개념을 먼저 이해하여야 한다.

1) 활동

활동(activity)은 원가를 발생시키는 기본적이고 일차적인 분석 단위이다. 전통적인 원가계산방법에서 중시하는 부문별 또는 제품별 단위는 이차적인 분석단위일 뿐이다. 활동은 특정한 목적을 달성하기 위하여 필요한 구체적인 행위이며 기능(function)을 보다 세분한 것이다.

2) 원가동인

원가동인(cost driver)은 원가를 발생시키거나 발생에 영향을 미치는 요소로서 각 활동의 측정치(measure of activity)이다. 전통적 원가계산에서는 제조간접비의 배분에 영향을 미치는 요인으로 직접재료비, 직접노무비, 작업시간 등 조업도가 기준이었다. 그러나 현실적으로 제조간접비의 발생에 영향을 미치는 요인은 이들 조업도뿐만 아니라 다양한 요인들이 존재한다. 활동기준원가는 조업도 이외에 기업의 경영활동 과정에서 발생하는 다양한 형태의 활동을 기준으로 제조간접비를 배분하는 원가계산방법이다.

1.2 활동기준원가계산의 등장 배경

전통적인 생산방식은 대량의 자원을 투입하여 단일 또는 소품종의 제품을 대량적 · 연속적으로 생산하는 방식이 대부분이었다. 이러한 생산체제에서는 재료비와 노무비가 원가에서 차지하는 비중이 훨씬 크고 상대적으로 제조간접비의 비중이 낮았다.

그러나 산업 내에서의 경쟁이 치열해지고 소비자의 욕구가 다양해질 뿐 아니라 생산기술이 급격하게 발달되고 산업의 구조도 소품종 대량생산에서 다품종 소량생산체제로 변화하였다. 이러한 시대적 환경의 변화에 따라 기업은 대규모의 설비 투자, 생산시설의 자동화, 생산설비의 고가화, 작업인력의 감소 등과 같은 현상이 나타나게 되었다. 그 결과 원가요소들 중에서 직접비(직접재료비나 직접노무비)보다 제조간접비가 차지하는 비중이 상대적으로 증가하게 되었고 동시에 원가의 발생이 조업도(직접노무비나 설비 가동시간 등)보다 다른 요인에 더 많은 영향을 받게 되었다.

즉, 제조간접비의 발생이 조업도(생산량)와 비례관계에 있지 않다는 것을 인식을 하게 되었고 따라서 전통적인 원가계산의 방법으로는 진정한 의미에서의 원가와 차이가 발생할 수 있고 결국에는 원가의 왜곡현상이 나타난다는 것을 인식하기에 이르렀다.

여러 종류의 개별 제품 또는 작업에 대한 원가의 계산에 있어서 어느 한 종류의 제품에 대한 원가 오류가 발생하면 다른 많은 제품의 원가에서도 자연스럽게 오류가 발생하게 된다. 이러한 현상을 제품원가의 상호 보조현상(product-cost cross-subsidization)이라고 한다. 이러한 오류를 방지하기 위해서는 공정 내의 활동을 더욱 세분화된 활동으로 분류하고, 원가의 발생과 세분화된 활동 간의 인과관계를 파악하여 인과관계가 큰 활동을 원가배분의 기준으로 결정하고자 하는 필요성이 대두되었다. 전통적인 원가계산과 활동기준원가계산의 차이점을 정리하면 다음과 같다.

구분	전통적 원가계산	활동기준 원가계산
원가계산	조업도를 위주로 하며 원가를 고정비와 변동비로 구분함	원가를 조업도에 비례하여 발생하는 원가와 활동에 비례하여 발생하는 원가로 구분함
의사결정	단기 의사결정을 위한 분석에 한정하여 이용함	장기적인 전략적 의사결정을 위한 분석에 이용함
배부율의 종류	공장 전체 또는 부분별로 동일하거나 소수의 배부율이 존재함	활동분야들이 많기 때문에 다수의 배부율이 존재함
인과관계	제조간접비의 배부기준인 조업도는 원가동인이 아닐 가능성도 있음	활동이 제조간접비의 배부기준이 되어 인과관계가 강함
배부기준의 특성	제조간접비의 배부기준은 대부분 직접노무비와 같은 재무적 측정치임	제조간접비의 배부기준은 주로 부품수, 검사횟수, 작업준비시간 등과 같은 비재무적 측정치임

원가계산의 절차적 과정인 제조간접비의 배분에 있어서도 조업도에 의한 배분과 활동기준에 의한 배분으로써 차이를 보이고 있다.

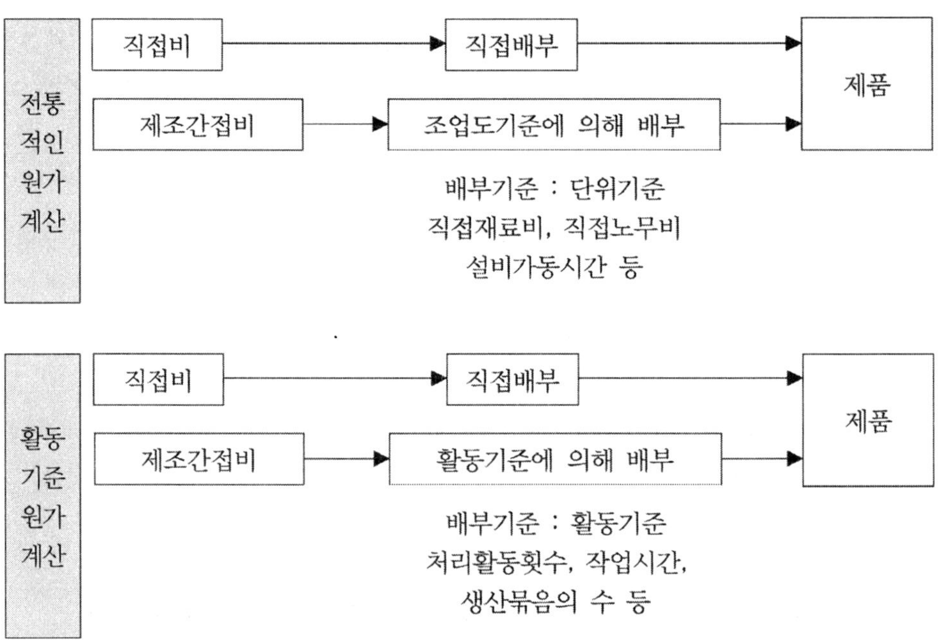

[전통적 원가계산과 활동기준 원가계산

2. 활동기준원가계산의 방법

활동기준원가계산은 공정 내의 활동을 구분하고 분석하는 활동분석으로부터 시작된다. 이어서 활동중심점을 결정하여 원가동인을 선택하고 활동별 원가를 집계한다. 이어서 활동별 원가배부율을 정한 후 제품별 원가계산을 실행하는 과정으로 진행한다.

2.1 활동의 분석

활동의 분석(activity analysis)은 제조과정을 재료처리활동, 검사활동, 제품개선활동 등의 세분화된 활동으로 구분하는 것으로서 활동을 동종의 집단으로 분류하는 것이다. 활동의 분석에서는 부가가치활동(value added activity)과 비부가가치활동(non-value added activity)으로 구분함으로써 소비자들에 대한 품질 저하 등으로 인한 영향이 없이 원가를 절감할 수 있는 방법을 찾도록 한다. 활동의 유형은 제품단위수준 활동, 묶음수준 활동, 제품유지 활동, 설비유지 활동으로 구분할 수 있다.

1) 제품단위수준 활동

제품단위수준활동(unit level activity)이란 제품 한 단위를 생산하기 위한 설비가동 활동, 직접노동 활동 등을 말한다. 제품단위수준활동과 관련한 원가는 생산수량에 따라 변동된다.

2) 묶음수준활동

묶음수준활동(batch level activity)은 제품 한 묶음(batch)을 생산할 때 발생하는 활동으로 제품의 수량과 직접적인 관계가 없이 묶음 단위로 이루어진다.

생산준비작업, 묶음별 검사작업, 재료처리 활동, 자재이동 활동 등을 말하는 것으로 생산묶음의 수에 대하여는 변동비적 성격인 반면 묶음에 포함된 제품의 단위 수량에 대해서는 고정비적 성격을 갖는다.

3) 제품유지활동

제품유지활동(product sustain level activity)은 제품의 생산 수량과는 직접 관련이 없이 특정한 제품의 생산을 위하여 발생하는 활동이다.

특정 제품의 설계, 제품의 광고활동, 제조기술의 변경, 제품 검사방법의 개선을 위한 활동 등을 말하며 제품유지활동과 관련한 원가는 제품의 종류가 많을수록 증가하는 변동비적인 성격을 갖지만 동일한 제품(제품 묶음)에 대해서는 고정비적 성격을 갖는다.

4) 설비유지활동

설비유지활동(facility sustain level activity)은 공장의 전체적인 제조 기능을 유지하기 위한 활동으로 공장 건물이나 설비의 관리, 조경 관리, 안전관리 등이 포함된다. 아래의 그림은 각 활동수준을 계층구조 개념으로 정리한 것이다.

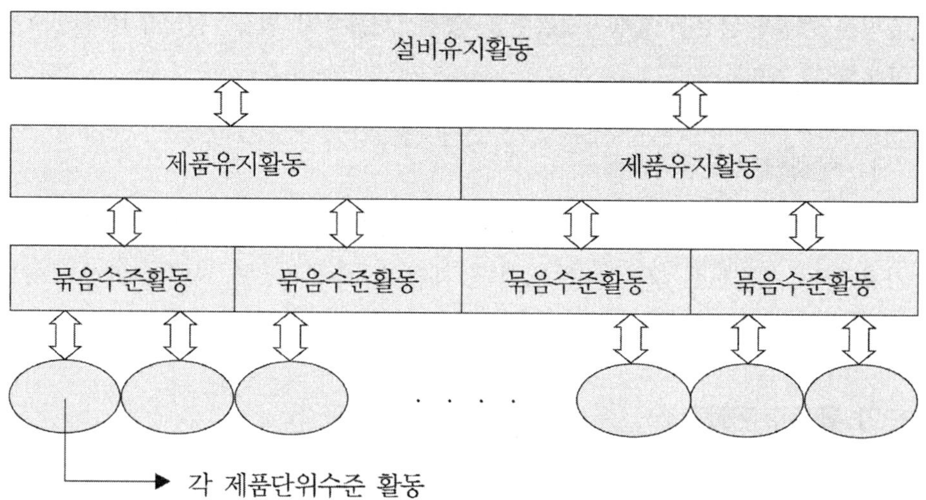

[활동수준의 계층구조]

2.2 활동분석의 원칙

활동기준원가계산을 위한 기본적인 전제로써 활동을 분석하여야 한다. 이러한 활동의 분석에는 특별히 준수되어야 할 원칙이 있다. 첫째, 활동이 가치 있는 것이 되기 위해서는 이해관계자를 만족시켜야 한다. 참여하는 구성원 모두가 공감하고 합리성을 인정하도록 하여야 한다. 둘째, 이해관계자의 만족은 곧 성공요인에 대한 파악과 적합성을 전제로 한다. 따라서 활동은 특별한 성공요인 또는 특수 업무의 요구에 적합하게 정의될 필요가 있다. 셋째, 활동은 그 활동에 대한 최선의 실제 경우와 비교되어 우위를 확보할 수 있는 가능성이 있어야 하며 만일 필요한 활동이 비효율적인 방법으로 실행되었다면 그 활동은 잠재적으로 개선을 위하여 주목되어야 할 것이다. 넷째, 시간단축 또는 이해관계자의 만족제고를 위해서는 상호 관련된 활동이 적절히 연계될 수 있도록 최적의 활동결합점(linkage of activity)을 찾아야 한다. 다섯째, 필요한 경우 활동은 적시에 알맞게 수행되어야 한다. 뒤늦게 수행된 부가가치행위는 업무에 별반 효용가치를 갖지 못하게 될 수 있다. 여섯째, 업무에서 가장 중요한 의미를 갖는 소수의 중요한 활동에 대한 우선순위를 정할 수 있어야 하고 동시에 이들 활동에 집중할 수 있는 방법을 강구하여야 한다. 이렇게 함으로써 활동을 제대로 정의하고 실행하도록 한다면 조직구성원간의 팀워크가 강화되고 조직 전체적의 성과를 최적화 할 수 있게 된다.

2.3 원가동인의 선택

원가동인(cost driver)의 선택이란 각 활동을 바탕으로 원가의 발생 요인을 찾아 선정하는 것을 말한다. 원가동인의 선택에서 고려하여야 하는 것은 원가의 발생과 각각의 활동 간에 상호 인과관계가 있어야 한다는 것이다. 원가동인의 선택에서는 과거의 자료를 이용한 회귀분석방법 등을 사용할 수 있으며 원가의 정확성과 원가동인의 측정에 수반하는 비용 등과의 관계를 고려하여 원가계산의 정확성과 경제성을 적절히 추구하여야 한다. 원가동인의 유형으로는 수행하는 활동의 횟수에 따른 거래건수동인(transaction driver), 활동에 소요되는 시간을 기준으로 하는 기간동인(duration driver), 활동에 소요되는 원가를 직접 측정하는 직접동인(intensity driver) 등이 있으며 거래건수동인은 사용하기 편리한 반면 가장 부정확한 방법이며, 직접동인이 원가계산의 정확성에서 가장 우수하지만 측정비용이 과다하게 소요된다는 단점이 있다.

2.4 활동별 원가의 집계 및 원가배부율의 산출

제조간접비를 각 활동별로 집계하여 동종의 원가집단(homogeneous cost pool)을 구성한다. 원가집단별 제조간접비를 원가동인의 수량으로 나누어 원가집단별 제조간접비 배부율을 결정한다. 그런데 모든 제조간접비가 각 활동수준별로 명확하게 구분되지 않는 경우가 많이 있다. 이런 경우에는 전체 제조간접비를 각 활동별로 배부하는 사전 절차가 필요하다. 또 설비유지활동과 관련한 원가는 실무적으로 원가배부기준과의 인과관계를 정확하게 파악하기 어렵기 때문에 제조원가에 포함하지 않고 기간비용으로 처리하는 경우도 있다. 그러나 모든 원가는 제품의 제조원가에 포함되어야 한다는 사실에 기반을 두어 직접설비가동시간 등과 같은 기준을 이용하여 개별 제품 또는 작업에 배부하기도 한다.

2.5 제품별 원가계산

원가동인별 제조간접비 배부율이 결정되면 각 원가동인에 대한 사용수량을 제품별로 파악하여 개별 제품 또는 작업별 원가계산을 실시한다. 제조간접비를 개별 제품 또는 작업에 배부하는 산식을 다음과 같다.

원가의 배부액 = 활동집단별 제조간접비 배부율 × 원가동인 사용 수량

3. 활동기준원가계산의 유용성과 한계

활동기준원가계산은 여러 관점에서 유용성과 한계를 내포하고 있다. 유용성의 관점에서는 첫째, 제품의 생산 활동 과정에서 각각의 활동별로 제조간접비를 배분함으로써 정확한 원가계산이 가능하다는 것이다. 둘째, 정확한 원가계산을 통한 원가정보를 활용함으로써 사업부별 · 제품별로 이익의 규모 및 이익의 추세 등을 파악하여 기업의 주력 사업부나 주력 제품의 선정 등과 같은 의사결정에 유용한 정보를 제공한다. 또한 성과평가의 기초자료로서의 기능을 수행한다. 특히 성과평가에 있어서는 공정성이나 구성원들의 공감성이 중요한 전제 조건이므로 이에 대한 합리적인 근거를 제공한다. 셋째, 공정가치의 분석을 통하여 부가가치활동과 비부가가치활동의 구분이 가능해짐으로써 공정의 모든 활동에 대하여 효율적인 통제가 가능하고, 제품의 품질은 유지 또는 향상시키면서 원가는 절감하는 활동기준경영(activity based management)이 가능해 진다.

이러한 유용성이 있는 반면 활동의 분석에 시간과 비용이 많이 소요된다는 점과 각각의 활동을 명확히 구분하고 정의하는 것이 쉽지 않다는 한계도 있다. 또 원가동인의 선택이 자의적이고 활동기준원가계산방법이 다품종 소량생산 및 제조간접비의 비중이 큰 기업에게만 적합한 방법이라는 한계도 있다.

연습문제

2-3. (주)하진의 다음 자료를 기초로 각 제품별 제조간접비 배부액을 구하라.

○ 제조간접비 관련 자료

활동구분	제조간접비	활동의 분류	원가동인
기계가동	₩ 12,000,000	제품단위활동	기계가동시간
직접노동	₩ 8,500,000	제품단위활동	직접작업인원
기계예열작업	₩ 3,000,000	생산단위활동	기계예열시간
재료이동	₩ 1,200,000	생산단위활동	재료이동횟수
신제품의 설계	₩ 4,500,000	제품유지활동	설계시간
건물관리	₩ 7,000,000	설비유지활동	건물보수면적
합계	₩ 36,200,000		

○ 각 제품에 대한 활동자료

구분	갑 제품	을 제품	병 제품	합계
기계가동시간	200 시간	100 시간	300 시간	600 시간
직접작업인원	30 명	60 명	80 명	170 명
기계예열시간	50 시간	70 시간	80 시간	200 시간
재료이동횟수	20 회	10 회	30 회	60 회
설계시간	60 시간	50 시간	40 시간	150 시간
건물보수면적	30 ㎡	50 ㎡	20 ㎡	100 ㎡

풀이 ○ 활동기준 제조간접비 배부율 산출

활동구분	제조간접비	활동의 분류	원가동인
기계가동	₩ 12,000,000	600 시간	₩ 20,000 / 시간
직접노동	₩ 8,500,000	170 명	₩ 50,000 / 명
기계예열작업	₩ 3,000,000	200 시간	₩ 15,000 / 시간
재료이동	₩ 1,200,000	60 회	₩ 20,000 / 회
신제품의 설계	₩ 4,500,000	150 시간	₩ 30,000 / 시간
건물관리	₩ 7,000,000	100 ㎡	₩ 70,0000 / ㎡
합계	₩ 36,200,000		

○ 제조간접비의 배부

구분	갑 제품	을 제품	병 제품	합계
기계 가동시간	₩ 4,000,000	₩ 2,000,000	₩ 6,000,000	₩ 12,000,000
직접 작업인원	₩ 1,500,000	₩ 3,000,000	₩ 4,000,000	₩ 8,500,000
기계 예열시간	₩ 750,000	₩ 1,050,000	₩ 1,200,000	₩ 3,000,000
재료 이동횟수	₩ 400,000	₩ 200,000	₩ 600,000	₩ 1,200,000
설계시간	₩ 1,800,000	₩ 1,500,000	₩ 1,200,000	₩ 4,500,000
건물 보수면적	₩ 2,100,000	₩ 3,500,000	₩ 1,400,000	₩ 7,000,000
합계	₩ 10,550,000	₩ 11,250,000	₩ 14,400,000	₩ 36,200,000

Chapter 3

종합원가계산

제1절 종합원가계산의 개념

1. 종합원가계산의 의의

1.1 종합원가계산의 의의

종합원가계산(process costing)은 대량 · 연속 생산되는 업종에 적합한 원가계산방법으로 동종의 제품에 대해 공정이나 부문별로 원가를 집계한 후 집계된 원가를 각 공정(process)에서 생산된 제품에 균등하게 배부하여 단위당 원가를 계산하는 공정중심의 원가계산방법이다. 즉, 일정기간 동안 제조 활동에 소비된 총원가를 집계하여 완성품 수량(완성품 환산량)으로 나누어 단위당 제조원가를 산출하는 원가계산방법이다. 실무적으로는 원가계산의 기간을 보통 1개월 단위로 하는 것이 일반적이다.

종합원가계산은 표준화된 생산과정을 의미하는 공정을 중심으로 원가계산이 이루어지며 생산되는 제품을 개별적으로 분리하기 어려운 경우에 많이 이용된다. 따라서 생산되는 제품을 중심으로 원가계산이 이루어지는 개별원가계산과는 개념이나 절차의 관점에서 많은 차이가 있다. 예를 들어 원유 정제업자가 생산하는 정유 제품의 원가를 생각해 보면 정유제품은 연속흐름공정을 통해 생산되기 때문에 개별원가계산과 같이 정유 제품의 각 단위별로 원가를 추적하기 용이하지 않아 종합원가계산의 방법이 더 적합하다. 종합원가계산은 단일 또는 복수의 제조공정을 이용하여 생산되는 동질적인 제품의 원가계산에 적합하므로 원유 정제업을 비롯한 화학제품 제조업, 반도체 제조업, 제약업, 플라스틱 제조업 등과 같이 대량·연속생산이 가능한 산업분야에 적합하다.

1.2 종합원가계산과 기말재공품

종합원가계산이 동일 또는 유사한 제품을 대량·연속적으로 생산하는 기업에 적합한 원가계산 방법이라면 생산의 종료시점과 원가계산기간의 종료시점이 일치하지 않는 경우가 발생한다. 그러므로 원가계산 기간의 기말에는 공정 중에 있는 미완성품인 기말재공품이 존재하게 된다. 원가계산 기간의 말에 기말재공품이 없다고 하면 당해 기간의 총제조비용은 모두 완성품의 원가를 구성하지만 기말재공품이 존재한다면 총제조비용은 완성품과 기말재공품에 각각 원가를 배분하여야 한다. 따라서 기말재공품 배부액이 결정되지 않으면 완성품으로의 배부액인 당기제품제조원가를 결정할 수 없게 된다. 따라서 종합원가계산에서는 기말재공품으로 배부된 원가인 기말재공품의 평가가 매우 중요한 문제로 대두된다.

2. 종합원가계산의 특징

종합원가계산은 개별원가계산의 방법과 비교하여 여러 가지 관점에서 다른 특징을 갖고 있다. 첫째, 특정기간 동안 특정 공정에서 생산된 제품은 원가 측면에서 서로 동일하다고 가정하므로 원가를 평균개념에 의해서 산출한다. 둘째, 원가의 집계가 개별 제품 또는 작업별로 이루어지는 것이 아니라 공정별로 이루어지기 때문에 개별 작업지시서 등을 작성할 필요가 없다. 셋째, 동일제품을 연속적으로 대량 생산하지만 모든 생산 공정이 특정 원가계산의 기간 말에 종료되는 것은 아니므로 어떤 공정이든 기말시점에는 부분적으로 완성되지 않은 재공품이 존재하게 된다. 넷째, 원가통제와 성과평가가 개별 제품 또는 작업별로 이루어지는 것이 아니라 공정별로 이루어진다. 개별원가계산과 종합원가계산의 주요 차이점은 Chapter 2의 제1절에서 제시한 바와 같다.

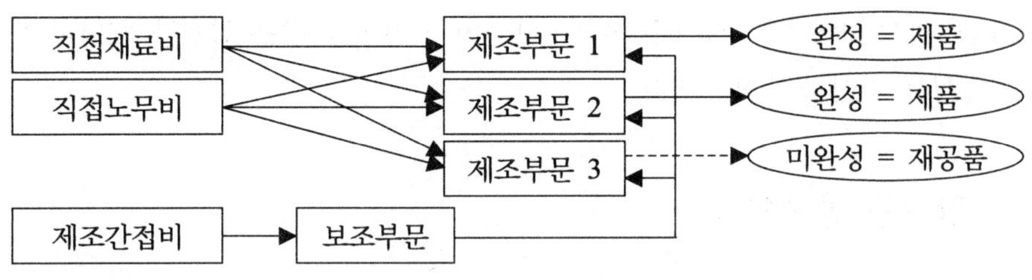

[개별원가계산 개념도]

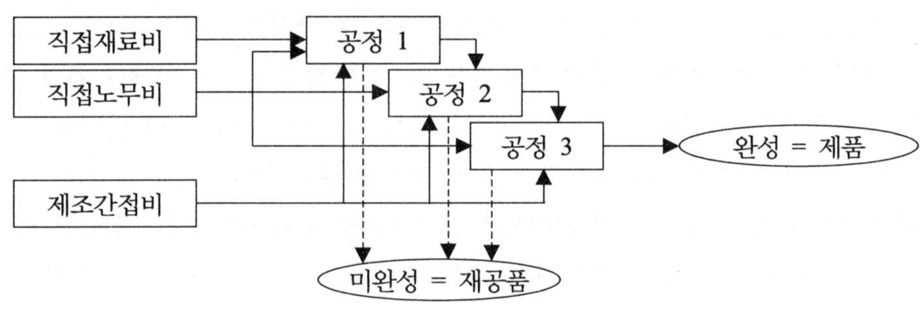

[종합원가계산 개념도]

종합원가계산의 기본 가정은 동일한 공정에서 생산한 제품은 동질적이라는데 있으므로 제품 단위당 원가는 일정기간 발생(소비)한 원가요소의 총합계에서 완성된 수량(완성품 환산량)으로 나누어 산출한다. 원가요소는 재료비와 가공비(노무비와 제조간접비)로 구분하며 각각 총생산수량으로 나누어 계산한다. 이를 산식으로 표현하면 다음과 같다.

$$\text{제품단위당 원가} = \frac{\text{직접재료비}}{\text{재료비 완성품환산량}} + \frac{\text{가공비}}{\text{가공비 완성품환산량}}$$

3. 완성품 환산량의 계산

종합원가계산은 본질적으로 일정기간 동안 발생한 원가를 같은 기간 동안 생산한 수량으로 나누어 단위당 원가를 계산하는 것이므로 생산수량(작업수량)의 개념이 매우 중요하며 생산수량이란 단순히 생산한 수량을 합계한 개념이 아니라 완성품 환산량을 의미한다.

3.1 완성품 환산량

완성품 환산량(equivalent unit of production)이란 그 기간에 투입된 모든 재료 및 비용이 최종 제품으로 완성되었다면 생산되었을 완성품 수량이다. 즉, 공정에서의 모든 노력을 완성품으로 환산하였을 경우 몇 단위가 완성되었는지를 측정한 단위이다. 전술한 바와 같이 종합원가계산은 일정기간 동안 발생한 총원가를 총 생산수량으로 나누어 단위당 원가를 계산한다. 이때 완성품 한 단위와 부분적으로 완성된 기말재공품 한 단위에 똑같이 원가를 배분해서는 안 된다. 따라서 완성된 물량(제품)과 아직 완성되지 않은 물량(재공품)에 대하여 원가를 배분할 수 있는 척도가 필요한데 그것은 기말재공품을 그 완성도에 따라 완성품으로 환산함으로써 가능해진다.

완성품 환산량과 관련하여 완성도(degree of completion)의 개념도 중요하다. 완성도는 공정도라고도 하며 원가요소를 각 공정에 투입하였으나 아직까지 생산이 완료되지 않고 공정에 남아있는 물량에 대하여 최종 완성품을 100%로 보았을 때 공정이 어느 정도 진척되었는지를 나타내는 개념이다.

완성품의 총환산량은 최종적으로 완성된 물량의 수량과 기말재공품의 물량을 완성품으로 환산한 수량을 합하여 산출하며, 기말재공품의 환산량은 기말재공품의 수량에 완성도를 곱하여 산출한다. 이를 산식으로 표현하면 다음과 같다.

완성품 총환산량 = 당기 완성품 수량 + 기말재공품의 완성품 환산량
기말재공품의 완성품 환산량 = 기말재공품 물량 × 완성도

그런데 만약 생산 공정에서 모든 원가요소의 투입정도가 동일하다면 원가요소 하나에 대한 완성도만을 측정하여 다른 원가요소의 완성도로 이용할 수 있을 것이다. 그러나 재료는 대부분 특정시점에서 일정량이 투입되지만 가공비(직접노무비와 제조간접비)는 공정이 진행되는 동안 계속하여 투입되는 것이 일반적

이므로 직접재료비의 완성도와 가공비의 완성도를 분리하여 측정하여 완성품환산량에 대한 각각의 단위당 원가를 산출한다.

$$\text{완성품환산량 단위당 직접재료비원가} = \frac{\text{총직접재료비 원가}}{\text{직접재료비 완성품환산량}}$$

$$\text{완성품환산량 단위당 가공비원가} = \frac{\text{총가공비 원가}}{\text{가공비 완성품환산량}}$$

예시 완성품환산량의 산출

- ○ 당월에 10,000개를 투입하여 생산에 착수하였다.
- ○ 당월에 최종적으로 완성된 수량은 7,000개이고 3,000개는 아직 공정 중에 있으며 완성도는 40%이다.
- ○ 재료는 공정의 초기에 전량 투입되고 가공비는 전 공정에 균등하게 투입된다.

풀이 ○ 재료비와 가공비에 대한 완성품환산량 산출

구분	물량	완성품환산량	
		재료비	가공비
완성품	7,000 개	7,000 개	7,000 개
기말재공품	3,000 개	3,000 개	1,200 개
합계	10,000 개	10,000 개	8,200 개

○ 재료비는 전량 공정의 초기에 투입되므로 기말재공품의 완성된 수량은 3,000개이지만 가공비에 대하여는 완성도가 40%이므로 1,200개가 완성품환산량이 된다. 이는 기말재공품의 실제 수량은 3,000개이지만 완성품을 기준으로 하면 완성품 1,200개와 동일한 가공비가 투입되었다는 의미이다.

3.2 완성품환산량의 단위당 원가

종합원가계산에서는 총제조원가를 완성품환산량으로 나누어 완성품환산량의 단위당 원가를 구한다. 전술한 바와 같이 완성품 총환산량은 완성품 수량과 기

말재공품의 완성품환산량의 합으로 구한다.

> 완성품환산량 단위당 원가
> = 총제조원가 ÷ (완성품 수량 + 기말재공품의 완성품 환산량)
> = 총제조원가 ÷ 완성품 환산량

완성품 환산량의 단위당 원가에 완성품 수량을 곱하여 완성품 원가를 결정하고, 기말재공품의 완성품 환산량을 곱하여 기말재공품 원가를 결정하게 된다.

> 완성품 원가 = 당기 완성품 수량 × 완성품 환산량 단위당 원가
> 기말재공품 원가 = 기말재공품 환산량 × 완성품 환산량 단위당 원가

예시 완성품환산량 및 단위당 원가의 산출

○ 위의 예시에서 원재료 투입금액이 ₩ 50,000,000이고 가공비 투입금액이 ₩ 16,400,000이다.

풀이 ○ 완성품 단위당 원가
재료비 단위당 원가 = ₩ 50,000,000 ÷ 10,000 개 = ₩ 5,000
가공비 단위당 원가 = ₩ 16,400,000 ÷ (7,000개 + 1,200개) = ₩ 2,000

구분	물량흐름	완성품환산량		합계
		재료비	가공비	
완성품	7,000 개	7,000 개	7,000 개	-
기말재공품	3,000 개	3,000 개	1,200 개(*)	-
합계	10,000 개	10,000 개(**)	8,200 개	-
당기발생원가		₩ 50,000,000	₩ 16,400,000	₩ 66,400,000
완성품환산량 단위당원가		@ ₩ 5,000	@ ₩ 2,000	@ ₩ 7,000

(*) 3,000개의 완성도가 40%이므로 3,000 개 × 40% = 1,200 개이다.
(**) 재료비는 공정의 초기에 전량 투입되므로 완성품 환산량과 무관하게 이미 투입이 완료되어 원가를 구성하였다.

○ 제품제조원가 : 7,000개 × @ ₩ 7,000 = ₩ 49,000,000
○ 기말재공품재고액 : (3,000개 × @ ₩ 5,000) + (1,200개 × @ ₩ 2,000)
= ₩ 17,400,000

4. 종합원가계산방법의 종류

표준화된 제품의 대량・연속생산이더라도 업종이나 규모에 따라서는 생산 공정이 다를 수 있다. 그리고 동일한 공정이나 동일한 설비라고 하더라도 동일 품종만을 생산하는 경우와 다른 품종을 교대로 생산하는 경우가 있을 수 있다. 이와 같이 생산형태가 상이하면 원가계산의 방법도 달라진다. 즉, 종합원가 계산방법은 동일한 공정에서 생산하는 제품의 종류, 제품별 원가 부담 방법, 생산 공정의 수, 생산 공정에 집계되는 원가요소의 범위 등에 따라 다음과 같이 분류할 수 있다.

구분	종합원가계산의 종류
생산 공정의 수	단순종합원가계산 : 공정이 하나 공정별종합원가계산 : 공정이 2개 이상
원가요소의 범위	전원가요소 공정별 종합원가계산 : 모든 제조원가를 공정별로 집계 가공비 공정별 종합원가계산 : 가공비만 공정별로 집계
제품의 종류	단일제품 종합원가계산, 조별 종합원가계산 등급별 원가계산(*), 연산품 원가계산(*)

(*) 등급별원가계산과 연산품원가계산은 Chapter 4에서 상세히 설명하기로 한다.

5. 종합원가계산의 유용성과 한계

종합원가계산은 대량・연속적인 제품을 제조하는 기업에 적합한 방식으로서 다음과 같은 관점에서 유용성이 있다.

첫째, 원가계산에 투입되는 시간과 비용을 절약할 수 있다. 개별원가계산에 비하여 제조간접비의 배부문제가 없고 원가자료의 파악절차가 간단하므로 시간과 비용이 절약된다.

둘째, 원가관리 및 통제가 제품별이 아닌 공정이나 부문별로 수행되므로 원가에 대한 책임중심점이 명확하다.

이러한 유용성과 함께 종합원가계산이 가진 한계도 있다.

첫째, 상세한 원가정보를 획득하는데 어려움 있다. 개별 제품 또는 작업별로 원가가 집계되지 않고 전체 공정을 대상으로 원가정보를 파악하기 때문에 지나치게 단순화되어 상세한 원가정보를 획득할 수 있는 방법이 없다.

둘째, 동일한 공정에서 생산된 제품의 원가는 동일하다는 가정이 현실적으로 부적합할 수 있다. 동일 공정에서 생산한 제품의 원가가 서로 동일하다는 가정은 항상 성립하는 것은 아니며 기말재공품의 완성도 측정에서도 원가 담당자의 주관이 개입될 소지가 많다.

셋째, 다양한 제품을 생산하는 경우에는 필연적으로 원가의 배분이 필요한데 이 경우 정확한 평균원가를 계산하기가 더욱 어려워진다.

넷째, 실제원가의 계산에 어려움이 따른다. 즉, 각 공정에서 발생한 실제원가를 기초로 종합원가계산을 하게 되므로 원가계산 기간의 종료시점까지 원가를 결정할 수 없으므로 이미 완성된 제품이라도 원가계산을 할 수 없다. 그러나 어떤 원가계산방법도 완전무결한 것은 없다. 따라서 각각의 원가계산방법이 가진 유용성과 한계를 인식하고 기업에 가장 적합한 원가계산시스템을 구축하기 위한 노력이 필요하다.

연습문제

3-1. 종합원가계산과 관련한 다음의 각 질문에 답하라.

1) 종합원가계산과 개별원가계산의 장단점을 비교하여 설명하라.

2) 종합원가계산의 유용성과 한계에 대하여 설명하라.

3) 다음 자료에 의하여 완성품환산량 및 완성품환산량 단위당원가를 산출하여 제조원가보고서를 작성하라.

- 기초재공품은 없고 당기 투입량은 20,000 kg이며 당기 완성 수량은 15,000 kg이다.
- 기말재공품 수량 : 5,000 kg (완성도 : 70%)
- 당기 직접 직접재료비 : ₩ 20,000,000
- 당기 투입 직접노무비 : ₩ 9,250,000
- 직접재료비는 공정의 초기에 전량 투입되며 가공비는 공정의 전반에 걸쳐 균등하게 투입된다.

풀이 1) ~ 2) 생략

3) 완성품환산량, 완성품환산량 단위당원가 산출 및 제조원가보고서 작성

제조원가보고서

구분	물량흐름	완성품환산량		합계
		재료비	가공비	
기초재공품	0 kg(*)			
당기투입량	20,000 kg			
합계	20,000 kg	-	-	
완성품	15,000 kg	15,000 kg	15,000 kg	
기말재공품	5,000 kg	5,000 kg	3,500 kg	
합계	20,000 kg	20,000 kg	18,500 kg	
당기발생원가		₩ 20,000,000	₩ 9,250,000	₩ 29,250,000
완성품환산량 단위당원가		@ ₩ 1,000	@ ₩ 500	@ ₩ 1,500

(*) 기초재공품이 존재하는 경우에는 물량의 흐름을 파악하는 방법에 따라 차이가 있으므로 제2절에서 상세히 설명하기로 한다.

제2절 종합원가계산의 절차와 방법

1. 종합원가계산의 절차

종합원가계산방법에서 기초재공품이 없는 경우에는 제1절에서 살펴본 바와 같이 완성품과 기말재공품의 원가계산 단계로 먼저 공정별 물량흐름 파악하고 원가요소별 완성품의 환산량을 계산한다. 다음 단계로는 원가 요소별 원가배분의 대상 금액을 파악하여 원가요소별 완성품환산량 단위당 원가를 계산함으로써 완성품 원가와 기말재공품의 원가를 계산하는 과정을 거친다. 이를 그림으로 표시하면 다음과 같다.

1단계 : 각 공정의 물량흐름을 파악한다.

2단계 : 원가요소별로 완성품환산량을 계산한다.

3단계 : 원가요소별 원가배분의 대상액을 파악한다.

4단계 : 원가요소별 완성품환산량 당위당 원가를 계산한다.

5단계 : 완성품과 기말재공품에 대한 원가를 산출한다.

[종합원가계산의 절차]

그러나 종합원가계산이 대량·연속생산이라는 생산형태와 동일 공정에서 생산하는 제품은 동질적이라는 것을 전제로 하는 원가계산방법이므로 일반적으로 기초재공품이 없는 경우는 그리 많지 않다. 기초재공품이 존재하는 경우에는 기초재공품의 원가와 당기 투입원가를 당기의 완성품과 기말재공품에 배분하는 절차가 필요하다. 이러한 배분을 위하여 물량흐름에 대한 가정이 필요하며 그러한 가정은 선입선출법에 의한 방법, 평균법에 의한 방법, 후입선출법에 의한 방법이 있다. 그러나 후입선출법에 의한 방법은 극심한 인플레이션 상황 등과 같은 특수한 경우에만 적합하므로 본서에서는 생략하기로 한다.

2. 선입선출법에 의한 방법

선입선출법(first-in first-out, FIFO)에 의한 방법은 재고자산의 수불관리에서와 같은 개념이다. 즉, 기초재공품을 먼저 가공하여 완제품으로 완성시키고 당기투입량 중에서 일부는 완성되고 일부는 기말재공품으로 존재한다는 가정 하에 물량흐름을 계산하는 방법이다. 이 방법은 재고자산의 수불관리에서 선입선출법이 재고층(inventory layer)을 구분하는 것처럼 기초재공품원가와 당기 투입원가를 구분하여 기초재공품원가는 당기의 완성품 원가에 산입하고 당기의 투입원가는 당기의 완성품 원가와 기말재공품원가에 배분하는 방법이다.

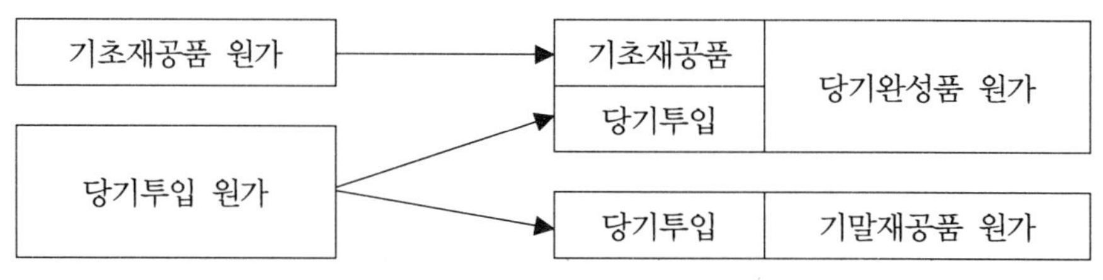

[선입선출법의 물량 흐름]

2.1 선입선출법의 특징

선입선출법에 의해 물량 흐름과 원가를 계산하는 경우 그 특징은 다음과 같으며 이 특징에 따라 주의하여야 하는 점이 있다. 첫째, 기초재공품을 먼저 가공한다는 것을 전제하므로 기초재공품 원가는 모두 당기의 완성품원가에 배분한다. 둘째, 기초재공품에 대한 당기의 완성도는 전기의 완성도를 초과하는 부분으로 최종적으로는 100%가 된다. 셋째, 이미 전기에 일부 완성되어 당기로 이월되어 온 부분이 있었으므로 당기에서는 그 나머지 부분만 추가 가공한 결과가 되어 완성품환산량을 계산할 때 그 부분만큼 차감하여야 한다. 즉, 기초재공품에 대한 완성품환산량을 계산할 때 '수량 × (1 - 전기 완성도)'의 산식으로 계산하여야 한다. 넷째, 당기의 투입량이 완성품이 되는 경우에는 완성도가 100%이므로 실제 수량이 완성품환산량이 된다.

2.2 선입선출법에 의한 절차

선입선출법에 의한 물량흐름 및 원가계산의 절차도 본질적으로는 앞에서 설명한 종합원가계산의 절차와 같다. 다만, 기초재공품이 존재한다는 사실과 그 기초재공품이 당기에 추가 가공의 과정을 거쳐 완성품이 된다는 사실에 기초하여 몇 가지의 주의가 필요하다.

1) 1단계 : 물량의 흐름을 파악

물량의 흐름을 파악하는데 있어서 가장 중요한 것은 기초재공품 수량과 당기 투입수량이 완성품에 혼재된다는 것이다. 따라서 다음과 같은 산식이 성립된다.

기초재공품 수량 + 당기투입량 = 당기 완성품 수량 + 기말재공품 수량

2) 2단계 : 완성품환산량의 계산

원가요소별로 완성품환산량을 계산하는데 주의하여야 할 사항으로는 기초재공품의 완성수량과 당기 투입분의 완성수량을 구분하여 계산하여야 한다.

당기 완성품환산량 = 기초재공품 완성품환산량 + 당기투입 완성품환산량 + 기말재공품 완성품환산량

이는 다음과 같은 산식으로 변환할 수 있다.

당기 완성품환산량 = 기초재공품 수량 × (1 - 전기 완성도)
+ 당기투입 완성품 수량
+ (기말재공품 수량 × 기말재공품 완성도)

3) 3단계 : 원가배분 대상 금액의 파악

원가배분 대상 금액을 파악하는데 있어서 기초재공품원가는 원가요소별로 구분하지 않고 총액으로 파악하고 당기투입 원가는 원가요소별로 파악하여야 한다. 기초재공품원가를 총액으로 표시하는 것은 당연히 전액 완성품원가에 산입되었기 때문이다. 반면에 당기 투입원가는 원가요소별로 구분하는 이유는 완성품과 기말재공품에 구분하여 배분하여야 하기 때문이다. 물론 기초재공품의 수량보다 당기의 완성품 수량이 적다면 기초재공품원가 중 일부도 기말재공품에도 배부되어야 할 것이며 당기의 투입원가는 전액 기말재공품원가로 배부될 것이다. 다만, 그런 상황은 실무적으로 거의 발생하는 경우가 없기 때문에 본서에서는 그러한 가정은 배제하고 설명한다.

4) 4단계 : 원가요소별 완성품환산량의 단위당 원가 계산

원가요소별 완성품환산량의 단위당 원가를 계산하는데, 당기에 투입된 원가만을 대상으로 한다. 이는 2단계에서 설명한 바와 같이 기초재공품원가는 이미 당기의 완성품 원가에 산입되어 있는 상태이므로 기말재공품원가로 배분될 이유가 전혀 없고 당기의 투입원가만이 당기 완성품과 기말재공품에 원가가 배분되어야 하기 때문이다.

$$\text{원가요소별 완성품환산량 단위당 원가} = \frac{\text{원가요소별 당기투입총원가}}{\text{원가요소별 총완성품환산량}}$$

(주) 분자는 기초재공품 원가를 제외하고 당기에 투입된 총원가만을 사용하는 것에 주의하여야 한다.

5) 5단계 : 당기의 완성품 원가와 기말재공품원가를 계산

완성품에 대한 원가는 기초재공품의 원가와 당기 투입원가 중 완성분에 대한 원가의 합계이며 기말재공품의 원가는 오직 당기에 투입된 원가 중에서 미완성된 부분에 대한 원가이다.

예시 선입선출법에 의한 완성품환산량 및 원가의 산출

○ 생산 관련자료

구분	물량단위	구분	물량단위
기초재공품 수량	500 개	당기 완성수량	6,200 개
당기 투입수량	6,000 개	기말재공품 수량	300 개

○ 직접재료는 공정의 초기에 전량 투입되며 가공비는 전체 공정에 균등하게 발생한다.

○ 기초재공품의 완성도는 40%이며 기말재공품의 완성도는 60%이다.

○ 원가 관련자료

구분	재료비	가공비	합계
기초재공품원가	₩ 1,075,000	₩ 227,600	₩ 1,302,600
당기발생원가	₩ 9,000,000	₩ 3,090,000	₩ 12,090,000
합계	₩ 10,075,000	₩ 3,317,600	₩ 13,392,600

풀이 ○ 1 단계 : 물량흐름을 파악

구분	물량단위	구분	물량단위
기초재공품 수량	500 개	기초재공품 → 당기 완성수량	500 개
당기 투입수량	6,000 개	당기 투입 → 당기 완성수량	5,700 개
		→ 기말재공품 수량	300 개

○ 2 단계 : 완성품환산량 계산

구분	물량흐름	완성품환산량	
		재료비	가공비
기초재공품완성	500 개	0 개(*)	300 개(**)
당기투입완성	5,700 개	5,700 개	5,700 개
기말재공품	300 개(60%)	300 개	180 개
합계	6,500 개	6,000 개	6,180 개

(*) 재료는 이미 전기에 투입되었으므로 당기에 추가 투입할 재료는 없다.
(**) 전기에 40%를 완성한 상태이기 때문에 당기에 추가 가공한 것은 '1-전기완성도' 산식으로 계산하여 60%를 적용한다.

○ 3 단계 : 원가배분대상금액의 파악

구분	재료비	가공비	합계
기초재공품원가	₩ 1,075,000	₩ 227,600	₩ 1,302,600(*)
당기발생원가	₩ 9,000,000	₩ 3,090,000	₩ 12,090,000
합계	₩ 10,075,000	₩ 3,317,600	₩ 13,392,600

(*) 기초재공품원가는 원가배분대상금액이 아니고 전액 당기완성품원가에 산입하므로 아래의 4단계 완성품환산량 단위당 원가의 계산에서는 제외한다. 또 선입선출법에서는 기초재공품원가에 대하여는 원가요소별로 파악할 필요가 없다.

○ 4 단계 : 원가요소별 완성품환산량 단위당 원가계산

구분	재료비	가공비
당기발생원가(원가합계)	₩ 9,000,000	₩ 3,090,000
완성품환산량	6,000 개	6,180 개
완성품환산량 단위당원가	@ ₩ 1,500	@ ₩ 500

○ 5 단계 : 당기 완성품원가와 기말재공품원가 산출

당기 완성품원가
= 기초재공품 원가 ₩ 1,302,600
+ 기초재공품 완성품환산량(추가 가공) 300 개 × @ ₩ 500
+ 당기 완성품환산량 5,700 개 × @ ₩ 2,000
= ₩ 12,852,600

기말재공품원가
= 재료비 기말재공품환산량 300 개 × @ ₩ 1,500
+ 가공비 기말재공품환산량 180 개 × @ ₩ 500
= ₩ 540,000

○ 1~5 단계까지의 과정을 하나의 표로 작성하여 제조원가보고서를 작성할 수 있다.

3. 평균법에 의한 방법

평균법(weighted average method)에 의한 방법은 기초재공품원가와 당기 투입원가를 구분하지 않고 가중평균하여 일부는 완성품이 되고 일부는 기말재공품으로 남는다고 가정하는 방법이다. 이 방법은 재고자산의 수불관리에서의 총평균법처럼 재고층(inventory layer)을 구분하지 않고 기초재공품원가와 당기투입원가를 가중평균한 단일 원가를 당기의 완성품 원가와 기말재공품 원가에 배분하는 방법이다.

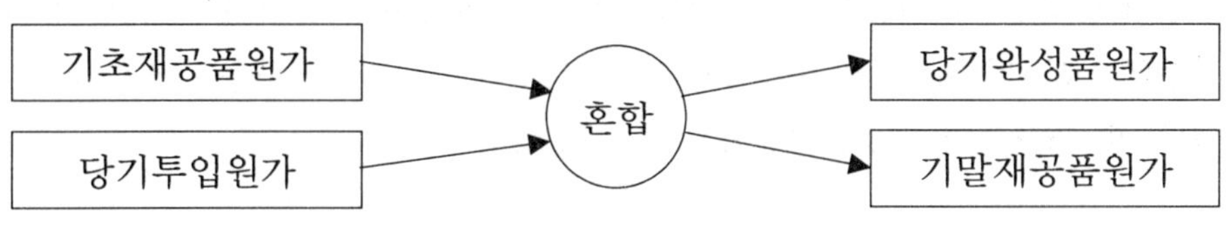

[평균법의 물량 흐름]

3.1 평균법에 의한 절차

평균법에 의한 물량흐름 및 원가계산의 절차도 본질적으로는 선입선출법과 크게 다르지 않다. 다만, 기초재공품원가와 당기의 투입원가를 가중평균한 단가를 당기 완성품 수량과 기말재공품 수량에 배분하므로 당기의 완성품환산량을 계산할 때 기초재공품 중에서 완성된 환산량과 당기에 투입된 물량 중에서의 완성된 환산량으로 각각 구분할 필요가 없다. 즉, 이 방법은 당기 이전에 이미 착수된 물량인 기초재공품(전기말의 기말재공품)도 당기에 투입된 원가와 동등하다는 것을 전제로 하기 때문에 기초재공품원가는 당기완성품과 기말재공품에 균등하게 영향을 미친다고 가정한다.

이 방법은 원가관리의 관점에서는 일정기간 동안 각 공정의 업적을 정확하게 표시하지 못한다는 단점이 있으나 계산과정이 상대적으로 간단하여 실무에서 널리 이용한다.

1) 1단계 : 물량의 흐름을 파악

물량의 흐름을 파악하는데 있어서 가장 중요한 것은 완성품과 기말재공품으로만 구분해서 파악하면 된다는 것이다. 평균법에서도 다음과 같은 산식이 성립된다.

기초재공품 수량 + 당기투입량 = 당기 완성품 수량 + 기말재공품 수량

2) 2단계 : 완성품환산량의 계산

원가요소별로 완성품환산량을 계산하며 기초재공품도 당기에 투입한 것으로 간주되므로 기초재공품의 완성수량과 당기 투입분의 완성수량을 구분할 필요가 없다. 또 평균법의 완성품환산량은 총 작업량을 의미한다.

당기 완성품환산량 = 당기완성품 수량 + (기말재공품 수량 × 완성도)

3) 3단계 : 원가배분 대상 금액의 파악

평균법에서 주의하여야 하는 것으로는 선입선출법과 달리 기초재공품원가와 당기 투입원가를 모두 원가요소별로 파악하여야 한다는 것이다. 기초재공품원가를 요소별로 파악하여 당기의 투입원가와 합하는 것은 2단계에서 기초재공품의 물량도 당기에 착수한 것으로 간주하여 완성품환산량을 계산하기 때문이다. 또 일반적인 경우는 아니지만 기초재공품의 수량보다 당기의 완성품 수량이 적은 경우 선입선출법에서는 기초재공품원가도 기말재공품원가로 배부되어야 하지만 평균법에서는 그런 가정은 의미가 없다.

총원가 = 기초재공품원가 + 당기투입원가

4) 4단계 : 원가요소별 완성품환산량의 단위당 원가 계산

기초재공품원가와 당기 투입원가를 합한 총원가를 원가요소별 완성품환산량으로 나누어 가중평균한 완성품환산량 단위당 원가를 계산한다.

원가요소별 완성품환산량 단위당 원가

$$= \frac{\text{원가요소별 기초재공품원가} + \text{원가요소별 당기투입원가}}{\text{원가요소별 총완성품환산량}}$$

5) 5단계 : 당기의 완성품 원가와 기말재공품원가를 계산

원가요소별 완성품환산량의 단위당 원가를 완성품 수량과 기말재공품 완성품 환산량에 곱하여 완성품의 총원가와 기말재공품의 원가를 산출한다.

예시 평균법에 의한 완성품환산량 및 원가의 산출

ㅇ 관련자료는 위 선입선출법에 의한 예시자료를 이용한다.

풀이 ㅇ 1 단계 : 물량흐름을 파악

구분	물량단위	구분	물량단위
기초재공품 수량	500 개	당기 완성수량 (*)	6,200 개
당기 투입수량	6,000 개	기말재공품 수량	300 개

(*) 평균법에서는 완성수량에 대하여 기초재공품 완성분과 당기 투입분 완성품을 구분할 필요가 없다.

○ 2 단계 : 완성품환산량 계산

구분	물량흐름	완성품환산량	
		재료비	가공비
당기완성품	6,200 개	6,200 개	6,200 개
기말재공품	300 개(60%)	300 개	180 개
합계	6,500 개	6,500 개	6,380 개

○ 3 단계 : 원가배분대상 금액의 파악

구분	재료비	가공비	합계
기초재공품원가 (*)	₩ 1,075,000	₩ 227,600	₩ 1,302,600
당기발생원가	₩ 9,000,000	₩ 3,090,000	₩ 12,090,000
합계	₩ 10,075000	₩ 3,317,600	₩ 13,392,600

(*) 평균법에서 기초재공품원가는 원가배분대상 금액이므로 원가요소별로 구분하여 파악하여야 한다.

○ 4 단계 : 원가요소별 완성품환산량 단위당 원가계산

구분	재료비	가공비	합계
기초재공품원가	₩ 1,075,000	₩ 227,600	₩ 1,302,600
당기발생원가	₩ 9,000,000	₩ 3,090,000	₩ 12,090,000
원가합계	₩ 10,075000	₩ 3,317,600	₩ 13,392,600
완성품환산량	6,500 개	6,380 개	-
완성품환산량 단위당원가	@ ₩ 1,550	@ ₩ 520	@ ₩ 2,070

○ 5 단계 : 당기 완성품원가와 기말재공품원가 산출

당기 완성품원가

= 완성품 수량 6,200 개 × @ ₩ 2,070 = ₩ 12,834,000

기말재공품원가

= 재료비 기말재공품환산량 300 개 × @ ₩ 1,550

+ 가공비 기말재공품환산량 180 개 × @ ₩ 520 = ₩ 558,600

3.2 선입선출법과 평균법의 차이

평균법은 선입선출법에 비해 계산절차가 간단하다는 장점이 있는 반면 당기에 산출된 단위당 원가에는 당기에 투입된 제조원가뿐만 아니라 당기 이전에 발생한 원가인 기초재공품원가도 포함되어 있다. 결과적으로 전기의 작업능률과 당기의 작업능률이 혼합되어 있어 원가의 통제에 필요한 유용한 정보를 제공하지 못하는 단점이 있다. 따라서 평균법에 비하여 선입선출법이 이론적으로 우수한 방법이라 할 수 있으나 투입요소의 가격수준이나 생산과정이 안정적인 경우라면 두 방법 간에 큰 차이가 없고 상대적으로 계산과정이 단순한 평균법을 실무적으로는 더 많이 사용한다.

구분	선입선출법	평균법
기초재공품 완성도	완성품 환산량 산출시 기초재공품과 당기 투입량을 엄격히 구분	기초재공품의 완성도를 무시하고 완성품 환산량 산출시 기초재공품은 당기에 착수된 것으로 간주
원가배부 대상금액	기초재공품원가는 완성품원가의 일부이나 당기투입원가는 완성품과 기말재공품에 배분	기초재공품원가와 당기 투입원가의 합계액
완성품환산량 단위당원가	당기 투입원가로만 구성	기초재공품원가도 포함
완성품원가	기초재공품원가와 당기 투입원가 중에서 완성분으로 구분	당기의 완성량에 완성품환산량 단위당 원가를 곱한 금액

4. 특수한 형태에 대한 종합원가계산

4.1 연속공정의 종합원가계산

일반적인 제조업의 경우 단 하나의 공정만으로 완성품이 생산되는 경우보다 수 개의 공정이 연속적으로 이루어지는 경우가 더 많다. 즉, 제1공정에서 완성된 생산품(기업 전체의 관점에서는 반제품 또는 재공품)을 이용하여 추가 가공을 실시하는 제2의 공정이 존재할 수 있고, 이러한 과정은 그 이후에도 수차례 이어질 수 있다. 연속공정의 종합원가계산은 제1공정(전 공정)에 이어지는 제2공정(후 공정) 이후에서 행해지는 원가계산(전 공정의 원가를 합산하는 계산)을 말한다. 제1공정에서의 원가요소는 재료비와 가공비로 이루어져 있지만 제2공정 이후의 공정에서는 전공정대체원가(transferred in cost), 재료비 및 가공비로 원가요소가 구성되어 있다.

수 개의 공정이 연속되는 경우에는 전 공정에서 완성된 물량이 다음 공정으로 이어지면서 추가 가공이 일어나거나 또는 추가 재료가 투입되기도 하기 때문에 제2공정 자체에서 발생한 원가뿐만 아니라 전 공정에서 이어진 원가에 대하여도 인식할 필요가 있다.

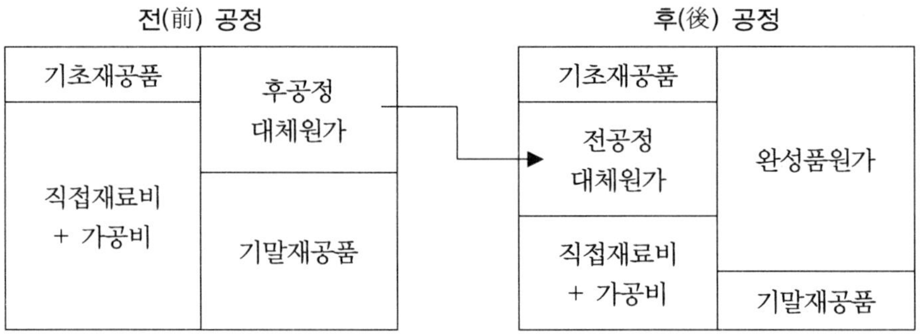

[연속공정의 흐름]

연속공정의 경우 완성품환산량의 산출이나 완성품환산량 단위당 원가의 계산에 관해서는 앞에서 설명한 선입선출법이나 평균법의 방법과 동일하다. 다만, 원가요소를 재료비와 가공비만으로 구성하는 것이 아니라 아래의 예시에서와 같이 전공정대체원가(전공정비)를 추가하여 재료비, 가공비와 함께 계산하는 것이 다를 뿐이다. 연속공정의 종합원가계산에서는 제2공정 이후의 후 공정에서 전공정대체원가는 공정의 초기에 전부 투입된 것으로 가정하여 계산한다.

예시 연속공정에 의한 완성품환산량 및 원가의 산출

- (주)하진의 제조공정은 제1공정과 제2공정으로 이루어져 있으며 제1공정에서의 완성품을 이어 받아 제2공정에서 추가 가공한다.
- 제2공정에서의 재료비는 공정의 초기에 전량 투입되며 가공비는 공정 전반에 걸쳐 균등하게 발생한다.
- 총평균법을 사용한다.
- 제2공정 생산 관련자료

구분	물량단위	구분	물량단위
기초재공품 수량	1,800 개	당기 완성수량	8,800 개
당기 투입수량	10,000 개	기말재공품 수량	3,000 개

- 기초재공품의 완성도는 40%이며 기말재공품의 완성도는 50%이다.
- 제2공정 원가 관련자료

구분	전공정비	재료비	가공비	합계
기초재공품 원가	₩ 1,800,000	₩ 1,940,000	₩ 650,000	₩ 4,390,000
당기발생 원가	₩ 10,000,000	₩ 7,500,000	₩ 4,500,000	₩ 22,000,000
합계	₩ 11,800,000	₩ 9,440,000	₩ 5,150,000	₩ 26,390,000

풀이

- 1 단계 : 물량흐름을 파악

구분	물량단위	구분	물량단위
기초재공품 수량	1,800 개	당기 완성수량 (*)	8,800 개
당기 투입수량	10,000 개	기말재공품 수량	3,000 개

- 2 단계 : 완성품환산량 계산

구분	물량흐름	완성품환산량	
		재료비	가공비
당기완성품	8,800 개	8,800 개	8,800 개
기말재공품	3,000 개 (50%)	3,000 개	1,500 개
합계	11,800 개	11,800 개	10,300 개

○ 3 단계 : 원가배분대상액의 파악

구분	전공정비	재료비	가공비	합계
기초재공품원가 (*)	₩ 1,800,000	₩ 1,940,000	₩ 650,000	₩ 4,390,000
당기발생원가	₩ 10,000,000	₩ 7,500,000	₩ 4,500,000	₩ 22,000,000
합계	₩ 11,800,000	₩ 9,440,000	₩ 5,150,000	₩ 26,390,000

○ 4 단계 : 원가요소별 완성품환산량 단위당 원가계산

구분	전공정비	재료비	가공비	합계
원가합계	₩ 11,800,000	₩ 9,440,000	₩ 5,150,000	₩ 26,390,000
완성품환산량	11,800 개	11,800 개	10,300 개	-
완성품환산량 단위당원가	@ ₩ 1,000	@ ₩ 800	@ ₩ 500	@ ₩ 2,300

○ 5 단계 : 당기 완성품원가와 기말재공품원가 산출

당기 완성품원가

= 완성품 수량 8,800 개 × @ ₩ 2,300 = ₩ 20,240,000

기말재공품원가

= 전공정비 기말재공품환산량 3,000 개 × @ ₩ 1,000

+ 재료비 기말재공품환산량 3,000 개 × @ ₩ 800

+ 가공비 기말재공품환산량 1,500 개 × @ ₩ 500

= ₩ 6,150,000

4.2 조별종합원가계산

지금까지 살펴 본 종합원가계산은 동질의 제품을 단일공정이나 연속되는 공정으로 생산하는 경우 적합한 원가계산방법이었다. 그러나 두 종류 이상의 각기

다른 제품을 동일한 공장에서 각각의 자기 공정을 통하여 생산하는 경우도 많이 있으며 가장 흔한 생산방식이다. 예를 들어 동일한 공장에서 컴퓨터와 복사기를 생산하는 경우가 그런 예이다. 이런 생산형태를 가진 경우 직접재료비와 직접노무비는 각각의 개별 제품 또는 작업에 투입된 원가를 추적할 수 있으므로 제품별 또는 작업별로 집계하여 사용하면 된다. 그러나 제조간접비의 경우에는 각각의 서로 다른 제품에 직접 추적하기가 어렵기 때문에 별도의 배분절차가 필요하다.

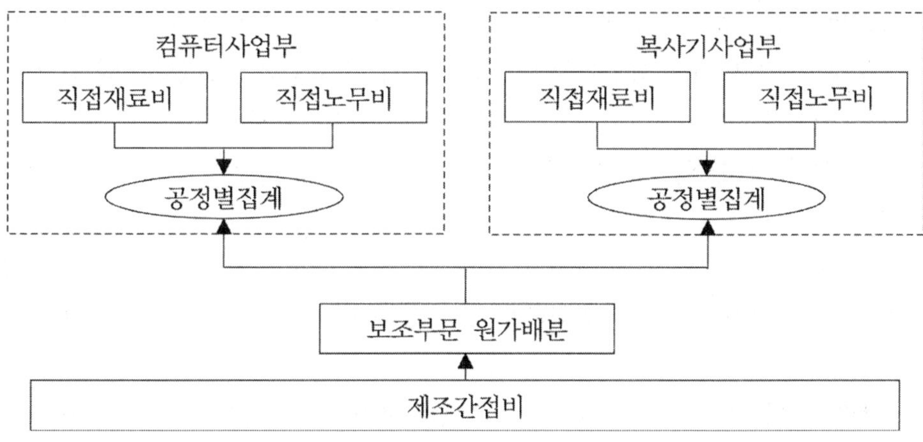

[조별원가계산의 흐름도]

위의 그림에서 보는 바와 같이 직접재료비와 직접노무비는 사업부 또는 공정별로 파악이 가능하기 때문에 종합원가계산의 방법으로 집계하면 된다. 그러나 공장 전체에서 발생하는 제조간접비는 각 사업부별로 추적이 불가능하기 때문에 Chapter 2 개별원가계산에서 설명한 바와 같이 보조부문의 제조간접비를 배분하는 방법을 이용하여 배분한다. 즉, 조별종합원가계산은 종합원가계산의 방법과 개별원가계산의 방법을 혼용하여 계산하는 방법이다.

4.3 공손품의 처리

공손품(spoilage)이란 검사공정에서 불량품으로 판정된 것을 말한다. 공손은 주로 기준 규격이나 기준 품질에 미달하는 것으로 기계설비의 결함, 작업자의 실수, 재료의 불량 등의 원인으로 발생하며 공손품은 폐기, 재가공 또는 판매되어 처분하기도 한다. 공손은 정상공손과 비정상공손으로 구별할 수 있다. 정상공손(normal spoilage)은 작업자의 실수나 재료의 불량 등에 기인한 것이 아니라 현재의 기술 또는 기계설비의 조건하에서는 필연적으로 발생하는 공손을 말한다. 정상공손은 정상 제품을 생산하기 위하여 필연적으로 발생하는 공손이므로 이에 대한 원가는 제조원가에 포함한다. 이에 반하여 비정상공손(abnormal spoilage)은 작업자의 실수, 돌발적인 기계설비의 고장 등 경상적이지 않은 원인으로 발생하는 공손을 말한다. 비정상공손은 정상적인 생산 활동에서 필수적으로 부가되어 나타나는 상황이 아니므로 제품의 원가에 산입하여서는 안 되고 손익계산서에서 기간비용으로 처리하여야 한다. 우리나라에서 적용하고 있는 한국채택국제회계기준(K-IFRS)에서도 재고자산 금액으로 처리하지 않도록 정하고 있다.

공손품이 발생하는 경우 판매가 되지 않더라도 생산시점에 이를 인식하는 방법과 생산시점에서는 전혀 인식하지 않고 있다가 판매되는 시점에 인식하는 방법이 있다.

한편 공손품을 폐기처분하지 않고 판매(정상가격보다 낮은 가격)하는 경우 매출로 인식하는 방법, 잡이익으로 인식하는 방법, 제조원가에서 차감하는 방법, 매출원가에서 차감하는 방법 등이 있으나 생산시점에 인식하고 제조원가에서 차감하는 방법이 합리적이라 판단된다. 공손품에 관하여는 Chapter 4의 결합원가에서 부산물의 원가처리에서 상세히 설명하기로 한다.

연습문제

3-2. 종합원가계산방법에 관한 다음의 각 질문에 답하라.

1) 위 선입선출법에 의한 종합원가계산에서 주어진 예시를 이용하여 제조원가보고서를 작성하라.

2) 위 평균법에 의한 종합원가계산에서 주어진 예시를 이용하여 제조원가보고서를 작성하라.

3) 위 연속공정의 종합원가계산에서 주어진 예시를 이용하여 제조원가보고서를 작성하라.

풀이 1) 선입선출법에 의한 제조원가보고서

- 위 선입선출법 예시자료에서 주어진 1단계 ~ 5단계의 과정을 거친 자료를 모아서 일정한 서식에 기입하여 제조원가보고서를 작성한다.
- 제조원가보고서 작성

제조원가보고서

구분	물량흐름	완성품환산량		합계
		재료비	가공비	
기초재공품	500 개 (40%)			
당기투입량	6,000 개			
합계	6,500 개			
기초재공품 완성	500 개	0 개 (*)	300 개 (**)	
당기투입완성	5,700 개	5,700 개	5,700 개	
기말재공품	300 개 (60%)	300 개	180 개	
합계	6,500 개	6,000 개	6,180 개	
기초재공품 원가				₩ 1,302,600
당기발생원가		₩ 9,000,000	₩ 3,090,000	₩ 12,090,000
합계		-	-	₩ 13,392,600
완성품환산량 단위당원가		@ ₩ 1,500	@ ₩ 500	@ ₩ 2,000
완성품원가				₩ 12,852,600 (*)
기말재공품 원가				₩ 540,000 (**)
합계		-	-	₩ 13,392,600

(*) 기초재공품 원가 ₩ 1,302,600
  + 기초재공품 완성품환산량(추가 가공) 300 개 × @ ₩ 500
  + 당기 완성품환산량 5,700 개 × @ ₩ 2,000 = ₩ 12,852,600

(**) 재료비 기말재공품환산량 300 개 × @ ₩ 1,500
  + 가공비 기말재공품환산량 180 개 × @ ₩ 500 = ₩ 540,000

2) 평균법에 의한 제조원가보고서

○ 위 평균법 예시자료에서 주어진 1단계 ~ 5단계의 과정을 거친 자료를 모아서 일정한 서식에 기입하여 제조원가보고서를 작성한다.

○ 제조원가보고서 작성

제조원가보고서

구분	물량흐름	완성품환산량		합계
		재료비	가공비	
기초재공품	500 개 (40%)			
당기투입량	6,000 개			
합계	6,500 개			
당기완성품	6,200 개	6,200 개	6,200 개	
기말재공품	300 개 (60%)	300 개	180 개	
합계	6,500 개	6,500 개	6,380 개	
기초재공품원가		₩ 1,075,000	₩ 227,600	₩ 1,302,600
당기발생원가		₩ 9,000,000	₩ 3,090,000	₩ 12,090,000
합계		₩ 10,075000	₩ 3,317,600	₩ 13,392,600
완성품환산량 단위당원가		@ ₩ 1,550	@ ₩ 520	@ ₩ 2,070
완성품원가				₩ 12,834,000 (*)
기말재공품원가				₩ 558,600 (**)
합계		-	-	₩ 13,392,600

(*) 당기 완성품환산량 6,200 개 × @ ₩ 2,070 = ₩ 12,834,000

(**) 재료비 기말재공품환산량 300 개 × @ ₩ 1,550
+ 가공비 기말재공품환산량 180 개 × @ ₩ 520 = ₩ 558,600

3) 연속공정의 제조원가보고서

○ 위 연속공정종합원가계산 예시자료에서 주어진 1단계 ~ 5단계의 과정을 거친 자료를 모아서 일정한 서식에 기입하여 제조원가보고서를 작성한다.

ㅇ 평균법을 사용하는 경우와 선입선출법을 사용하는 경우에는 위에서 설명한 바와 같이 완성품과 기말재공품의 원가금액이 달라진다.

ㅇ 제조원가보고서 작성

제조원가보고서

구분	물량흐름	완성품환산량			합계
		전공정비	재료비	가공비	
기초재공품	1,800 개				
당기투입량	10,000 개				
합계	11,800 개				
당기완성품	8,800 개	8,800 개	8,800 개	8,800 개	
기말재공품	3,000 개	3,000 개	3,000 개	1,500 개	
합계	11,800 개	11,800 개	11,800 개	10,300 개	
기초재공품원가		₩ 1,800,000	₩ 1,940,000	₩ 650,000	₩ 4,390,000
당기발생원가		₩ 10,000,000	₩ 7,500,000	₩ 4,500,000	₩ 22,000,000
합계		₩ 11,800,000	₩ 9,440,000	₩ 5,150,000	₩ 26,390,000
완성품환산량 단위당원가		@ ₩ 1,000	@ ₩ 800	@ ₩ 500	@ ₩ 2,300
완성품원가					₩ 20,240,000 (*)
기말재공품원가					₩ 6,150,000 (**)
합계		-	-	-	₩ 26,390,000

(*) 당기 완성품환산량 8,800 개 × @ ₩ 2,300 = ₩ 20,240,000

(**) 전공정대체원가 기말재공품환산량 3,000개 × @ ₩ 1,000
 + 재료비 기말재공품환산량 3,000 개 × @ ₩ 800
 + 가공비 기말재공품환산량 1,500 개 × @ ₩ 500
 = ₩ 6,150,000

Chapter 4

결합원가계산

제1절 결합원가계산의 개념

1. 결합원가계산의 의의와 주요 개념

기업의 생산형태는 단일의 공정에서 단일의 제품을 생산하는 경우도 있지만 동일한 공정에서 복수의 제품을 생산하는 경우도 있다. 즉, 같은 공정에서 같은 재료를 사용하여 생산 활동을 수행하지만 최종적으로 완성되는 제품은 서로 다른 종류가 되는 경우도 있으며 그러한 제품을 결합제품(joint product)이라고 하며 연산품, 등급품이라고도 한다. 예를 들어 가축을 도축한다면 판매가치가 다른 여러 부위의 고기가 생산되고 동시에 뼈나 가죽 등의 제품도 생산될 것인데 이들이 곧 결합제품이다.

1.1 결합원가계산의 의의

결합제품은 마지막 공정이 종료되어야 구체적인 제품의 구분과 식별이 가능한 것이므로 전술한 개별원가계산방법이나 종합원가계산방법으로 원가계산을 하는 것이 부적합한 경우가 많다. 따라서 이러한 결합제품의 원가계산에 적용하기 위한 방법이 결합원가계산(joint costing)방법이며 원가배분의 특수한 형태이다.

1.2 결합원가계산과 관련한 주요 개념

결합원가계산을 이해하기 위해서는 여기에 등장하는 몇 가지의 주요 개념이나 용어를 이해할 필요가 있다. 결합제품은 위에서 설명한 바와 같이 같은 공정에서 같은 재료를 사용하여 생산되는 서로 다른 종류의 제품을 말하는 것으로 이들 결합제품이 판매 가치에서 차이가 발생한다면 이들을 주산품, 부산물, 작업폐물 등으로 구분한다.

1) 주산품, 부산물 및 작업폐물

주산품(main product)은 결합제품 중에서 판매가치가 가장 큰 제품으로서 기업의 주된 생산목표가 되는 것을 말한다. 부산물(by-product, minor product)은 주산품 이외에 생산과정에서 부수적으로 발생하는 제품으로 주산품에 비하여 가격이나 품질에서 현저한 차이를 보이는 것이 일반적이다. 물론 주산물과 부산물의 구분은 절대적인 것이 아니라 시대나 환경의 변화에 따라 변동될 수 있는 상대적인 개념이다. 작업폐물(scrap)은 주산품 이외에 부수적으로 생산된다는 측면에서는 부산물과 유사하나 판매가격이나 품질에서 현격하게 가치가 떨어지는 것을 말한다.

2) 분리점, 결합원가 및 분리원가

분리점(split off point)은 결합제품이 개별 제품으로 분리되어 식별되어지는 지점을 말한다. 분리점 이전까지는 하나의 제품으로 인식되다가 분리점이 지난 이후부터 비로소 별개의 제품으로 인식되기 시작한다. 예를 들어 돼지를 도축하는 경우 구체적으로 각 부위의 고기를 적출하기 전까지는 단순히 그냥 돼지고기로서 하나의 제품이다. 그 후 전문가의 기술을 이용하여 돼지의 각 부위별로 고기를 적출하면 적출된 고기(부위)는 비로소 별개의 제품으로 인식되며 부위별로 고기를 적출하는 지점이 바로 분리점이다.

결합원가(joint cost)는 분리점에 미치지 못한 상태에서 발생하는 원가를 말한다. 분리원가(separable cost)는 분리점 이후에 발생하는 원가로서 제품을 고급화하거나 차별화를 목적으로 추가적인 가공을 거치면서 발생하는 원가이며 추가 가공원가(additional processing cost)라고도 한다. 위의 돼지 도축의 예를 들면 각 부위별로 적출된 고기는 추가 가공이나 포장 등의 과정을 거쳐 고급화 또는 차별화된 제품으로 생산된다. 이 과정에서 추가로 발생하는 원가를 분리원가라 한다.

한편 분리점은 하나 이상으로 존재할 수 있다. 즉, 1차 분리점을 지나면서 그것으로 최종 제품으로 완성되어 판매가 되는 경우도 있고 어떤 제품은 다시 2차 가공을 통하여 더욱 차별화된 제품으로 탄생하기도 한다. 이 경우 다시 2차 가공되는 제품은 최초에 발생한 결합원가와 1차 분리점 이후 발행한 분리원가를 합한 금액이 2차 가공품에 대한 결합원가가 된다. 2차 가공으로 인하여 발생하는 추가 가공원가는 2차 가공품에 대한 분리원가가 되는 것이다. 이러한 추가 가공의 과정이 반복된다면 각각의 분리점을 기준으로 결합원가와 분리원가의 개념을 적용하여 구분 · 계산하여야 한다.

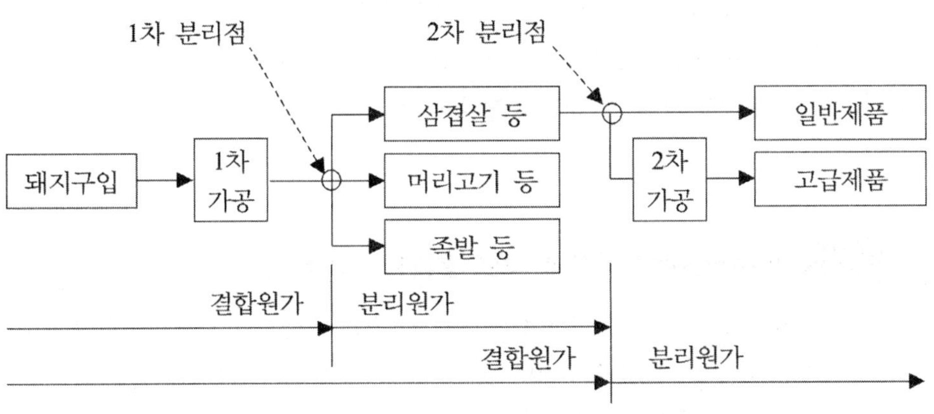

[분리점, 결합원가 및 분리원가]

2. 결합원가의 배분

결합원가계산의 가장 중요한 절차는 분리점 이전에 발생한 결합원가를 배분하는 문제이다. 분리점 이전에 발생한 원가는 직접적으로 원가를 배부할 수 있는 기준이 명확하지 않기 때문에 특별히 배부기준을 정하여 각 개별제품에 배부한다.

2.1 상대적판매가치법

상대적판매가치법(relative sales value method)은 해당 제품의 매출에 기여할 수 있는 정도 또는 원가의 부담 능력(ability to bear the cost)에 따라 결합원가를 배부하는 방법이다. 분리점 이전의 원가가 각 개별제품에 어느 정도로 배부되었는지 또는 배부되어야 하는지 그 기준이 명확하지 않으므로 판매가 가능한 상대적 시장가치를 기준으로 배분하는 방법이다.

여기에서 상대적 시장가치란 판매한 수량에 대한 시장가치(실제 판매금액)를 의미하는 것이 아니라 생산한 수량에 대한 시장가치를 의미한다. 즉, '생산수량 × 판매단가'를 기준으로 배분하여야 한다. 그 이유는 판매한 수량을 기준으로 할 경우 많이 판매한 제품에는 많은 원가가 배부되고 적게 판매한 제품에는 적게 원가가 배부되어 각 개별제품에 대한 원가배분에 모순이 발생하기 때문이다. 상대적판매가치법은 판매 가치를 기준으로 하기 때문에 모든 제품에 대한 판매가격 대비 원가율이 동일하다. 상대적판매가치법은 직관적으로 이해하기 쉬우며 적용하기가 용이하다는 장점이 있으나 원가에 의해 판매가격이 결정되는 것이 아니라 판매가격에 의해 원가가 역순의 과정으로 계산되는 등의 문제점도 안고 있다.

예시 상대적판매가치법에 의한 결합원가의 배분

○ (주)하진은 돼지를 구입하여 도축 · 가공하는 기업으로 1,500 kg의 돼지 1마리를 구입하여 삼겹살 1,000 kg, 머리고기 400 kg, 족발 100 kg를 생산하는데 다음과 같이 원가가 투입되었다.

직접재료비	직접노무비	제조간접비	합계
₩ 20,000,000	₩ 10,000,000	₩ 5,000,000	₩ 35,000,000

○ 생산한 제품의 kg당 판매가격은 다음과 같다.

삼겹살	머리고기	족발
₩ 20,000	₩ 15,000	₩ 10,000

풀이 ○ 상대적판매가치법에 의한 결합원가의 배분

구분	생산량	판매단가	판매가치	비율	결합원가배부
삼겹살	1,000 kg	₩ 20,000	₩ 20,000,000	74.1%	₩ 25,935,000
머리고기	400 kg	₩ 15,000	₩ 6,000,000	22.2%	₩ 7,770,000
족발	100 kg	₩ 10,000	₩ 1,000,000	3.7%	₩ 1,295,000
합계	1,500 kg		₩ 27,000,000	100%	₩ 35,000,000

2.2 물량기준법

물량기준법(physical measure method)은 부피, 중량, 크기 등과 같이 제품이 지닌 물리적 속성을 기준으로 그 비율에 따라 결합원가를 배분하는 방법이다. 이 방법은 물리적 속성이 개별 제품의 수익성과 직접적인 관련이 없는 경우와 비교 가능한 물리적 속성 자체가 존재하지 않는 경우에는 적용하기 어렵다. 그럼에도 불구하고 제품의 가격이 알려져 있지 않거나 물리적 속성과 수익성이 밀접한 관련이 있는 경우에는 적용이 가능하다.

예시 물량기준에 의한 결합원가의 배분

○ 위의 상대적판매가치법 예시 자료를 이용한다.

풀이 ○ 물량기준에 의한 결합원가의 배분

구분	생산량	비율	결합원가배부
삼겹살	1,000 kg	66.7%	₩ 23,345,000
머리고기	400 kg	26.7%	₩ 9,345,000
족발	100 kg	6.6%	₩ 2,310,000
합계	1,500 kg	100%	₩ 35,000,000

2.3 순실현가치법

순실현가치법(net realizable method)은 순실현가치를 기준으로 그 비율에 따라 결합원가를 배분하는 방법으로서 상대적판매가치법과 물량기준법이 분리점 이후의 추가 가공이 없다는 것을 가정한 방법인 것에 비하여 순실현가치법은 후술하는 균등이익률법과 더불어 분리점 이후의 가공과정이 있는 경우에 적합하다. 순실현가치는 최종 판매가치(예상 판매가치)에서 추가 가공원가(예상 분리원가 및 예상 판매비용)를 차감한 가치를 말한다. 여기에서 예상 판매가치와 예상 분리원가를 추정하여야 하는 문제가 발생하는데 이들을 예상하는 것이 쉬운 일은 아니므로 관련되는 추가 정보를 획득한 후 적용하여야 한다. 순실현가치법이 가진 특성으로 결합원가를 순실현가치의 비율에 따라 배분하고 개별 제품의 분리원가는 별도로 합산하기 때문에 분리점 이후의 분리원가는 이익의 창출에 기여하지 않는다는 것을 가정한다.

순실현가치법을 적용하는 경우 상대적판매가치법에서와 마찬가지로 판매수량이 아닌 생산수량을 기준으로 하며 제품의 총원가를 계산할 때는 결합원가배분액과 분리원가를 합산한다.

예시 순실현가치법에 의한 결합원가의 배분

○ 위의 상대적판매가치법 예시 자료를 이용한다.

○ 추가 가공하는데 소요되는 예상 비용은 다음과 같다.

삼겹살	머리고기	족발	합계
₩ 3,000,000	₩ 2,000,000	₩ 1,000,000	₩ 6,000,000

○ 추가 가공한 후 제품의 kg당 판매가격을 다음과 같다.

삼겹살	머리고기	족발
₩ 40,000	₩ 30,000	₩ 20,000

풀이 ○ 순실현가치법에 의한 결합원가의 배분

구분	최종판매가치	분리원가	순실현가치	비율	결합원가배부
삼겹살	1,000 kg × ₩ 40,000 = ₩ 40,000,000	₩ 3,000,000	₩ 37,000,000	77.1%	₩ 26,985,000
머리고기	400 kg × ₩ 30,000 = ₩ 12,000,000	₩ 2,000,000	₩ 10,000,000	20.8%	₩ 7,280,000
족발	100 kg × ₩ 20,000 = ₩ 2,000,000	₩ 1,000,000	₩ 1,000,000	2.1%	₩ 735,000
합계	₩ 54,000,000	₩ 6,000,000	₩ 48,000,000		₩ 35,000,000

2.4 균등이익률법

균등이익률법(uniform percentage contribution method)은 모든 제품의 매출총이익률이 같아지도록 결합원가를 배부하는 방법이다. 균등이익률법은 분리점 이후의 분리원가가 이익의 창출해 기여하지 않는다고 가정하는 순실현가치법이 가지는 단점을 개선하기 위한 방법이다.

균등이익률법을 적용하기 위해서는 우선 전체 매출총이익률을 구한 다음 개별 제품의 판매가치에서 매출총이익률을 적용하여 개별 제품의 매출총이익을 구한다. 끝으로 개별 제품에 대한 최종 판매가치에서 매출원가를 차감하고 분리원가를 차감함으로써 개별 제품에 배분할 결합원가를 계산한다.

예시 균등이익률법에 의한 결합원가의 배분

○ 위의 상대적판매가치법과 순실현가치법 예시 자료를 이용한다.

풀이 ○ 매출총이익률의 산출

최종 판매가치 = ₩ 54,000,000

매출총이익 = ₩ 54,000,000 - (₩ 35,000,000 + ₩ 6,000,000)

= ₩ 13,000,000 (매출총이익률 : 24.07%)

○ 균등이익률법에 의한 결합원가의 배분

구분	최종판매가치	매출총이익	분리원가	결합원가
삼겹살	1,000 kg × ₩ 40,000 = ₩ 40,000,000	₩ 9,629,630	₩ 3,000,000	₩ 27,370,370
머리고기	400 kg × ₩ 30,000 = ₩ 12,000,000	₩ 2,888,889	₩ 2,000,000	₩ 7,111,111
족발	100 kg × ₩ 20,000 = ₩ 2,000,000	₩ 481,481	₩ 1,000,000	₩ 518,519
합계	₩ 54,000,000	₩ 13,000,000	₩ 6,000,000	₩ 35,000,000

결합원가의 배분과 관련한 이상의 방법들에 대하여 주요한 차이와 장단점을 정리하면 다음과 같다.

구분	상대적판매가치법	물량기준법	순실현가치법	균등이익률법
배부 기준	원가의 부담능력에 따라 배부	물리적 속성에 따라 배부	순실현가치에 따라 배부	모든 결합제품의 이익률이 같도록 배부
배부 방법	생산수량을 기준한 판매가치	부피, 중량, 크기 등	생산수량을 기준한 순실현가치	최종판매가치 - 매출총이익 - 분리원가
장점	계산이 용이	물리적 속성과 수익성이 관련이 있는 경우에는 적합	분리점 이후에 추가적인 가공이 있는 경우에 적합	
단점	판매가격에 의해 원가가 계산되는 역순의 과정	물리적 속성과 수익성이 무관한 경우에는 부적합	예상 판매가치와 예상 분리원가의 추정에 어려움	

연습문제

4-1. 결합원가계산과 관련한 다음의 각 질문에 답하라.

1) 결합제품의 의의를 설명하라.

2) 결합원가계산의 개념을 설명하라.

3) 결합원가, 분리점, 분리원가의 개념을 설명하라.

4) 결합원가의 배분방법에 관한 4가지 방법을 비교하여 설명하라.

풀이 생략

제2절 부산물의 원가 처리

1. 부산물의 의의

부산물(by-product, minor product)이란 주산품의 생산과정에 부수적으로 생산되는 제품으로서 품질이나 시장가치가 현저히 떨어져 수익성의 관점에서 중요도가 낮은 제품을 말한다. 부산물 중에는 일정 부분 추가 가공을 하는 조건으로 또는 원래의 상태에서 판매가 가능할 정도의 가치를 가진 상태의 제품도 있으나 거의 가치를 상실한 작업폐물(scrap)도 발생한다. 부산물과 작업폐기물을 엄격히 구분해야 한다는 주장도 있지만 사실상 이 둘을 구분하는 것이 용이하지도 않고 회계처리의 방법이나 수익의 관점에서도 실익이 없는 것으로 판단된다.

2. 부산물의 처리방법

부산물을 처리하는 방법에는 인식(회계에서 자산으로 계상)하는 시기를 기준으로 생산시점에 이를 인식하는 방법과 판매시점에 인식하는 방법이 있으므로 해당 기업에서 선택적으로 사용이 가능하다. 또 부산물에 대하여 인식방법에 따라 매출로 계상하는 방법, 잡이익으로 계상하는 방법, 제조원가에서 차감하는 방법, 매출원가에서 차감하는 방법이 있다.

일반적으로는 기업의 규모나 환경을 감안하고 부산물의 규모, 시장가치 등을 종합적으로 고려하여 선택적으로 사용할 수 있다고 판단된다. 과거의 회계처리 방법에서는 생산시점에 인식하는 경우에는 제조원가에서 차감하는 방법으로 회계처리하고, 판매시점에 인식하는 경우에는 잡이익으로 회계처리하는 방법이 가장 일반적이었다. 그러나 한국채택국제회계기준(K-IFRS)에서는 생산시점에서 이를 인식하여 제조원가에서 차감하는 방법을 사용하도록 하고 있다.

부산물의 인식 시기별	부산물의 인식 방법별
생산시점에 인식	매출계상법 잡이익계상법
판매시점에 인식	제조원가차감법 매출원가차감법

2.1 생산시점에서의 제조원가차감법

생산시점에서의 제조원가차감법은 부산물이 생산되는 시점에서 부산물의 시장가치(순실현가치)를 주산품의 제조원가에서 차감하는 방법이다. 이는 부산물도 주산품과 함께 동일한 생산 공정을 거치면서 원가를 소비하였으나 주산품과 같은 판매가치(시장가치)를 가지지 못한 것이므로 단위당 원가를 계산할 때 생산수량으로 합산하지 않는다. 다만, 부산물일지라도 순실현가치가 있다면 그 만큼은 기업의 수익에 기여하는 것이기 때문에 해당 주산품의 제조원가에서 차감하고 해당 부산물에 대한 순실현가치만큼 자산으로 인식하게 된다.

향후 부산물을 매각하게 되면 자산(부산물)의 처분에 해당하는 회계처리를 하게 된다. 물론 부산물의 시장가치가 전혀 없는 작업폐물(scrap)이라면 이러한 처리도 불필요하게 된다.

2.2 판매시점에서의 잡이익법

판매시점에서의 잡이익법은 부산물이 생산되더라도 발생한 결합원가의 전액을 주산품에만 배분하고 부산품에는 배분하지 않는다. 따라서 부산품이 판매될 때까지는 어떤 형태로도 인식(자산으로 인식하거나 제조원가에서의 차감 등)하지 않고 있다가 판매가 되는 시점에 순실현가치만큼 비로소 잡이익으로 처리하는 방법이다.

판매시점에서의 잡이익법이 가진 문제점으로 부산물이 판매될 때까지는 어떠한 회계적인 계상(인식)도 이루어지지 않으므로 부외 자산이 존재하게 되는 불합리한 상황이 발생하게 된다.

예시 주산품과 부산물의 원가계산

- 결합원가 발생금액은 ₩ 200,000,000이며 결합원가는 상대적판매가치법에 따라 배분한다.
- 생산 관련자료

구분	생산량	판매단가(시장가치)
갑 제품	10,000 개	₩ 10,000
을 제품	15,000 개	₩ 12,000
부산물	1,000 개	₩ 1,000

- 부산물이 추후 실제 판매된 금액은 ₩ 1,500,000이고 현금으로 판매하였다.

풀이

- 생산시점에서의 제조원가차감법

구분	판매가치	비율	결합원가배부액
갑 제품	10,000 개 × ₩ 10,000 = ₩ 100,000,000	35.7%	₩ 71,043,000
을 제품	15,000 개 × ₩ 12,000 = ₩ 180,000,000	64.3%	₩ 127,957,000
합계		100%	₩ 199,000,000 (*)

(*) 결합원가 ₩ 200,000,00 - (부산물 1,000 개 × @ ₩ 1,000) = ₩ 199,000,000

(회계처리)

	(차)		(대)	
발생시점 :	부산물(자산)	₩ 1,000,000	제조원가	₩ 1,000,000
처분시점 :	현금	₩ 1,500,000	부산물(자산)	₩ 1,000,000
			부산물처분이익	₩ 500,000

- 판매시점에서의 잡이익법

판매시점에서의 잡이익법은 부산물이 판매되기 전까지는 회계처리하지 않다가 판매되는 시점에 이르러 잡이익으로 계상한다는 점에 유의하여야 한다. 이는 판매되기 전까지는 어떠한 회계처리도 하지 않는다는 것이므로 판매시점까지는 부외자산이 존재한다는 의미이다.

구분	판매가치	비율	결합원가배부액
갑 제품	10,000 개 × ₩ 10,000 = ₩ 100,000,000	35.7%	₩ 71,400,000
을 제품	15,000 개 × ₩ 12,000 = ₩ 180,000,000	64.3%	₩ 128,600,000
합계		100%	₩ 200,000,000

(회계처리)

발생시점 : 회계처리 없음

처분시점 : (차) 현금 ₩ 1,500,000 (대) 잡이익 ₩ 1,500,000

연습문제

4-2. 다음의 각 질문에 답하라.

1) 주산품과 부산물의 정의에 대하여 설명하라.

2) 부산물의 원가계산 방법에 관하여 설명하라.

풀이 생략

Chapter 5

정상원가계산

제1절 정상원가계산의 개념

1. 정상원가계산의 의의

앞에서 살펴 본 개별원가계산 및 종합원가계산은 기본적으로 실제 발생한 원가를 분류하여 집계하는 사후·실제원가계산방법이다. 실제원가계산은 발생한 원가를 사후에 집계한다는 측면에서 정확하다는 장점이 있는 반면 원가의 집계에 많은 시간이 소요되고 계절적 요인이나 조업도 등에 따라 원가가 변동될 수 있어 원가의 관리에 적합하지 않은 부분이 있다. 이러한 단점을 개선하기 위한 원가계산방법이 정상원가계산방법이다.

1.1 실제원가계산과 정상원가계산

실제원가계산(actual costing)은 직접재료비, 직접노무비 및 제조간접비를 원가가 발생한 이후 사실에 근거하여 원가를 계산하는 방법이며 주로 개별원가계산과 종합원가계산에 이용된다. 실제원가계산은 사실에 근거하기 때문에 계산이 정확하다는 장점이 있는 반면 원가계산이 완료될 때까지 많은 시간이 소요된다는 결정적인 단점이 있다. 원가의 계산에 많은 시간이 소요됨에 따라 경영적 의사결정에 필요한 원가정보를 적시에 획득하기 어려운 문제가 있다. 또 동일한 사업장 내에서 복수의 제품 또는 작업이 이루어질 경우 해당 부문별로 상대적

조업도 비율에서 차이가 발생하면 각각의 부문에 대한 단위당 고정비가 변동하여 부문별 원가도 같이 변동되는 결과로 나타나 원가관리에 어려움이 있다.

이러한 단점을 개선하기 위한 방법으로 정상원가계산이 등장하였다. 정상원가계산(normal costing)은 직접재료비와 직접노무비는 실제발생원가를 집계하여 계산하고 제조간접비는 예정배부(predetermined)된 금액을 집계하여 계산하는 방법이다. 위에서 설명한 바와 같이 실제원가계산이 가진 단점의 원인은 제조간접비의 배분문제로 인한 것이므로 배분의 문제로 인한 단점을 해소하고자 하는 방법이다. 즉, 제조간접비에 대해서는 예정배부금액을 이용함으로써 원가계산의 시간을 절약하고 조업도의 변동에 따라 원가계산 결과에 미치는 영향을 제거하고자 하는 것이다. 정상원가계산에는 정상개별원가계산과 정상종합원가계산이 있으며 이에 관하여는 제2절에서 상세히 설명하기로 한다.

1.2 정상원가계산의 유용성과 한계

1) 정상원가계산의 유용성

정상원가계산이 가진 유용성은 위에서 설명한 바와 같이 실제원가계산이 가진 단점을 개선하는데 있다. 그 유용성으로는 첫째, 원가정보의 적시성을 들 수 있다. 실제원가계산에서는 수많은 계정과목의 실제 발생금액을 분류하고 집계하여 원가자료를 산출하므로 많은 시간이 소요되고 이는 회계가 추구하는 목적적합성(relevance), 적시성(timeliness)을 해치는 요소가 된다. 이에 따라 정상원가계산에서는 사전에 미리 설정된 제조간접비의 예정배부율을 이용하여 원가계산을 하게 되므로 원가정보의 적시성을 강화할 수 있다.

둘째, 조업도의 변동으로 인하여 원가계산의 결과가 달라지는 단점을 해소할 수 있다. 제조간접비는 본질적으로 조업도를 기준으로 하는 배부율에 따라 배분하는 과정을 거쳐 개별 제품이나 작업에 배분된다. 배부율을 결정하는 기준이 되는 조업도는 설비 가동시간이나 작업 인원의 수, 작업 시간의 수 등을 사용하게 되는데 이는 곧 조업도에 따라 제조간접비의 배부율이 달라질 수 있음을 의미한다. 따라서 수요의 급변 등으로 인하여 조업도가 변동되면 제조간접비의 배부율도 달라지고 원가계산의 결과가 달라진다. 이런 현상은 고정제조간접비와 변동제조간접비 모두에게 해당되는 사항이다. 또 계절적인 특수성 등으로 인하여 다른 시기에 비하여 더 많이 발생하는 원가요소도 있으므로 연간 평균 개념을 이용한 예정배부율을 사용하여 개선함으로써 유용성을 강화할 수 있다.

2) 정상원가계산의 한계

정상원가계산에서는 제조간접비를 배분함에 있어서 예정배부율을 사용하므로 실제 제조간접비의 발생과 차이가 발생하므로 기말에 이를 조정하여야 하는 번거로움이 있다. 제조간접비의 차이는 예정하였던 제조간접비와 실제 발생한 제조간접비의 차이로 인한 소비차이(spending variance)와 예정하였던 조업도와 실제 조업도의 차이로 인한 조업도차이(production volume variance)로 이루어져 있다.

이와 같은 정상원가계산의 유용성과 한계를 함께 고려하여 원가계산시스템을 효과적으로 구축하여 운영할 수 있는 방안을 모색하여야 한다.

예시 정상원가계산과 실제원가계산에서의 제조간접비 차이

- 예정 고정제조간접비는 ₩ 150,000,000이다.
- 예정 변동제조간접비는 ₩ 100,000,000이다.
- 연간 기계가동시간은 10,000시간으로 예정하며, 제조간접비의 배부는 기계가동시간을 기준으로 한다.
- 고정제조간접비 예정배부율

$$= \frac{₩\ 150,000,000}{\text{예정 기계가동시간 } 10,000\text{시간}} = ₩\ 15,000\ /\ \text{시간당}$$

- 변동제조간접비 예정배부율

$$= \frac{₩\ 100,000,000}{\text{예정 기계가동시간 } 10,000\text{시간}} = ₩\ 10,000\ /\ \text{시간당}$$

- 실제 고정제조간접비 발생금액은 ₩ 150,000,000이며, 실제 변동제조간접비의 발생금액은 ₩ 90,000,000이다.
- 실제 기계가동시간은 8,000시간이다.

풀이 ○ 제조간접비 예정배부액 : ₩ 25,000(*) × 실제 기계가동시간 8,000시간
= ₩ 200,000,000
(*) 고정제조간접비 예정배부율 ₩ 15,000
+ 변동제조간접비 예정배부율 ₩ 10,000 = ₩ 25,000

○ 실제 제조간접비와 예정 제조간접비의 차이
= 실제 제조간접비 발생액 ₩ 240,000,000
− 제조간접비 예정배부액 ₩ 200,000,000 = 배부차이 ₩ 40,000,000

○ 차이의 원인
소비(예산)차이 : 실제 제조간접비 발생금액 ₩ 240,000,000
- (고정제조간접비 예산 ₩ 150,000,000
+ 변동제조간접비 예정배부율 ₩ 10,000
× 실제기계가동시간 8,000시간)
= ₩ 10,000,000

조업도(능률)차이 : (고정제조간접비 예산 ₩ 150,000,000
+ 변동제조간접비 예정배부율 ₩ 10,000
× 실제기계가동시간 8,000시간)
- 제조간접비 예정배부액 ₩ 200,000,000
= ₩ 30,000,000

○ 다른 계산방법 (Chapter 12 성과평가회계 참조)
고정제조간접비 소비(예산)차이
= 실제발생액 ₩ 150,000,000 − 기준조업도 10,000시간 × ₩ 15,000
= ₩ 0 · · · ⓐ
고정제조간접비 조업도(능률)차이
= 기준조업도 10,000시간 × ₩ 15,000 − 표준조업도 8,000시간
× ₩ 15,000 = ₩ 30,000,000 · · · ⓑ
고정제조간접비 총차이 (ⓒ = ⓐ + ⓑ) = ₩ 30,000,000
변동제조간접비 소비(예산)차이 = $(AP - SP) \times SP$
= (₩ 11,250 - ₩ 10,000) × 8,000시간 = ₩ 10,000,000 · · · ⓓ
변동제조간접비 조업도(능률)차이 = $(AQ - SQ) \times SP$
= (8,000시간 − 8,000시간) × ₩ 10,000 = ₩ 0 · · · ⓔ
변동제조간접비 총차이 (ⓕ = ⓓ + ⓔ) = ₩ 10,000,000
제조간접비 차이 총액 (ⓒ + ⓕ) : ₩ 40,000,000
(참고) 소비(예산)차이 (ⓐ + ⓓ) : ₩ 10,000,000
조업도(능률)차이 (ⓑ + ⓔ) : ₩ 30,000,000

2. 제조간접비의 예정배부

전술한 바와 같이 제조간접비의 배부율은 기본적으로 제조간접비 총액에서 조업도를 나누어 조업도 단위당 제조간접비를 산출한다. 조업도는 설비가동시간, 작업 인원수, 작업 시간의 수 등 제품의 생산 활동과 원가의 발생 간 인과관계를 고려하여 결정한다.

2.1 제조간접비 예정배부율과 배부금액

실제원가계산에서는 실제 제조간접비를 실제 배부기준으로 나누어 산출하지만 정상원가계산에서는 사전원가(예정원가)를 사용하므로 제조간접비 예정배부율을 산출하여야 한다.

$$\text{제조간접비 예정배부율} = \frac{\text{제조간접비 예산}}{\text{예정배부기준}}$$

제조간접비 예정배부율이 산출되면 제조간접비의 예정금액을 산출하여야 한다. 실제원가계산과 정상원가계산의 차이는 오직 제조간접비의 배부율을 실제배부율을 사용하느냐 아니면 예정배부율을 사용하는가의 차이일 뿐이다. 따라서 제조간접비의 배부기준은 실제원가계산과 마찬가지로 실제배부기준을 사용한다.

제조간접비 배부금액 = 예정배부율 × 실제배부기준 ⇒ 정상원가계산
제조간접비 배부금액 = 실제배부율 × 실제배부기준 ⇒ 실제원가계산

2.2 예정조업도

제조간접비의 예정배부율을 결정하는 또 하나의 중요한 요소는 바로 예정배부기준으로서의 예정조업도(normal capacity)를 결정하는 문제이며 '정상조업도'

라고도 한다.

예정조업도는 이론적 최대조업도, 실질 최대조업도, 평균조업도, 연간 기대조업도로 구분할 수 있다. 이론적 최대조업도(theoretical full capacity)는 모든 기계와 작업인원이 최상의 조건인 상태에서의 조업도로서 일반적이고 현실적인 관점에서는 달성 가능하지 않은 조업도이다.

실질 최대조업도(practical full capacity)는 실질적인 기업의 생산 환경에서 달성할 수 있는 최대의 조업도로서 실무적으로 가장 많이 사용되는 조업도이다. 통상적으로는 이론적 최대조업도의 80%에서 90% 정도의 구간에서 결정한다.

평균조업도(average capacity)는 기업의 과거 실적을 기초로 하여 평균으로 산출된 조업도이다. 과거의 실적을 과거 몇 년도분에 해당하는 자료를 기초로 하느냐의 문제와 평균치를 산출할 때 단순평균법을 사용할 것인가 또는 가중평균법을 사용할 것인가를 결정하는 문제는 기업이 처한 상황에 따라 결정한다.

연간 기대조업도(annual expected capacity)는 실질적 최대조업도와 예상조업도를 고려하여 결정하는 조업도로서 원가의 계산이나 조업율의 결정, 설비의 잉여 여부나 생산인력의 잉여 여부 판단 등을 포함한 생산성 평가를 위한 조업도로 활용된다.

연습문제

5-1. 정상원가계산과 관련한 다음의 각 질문에 답하라.

1) 실제원가계산과 정상원가계산의 차이점을 설명하라.

2) 제조간접비 예정배부율 결정방법에 대하여 설명하라.

3) 예정조업도의 종류와 특징에 관하여 설명하라.

풀이 생략

제2절 정상원가계산의 절차

1. 정상개별원가계산

정상개별원가계산은 본질적으로는 Chapter 2에서 설명한 개별원가계산과 동일하다. 다만, 제조간접비에 대해서는 제조간접비 예산과 기업에서 사전에 결정된 예정배부기준을 이용하여 산출한 예정배부율을 적용하여 개별 제품 또는 작업에 배부한다. 그런 다음 실제로 발생한 제조간접비의 금액이 확정되면 예정배부액과의 차이를 조정하는 과정을 거친다. 직접재료비와 직접노무비의 계산에 관하여는 개별원가계산과 동일하므로 여기에서는 설명을 생략하고 제조간접비의 배분에 관하여만 설명하기로 한다.

1.1 제조간접비의 예정배부

제조간접비의 예정배부에 관한 개념은 위에서 설명하였으므로 여기에서는 예시를 통하여 구체적인 방법을 설명하기로 한다. 제조간접비 예산총액을 예정조업도(예정배부기준)으로 나누어 배부율을 산출하고 이를 개별 제품 또는 작업에 배부한다. 여기에서 제조간접비는 3가지 형태로 나타나는데 첫째, 제조간접비예산으로 이는 기업의 예상조업도를 고려하여 고정비와 변동비로 구분하여 기간의 초에 미리 결정한다. 일반적으로 종합예산(master budget)을 수립하면서 결정된다.

둘째, 제조간접비 예정배부액으로 제조간접비의 실제배부기준에 예정배부율을 곱하여 산출한다. 생산이 완료되어 생산과 관련한 자료만 도출되면 개별 제품 또는 작업별로 즉시 계산되므로 신속한 원가계산이 가능한 근거가 된다.

셋째, 실제 발생한 제조간접비로 이는 예정배부액과의 차이 조정을 위한 근거자료가 된다. 일반적으로 제조간접비의 실제 발생액이 집계되기까지는 일정한 시간이 소요되므로 사후적으로 예정배부액과의 차이를 조정하여야 한다.

예시 **제조간접비 예정배부율 산출 및 제품별 배부**

- 제조간접비 예산은 ₩ 30,000,000이며 기계가동시간은 1,500시간으로 예상한다. 제조간접비의 배부기준은 기계가동시간이다.
- 제품별 기계가동시간은 다음과 같다.
  갑 제품 : 300시간, 을 제품 : 400시간, 병 제품 : 500시간
- 실제 발생한 제조간접비는 ₩ 28,000,000이다.

풀이

- 제조간접비 예정배부율의 산출

$$\frac{\text{제조간접비 예산 ₩ 30,000,000}}{\text{예정기계가동시간 1,500시간}} = \text{₩ 20,000 / 시간당}$$

- 개별 제품별 예정제조간접비의 배부
  갑 제품 : 300시간 × ₩ 20,000 = ₩ 6,000,000
  을 제품 : 400시간 × ₩ 20,000 = ₩ 8,000,000
  병 제품 : 500시간 × ₩ 20,000 = ₩ 10,000,000
  예정제조간접비 배부액 합계 = ₩ 24,000,000

1.2 예정배부액과 실제발생액의 차이 조정

제조간접비예산을 예정배부기준으로 나누어 예정배부율을 산출한 결과 실제 발생한 사후의 제조간접비와는 당연히 차이가 발생한다. 이러한 차이금액을 '제조간접비 배부차이'라고 말한다. 제조간접비를 과다 배부한 경우에는 재고자산과 원가에서 차감하며 과소 배부한 경우에는 가산한다.

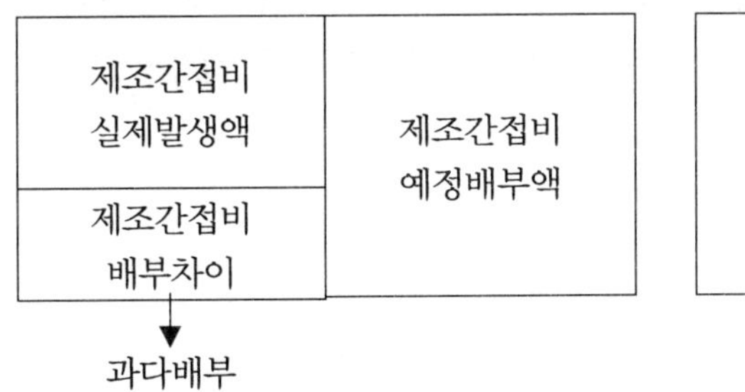

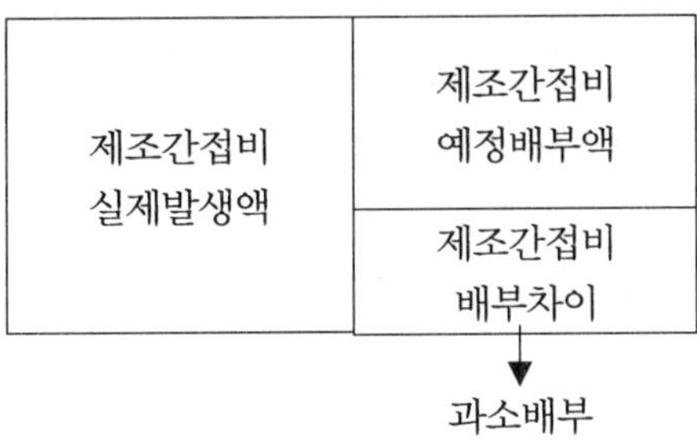

제조간접비 배부차이는 예산차이와 조업도차이로 인하여 발생한다는 것은 앞에서 설명한 바와 같다. 위의 예시자료에서 각각의 차이를 산출한다.

예시 제조간접비 배부차이

- 제조간접비 실제 발생금액은 ₩ 28,000,000이고 제조간접비 예정배부액은 ₩ 24,000,000이므로 총 ₩ 4,000,000이 과소 배부되었다.
  ₩ 28,000,000 - ₩ 24,000,000 = ₩ 4,000,000

풀이
- 예산차이
  실제 발생액 ₩ 28,000,000 − 제조간접비 예산 ₩ 30,000,000
  = ₩ Δ2,000,000
- 조업도차이
  제조간접비 예산액 ₩ 30,000,000 − 예정배부액 ₩ 24,000,000
  = ₩ 6,000,000
- 예산차이와 조업도차이를 합한 ₩ 4,000,000의 제조간접비 배부차이가 발생한다.

1) 제조간접비 과다배부액

제조간접비 과대배부액이란 실제로 발생한 제조간접비보다 예정배부액이 큰 경우이므로 정상원가가 실제원가보다 크게 산출되었다는 의미이며 동시에 재고자산의 금액도 더 크게 계상되었다는 것을 나타낸다. 따라서 과다배부액만큼 제품제조원가와 재고자산에 차감하여야 한다.

2) 제조간접비 과소배부액

제조간접비 과소배부액이란 실제로 발생한 제조간접비보다 예정배부액이 적은 경우이므로 정상원가가 적게 산출되었다는 의미이며 동시에 재고자산의 금액도 적게 계상되었다는 것을 나타낸다. 따라서 과소배부액만큼 원가와 재고자산에 가산하여야 한다.

3) 매출원가조정법

예정제조간접비가 과다 또는 과소하게 배부되어 배부차이가 발생하는 경우 그 금액을 조정하는 방법으로 매출원가조정법과 비례배분법이 있다.

매출원가조정법(no proration method)은 배부차이 금액을 전부 매출원가에서 가감하는 방법이다. 이 방법은 배부차이 금액이 크지 않거나 또는 기말 재고자산의 규모나 금액적인 중요성이 매출원가에 비하여 크지 않을 때 사용하는 방법으로 배부차이 전액을 매출원가에서 가감하므로 배부차이가 당기의 손익에만 반영되고 기말 재고자산 금액은 정상원가 상태로 표시된다.

4) 비례배분법

비례배분법(proration method)은 제조간접비 배부차이를 기말 재고자산과 매출원가에 비례하여 배분하는 방법이다. 이 방법은 배부차이 금액이 크거나 또는 기말 재고자산의 규모나 금액적인 중요성이 있는 경우에 사용된다. 이 방법은 배부차이가 기말재공품, 기말제품 및 매출원가에 비례적으로 배분되기 때문에 당기의 손익에 반영되는 부분과 차기로 이월되는 부분이 있으며 실무적으로는 재무제표를 적정하게 표시할 수 있어 더 많이 사용된다. 비례배분법은 재고자산과 매출원가의 총원가 비율에 따라 배분하는 총원가기준비례법과 재고자산과 매출원가의 제조간접비 예정배부액의 비율에 따라 배분하는 원가요소기준비례배분법이 있다.

2. 정상종합원가계산

정상종합원가계산의 전체적인 흐름은 Chapter 3의 종합원가계산과 동일하며, 제조간접비의 예정배부에 관하여는 제1절에서 설명한 정상개별원가계산의 경우와 동일하다. 다만, 정상종합원가계산에서 제조간접비 배부차이를 조정하는 과정에서 기초재고의 유무에 따라 조금씩 차이가 있다.

2.1 기초재고가 있는 경우

기초재고가 있는 경우에는 좀 더 복잡하고 신중한 계산절차를 필요로 한다. 즉, 기초재고에는 전기에 발생한 배부차이가 이월되어 온 부분이 있기 때문에 당기에 발생한 배부차이와 어떤 방법으로 처리하는가의 문제가 발생한다. 전기에 매출원가조정법으로 배부차이를 조정하였다면 당기로 이월되는 기초재고자산에는 배부차이가 포함되어 있지 않으므로 아무런 문제가 없다. 그러나 비례배분법을 사용하여 조정하였다면 이월되어 온 기초재고자산에는 전기의 배부차이가 포함되어 있을 뿐 아니라 선입선출법을 적용하였는가 또는 평균법을 적용하였는가에 따라서도 달라진다.

예시 제조간접비 예정배부율, 원가의 산출 및 배부차이 조정

- 제조간접비 예산은 ₩ 30,000,000이다.
- 직접노무비 예산은 ₩ 15,000,000이다.
- 제조간접비의 예정배부율은 직접노무비 금액에 대한 비율을 적용한다.
- 실제 발생한 제조간접비는 ₩ 28,000,000이다.
- 기초재공품에 포함된 전기의 배부차이는 없는 것으로 가정한다.
- 기초제품재고는 없으며 완성된 2,200개 중에서 2,000개가 판매되었다.
- 생산 관련자료

구분	물량흐름	완성도	직접재료비	직접노무비
기초재공품	500개	40%	₩ 1,000,000	₩ 800,000
당기착수량	2,000개		₩ 50,000,000	₩ 15,000,000
합계	2,500개		₩ 51,000,000	₩ 15,800,000
당기완성량	2,200개			
기말재공품	300개	60%		
합계	2,500개			

풀이
- 제조간접비 예정배부율 산출

$$\frac{\text{제조간접비 예산 ₩ 30,000,000}}{\text{직접노무비 예산 ₩ 15,000,000}} = \text{직접노무비의 200\%}$$

- 선입선출법에 의한 원가의 계산

구분	물량흐름	완성도	완성품환산량		합계
			직접재료비	가공비	
기초재공품 완성량	500개	40%	0개	300개	
당기투입 완성량	1,700개		1,700개	1,700개	
기말재공품	300개	60%	300개	180개	
합계	2,500개		2,000개	2,180개	
기초재공품 원가(*)			-	-	₩ 3,400,000 (*)

당기발생 원가			₩ 50,000,000	₩ 45,000,000 (**)	₩ 95,000,000
합계			-	-	₩ 98,400,000
환산량 단위당가격			@ ₩ 25,000	@ ₩ 20,642	@ ₩ 45,642
완성품원가					₩ 87,184,404 (***)
기말재공품 원가					₩ 11,215,596

(주) 환산량 단위당가격에서 소수점 이하는 표시를 생략하였다.

(*) 선입선출법이므로 기초재공품 원가에 대하여 재료비와 가공비를 구분하여 표시함으로서 기초원가와 당기원가의 합계가 표시되면 안 되고 총액으로 합계만 표시하여야 한다. 평균법이라면 각각 구분 표시하여 기초원가와 당기원가를 합계한 후 단위당 가격을 산출하여야 한다.

(**) 제조간접비는 노무비의 200%를 적용하였으며 노무비와 제조간접비를 합계한 금액이다.

(***) 완성품 환산량에 대하여 단위당 가격을 적용하고 기초재공품 환산량과 당기투입 완성량에 대하여 당기의 가공비를 적용한 후 기초재공품 원가까지 모두 합한 금액이다.

₩ 42,500,000 + ₩ 41,284,404 + ₩ 3,400,000 = ₩ 87,184,404

○ 제조간접비 배부차이

제조간접비 실제발생액 ₩ 28,000,000이며 예정배부액은 ₩ 30,000,000으로써 ₩ 2,000,000을 과다 배부하였다.

○ 배부차이의 조정 (비례배분법에 의한다)

구분	완성품 환산량	예정배부액	비율	배부차이조정
매출원가	1,800개(*)	₩ 24,770,642	82.57%	₩ 1,651,400
기말제품	200개	₩ 2,752,294	9.17%	₩ 183,400
기말재공품	180개	₩ 2,477,064	8.26%	₩ 165,200
합계	2,180개	₩ 30,000,000(**)	100%	₩ 2,000,000

(*) 실제 판매량은 2,000개이고 기초재공품의 수량은 500개이며 이의 완성도는 40%이다. 선입선출법에서는 전기의 완성품환산량인 200개는 전기에 생산된 것으로 본다. 만약 평균법을 사용하면 기초재공품도 완성품환산량에 반영되므로 실제매출수량과 비례배분시 반영되는 매출수량이 2,000개로 일치한다.

(**) 제조간접비 예정배부액은 직접노무비의 200%이다.

○ 매출원가조정법을 사용하면 ₩ 2,000,000이 전액 매출원가로 조정된다.

2.1 기초재고가 없는 경우

기초재고가 없는 경우라면 기초재고가 있는 경우에 비하여 상대적으로 용이하게 계산할 수 있다. 다음의 예시를 통하여 설명한다.

예시 원가의 산출 및 배부차이 조정

- 위 기초재고가 있는 경우의 예시를 그대로 이용하되 기초재고만 없는 것으로 가정한다.
- 기초제품 재고는 없으며 완성된 1,700개 중에서 1,500개가 판매되었다.
- 제조간접비 예정배부율 산출

$$\frac{\text{제조간접비 예산 ₩ 30,000,000}}{\text{직접노무비 예산 ₩ 15,000,000}} = \text{직접노무비의 200\%}$$

- 선입선출법에 의한 원가의 계산

구분	물량흐름	완성도	완성품환산량		합계
			직접재료비	가공비	
당기투입 완성량	1,700개		1,700개	1,700개	
기말재공품	300개	60%	300개	180개	
합계	2,000개		2,000개	1,880개	
기초재공품 원가			-	-	₩ 0
당기발생 원가			₩ 50,000,000	₩ 45,000,000	₩ 95,000,000
합계			-	-	₩ 95,000,000
환산량 단위당가격			@ ₩ 25,000	@ ₩ 23,936	@ ₩ 48,936
완성품원가					₩ 83,191,489
기말재공품 원가					₩ 11,808,511

(주) 환산량 단위당가격에서 소수점 이하는 표시를 생략하였다.

○ 배부차이의 조정 (비례배분법에 의한다)

구분	완성품 환산량	예정배부액	비율	배부차이조정
매출원가	1,500개(*)	₩ 23,936,170	79.79%	₩ 1,595,800
기말제품	200개	₩ 3,191,489	10.64%	₩ 212,800
기말재공품	180개	₩ 2,872,341	9.57%	₩ 191,400
합계	1,880개	₩ 30,000,000	100%	₩ 2,000,000

(*) 기초재공품이 없으므로 당기에 판매된 수량과 일치하며 위 재고자산이 있는 경우의 예시와는 확연히 다른 차이점이다.

연습문제

5-2. (주)하진은 정상개별원가계산방법에 따라 원가계산을 하고 있다. 다음의 각 질문에 답하라.

- ○ 제조간접비 예산은 연간 ₩ 50,000,000이며 제조간접비의 예정배부는 기계가동시간을 기준으로 배분한다.
- ○ 예상되는 기계가동시간은 1,000시간이다.
- ○ 회사는 갑 제품과 을 제품은 생산을 완료하였고 병 제품은 생산 중에 있으며 완료된 제품 중 갑 제품은 ₩ 100,000,000에 판매되었다.

○ 생산 관련자료

구분	갑 제품	을 제품	병 제품	합계
직접재료비	₩ 50,000,000	₩ 60,000,000	₩ 70,000,000	₩ 180,000,000
직접노무비	₩ 20,000,000	₩ 25,000,000	₩ 30,000,000	₩ 75,000,000
기계가동 시간	300시간	400시간	450시간	1,150시간

○ 기초재고자산은 없다.

○ 실제 발생한 제조간접비 금액은 ₩ 60,000,000이다.

1) 제조간접비 예정배부율을 구하라.

2) 개별 제품별 제조원가 및 기말재공품 재고금액을 구하라.

3) 제조간접비 배부차이를 구하라.

4) 배부차이는 매출원가조정법으로 조정하여 손익계산서를 작성하라.

5) 제조간접비 배부차이를 비례배분법에 의하여 조정하라.

풀이 1) 제조간접비 예정배부율 산출

$$\frac{\text{제조간접비 예산액 ₩50,000,000}}{\text{기계가동 예정시간 1,000시간}} = \text{₩50,000 / 시간당}$$

2) 개별 제품별 제조원가

ㅇ 개별제품별 제조간접비 배분

제품명	실제기계가동시간	예정배부율	예정배부액
갑 제품	300시간	@ ₩ 50,000	₩ 15,000,000
을 제품	400시간	@ ₩ 50,000	₩ 20,000,000
병 제품	450시간	@ ₩ 50,000	₩ 22,500,000
합계	1,150시간		₩ 57,500,000

○ 정상원가계산에 의한 제품별 제조원가

구분	갑 제품	을 제품	병 제품	합계
직접재료비	₩ 50,000,000	₩ 60,000,000	₩ 70,000,000	₩ 180,000,000
직접노무비	₩ 20,000,000	₩ 25,000,000	₩ 30,000,000	₩ 75,000,000
제조간접비	₩ 15,000,000	₩ 20,000,000	₩ 22,500,000	₩ 57,500,000
합계	₩ 85,000,000	₩ 105,000,000	₩ 122,500,000	₩ 312,500,000

○ 당기총제조비용 : ₩ 312,500,000
○ 기말재공품재고액 : ₩ 122,500,000 (병 제품)
○ 당기제품제조원가 : ₩ 190,000,000 (갑 제품과 을 제품)

3) 제조간접비 배부차이 산출
○ 제조간접비 배부차이
실제 제조간접비 발생금액 ₩ 60,000,000
- 제조간접비 예정배부액 ₩ 57,500,000
= 배부차이 ₩ 2,500,000 과소배부

4) 매출원가조정법으로 배부차이를 조정한 손익계산서를 작성

과목	금액	
Ⅰ. 매출액		₩ 100,000,000
Ⅱ 매출원가		₩ 87,500,000
1. 기초제품재고액	₩ 0	
2. 당기제품제조원가	₩ 190,000,000	
합계	₩ 190,000,000	
3. 기말제품재고액	₩ 105,000,000	
4. 제조간접비과소배부액	₩ 2,500,000	
Ⅲ. 매출총이익		₩ 12,500,000

5) 비례배분법에 의한 제조간접비 배부차이 조정

구분	배부기준	비율	배부차이금액	해당제품
매출원가	₩ 15,000,000	26.09%	₩ 652,250	갑 제품
제품	₩ 20,000,000	34.78%	₩ 869,500	을 제품
재공품	₩ 22,500,000	39.13%	₩ 978,250	병 제품
합계	₩ 57,500,000	100%	₩ 2,500,000	

연습문제

5-3. (주)하진은 정상종합원가계산방법에 따라 원가계산을 하고 있다. 다음의 각 질문에 답하라.

- ○ 제조간접비 예산은 연간 ₩ 30,000,000이고, 직접노무비 예산은 연간 ₩ 10,000,000이며 제조간접비의 예정배부는 직접노무비를 기준으로 배분한다.
- ○ 기초재공품의 전기 과소 배부차이 ₩ 400,000이 있다.
- ○ 제조간접비 실제 발생액은 ₩ 20,000,000이다.
- ○ 완성품 중에서 2,000개는 판매되었다.

- ○ 생산 관련자료

구분	물량흐름	완성도	직접재료비	가공비
기초재공품	500개	60%	₩ 10,000,000	₩ 5,000,000
당기착수량	3,000개		₩ 60,000,000	₩ 25,000,000
합계	3,500개		₩ 70,000,000	₩ 30,000,000
당기완성량	2,800개			
기말재공품	700개	60%		
합계	3,500개			

1) 제조간접비 예정배부율을 구하라.

2) 선입선출법을 적용하여 완성품 제조원가와 기말재공품 재고액을 구하라.

3) 제조간접비 배부차이를 구하라.

4) 배부차이는 비례배분법으로 조정하고 조정 후의 금액을 산출하라.

풀이 1) 제조간접비 예정배부율 산출

$$\frac{\text{제조간접비 예산액 ₩30,000,000}}{\text{노무비 예산액 ₩10,000,000}} = 3\ (=300\%)$$

2) 완성품의 제조원가와 기말재공품 재고금액 산출

구분	물량흐름	완성도	재료비	가공비	합계
기초재공품 완성량	500개	60%	0개	200개	
당기투입 완성량	2,300개		2,300개	2,300개	
기말재공품	700개	60%	700개	420개	
합계	3,500개		3,000개	2,920개	
기초재공품 원가					₩ 15,000,000
당기발생 원가			₩ 60,000,000	₩ 25,000,000 (*)	₩ 85,000,000
합계			-	-	₩ 100,000,000
환산량 단위당가격			@ ₩ 20,000	@ ₩ 8,562	@ ₩ 28,561
완성품원가					₩ 82,404,110 (**)
기말재공품 원가					₩ 17,595,890
합계			-	-	₩ 100,000,000

(주) 환산량 단위당가격에서 소수점 이하는 표시를 생략하였다.

(*) 제조간접비 배부율이 300%이므로 직접노무비는 ₩6,250,000이고 제조간접비는 ₩ 18,750,000임을 알 수 있다.
(**) 기초재공품 원가 ₩ 15,000,000 + 기초재공품 추가 가공비 ₩ 1,712,329 + 완성품 원가 ₩ 65,691,781 = ₩ 82,404,110

○ 재공품과 제품의 물량 흐름

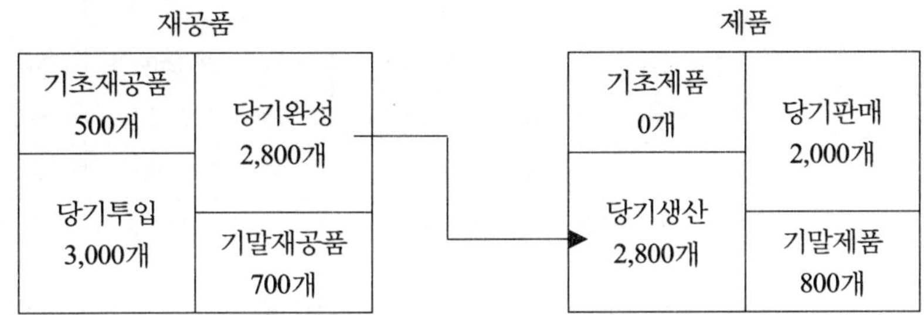

○ 완성품원가 중에서 매출원가와 기말제품 재고에 포함되는 금액

매출원가 : 완성품원가 ₩ 82,404,110 × $\frac{2,000개}{2,800개}$ = ₩ 58,860,079

기말제품재고 : 완성품원가 ₩ 82,404,110 × $\frac{800개}{2,800개}$ = ₩ 23,544,031

3) 제조간접비 배부차이 산출
실제 제조간접비 발생액 ₩ 20,000,000 - 예정 배부액 ₩ 18,750,000
= ₩ 1,250,000 과소 배부

4) 비례배분법으로 배부차이를 조정한 후의 금액
○ 제조간접비 배부차이의 배분

구분	완성품환산량	비율	배부차이금액
매출원가	1,700개(*)	58.22%	₩ 727,750
기말제품	800개	27.40%	₩ 342,500
기말재공품	420개	14.38%	₩ 179,750
합계	2,920개	100%	₩ 1,250,000

(*) 위 조건에서 완성품 수량은 2,800개이며 판매수량이 2,000개이므로 기말제품 재고는 800개로 산출이 되었다. 그러나 판매수량에는 기초재공품이 완성되어 판매된 부분에 대한 완성품환산량 300개(500개 × 60%)가 판매수량에 포함되어 있어 1,700개로 배분한다.

○ 배부차이를 조정한 후의 금액

구분	조정 전 금액	배부차이 조정	조정 후 금액
매출원가			
(기초재공품)	-	₩ 400,000	-
(당기완성분)	₩ 58,860,079 (*)	₩ 727,750	₩ 59,987,829 (**)
기말제품	₩ 23,544,031	₩ 342,500	₩ 23,886,531
기말재공품	₩ 17,595,890	₩ 179,750	₩ 17,775,640
합계	₩ 100,000,000	₩ 1,650,000	₩ 101,650,000

(*) 당기 완성분의 조정 전 금액에는 기초재공품 원가 ₩ 15,000,000이 포함되어 있다.

(**) 당기완성품의 조정 후 금액은 기초재공품 조정 후 금액을 합산하여 표시한다.

연습문제

5-4. 위의 연습문제 5-3의 자료를 이용하여 다음 물음에 답하라.

1) 평균법을 적용하여 완성품 제조원가와 기말재공품 재고금액을 구하라.

2) 배부차이는 비례배분법으로 조정하고 조정 후의 금액을 산출하라.

풀이 1) 완성품의 제조원가와 기말재공품 재고금액 산출

구분	물량흐름	완성도	재료비	가공비	합계
당기완성량	2,800개		2,800개	2,800개	
기말재공품	700개	60%	700개	420개	
합계	3,500개		3,500개	3,220개	
기초재공품원가			₩ 10,000,000	₩ 5,000,000	₩ 15,000,000
당기발생원가			₩ 60,000,000	₩ 25,000,000	₩ 85,000,000
합계			₩ 70,000,000	₩ 30,000,000	₩ 100,000,000
환산량 단위당가격			@ ₩ 20,000	@ ₩ 9,318	@ ₩ 29,318
완성품원가					₩ 82,086,957
기말재공품원가					₩ 17,913,043
합계			-	-	₩ 100,000,000

○ 완성품원가 중에서 매출원가와 기말제품 재고에 포함되는 금액

매출원가 : 완성품원가 ₩82,086,957 × $\frac{2,000개}{2,800개}$ = ₩58,633,541

기말제품재고 : 완성품원가 ₩82,086,957 × $\frac{800개}{2,800개}$ = ₩23,453,416

2) 비례배분법으로 배부차이를 조정한 후의 금액

○ 재공품 관련 제조간접비 배부차이의 배분

구분	완성품환산량	비율	배부차이금액
완성품	2,800개	86.96%	₩ 1,434,840
재공품	420개	13.04%	₩ 215,160
합계	3,220개	100%	₩ 1,650,000 (*)

(*) 당기의 배부차이와 기초재공품 배부차이를 합산한 금액이다.

○ 제품 관련 제조간접비 배부차이의 배분

구분	완성품환산량	비율	배부차이금액
완성품	2,000개	71.43%	₩ 1,024,906
재공품	800개	28.57%	₩ 409,934
합계	2,800개	100%	₩ 1,434,840

○ 배부차이를 조정한 후의 금액

구분	조정 전 금액	배부차이 조정	조정 후 금액
매출원가			
(기초재공품)	-	(*)	-
(당기완성분)	₩ 58,633,541	₩ 1,024,906	₩ 59,658,447
기말제품	₩ 23,453,416	₩ 409,934	₩ 23,863,350
기말재공품	₩ 17,913,043	₩ 215,160	₩ 18,128,203
합계	₩ 100,000,000	₩ 1,650,000	₩ 101,650,000

(*) 기초재공품 배부차이는 재공품 관련 제조간접비 배부차이의 배분에서 반영되었으므로 여기에서 다시 반영하여서는 안 된다.

Chapter 6

표준원가계산

제1절 표준원가계산의 개념

1. 표준원가계산의 의의

표준원가(standard cost)란 제품의 생산 활동에서 발생할 것으로 예상되는 원가를 수량표준과 가격표준으로 구분하여 미리 원가를 결정하는 것을 말한다. 표준원가의 결정은 과학적이고 통계적인 방법 등을 이용하여 합리적으로 결정되어야 하며 기업이 달성하고자 하는 목표원가이다. 즉, 표준원가는 일정한 능률을 바탕으로 생산 활동에 대한 상세한 검토를 거쳐서 설정되는 예정원가(predetermined cost)이기도 하다. 이러한 표준원가를 기업의 정규적인 회계시스템의 한 부분으로 도입하여 적용하는 제도를 표준원가계산제도(standard costing system)라 한다.

1.1 표준원가계산의 필요성

원가계산의 정확성이라는 관점에서는 실제원가가 가장 우수한 원가계산방법이라 할 수 있다 그러나 실제원가가 가지는 문제점으로 첫째, 생산의 과정에서 비능률적인 요소들이 실제원가에 반영되므로 진정한 의미에서의 능률이나 구성원들의 성과평가를 위한 근거로는 미흡한 부분이 있다. 둘째, 실제원가계산에서는 재료의 소비량, 작업자의 태도, 조업도, 생산 제품의 구성 비율, 예기치 않은 생산 환경의 변화 등에 따라 원가의 변동이 심하게 발생할 수 있으므로 원가관리를 위한 정보로는 부족한 측면이 있다. 셋째, 실제원가계산은 사후에 확정된 원가자료를 사용하므로 반드시 원가요소의 집계가 완료되어야 원가의 계산이 가능하다. 따라서 원가정보에 대한 적시성을 확보하기 어렵다. 다섯째, 구성원들의 성과평가를 위한 기준으로서 실제원가계산은 적절하지 않다. 표준의 일반적인 개념이 조직 구성원들이 달성하여야 하는 목표치로서 그 기준이 되는 측정치를 의미한다면 이와 같은 표준의 일반적인 개념을 대입하여 목표원가를 정의하면 효율적으로 달성하여야 하는 원가의 목표수준이라 말할 수 있다. 그러나 실제원가계산방법은 그러한 목표치를 제시하지 못한다. 이와 같은 실제원가계산제도가 가지는 문제점을 개선하기 위한 방법으로 표준원가계산제도가 이용된다. 실제원가계산과 표준원가계산의 주요 차이점은 다음과 같다.

구분	실제원가	표준원가
목적	사후 원가의 집계 목적	원가분석과 사전통제 및 목표로서의 원가
계산시점	생산 활동 이후의 사후원가	생산 활동 이전의 사전원가
원가확인	생산 활동이 종료된 이후에 원가의 확인이 가능	생산 활동 중간에도 원가의 확인이 가능
차이분석	원가의 차이분석 불가능	원가의 차이분석 가능

1.2 표준원가계산의 특성

표준원가계산의 특성으로는 우선 생산 활동 이전에 신중하고 합리적으로 설정된 금액을 기초로 결정된다는 특성이 있으며 이를 기초로 제품의 판매가격을 포함하여 마케팅 전략의 수립에 필요한 정보를 제공한다는 것이다. 둘째, 원가의 3요소에 대한 조달계획의 수립에 필요한 정보를 제공하며 사회 · 경제적 상황의 변화에 대응하여 신축적으로 예산의 수립을 가능하게 해 준다. 셋째, 생산 활동에서 수량이나 원가가 표준을 초과하는 경우 경영자가 취할 수 있는 예외에 의한 관리(management by exception)를 가능하게 해 주는 특성도 있다. 이와 같은 특성을 가지는 표준원가계산에서 적용되는 목표로서의 표준은 이상적 표준, 정상적 표준 및 현실적 표준으로 구분할 수 있다.

1) 이상적 표준

이상적 표준(ideal standard)은 보유하고 있는 생산설비나 근로자들이 최상의 상태에서 달성할 수 있는 목표이다. 생산설비의 기술적 한계, 근로자의 휴식 시간, 예측하지 못한 생산설비의 결함 등으로 인한 부분을 고려하지 않기 때문에 현실적으로는 사실상 달성하기 어려운 표준이다.

이러한 이상적 표준을 목표치로 결정한다면 언제나 목표에 미달하는 불리한 차이(unfavorable variance)를 발생시켜 근로자들에게 목표달성을 위한 동기부여에 역효과를 초래한다. 따라서 원가의 계산이나 재고자산의 평가 및 성과평가에 사용하는 것은 적합하지 않으며 단지 현실적 표준을 결정하기 위한 참고로만 이용한다.

2) 정상적 표준

정상적 표준(normal standard)은 생산 활동에서 우발적인 상황을 배제하고 정상적인 작업이나 활동을 전제로 결정된 표준을 말한다. 일반적으로 장기적인 과거의 자료를 기초로 하여 통계적이고 과학적인 방법으로 평균치를 도출하고 여기에 미래의 추세를 반영하여 결정한다. 정상적 표준은 원가의 계산과 재고자산의 평가 및 성과평가에 적합한 방법이다. 다만, 경제상태가 비교적 안정되어 있고 미래의 예측에 있어 불확실성이 적은 경우에 더욱 적합하다.

3) 현실적 표준

현실적 표준(practical standard)은 생산설비의 경상적인 고장이나 근로자의 휴식 시간 등을 고려한 것으로 구성원들이 합리적이고 효율적으로 최선의 노력을 경주한다면 달성 가능한 표준이다. 이러한 현실적 표준과 실제원가를 비교하여 정상적인 표준을 벗어난다면 경영상 비효율이 발생하고 있음을 의미한다. 따라서 현실적 표준과 비효율적인 차이가 발생한다면 주의를 기울여 문제를 검토하여야 한다. 일반적으로 표준원가라 하면 현실적 표준에 의한 원가를 의미하며 원가관리나 예산의 관리에서 가장 적합한 표준이다.

2. 표준원가계산의 유용성과 한계

2.1 표준원가계산의 유용성

표준원가계산(standard costing)의 유용성은 표준원가의 효익 또는 목적과 동일 · 유사하다. 표준원가계산은 계획과 통제 등 관리활동에 필요한 원가정보를 제공함으로서 다음과 같은 유용성이 있다.

첫째, 원가관리의 관점으로 원가관리를 효과적으로 수행하기 위한 기초가 된다. 표준원가에 의한 원가관리활동은 원가차이를 도출하여 수정조치(feed back)를 행하는 사후적 원가관리뿐만 아니라 실제원가를 표준원가에 일치시키도록 자극하고 유인하는 사전적 원가관리활동도 포함한다.

둘째, 원가를 절감할 수 있는 기회를 제공한다. 표준원가는 조직 구성원들이 달성하여야 하는 원가목표로서의 기능을 하게 되므로 구성원들은 이러한 원가목표를 달성하기 위한 노력을 경주할 것이다. 이런 노력을 통하여 재료비의 절감, 생산 투입 요소의 절감 및 생산 활동 자체에 대한 효율적 관리활동 등으로 원가를 절감하는 효과가 타나나게 될 것이다.

셋째, 예산편성과 관련한 것으로 표준원가가 설정되어 있으면 예산의 수립을 비교적 쉽게 할 수 있다. 제조기업의 예산수립을 위해서는 제조원가의 계산이 필수적으로 선행되어야 하는데 이때 제품단위당 수량표준과 가격표준을 이용하면 제조원가의 예산을 쉽게 수립할 수 있다. 예산 수립의 구체적인 결과는 예산 제조원가명세서, 예산 손익계산서, 예산 재무상태표, 예산 현금흐름표 등의 작성으로 나타난다.

넷째, 원가정보의 적시성과 관련한 사항으로 신속한 제품원가 계산이 가능하다. 표준원가를 이용하여 제품의 원가를 계산하면 원가계산을 신속하게 할 뿐 아니라 회계의 기장업무도 간소화할 수 있다.

다섯째, 표준원가계산은 제품 단위당 표준원가를 기초로 원가를 계산하고 이에 따라 재고자산을 평가하기 때문에 원가계산을 위해서 굳이 선입선출법이나 평균법 등과 같은 방법을 이용할 필요가 없고 물량의 흐름만 잘 파악한다면 제품원가, 매출원가, 기말재고액 등을 쉽게 계산할 수 있다.

2.2 표준원가계산의 한계

표준원가계산(standard costing)은 실제원가계산의 문제점을 개선하면서 경영관리활동을 위해 필요한 원가정보를 제공할 수 있는 등의 유용성에 있는 반면 다음과 같은 한계도 동시에 가지고 있다.

첫째, 표준원가를 설정하는데 현실적인 어려움이 있다. 작업자들이 수용할 수 있는 정도로 과학적이고 객관적인 표준을 결정하는 것이 말처럼 쉬운 일은 아니다. 표준원가계산의 기본적인 전제가 과학적이고 통계적인 기법의 적용을 필요로 하고 미래 환경에 대한 합리적인 예측을 요구하지만 그러한 과정 자체가 용이하지 않다는데 일정한 한계가 있다.

둘째, 표준원가는 한번 결정되면 영구히 변하지 않는 원가가 아니라 기업의 내부요인이나 기업을 둘러싸고 있는 외부환경의 변화에 따라 수시로 그 합리성과 객관성을 확인하여 수정할 필요가 있는 원가계산방법이다. 생산 활동에 관한 기본적인 상황의 변화, 재료의 가격 변화, 임률의 결정 과정 및 변화, 물가의 상승에 따른 제조간접비의 변화 등 원가에 중대한 영향을 미치는 상황이 발생하면 변화된 조건이 반영되도록 부단히 수정 · 보완되어야 하나 이러한 과정을 위해서는 시간과 비용의 발생이 수반된다.

셋째, 표준원가계산은 지나치게 계량적인 정보만 중시한다는 문제점이 있다. 즉, 기업경영에서 실질적으로는 품질, 인력, 납기, 고객 만족 등과 같은 비재무적인 측정치(non-financial performance measures)도 매우 중요한 평가도구가 되는 것이 현실적이지만 표준원가계산제도는 단지 원가만을 대상으로 하기 때문에 비재무적 측정치를 경시하는 문제가 있다.

넷째, 예외관리에 대한 어려움이 존재한다는 점과 원가차이의 분석 자체가 가진 한계도 있다. 즉 표준원가계산이 예외에 의한 관리(management by exception)에 이용될 경우 어느 정도의 원가 차이를 중요한 예외사항으로 볼 것인가를 결정하는 과정에서 자의적인 의사가 개입될 여지가 있다. 또 원가차이분석의 방법 자체가 가진 한계도 존재한다. 이는 표준원가계산에 의해서 원가차이를 도출하여 분석하는 경우 원가차이에 대한 구체적인 원인을 파악하기 쉽지 않다. 이는 원가차이의 원인이 소수의 원인에 의한 결과가 아니라 대부분 복수의 다양한 원인들이 혼합된 결과로 인한 경우가 더 많기 때문이다.

3. 표준원가계산의 절차

표준원가를 계산할 때는 일반적으로 원가의 표준을 설정하여 그 표준에 따라 표준원가를 계산한다. 생산 활동이 종료된 후 실제원가를 계산하여 표준원가와 실제원가의 차이를 도출하여 그 차이의 원인을 분석한다. 최종적으로는 원가차이를 분석하여 수정 조치를 취하고 원가차이를 결산에 반영하는 과정을 거친다.

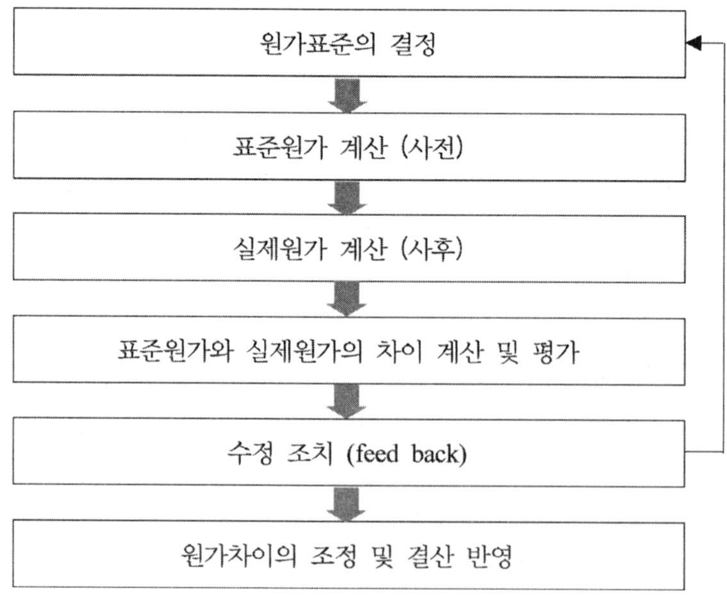

[표준원가계산의 절차]

3.1 표준원가의 설정

원가계산의 전체적인 흐름은 표준원가의 설정에서도 동일하다. 다만 원가요소별 금액을 실제원가가 아니라 사전에 결정된 표준원가를 적용하는 것만 다를 뿐이다.

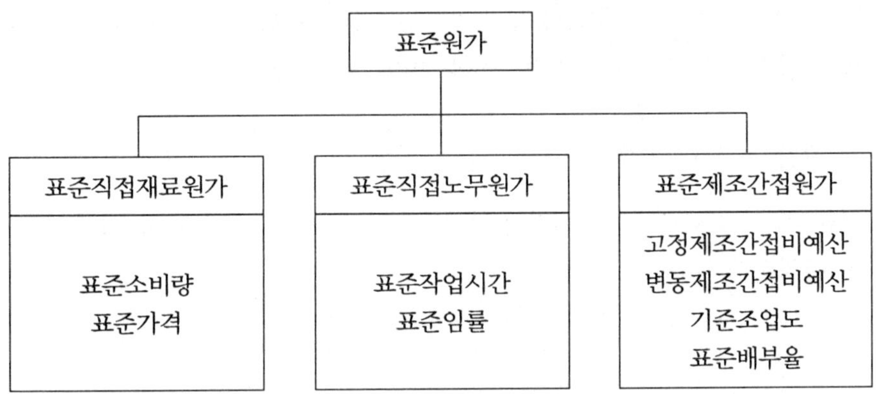

1) 표준 직접재료원가

표준직접재료원가는 직접재료의 종류별로 제품단위당 표준소비량과 직접 재료 단위당 표준가격을 곱하여 산정된다.

단위당 표준직접재료원가 = 단위당 표준직접재료소비량 × 표준가격

제품단위당 표준직접재료 소비량을 정확하게 산출하기 위해서는 소비량의 결정에 앞서 제품분석(product analysis)의 과정을 수행하여야 한다. 제품분석을 통하여 제품의 생산에 필요한 직접재료의 종류, 품질, 작업방법 등을 결정하고 과학적이고 통계적인 기법을 이용하여 제품 단위당 직접재료의 표준소비량을 결정한다.

직접재료의 표준수량은 기술부문(industrial engineering department)에서 작성한 표준재료명세표(standard material specification sheet)를 이용하는 것이 가장 현실에 부합하는 방법이다. 직접재료의 표준소비량을 결정할 경우 공손, 감손,

작업폐물에 대해서도 고려하여야 한다. 정상적이고 경상적인 공손과 감손은 표준소비량에 포함시키지만 작업자의 부주의 또는 기술적 결함에 따른 비정상적인 공손과 감손은 표준소비량에 포함시켜서는 안 된다.

재료의 단위당 표준가격의 결정은 시장조사부문, 구매부문, 원가회계부문이 공동으로 결정하는 것이 일반적이다. 가격표준 결정시 공급자의 납품 능력, 시장가격, 시장가격의 미래 동향, 경제적 주문량, 거래 관습, 지속적인 거래의 가능성 등을 종합적으로 고려하여 결정하여야 한다.

2) 표준 직접노무원가

제품단위당 표준직접노무원가는 제품단위당 표준작업시간과 표준임률을 적용하여 결정된다.

단위당 표준직접노무원가 = 단위당 표준작업시간 × 표준임률

제품단위당 표준작업시간은 제품 한 단위를 생산하기 위해서 필요한 능력을 가지고 일정한 수준까지 숙련된 일반작업자가 적당한 속도와 작업 환경에서 작업을 하는 경우 소요되는 작업시간이다. 표준작업시간은 준비시간, 순수작업시간 및 여유시간을 포함한다.

작업시간 = 준비시간 + 순수작업시간 + 여유시간

준비시간(setup time)은 제품의 생산을 위한 준비에 소요되는 시간으로 작업할 내용의 확인, 공구나 기구의 점검, 기계설비의 점검 및 예열, 시험 작업 등 한 LOT제품의 생산에 소요되는 준비시간을 통틀어 일컫는 말이다.

순수작업시간(pure labor time)은 생산 활동의 기본적인 시간으로서 규칙적이고 반복적으로 행해지는 특징이 있으며 생산 활동의 수행과정에 직접적으로 소요되는 시간이다. 기계장비 및 공구가 완전한 상태로 유지되도록 하는 시간과 재료의 운반, 공구나 기구 등의 취급에 따른 시간이나 작업자의 피로 회복을 위한 시간 등을 감안하지 않고 순수한 생산 활동시간만을 의미한다.

여유시간(allowance time)은 직접작업시간은 아니며 불규칙적이고 우발적으로 원인으로 인해 소요되는 시간으로 실제의 생산 활동 이외에 불가피하게 소요되는 시간이다. 여유시간은 작업 여유시간, 직장 여유시간, 생리 여유시간, 피로 여유시간 등으로 분류할 수 있으며, 작업 여유시간은 공구의 관리, 기계설비에 대한 급유 및 청소, 재료에 있는 작은 결함에 대한 손질 등 불규칙적으로 발생하는 시간이며, 직장 여유시간은 조회, 청소, 회의 등 직장 특유의 원인에 의해 발생하는 소요시간이다. 생리 여유시간은 생리적 현상의 해소를 위해 소요되는 시간이며 피로 여유시간은 작업으로 인한 피로를 회복하는데 소요되는 시간으로 합리적인 표준작업시간을 설정하기 위해서는 과학적이고 통계적 접근 방법을 도입하는 것이 필요하다. 표준작업시간의 엄격도는 여유시간의 크기와 실제 작업시간 중 대기시간의 크기에 많이 좌우되며 인간의 기본적인 욕구를 감안하여 작업표준시간을 결정하여야 한다.

표준임률을 결정할 때에는 기본급뿐만 아니라 상여, 수당, 복리후생비 등 인건비 성격을 지니는 다른 원가도 고려하여야 하며 대부분 시간당 임률로 결정한다. 임률은 작업숙련도나 근속연수, 근무부서에 따라 많은 차이가 발생하기 때문에 단일의 표준을 결정하기 쉽지 않으므로 동일부서 내의 근로자들에 대해서는 단일 표준임률을 사용하는 것이 타당하다.

3) 표준제조간접원가

표준제조간접원가는 표준직접재료원가나 표준직접노무원가와 달리 금액의 관점에서는 작지만 상당히 많은 항목으로 구성되어 있고 또 그 원가형태도 변동비적인 성격, 고정비적인 성격 및 혼합적인 성격을 가진 항목들로 구성되어 있다. 이러한 특성을 고려하여 제조간접원가를 구성하는 각 항목별로 표준을 설정하지 않고 일반적으로 변동제조간접원가와 고정제조간접원가로 구분하여 표준을 설정한다.

변동제조간접원가는 조업도의 변동에 따라 원가총액이 비례적으로 변동하는 제조간접원가이며, 고정제조간접원가는 조업도의 변동과 관계없이 원가 총액이

고정되어 있는 제조간접원가를 말한다. 조업도란 원가 발생을 야기하는 원가동인으로 변동제조간접원가의 산출에 적용하는 기준이 된다.

변동제조간접원가는 제품단위당 표준조업도와 조업도 단위당 표준배부율을 통하여 결정된다.

단위당 표준변동제조간접원가 = 단위당 표준조업도 × 표준배부율 표준배부율 = 변동제조간접원가 예산총액 ÷ 기준 조업도

표준 고정제조간접원가는 제품단위당 표준조업도와 조업도 단위당 예정배부율을 통하여 결정된다.

단위당 표준고정제조간접원가 = 단위당 표준조업도 × 예정배부율 예정배부율 = 고정제조간접원가 예산총액 ÷ 기준 조업도

4) 조업도 종류

표준제조간접원가를 결정하는데 있어 조업도의 개념이 중요하다. 기준조업도를 어떤 것으로 선택하느냐에 따라 제조간접원가의 표준배부율이 달라지고 이는 전체 표준제조간접원가에 영향을 미친다. 일반적으로 기준조업도로 이용할 수 있는 조업도의 종류로는

첫째, 이론적 조업도(theoretical capacity)가 있으며 이는 작업자나 기계설비의 비능률을 전혀 고려하지 않은 상태를 가정한 조업도로 '이상적 조업도'라고도 한다.

둘째, 실제적 최대조업도(practical maximum capacity)이며 이는 회피 불가능한 비작업 시간(정기적인 보수, 정기휴가로 인한 작업 중지 등)을 허용한 후 달성 가능한 최대의 조업도로서 '실제적 조업도'라고도 한다.

셋째, 정상조업도(normal capacity)는 수년간에 걸쳐 고객들의 수요에 대응할 수 있는 조업도로서 계절적인 영향이나 경기적인 영향까지 고려한 조업도이다. 이는 연간 '평균화조업도(normal annual capacity)' 또는 '연간평균조업도(average annual capacity)'라고도 하며 실무적으로 가장 많이 사용된다.

넷째, 실제 기대조업도(actually expected capacity)이며 이는 과거의 경험으로 보아 한 회계기간(통상 1년간)의 예상판매량을 기반으로 하여 결정된 조업도이다. 이는 종합예산의 기초가 되는 조업도 수준이기 때문에 '예산조업도(budgeted capacity)'라고도 한다. 실제 기대조업도나 실제적 최대조업도가 기준조업도로 사용되기도 하지만 정상조업도가 제조간접원가의 표준설정에서 가장 많이 사용된다.

한편 여러 종류의 조업도 중에서 하나를 선택하는데 있어서 유의하여야 하는 사항이 있다. 기준조업도는 제조간접원가의 발생과 인과관계가 존재하는 것을 선택하여야 하며, 기준조업도를 결정할 때 금액을 기준으로 하는 경우에는 물가변동의 영향을 받기 때문에 가능하면 물량기준으로 결정해야 한다. 아울러 기준조업도는 단순하고 이해하기 쉬워야 한다.

5) 표준원가계산표

제품단위당 표준원가는 제품단위당 표준직접재료원가, 표준직접노무원가, 표준제조간접원가를 합산하여 산출한 것으로서 제품단위당 각각의 표준원가를 항목별로 구분하여 상세하게 표시한 표를 '표준원가계산표'라고 하며 이를 다시 집합한 것이 '표준원가표'이다. 이에 대한 일반적인 서식을 예시하면 다음과 같다.

표준원가계산표

원가요소	제조원가보상법	부가가치보상법
Ⅰ. 재료비	재료소요량 × 단가(*)	
Ⅱ. 노무비	표준MH(**) × 표준임률	
Ⅲ. 제조간접비	1) 단위당 표준고정제조간접원가 = 단위당 표준조업도×예정배부율 2) 단위당 표준변동제조간접원가 = 단위당 표준조업도×표준배부율	
Ⅳ. 제조원가	Ⅰ + Ⅱ + Ⅲ	
Ⅴ. 판매비와관리비	Ⅳ × 표준율	(Ⅱ + Ⅲ) × 표준율
Ⅵ. 총원가	Ⅳ + Ⅴ	
Ⅶ. 표준목표이익	Ⅵ × 이익표준율	(Ⅱ + Ⅲ + Ⅴ) × 표준목표이익율
Ⅷ. 재료관리비	-	Ⅰ × 일정 가산율
Ⅸ. 목표표준가격	Ⅳ + Ⅴ + Ⅶ	Ⅳ + Ⅴ + Ⅶ + Ⅷ

(*) Scrap이 발생할 것으로 예상되는 경우 (Scrap수량 × 단가 × 회수율)을 차감하고, 폐기물 처리비용의 발생이 예상되면 가산한다.
(**) 표준MH : 표준 Man Hour

표준원가표

제품명 : XYZ제품

항목	표준수량	표준가격	표준원가
직접재료비	3개	₩ 50,000	₩ 150,000
직접노무비	4시간	₩ 12,000	₩ 48,000
변동제조간접비	4시간	₩ 10,000	₩ 40,000
고정제조간접비	4시간	₩ 5,000	₩ 20,000
단위당표준원가	-	-	₩ 258,000

3.2 원가계산 및 차이분석

표준원가가 산출되면 생산 활동의 과정에서 수시로 실제 발생하는 원가가 표준원가와 어떤 차이를 보이는지를 점검하여야 한다. 원가차이가 감지되면 즉각적으로 그 원인을 파악하여 시정조치를 하여야 한다. 그러나 그 원인을 발견할 수 없거나 즉각적인 시정조치가 불가능한 경우에는 사후에 실제원가계산을 통하여 그 차이를 면밀히 분석하여야 한다. 원가차이분석에 관하여는 제2절에서 상세히 다루기로 한다.

3.3 성과평가 및 사후관리

표준원가와 실제원가의 차이를 분석한 다음 그 결과를 바탕으로 성과평가(performance evaluation)를 수행한다. 표준원가계산의 본질적인 목적 중 하나는 책임중심점 중에서 생산부서와 같은 원가중심점의 성과평가에 이용하고자 하는 것이므로 이들 책임중심점에 대하여 성과평가를 수행한다. 평가 결과에 따라 유리한 차이(favorable variance, F)와 불리한 차이(unfavorable variance, U)가 발생할 수 있으므로 이에 따른 조치를 취하게 된다.

또 원가차이가 발생한 원인이 당초의 표준원가를 결정하는 과정에서 오류가 있었기 때문이든지 또는 그 이후 상황의 변화로 말미암아 원가차이가 발생한 것일 수도 있다. 어떤 경우이든 당초에 결정한 표준원가를 수정하여야 하는 과정이 따라야 하며 이를 '시정조치(feed back)'라고 한다.

시정조치와 더불어 회계에서의 처리내용을 수정하여야 한다. 당초 표준원가를 기초로 회계처리한 부분에 원가차이를 반영하여 수정 회계처리를 함으로써 실제원가계산의 결과와 회계장부를 일치시킨다. 원가차이를 조정하기 위한 방법에 관하여는 제3절에서 상세히 설명하기로 한다.

연습문제

6-1. 다음의 각 질문에 답하라.

1) 표준원가계산의 의의와 중요성에 대하여 설명하라.

2) 표준원가계산의 유용성과 한계에 대하여 설명하라.

3) 표준원가계산의 절차에 대하여 설명하라.

4) 각 원가요소별로 표준원가의 결정방법에 관하여 설명하라.

풀이 생략

제2절 원가차이의 분석

1. 원가차이분석의 의의

원가차이분석(cost variance analysis)이란 생산 활동의 결과 발생한 실제원가와 목표로서의 표준원가와의 차이를 도출하여 그 원인을 규명하고 성과평가에 이용하거나 표준의 재설정 등에 활용하기 위한 과정으로 '표준원가차이(standard cost variance)'라고도 한다. 차이분석은 원가요소를 직접재료비, 직접노무비, 변동제조간접비, 고정제조간접비로 구분하여 분석한다. 원가차이의 결과는 유리한 차이와 불리한 차이로 나누어진다. 원가의 계산은 본질적으로 '수량 × 가격'이므로 원가차이의 분석은 다음의 산식으로 도출된다.

원가차이(variance) = 실제원가 - 표준원가
= 실제수량 × 실제가격 - 표준수량 × 표준가격
= actual quantity × actual price
- standard quantity × standard price
$= AQ \times AP - SQ \times SP$

가격차이는 실제투입량을 기준으로 실제가격과 표준가격을 곱한 금액의 차이로 산출되며 가격차이에서는 실제투입량이 기준이 된다는 점에 특히 유의하여야 한다.

수량차이는 표준가격을 기준으로 실제 투입한 수량을 곱한 금액과 표준 투입량을 곱한 금액의 차이로 산출된다. 여기에서 특히 유의하여야 할 사항으로는 표준가격을 기준으로 한다는 것이며 원가요소에 따라 능률차이라고도 한다. 표준투입량이란 실제 생산량을 위하여 투입이 허용된 수량을 말한다. 각 원가요소에 대한 총원가차이는 가격차이와 수량차이를 합한 금액이며 이를 산식으로 표시하면 다음과 같다.

총원가차이 = 가격차이 + 수량차이
가격차이 = $(AP - SP) \times AQ$ ⇒ 실제투입량 기준
수량차이 = $(AQ - SQ) \times SP$ ⇒ 표준가격 기준

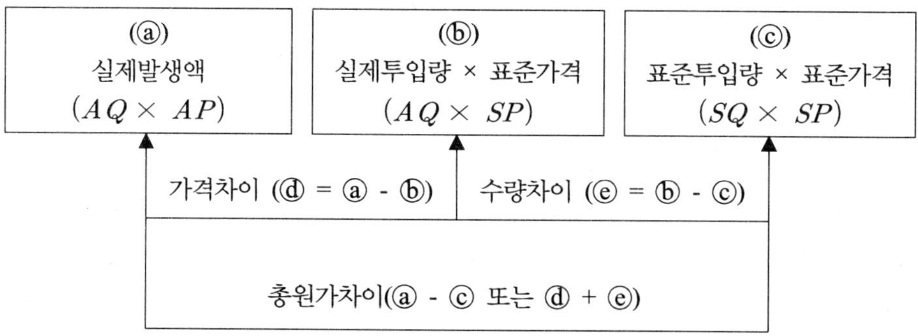

[가격차이와 수량차이 및 총원가차이의 개념도]

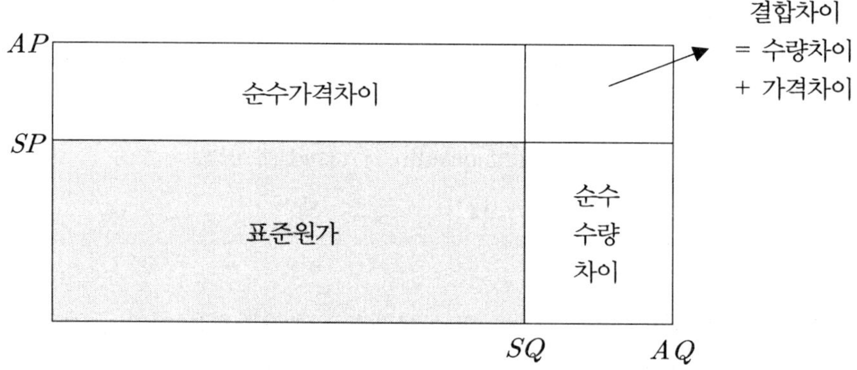

[가격차이와 수량차이의 관련성]

여기에서 가격차이와 수량차이를 구분하는 실익은 무엇인가? 원가의 구입과 관련한 통제와 사용(소비)에 대한 통제가 다른 시점에서 이루어지기 때문이다. 즉, 구입과 관련하여서는 구입 시점에서 통제가 이루어져야 하며 사용과 관련해서는 사용시점에서 통제가 이루어져야 한다. 또 원가의 구입과 사용을 담당하는 부서(책임중심점)가 서로 다르기 때문이다. 책임중심점의 경영 관리자는 자신의

통제(책임)하에서 이루어지는 부분에 대해서만 책임을 지는 것이기 때문에 엄격하게 구분하는 것이다.

1.1 유리한 차이

유리한 차이(favorable variance)는 미리 결정된 표준원가(standard cost)보다 실제원가(actual cost)의 발생금액이 더 적어 기업이 목표한 당초의 이익보다 긍정적인 영향을 미친 것을 말한다. 영문 약칭으로는 'F'를 사용한다.

유리한 차이 (F) = 실제원가 - 표준원가 < 0

1.2 불리한 차이

불리한 차이(unfavorable variance)는 미리 결정된 표준원가(standard cost)보다 실제원가(actual cost)의 발생금액이 더 큼으로써 기업이 목표한 당초의 이익에 부정적인 영향을 미친 것을 말한다. 영문 약칭으로는 'U'를 사용한다.

불리한 차이 (U) = 실제원가 - 표준원가 > 0

2. 원가요소별 차이분석

원가차이의 분석은 전술한 바와 같이 원가요소를 4가지로 구분하여 각각 분석한다. 이와 같은 방법을 선택함으로써 원가차이가 발생한 원인을 명확하게 파악하여 공정하고 합리적이며 객관적인 성과평가를 수행할 있고 동시에 적절한 시정조치를 통하여 실제원가에 근접하는 표준원가를 산출할 수 있기 때문이다.

2.1 직접재료비 차이분석

직접재료비 차이분석의 기본개념은 전술한 '가격차이와 수량차이 및 총원가차이의 기본개념도'와 같다. 직접재료비의 차이분석도 실제 직접재료비 금액에서 표준 직접재료비 금액을 차감한 금액이다. 문제는 차이금액에는 수량의 차이로 인한 것과 가격의 차이로 인한 것이 혼합되어 있으므로 이를 구분하여 분석하여야 한다.

1) 가격차이

직접재료비의 가격차이(material price variance)는 직접재료비의 표준가격과 실제가격의 차이로 인한 것이며 순수가격차이(pure price variance)와 결합차이(joint variance)를 합한 것이다. 다만, 결합차이는 가격차이와 수량차이가 혼합된 차이로서 별도로 구분하는 실익이 없으므로 가격차이에 포함시킨다.

또 가격차이는 구입시점에서 산출하는 방법과 사용시점에서 산출하는 방법으로 나누어진다. 구입시점에 산출하는 방법은 구입수량(actual quantity purchase, AQ_P)에 대하여 직접재료비의 가격차이를 산출하며 '구입가격차이'라고도 한다. 직접재료비의 원가차이는 구입시점에서 가격차이를 산출하는 것이 더 바람직하다. 그것은 구입시점에서 원가차이를 산출함으로써 구매를 담당하는 부서에서 즉시 원가차이를 인지하여 필요한 시정조치를 취할 수도 있고 생산투입시점에서의 원가계산이 간단해지는 이점도 있다.

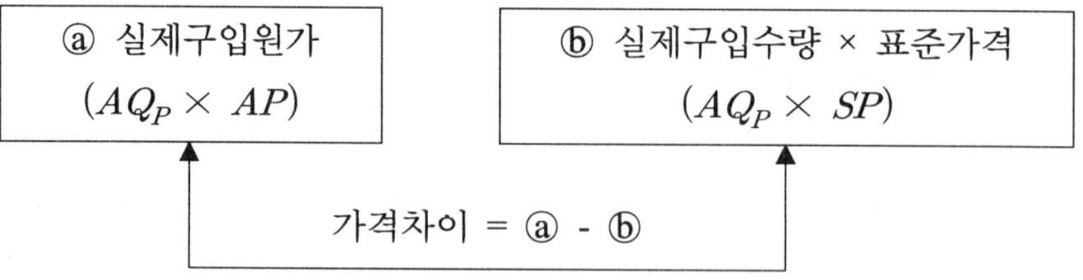

$$\text{직접재료비 구입시점 가격차이} = (AP - SP) \times AQ_P$$

한편 사용시점에서 산출하는 방법은 생산에 실제 투입된 수량(actual quantity use, AQ_U)을 기준으로 실제 구입가격과 표준가격의 차이로 산출한다.

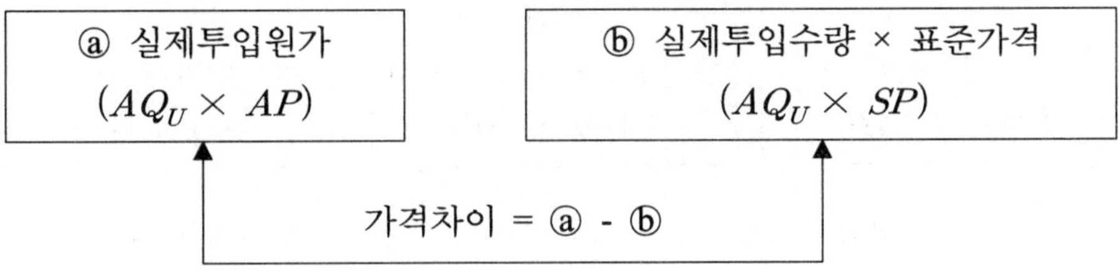

직접재료비 사용시점 가격차이 = $(AP - SP) \times AQ_U$

2) 수량(능률)차이

직접재료비의 수량차이는 직접재료의 투입시점에서 표준가격을 기준으로 실제 투입수량과 표준 투입수량의 차이로 산출한다.

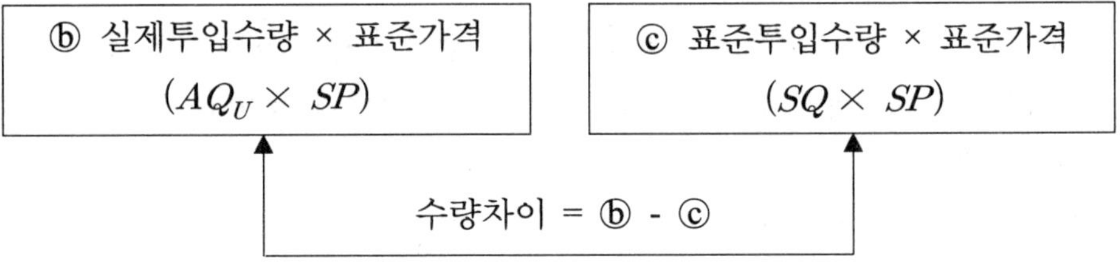

직접재료비 수량차이 = $(AQ_U - SQ) \times SP$

직접재료비 총원가차이 = 직접재료비 가격차이 + 직접재료비 수량차이 사용시점을 기준으로 직접재료비 총원가차이를 '가격차이와 수량차이 및 총원가차이의 개념도'에 적용하면 다음의 그림과 같이 표현할 수 있다.

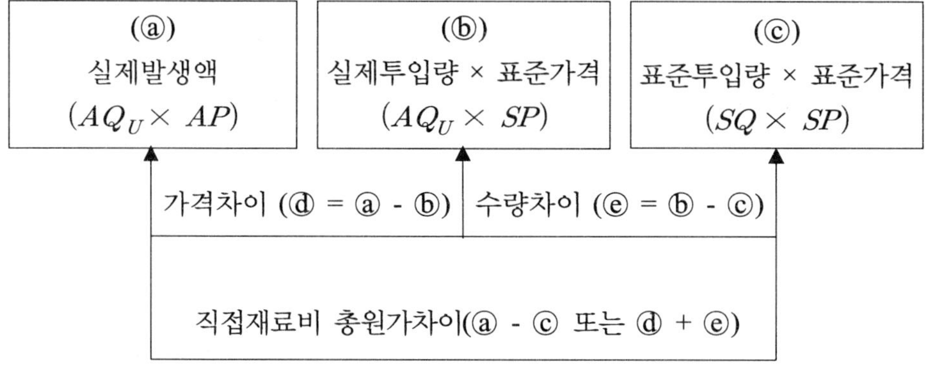

3) 환율차이

직접재료비는 가격차이와 수량차이 이외에 환율에 의해서도 차이가 발생할 수 있다. 재료를 해외로부터 수입하는 경우 수순한 가격 변동뿐 아니라 환율의 변동으로 인하여 차이가 발생할 수 있으므로 '순수환율차이'와 '순수가격차이'로 구분하여 분석하는 것이 타당하다. 다만, 환율의 변동은 개별 기업에서 통제할 수 있는 요인이 아니므로 성과평가에는 적용하지 않는 것이 일반적이다. 순수가격차이에 대해서만 전술한 구입가격차이 분석방법에 따라 분석하여 성과평가에 반영한다.

환율차이에 대한 분석에서 첫 번째 차이요소인 '순수환율차이'에 대한 관련성과 그 산식을 표시하면 다음과 같다.

(ⓐ)
실제수량 × 실제가격 × 실제환율

(ⓑ)
실제수량 × 실제가격 × 기준환율

순수환율차이 (ⓐ - ⓑ)

직접재료비 순수환율차이 = $(AR^{(*)} - DR^{(**)}) \times AQ_P \times AP$

(*) AR : actual rate
(**) DR : Denominator Rate(기준환율)이라는 의미로 사용한다.

환율차이에 대한 분석에서 두 번째 차이요소인 '순수가격차이'에 대한 관련성과 그 산식을 표시하면 다음과 같다.

(ⓑ) 실제수량 × 실제가격 × 기준환율	(ⓒ) 실제수량 × 표준가격 × 기준환율

순수가격차이 (ⓑ - ⓒ)

직접재료비 순수가격차이 = $(AP - SP) \times AQ \times DR$

직접재료비 총환율차이 = 직접재료비 환율차이 + 직접재료비 순수가격차이

구매시점을 기준으로 직접재료비 환율총원가차이를 '가격차이와 수량차이 및 총원가차이의 개념도'에 적용하면 다음의 그림과 같이 표현할 수 있다.

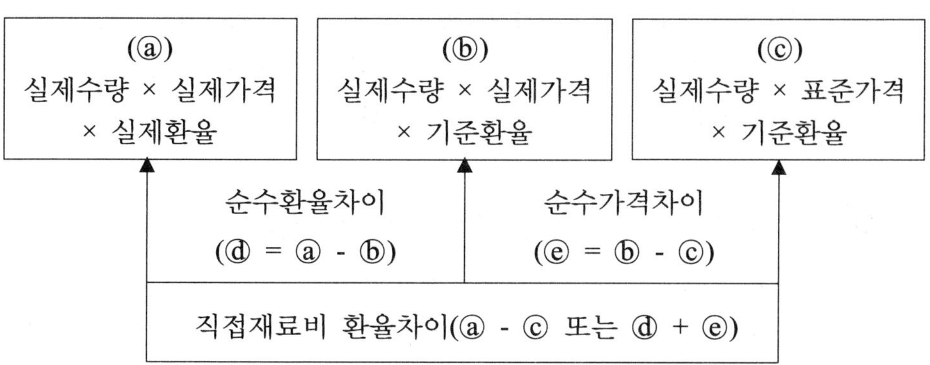

4) 직접재료비차이 발생의 원인과 책임의 문제

직접재료비의 가격차이가 발생하는 원인으로는 첫째, 원재료 시장에서 시장가격에 따라 가격차이가 발생할 수 있다. 시장가격은 수요와 공급의 원리에 따라 형성되는 것이 일반적인데 수요가 공급에 비하여 많으면 시장가격은 상승하고 반대의 경우에는 시장가격은 하락함에 따라 가격차이가 발생한다. 뿐만 아니라 표준가격을 결정할 당시의 경제상황과 실제 구매활동 당시의 경제상황이 달라짐에 따라서도 가격차이가 발생할 수 있다.

둘째, 원재료의 구매담당자의 개인적 능력이나 해당 기업의 구매협상력에 따라서도 가격차이가 발생한다. 구매협상력이 우월한 경우에는 훨씬 유리한 조건으로 구매할 수도 있다.

셋째, 표준가격을 결정할 때 적용하였던 재료의 품질수준과 실제 구매한 재료의 품질 수준에 따라서 가격차이가 발생한다.

한편 수량(능률)차이가 발생하는 원인으로는 첫째, 생산 활동의 과정에서 원재료를 효율적으로 사용하지 못하면 또는 표준보다 더 효율적으로 사용하면 수량차이가 발생한다. 둘째, 표준가격을 결정할 때 적용하였던 재료의 품질수준과 다른 품질의 재료를 사용하면 우선적으로 가격차이가 발생할 뿐 아니라 수량차이도 발생할 수 있다. 셋째, 작업자의 기술수준이나 기계설비의 생산능력이 점진적으로 향상됨으로써 수량차이가 발생한다. 작업자의 학습효과도 수량차이의 발생 원인이 된다.

한편 직접재료비의 가격차이는 구매가격차이의 분석을 통하여 구매부서에서 책임을 부담하는 것이 원칙이며 수량차이는 생산부서에서 책임을 부담하는 것이 옳다. 그러므로 직접재료비 원가차이를 분석할 때는 가격차이와 수량(능률)차이를 구분하여 각각 분석하여야 한다. 차이분석과 성과평가에 관한 상세한 설명은 Chapter 12 성과평가회계에서 다루기로 한다.

예시 가격차이, 수량차이 및 총원가차이의 산출

- (주)하진은 표준원가계산제도를 이용하고 있다.
- 사전에 결정된 직접재료비의 표준가격은 개당 ₩ 15,000이고, 완제품 1개를

생산하기 위해서 직접재료 2개가 소요된다.

- ○ 이월된 재료재고가 있으므로 구매부서에서 당기에 개당 ₩ 15,500으로 20,000개를 구입하였다.
- ○ 금번 완제품 10,000개를 생산하기 위하여 개당 ₩ 15,500인 재료를 19,500개를 소비하였다.

풀이

○ 직접재료비 구입시점 가격차이 = $(AP - SP) \times AQ_P$
= (₩ 15,500 - ₩ 15,000) × 20,000개 = ₩ 10,000,000
⇒ 양의 수치이므로 불리한 원가 차이

○ 직접재료비 사용시점 가격차이 = $(AP - SP) \times AQ_U$
= (₩ 15,500 - ₩ 15,000) × 19,500개 = ₩ 9,750,000
⇒ 양의 수치이므로 불리한 원가 차이

○ 직접재료비 수량차이 = $(AQ_U - SQ) \times SP$
= (19,500개 - 20,000개) × ₩ 15,000 = ₩ △7,500,000
⇒ 음의 수치이므로 유리한 원가 차이

○ 직접재료비 총원가차이
구매시점 가격차이 ₩ 10,000,000 + 수량차이 ₩ △7,500,000
= 구매시점 총원가차이 ₩ 2,500,000 불리 (U)
사용시점 가격차이 ₩ 9,750,000 + 수량차이 ₩ △7,500,000
= 사용시점 총원가차이 ₩ 2,250,000 불리 (U)

○ 가격차이는 엄밀한 의미에서 구매부서의 책임이므로 성과평가에서 생산부서에 대하여는 적용하지 않는 것이 일반적이다.

2.2 직접노무비 차이분석

직접노무비차이(direct labor total variance)는 실제로 발생한 직접노무비와 실제 산출량에 허용된 표준직접노무비와의 차이로서 직접노무비의 임률차이(direct labor price variance)와 직접노무비의 능률차이(direct labor efficiency variance)로 구분된다. 직접노무비의 원가차이도 기본적으로 원가차이분석의 의의에서 표시한 '가격차이와 수량차이 및 총원가차이의 기본개념도'의 그림과 같은 원리이다. 다만, '가격차이'란 용어가 '임률차이'로, '수량차이'란 용어가 '능률차이'로 표현되는 것이 다를 뿐이다.

1) 가격(임률)차이

직접노무비 가격(임률)차이는 실제 노동시간(actual hour, AH)을 기준으로 실제임률(actual rate, AR)과 표준임률(standard rate, SR)의 차이로서 산출하며 임률의 변화가 원가에 미치는 영향을 나타낸다.

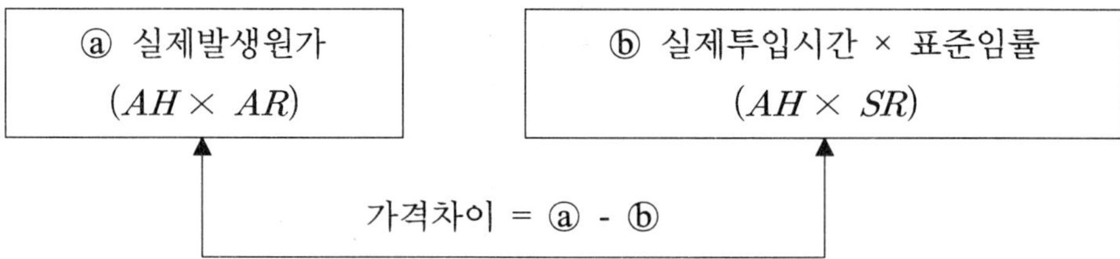

직접노무비 가격(임률)차이 = $(AR - SR) \times AH$

(주) 직접노무비 차이분석에서는 사용하는 용어의 의미를 정확하게 표현하기 위하여 $AH = AQ$, $AR = AP$, $SH = SQ$, $SR = SP$ 의 개념으로 약호를 사용하기로 하며 성과평가에 관하여 설명하는 Chapter 12에서는 AQ, AP, SQ, SP 로 약호를 통일하여 사용하기로 한다.

2) 능률(투입시간)차이

능률차이는 표준임률을 기준으로 실제투입시간과 표준투입시간의 차이로 산출한다. 여기에서 능률이란 직접재료비에서 사용하는 수량의 개념과 같다.

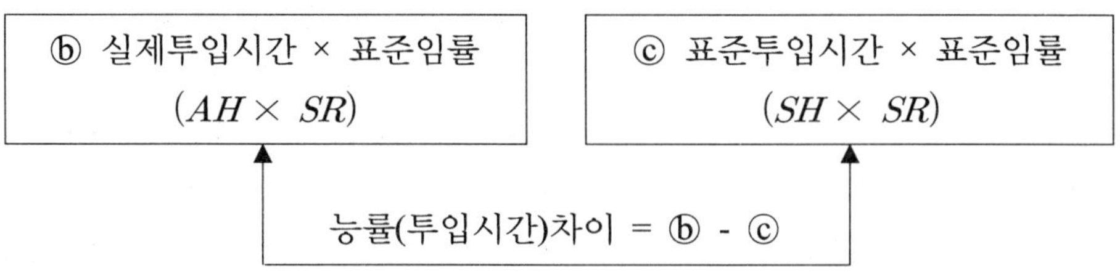

직접노무비 능률(투입시간)차이 = $(AH - SH) \times SR$

직접노무비 총원가차이 = 직접노무비 가격(임률)차이 + 직접노무비 능률(투입시간)차이

직접노무비 총원가차이를 '가격차이와 수량차이 및 총원가차이의 개념도'에 적용하면 다음의 그림과 같이 표현할 수 있다.

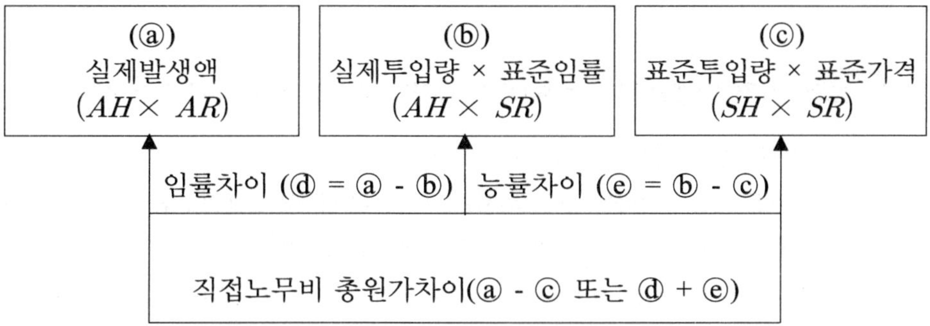

3) 직접노무비차이 발생의 원인과 책임의 문제

직접노무비의 가격차이가 발생하는 원인으로 첫째, 생산에 투입되는 노동력의 수준에 따라 발생할 수 있다. 예를 들면, 임률이 낮은 비숙련 노동자를 작업에 투입하여도 무방한 작업에 임률이 높은 숙련된 노동자를 투입할 경우 가격차이가 발생한다. 둘째, 작업량의 증가로 인하여 표준투입시간보다 추가 작업을 함으로써 초과근무수당을 지급할 경우에 가격차이가 발생할 수 있다. 셋째, 노사협상이나 경영자의 은혜적 정책 등에 의해 임금이 상승하여 가격차이가 발생할 수 있다.

또 직접노무비의 능률차이가 발생하는 원인으로는 첫째, 노동력을 비능률적으로 사용함으로써 능률차이가 발생할 수 있다. 예를 들어 기술이나 숙련도가 낮은 근로자는 기술수준이나 숙련도가 높은 근로자에 비하여 작업에 소요되는 시간이 훨씬 많이 소요될 것이므로 능률차이가 발생한다. 둘째, 생산에 투입되는 원재료의 품질도 작업시간에 영향을 미친다. 원재료의 품질수준이 낮은 경우 작업에 많은 시간이 소요될 수 있으므로 능률차이가 발생할 수 있다. 셋째, 작업

책임자가 감독을 소홀이 하거나 작업계획의 잦은 변경 등으로 인하여 능률차이가 발생할 수 있다.

한편 직접노무비 차이발생을 누구의 귀속(책임 사유)로 하느냐의 문제도 있다. 일반적으로 직접노무비의 가격차이(임률차이)는 인사부서 또는 그 이상의 관리직에 책임이 있으며 능률(투입시간)차이는 생산부서가 책임을 부담한다. 그러므로 직접재료비원가 차이분석의 경우와 마찬가지로 직접노무비 원가차이를 분석할 때도 가격(임률)차이와 능률(투입시간)차이를 구분하여 분석하여야 한다.

예시 가격(임률)차이, 능률(투입시간)차이 및 총원가차이의 산출

- (주)하진은 표준원가계산제도를 이용하고 있다.
- 사전에 결정된 직접노무의 임률은 투입시간당 ₩ 2,000이다.
- 완제품 1개를 생산하기 위해서 3시간이 소요된다.
- 완제품 10,000개를 생산하기 위하여 실제로는 총 30,500시간을 투입하였으며, 실제 직접노무비 발생금액은 ₩ 64,050,000이다.

풀이

- 직접노무비 가격(임률)차이 = $(AR - SR) \times AH$
  = (₩ 2,100 - ₩ 2,000) × 30,500시간 = ₩ 3,050,000
  ⇒ 양의 수치이므로 불리한 원가 차이
- 직접노무비 능률(투입시간)차이 = $(AH - SH) \times SR$
  = (30,500시간 - 30,000시간) × ₩ 2,000 = ₩ 1,000,000
  ⇒ 양의 수치이므로 불리한 원가 차이
- 총원가차이 = ₩ 3,050,000 + ₩ 1,000,000 = ₩ 4,050,000 불리 (U)

2.3 변동제조간접비 차이분석

변동제조간접비 차이(variable overhead total variance)는 실제 발생한 변동제조간접비와 실제 산출량에 허용된 변동제조간접비(실제 산출량에 대한 변동비예산)와의 차이를 의미하며 소비차이(spending variance)와 능률차이(efficiency variance)로 구분한다.

제조간접비차이(factory overhead variance)는 실제제조간접비에서 표준제조간접비를 차감한 금액이다. 전통적으로 많은 기업에서는 직접재료비와 직접노무비를 제조간접비보다 더 중요한 원가요소로 보고 더욱 상세하게 분석하고 관리하는 경영행태를 보였다. 그러나 오늘날에는 제조간접비의 비중이 증가하고 있으며 다른 원가요소들에 비해 상대적으로 중요성이 더 많이 증대되고 있다. 이에 따라 많은 경영자들은 제조간접비를 변동제조간접비와 고정제조간접비로 구분하고 이들을 더욱 효율적으로 관리하려는 노력을 경주하고 있다.

1) 변동제조간접비 예산(소비)차이

예산차이(budget variance) 또는 소비차이(spending variance)는 변동제조간접비의 실제발생액과 실제 조업도(실제 작업시간)에 허용된 표준변동제조간접비와의 차이를 말한다. 여기에서 실제 조업도란 생산요소의 실제투입량을 의미하는 것이므로 투입요소의 능률적인 사용 여부는 고려하지 않으며 실제 조업도에 허용하는 변동제조간접비는 실제투입량에 근거한 변동예산이라고도 할 수 있다.

변동제조간접비의 소비차이는 직접재료비의 개념으로 본다면 가격차이, 직접노무비의 개념으로 본다면 임률차이라고 이해하면 된다.

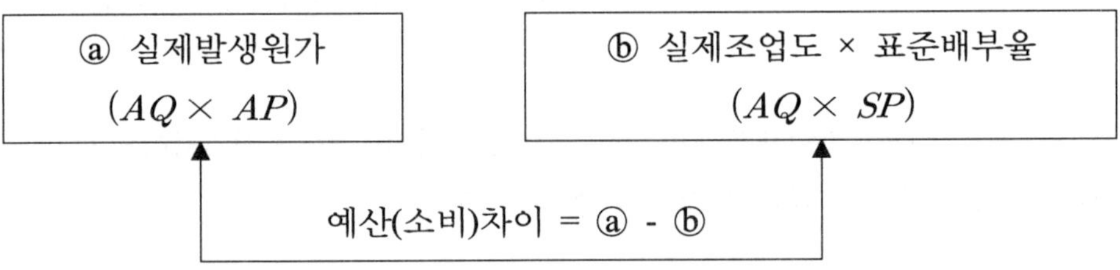

$$\text{변동제조간접비 예산(소비)차이} = (AP - SP) \times AQ$$
$$= \text{실제발생액} - (AQ \times SP)$$

2) 변동제조간접비 능률차이

능률차이(efficiency variance)란 실제 조업도(실제 투입시간)에 허용된 표준변동제조간접비와 실제 산출량을 기준으로 한 표준변동제조간접비와의 차이로서 '조업도차이'라고도 한다. 변동제조간접비를 표준제조간접비에 비해 얼마나 효율적으로 사용하였는가를 판단할 수 있는 차이이다. 표준작업시간에 대한 예산 변동제조간접비는 실제 산출량에 근거한 변동예산액을 말하며 '표준배부액'이라고도 한다.

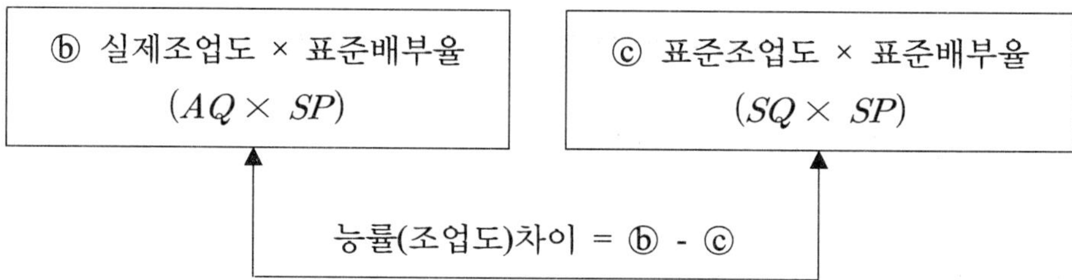

변동제조간접비 능률(조업도)차이 = $(AQ - SQ) \times SP$

변동제조간접비 총원가차이 = 변동제조간접비 예산(소비)차이
+ 변동제조간접비 능률(조업도)차이

변동제조간접비 총원가차이를 '가격차이와 수량차이 및 총원가차이의 개념도'에 적용하면 다음의 그림과 같이 표현할 수 있다.

(ⓐ)
실제발생액
($AQ \times AP$)

(ⓑ)
실제조업도 × 표준배부율
($AQ \times SP$)

(ⓒ)
표준조업도 × 표준배부율
($SQ \times SP$)

예산차이 (ⓓ = ⓐ - ⓑ) | 능률차이 (ⓔ = ⓑ - ⓒ)

변동제조간접비 총원가차이(ⓐ - ⓒ 또는 ⓓ + ⓔ)

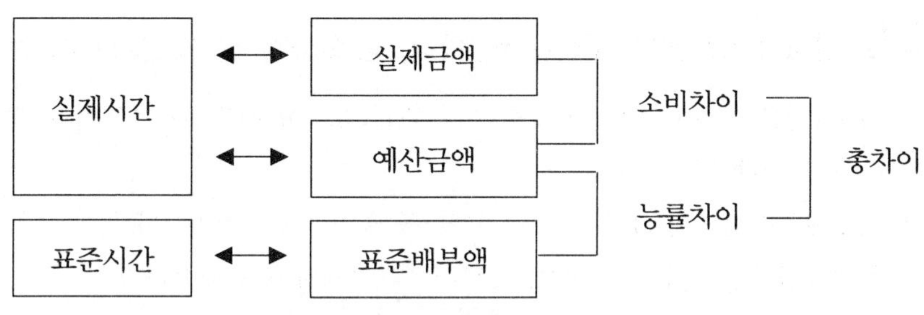

[소비차이와 능률차이의 관련성]

3) 변동제조간접비차이 발생의 원인과 책임의 문제

변동제조간접비의 소비차이가 발생하는 원인으로는 첫째, 변동제조간접비를 구성하는 여러 원가항목들의 가격차이와 능률차이로 인하여 소비차이가 발생할 수 있다. 이는 변동제조간접비의 배부와 직접 관련되는 배부기준에 해당하는 요인의 통제와는 무관하게 변동제조간접비를 구성하는 개별 원가항목의 통제 정도에 따라서 변동제조간접비가 영향을 받기 때문이다. 둘째, 변동제조간접비 표준배부율을 결정하는 초기에 발생한 오류로 인하여 소비차이가 발생할 수 있다.

한편 능률차이가 발생하는 원인으로는

첫째, 노동력의 비능률적인 운용 때문에 직접노무비 원가차이를 발생시키는 것은 물론 변동제조간접비에서도 능률차이를 발생시킨다.

둘째, 생산에 투입되는 원재료의 품질수준에 따라 투입되는 노동시간에서 차이가 발생하므로 변동제조간접비도 동시에 능률차이가 발생한다.

셋째, 생산부문 책임자가 감독을 소홀이 하거나 일정계획의 잦은 변경 또는 차질로 인하여 변동제조간접비의 능률차이가 발생할 수 있다. 이처럼 변동제조간접비의 원가차이 발생 원인은 직접노무비의 원가차이 발생원인과 깊은 연관성을 가지는 특징이 있다. 이는 변동제조간접비의 배부기준이 직접 노동시간 등과 같이 직접노무비와 관련이 되기 때문이다. 또 설비의 가동시간과 직접 노동시간과도 많은 연관성을 가지고 있다.

예시 변동제조간접비 예산(소비)차이, 능률차이 및 총원가차이 산출

- (주)하진은 표준원가계산제도를 이용하고 있으며 변동제조간접비의 배부기준은 기계가동시간이다.
- 변동제조간접비의 표준원가는 기계가동시간당 ₩ 5,000이다.
- 완제품 1개를 생산하기 위해서 5시간의 기계가동이 필요하다.
- 완제품 5,000개를 생산하기 위하여 실제로는 총 24,000시간을 투입하였으며, 실제 변동제조간접비 발생금액은 ₩ 132,000,000이다.

풀이

- 변동제조간접비 예산(소비)차이
  $(AP - SP) \times AQ$ = 실제발생액 - $(AQ \times SP)$
  = (₩ 5,500 - ₩ 5,000) × 24,000시간
  = ₩ 132,000,000 - (24,000시간 × ₩ 5,000) = ₩ 12,000,000
  ⇒ 양의 수치이므로 불리한 원가 차이
- 변동제조간접비 능률차이
  $(AQ - SQ) \times SP$ = (24,000시간 − 25,000시간) × ₩ 5,000
  = ₩ △5,000,000 ⇒ 음의 수치이므로 유리한 원가 차이
- 총원가차이 = ₩ 12,000,000 + ₩ △5,000,000 = ₩ 7,000,000 불리 (U)

2.4 고정제조간접비 차이분석

고정제조간접비 차이(fixed overhead total variance)는 실제 발생한 고정제조간접원가와 실제 산출량에 허용된 고정제조간접비(표준배부액)와의 차이로서 고정제조간접비 예산차이(fixed overhead budget variance)와 고정제조간접비 조업도차이(fixed overhead volume variance)로 구분된다.

1) 예산차이

예산차이(budget variance)란 고정제조간접비 실제발생액과 고정제조간접비 예산액과의 차이로서 다른 요소들의 원가차이와는 달리 가격차이와 능률차이로 분리할 수 없다. 고정제조간접비의 예산은 기준조업도(denominator volume)에 의하여 결정되는 바, 고정제조간접비는 조업도의 변화와 관계없이 대부분 일정하게 발생하므로 실제조업도에 대한 예산이나 실제산출량에 허용된 표준조업도

의 예산이나 모두 동일하다. 즉, 고정제조간접비는 직접재료비, 직접노무비, 변동제조간접비와는 달리 단기적으로는 효율적인 관리에 의해 변동되지 않는다. 따라서 고정제조간접비의 예산차이에는 능률차이는 존재하지 않고 단지 소비차이만 존재할 뿐이다.

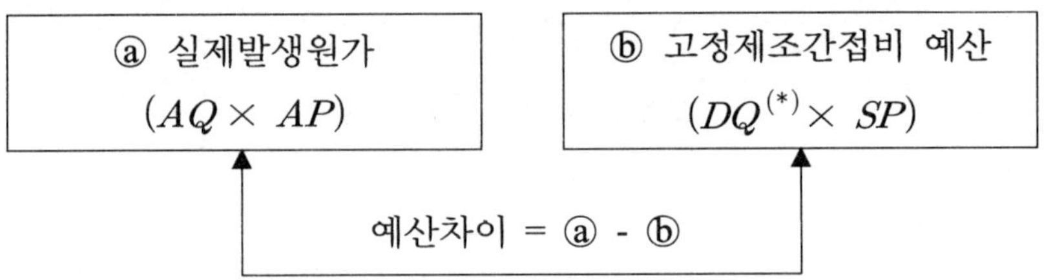

(*) Denominator Quantity : 기준조업도

고정제조간접비 예산차이 = 실제 고정제조간접비 발생액 - 예산액
$= (AQ \times AP) - (DQ \times SP)$

2) 조업도차이

고정제조간접비의 조업도차이(volume variance)는 고정제조간접비 예산과 고정제조간접비 배부액과의 차이금액이다. 표준원가계산제도를 채택하고 있는 경우에는 제품에 배부되는 고정제조간접비는 '고정제조간접비 예산 ÷ 기준조업도'의 산식으로 도출한 고정제조간접비 예정배부율에 실제 산출량에서 허용된 표준조업도를 곱한 금액이다. 따라서 고정제조간접비 배부액은 실제산출량에 따라 비례적으로 변화하는 결과로 나타나 고정제조간접비가 마치 변동비인 것처럼 취급된다. 그러나 실제 산출량에 허용된 표준조업도와 기준조업도가 일치하지 않으면 고정제조간접비 예산과 고정제조간접비 배부액은 차이가 발생하게 된다. 고정제조간접비 조업도 차이는 제품의 원가를 계산할 목적으로 고정제조간접비를 변동비처럼 취급하여 배부하는 과정에서 발생하는 차이이다. 제품의 원가를 계산할 목적을 위해서 당연히 나타나는 현상으로 기준조업도를 어느 수준으로

결정하느냐에 따라 달라질 수 있다. 따라서 고정제조간접비의 조업도차이는 원가통제의 관점에서는 큰 의미를 가지지 않는다.

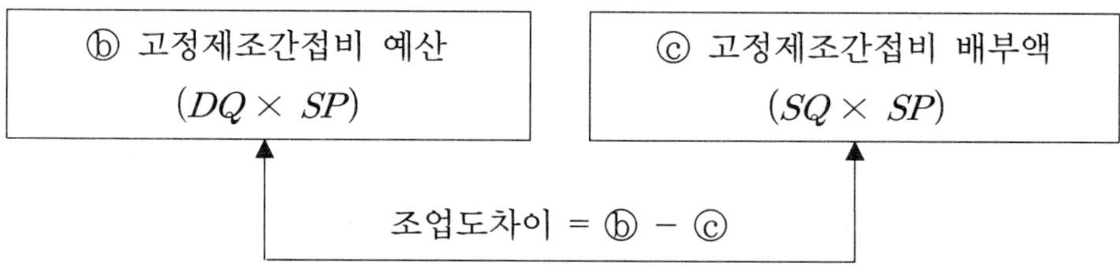

고정제조간접비 조업도차이 = 고정제조간접비 예산 - 배부액
= $(DQ - SQ) \times SP$

고정제조간접비 총원가차이 = 고정제조간접비 예산차이
+ 고정제조간접비 조업도차이

고정제조간접비 총원가차이를 '가격차이와 수량차이 및 총원가차이의 개념도'에 적용하면 다음의 그림과 같이 표현할 수 있다.

(ⓐ)
실제발생액
$(AQ \times AP)$

(ⓑ)
고정제조간접비 예산
$(DQ \times SP)$

(ⓒ)
표준조업도 × 표준배부율
$(SQ \times SP)$

예산차이 (ⓓ = ⓐ − ⓑ)

조업도차이 (ⓔ = ⓑ − ⓒ)

변동제조간접비 총원가차이(ⓐ − ⓒ 또는 ⓓ + ⓔ)

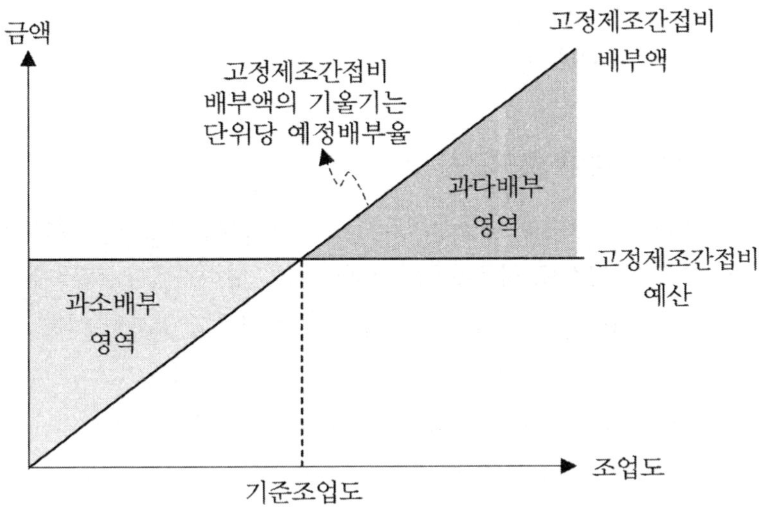

[고정제조간접비의 배부 관련성]

예시 고정제조간접비 예산(소비)차이, 조업도차이 및 총원가차이 산출

- (주)하진은 표준원가계산제도를 이용하고 있으며 고정제조간접비의 배부기준은 기계가동시간이다.
- 고정제조간접비의 표준원가는 기계가동시간당 ₩ 2,000이다.
- 완제품 1개를 생산하기 위해서 5시간의 기계가동이 필요하다.
- 고정제조간접비의 예산은 ₩ 50,000,000이다.
- 완제품 6,000개를 생산하기 위하여 실제로는 총 24,000시간을 투입하였으며, 실제 고정제조간접비 발생금액은 ₩ 45,000,000이다.

풀이

- 고정제조간접비 예산차이
  = 실제 고정제조간접비 발생액 - $(DQ \times SP)$
  = ₩ 45,000,000 - (25,000시간(*) × ₩ 2,000) = ₩ △5,000,000
  ⇒ 음의 수치이므로 유리한 원가 차이

  (*) 기준조업도 = $\dfrac{\text{고정제조간접비 예산 ₩ 50,000,000}}{SP \text{ ₩ 2,000}}$ = 25,000시간
- 고정제조간접비 조업도차이 = 고정제조간접비 예산 − 배부액
  = 고정제조간접비 예산 - $(SQ \times SP)$
  = ₩ 50,000,000 - (6,000개 × 5시간 × ₩ 2,000)
  = ₩ △10,000,000 ⇒ 음의 수치이므로 유리한 원가 차이

○ 고정제조간접비 전체 원가 차이
= ₩ △5,000,000 + ₩ △10,000,000 = ₩ △15,000,000 유리 (F)

3) 기타 제조간접비 차이분석

지금까지는 제조간접비를 변동제조간접비와 고정제조간접비로 명확하게 구분할 수 있다는 것을 전제로 제조간접비 원가차이를 분석하였다. 그러나 실무적으로는 변동비와 고정비가 명확하게 구분되지 않는 경우도 있으며 이런 경우에 적용할 수 있는 방법으로 4분법, 3분법, 2분법의 방법이 있다.

그 중에서 4분법(four-way analysis)은 변동제조간접비와 고정제조간접비의 실제 발생액을 명확하게 구분하여 측정할 수 있을 때에 적용하는 것으로 앞에서 설명한 바와 같이 가장 합리적인 방법이다. 4분법은 다음과 같은 특징이 있다. 첫째, 변동제조간접비와 고정제조간접비의 차이는 실제 발생액과 표준배부액의 차이로 산출되며 표준배부액은 실제 산출량에서 허용되는 표준투입시간를 기초로 산출한 변동예산액이다. 둘째, 표준배부액은 표준시간에 표준배부율을 곱하여 계산하며 표준배부율을 기준시간으로 나누어 산출한다. 셋째, 변동제조간접비는 소비차이와 능률차이로 구분하며 고정제조간접비는 예산차이와 조업도차이로 구분한다. 또한 이 4분법을 근간으로 3분법, 2분법에 의한 차이 계산이 가능하다.

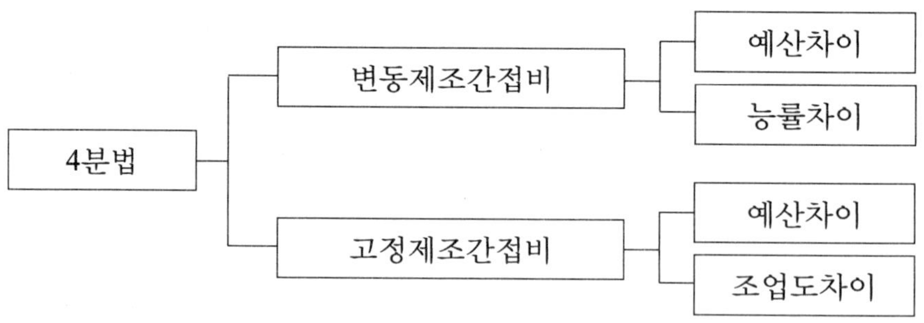

3분법(three-way analysis)은 제조간접비의 실제 발생액을 변동제조간접비와 고정제조간접비로 구분하기 어려운 경우에 제조간접비 원가차이는 제조간접비 소비(예산)차이, 제조간접비 능률차이, 제조간접비 조업도 차이로 구분하여 분석하는 방법이다.

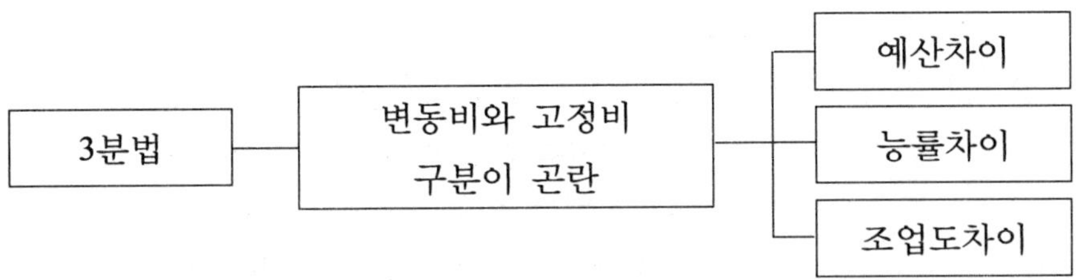

3분법에서의 예산차이는 실제 발생한 전체 제조간접비 금액에서 변동제조간접비의 실제조업도와 표준배부율을 곱하고 여기에 고정제조간접비 예산금액을 합한 금액을 차감한 금액이다. 이를 산식으로 표현하면 다음과 같다.

3분법 예산차이 = 실제 발생한 전체 제조간접비 - {(실제 조업도 × 변동제조간접비 표준배부율) + 고정제조간접비 예산액} = 실제 발생한 전체 제조간접비 - {($AQ \times SP$) + 고정제조간접비 예산액}

3분법에서의 능률차이는 변동제조간접비의 실제조업도와 표준배부율을 곱한 금액에서 변동제조간접비의 실제 산출량에 허용된 표준조업도에 표준배부율을 곱한 금액을 차감한 금액이다. 이를 산식으로 표현하면 다음과 같다.

3분법 능률차이 = (실제 조업도 × 변동제조간접비 표준배부율) - (실제 산출량에 허용된 표준조업도 × 변동제조간접비 표준배부율)

3분법에서의 조업도차이는 고정제조간접비 예산금액에서 실제산출량에 허용된 고정제조간접비 금액을 차감한 금액이다. 이를 산식으로 표현하면 다음과 같다.

> 3분법 조업도차이 = 고정제조간접비 예산금액
> - 실제산출량에 허용된 고정제조간접비 금액
> = (기준조업도 × 고정제조간접비 표준배부율)
> - (실제산출량에 허용된 표준조업도
> × 고정제조간접비 표준배부율)

예시

- 변동제조간접비 예산 : ₩ 10,000,000
- 고정제조간접비 예산 : ₩ 15,000,000
- 제품 1개를 완성하는데 4시간이 소비된다.
- 제품 1개당 직접 작업시간을 기준으로 변동제조간접비의 표준배부율은 ₩ 25,000이다. 따라서 월간 기준조업도는 400시간이다.
- 고정제조간접비 표준배부율은 ₩ 37,500이다.

$$\frac{\text{고정제조간접비 예산금액 ₩ 15,000,000}}{\text{기준조업도 400 시간}} = \text{₩ 37,500}$$

- 실제 발생한 변동제조간접비는 ₩ 13,000,000이다.
- 실제 발생한 고정제조간접비는 ₩ 14,000,000이다.
- 실제 제품 105개를 생산하기 위하여 투입된 작업시간은 410시간이다.

풀이

- 3분법 예산차이
  ₩ 27,000,000 - {(410 시간 × ₩ 25,000) + ₩ 15,000,000
  = ₩ 1,750,000 ⇒ 양의 수치이므로 불리한 원가 차이
- 3분법 능률차이
  (410 시간 × ₩ 25,000) - (105 개 × 4 시간 × ₩ 25,000)
  = ₩ △250,000 ⇒ 음의 수치이므로 유리한 원가 차이
- 3분법 조업도차이
  (₩ 15,000,000 − 105개 × 4 시간 × ₩ 37,500)
  = ₩ △750,000 ⇒ 음의 수치이므로 유리한 원가 차이
- 제조간접비 총원가차이 = ₩ 1,750,000 + ₩ △250,000 + ₩ △750,000
  = ₩ 750,000 불리(U)

2분법(two-way analysis)은 제조간접비를 제조간접비 예산차이와 조업도 차이의 두 가지만으로 구분하여 분석하는 방법이다.

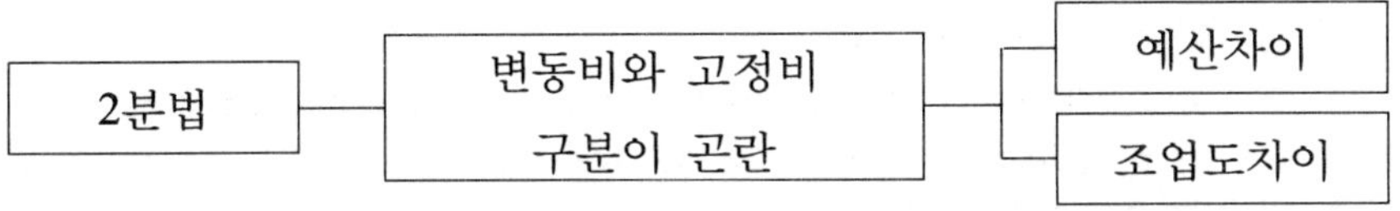

2분법에 의한 예산차이는 실제 발생한 전체 제조간접비 금액에서 실제 산출량에 허용된 표준조업도에 변동제조간접비 표준배부율을 곱하고 여기에 고정제조간접비 예산금액을 합한 금액을 차감한 금액이다. 이를 산식으로 표현하면 다음과 같다.

> 2분법 예산차이 = 실제 발생한 전체 제조간접비
> - {(실제 산출량에 허용된 표준조업도
> × 변동제조간접비 표준배부율)
> + 고정제조간접비 예산액}

2분법에 의한 조업도차이는 고정제조간접비 예산금액에서 실제 산출량에 허용된 표준조업도에서 고정제조간접비 표준배부율을 곱한 금액을 차감한 금액이다. 이를 산식으로 표현하면 다음과 같다.

> 2분법 조업차이 = 고정제조간접비 예산 금액
> - (실제 산출량에 허용된 표준조업도
> × 고정제조간접비 표준배부율)

예시

○ 위 3분법의 예시자료를 사용한다.

풀이

○ 2분법에 의한 예산차이
₩ 27,000,000 - {(105개 × 4 시간 × ₩ 25,000) + ₩ 15,000,000
= ₩ 1,500,000 ⇒ 양의 수치이므로 불리한 원가 차이

○ 2분법에 의한 조업도차이
₩ 15,000,000 - (105개 × 4 시간 × ₩ 37,500)
= ₩ △750,000 ⇒ 음의 수치이므로 유리한 원가 차이

○ 제조간접비 총원가차이 = ₩ 1,500,000 + ₩ △750,000
= ₩ 750,000 불리(U)

○ 3분법에 의한 계산과 동일한 결과가 산출된다.

연습문제

6-2. 다음의 자료를 기초로 원가요소별 가격차이, 수량차이 및 총원가차이를 구하라.

○ 사전에 결정된 원가요소별 표준원가

구분	단위당 표준원가	표준수량	표준원가
직접재료비	@ ₩ 5,000	3개	₩ 15,000
직접노무비	@ ₩ 2,000	2시간	₩ 4,000
변동제조간접비	@ ₩ 3,000	3시간	₩ 9,000
고정제조간접비	@ ₩ 2,500	3시간	₩ 7,500
합계			₩ 35,500

○ 재료비의 구입가격차이는 없는 것으로 한다.

○ 직접노무비는 작업투입시간 단위이다.

○ 기간 중 실제 생산수량은 1,000개이며 실제 기계가동시간은 2,500시간이다.

○ 제조간접비 배부기준은 기계가동시간이다.

○ 고정제조간접비 예산은 ₩ 10,000,000이다.

○ 제조간접비 실제발생금액

구분	소비수량	실제발생원가	실제발생단가
직접재료비	2,800개	₩ 14,840,000	@ ₩ 5,300
직접노무비	작업투입시간 2,100시간	₩ 8,610,000	@ ₩ 4,100
변동제조간접비	기계가동시간 3,100시간	₩ 9,920,000	@ ₩ 3,200
고정제조간접비		₩ 8,000,000	
합계		₩ 41,370,000	

풀이 1) 재료비 차이

- 가격차이 : $(AP - SP) \times AQ$ = (₩ 5,300 - ₩ 5,000) × 2,800개
  = ₩ 840,000 불리한 차이 (U)
- 수량차이 : $(AQ - SQ) \times SP$ = (2,800개 - 3,000개) × ₩ 5,000
  = ₩ △1,000,000 유리한 차이 (F)
- 직접재료비 총원가차이 : ₩ 840,000 + ₩ △1,000,000
  = ₩ △160,000 유리한 차이 (F)

2) 노무비 차이

- 가격(임률)차이 : $(AR - SR) \times AH$
  = (₩ 4,100 - ₩ 4,000) × 2,100시간
  = ₩ 210,000 불리한 차이 (U)
- 능률(투입시간)차이 : $(AH - SH) \times SR$
  = (2,100시간 - 2,000시간) × ₩ 4,000
  = ₩ 400,000 불리한 차이 (U)
- 직접노무비 총원가차이 : ₩ 210,000 + ₩ 400,000
  = ₩ 610,000 불리한 차이 (U)

3) 변동제조간접비 차이

- 예산(소비)차이 : $(AP - SP) \times AQ$
  = 실제발생액 - $(AQ \times SP)$
  = (₩ 3,200 - ₩ 3,000) × 3,100시간
  = ₩ 9,920,000 - (3,100시간 × ₩ 3,000)
  = ₩ 620,000 불리한 차이 (U)
- 능률차이 : $(AQ - SQ) \times SP$
  = (3,100시간 - 3,000시간) × ₩ 3,000
  = ₩ 300,000 불리한 차이 (U)
- 변동제조간접비 총원가차이 = ₩ 620,000 + ₩ 300,000
  = ₩ 920,000 불리한 차이 (U)

4) 고정제조간접비 차이

- 예산차이 : 실제 고정제조간접비 발생액 - $(DQ \times SP)$
  = ₩ 8,000,000 - (기준조업도 4,000시간 × ₩ 2,500)
  = ₩ △2,000,000 유리한 차이 (F)

$$DQ = \frac{\text{고정제조간접비 예산 ₩ 10,000,000}}{SP\ \text{₩ 2,500}} = \text{4,000시간}$$

- 조업도차이 = 고정제조간접비 예산 - 배부액
  = 고정제조간접비 예산 - $(SQ \times SP)$
  = ₩ 10,000,000 - (1,000개 × 3시간 × ₩ 2,500)
  = ₩ 2,500,000 불리한 차이 (U)
- 고정제조간접비 총원가 차이 = ₩ △2,000,000 + ₩ 2,500,000
  = ₩ 500,000 불리한 차이 (U)

제3절 원가차이의 배분

1. 원가차이의 조정 절차

회계기간 중에 내부의 원가관리나 성과평가를 목적으로 표준원가계산제도를 채택한다고 하더라도 재무회계 목적(외부보고의 목적)의 재무제표를 작성하기 위해서는 실제원가를 사용하여야 한다. 이때 목표로서 결정한 표준원가와 실제원가를 일치시키기 위한 과정이 필요하다. 재무회계 목적의 재무제표를 작성하는 경우 원가차이를 매출원가 또는 재고자산의 원가에 적절히 반영되도록 수정하여야 한다. 즉, 실제원가와 표준원가의 원가차이에 대한 조정 과정을 수행하여야 한다. 이는 재무회계 목적의 재무제표는 역사적 실제원가를 기준으로 작성하여야 하기 때문이다.

1.1 유리한 차이

유리한 차이는 표준원가에 비하여 실제원가가 적은 경우이므로 당초에 산출된 표준원가에서는 매출원가와 재고자산이 과대하게 산출되어 있다. 그러므로 유리한 원가차이는 매출원가 또는 재고자산에서 차감함으로써 실제원가와 일치시킨다.

예를 들어 실제원가가 ₩ 9,000,000이고 표준원가가 ₩ 10,000,000인 경우 원가차이분석에서 ₩ 1,000,000만큼 유리한 차이(F)로 결과가 도출되었을 것이다. 이는 표준원가계산방법에 의한 원가계산에서는 매출원가 또는 재고자산이 실제원가계산방법에 의한 금액보다 과대하게 표시되어 있음을 의미하므로 ₩ 1,000,000을 표준원가에서 차감함으로써 실제원가와 일치시킨 후 재무제표를 작성한다.

1.2 불리한 차이

불리한 차이는 실제원가에 비하여 표준원가가 적은 경우이므로 당초에 산출된 표준원가에서는 매출원가와 재고자산이 과소하게 산출되어 있다. 그러므로 불리한 원가차이는 매출원가 또는 재고자산에서 가산함으로써 실제원가와 일치시킨다.

예를 들어 실제원가가 ₩ 10,000,000이고 표준원가가 ₩ 9,000,000인 경우 원가차이분석에서 ₩ 1,000,000만큼 불리한 차이(U)로 결과가 도출되었을 것이다. 이는 표준원가계산방법에 의한 원가계산에서는 매출원가 또는 재고자산이 실제원가계산방법에 의한 금액보다 과소하게 표시되어 있음을 의미하므로 ₩ 1,000,000을 표준원가에서 가산함으로써 실제원가와 일치시킨 후 재무제표를 작성한다. 원가차이를 조정하는 방법으로 비배분법과 비례배분법이 있다.

> 유리한 차이 (F) : 매출원가 또는 재고자산에서 차감 처리
> = 표준원가계산에 의한 매출원가, 재고자산 - 원가차이
> 불리한 차이 (U) : 매출원가 또는 재고자산에서 가산 처리
> = 표준원가계산에 의한 매출원가, 재고자산 + 원가차이

2. 원가차이의 배분 방법

2.1 비배분법

비배분법(no proration method)은 원가차이를 매출원가(매출원가조정법) 또는 영업외손익(영업외손익법)에 반영하는 방법으로 원가차이 전액을 매출원가 또는 영업외손익에 반영하므로 재고자산의 금액은 표준원가계산방법에 의한 것을 그대로 사용한다. 이 방법은 원가차이의 금액이 중요하지 않거나 재고자산의 비중이나 중요성이 매출원가에 비해 상대적으로 크지 않을 경우에 적용하는 방법이

다. 이 방법의 기본적인 전제로서 표준원가는 당기의 생산 활동에 대한 능률수준을 나타내는 척도이므로 원가차이는 당기에 발생한 능률 또는 비능률의 결과로 본다는 것이다. 유리한 원가차이 및 불리한 원가차이에 대한 회계처리(분개) 방법은 다음과 같다.

○ 유리한 원가차이인 경우
(차) 원 가 차 이 × × × (대) 매 출 원 가 × × ×
(영업외수익)
○ 불리한 원가차이인 경우
(차) 매 출 원 가 × × × (대) 원 가 차 이 × × ×
(영업외비용)

한편 원가차이는 결국 원가가 발생한 기간의 경영성과에 포함시켜야 하는 것이 원칙이지만 영업외손익법의 논리적 관점은 원가차이는 비능률을 나타내는 것이므로 매출원가 또는 재고자산에 포함시켜서는 안 된다고 보는 견해이다. 영업외손익법의 이론적 타당성은 미흡하지만 천재지변 등과 같은 비정상적인 상태 또는 원가계산의 편의성이라 관점에서는 적용할 수 있는 방법이다.

2.2 비례배분법

비례배분법(proration method)이란 실제원가와 표준원가의 차이를 매출원가와 재고자산(기말제품, 기말재공품)의 금액에 비례적으로 배분함으로써 당기의 경영성과에 반영하는 방법이다. 이 방법은 비배분법에 비하여 실제원가계산방법에 의한 실제원가와 가장 일치시킬 수 있다는 장점이 있다. 비례배분법은 배부기준에 따라 총원가비례배분법과 요소원가비례배분법이 있다.

1) 총원가비례배분법

총원가비례배분법(total cost method)은 원가요소별로 구분하지 않고 표준원가로 기록된 매출원가, 기말제품, 기말재공품의 잔액을 기준으로 원가차이를 일괄적으로 배분하는 방법이다.

$$\text{기말재공품 배부율} = \frac{\text{기말재공품 잔액}}{\text{기말재공품 잔액} + \text{기말제품 잔액} + \text{매출원가}}$$

$$\text{기말제품 배부율} = \frac{\text{기말제품 잔액}}{\text{기말재공품 잔액} + \text{기말제품 잔액} + \text{매출원가}}$$

$$\text{매출원가 배부율} = \frac{\text{매출원가}}{\text{기말재공품 잔액} + \text{기말제품 잔액} + \text{매출원가}}$$

2) 원가요소기준법

원가요소기준법(cost element method)는 표준원가로 기록된 기말재공품, 기말제품 및 매출원가의 기말잔액에 포함되어 있는 직접재료비, 직접노무비, 제조간접비의 개별 원가요소를 기준으로 해당 원가차이를 개별적으로 배분하는 방법이다. 이는 총원가비례배분법보다 정확하다는 장점이 있으나 계산방법이 지나치게 복잡하다는 단점이 있다.

연습문제

6-3. 연습문제 6-2의 자료를 기초로 원가차이를 조정하고 손익계산서를 작성하라.

○ 원가요소기준법을 적용하는 경우 직접노무비와 제조간접비를 합산하여 가공비 배부율을 적용하라.

○ 연습문제 6-2의 표준원가

구분	합계	재공품	제품	매출원가
직접재료비	₩ 15,000,000	₩ 3,275,000	₩ 4,025,000	₩ 7,700,000
직접노무비	₩ 4,000,000	₩ 800,000	₩ 1,350,000	₩ 3,900,000
제조간접비	₩ 16,500,000	₩ 1,250,000	₩ 1,725,000	₩ 11,475,000
합계	₩ 35,500,000	₩ 5,325,000	₩ 7,100,000	₩ 23,075,000

○ 연습문제 6-2의 풀이 요약

구분	총원가차이	가격(예산)차이	수량(능률)차이	조업도차이
직접재료비	₩ 160,000(F)	₩ 840,000(U)	₩ 1,000,000(F)	
직접노무비	₩ 610,000(U)	₩ 210,000(U)	₩ 400,000(U)	
변동 제조간접비	₩ 920,000(U)	₩ 620,000(U)	₩ 300,000(U)	
고정 제조간접비	₩ 500,000(U)	₩ 2,000,000(F)		₩ 2,500,000(U)
합계	₩ 1,870,000(U)	₩ 330,000(F)	₩ 300,000(F)	₩ 2,500,000(U)

○ 매출액 : ₩ 30,000,000

1) 매출원가조정법을 적용하여 조정하라.

2) 총원가비례배분법을 적용하여 조정하라.

3) 원가요소기준법을 적용하여 조정하라.

풀이 1) 매출원가조정법

○ 총원가차이 ₩ 1,870,000을 유리한 차이와 불리한 차이로 구분하여 전액 매출원가에서 조정한다.

- 매출원가조정법을 사용하는 경우 재무제표에 표시되는 재고자산의 금액에는 변동이 없다.
- 회계처리

(차) 매출원가	₩ 4,870,000	(대) 직접재료비가격차이	₩ 840,000
		직접노무비가격차이	₩ 210,000
		직접노무비능률차이	₩ 400,000
		변동제조간접비예산차이	₩ 620,000
		변동제조간접비능률차이	₩ 300,000
		고정제조간접비조업도차이	₩ 2,500,000
(차) 직접재료비수량차이	₩ 1,000,000	(대) 매출원가	₩ 3,000,000
고정제조간접비예산차이	₩ 2,000,000		

- 손익계산서 작성

과목	금액	
Ⅰ. 매출액		₩ 30,000,000
Ⅱ. 매출원가		
1. 표준매출원가	₩ 23,075,000	
2. 불리한 원가차이	₩ 4,870,000	
3. 유리한 원가차이	₩ 3,000,000	₩ 24,945,000
Ⅲ. 매출총이익		₩ 5,055,000

2) 총원가비례배분법

- 원가차이배분

구분	합계	재공품	제품	매출원가
총원가	₩ 35,500,000	₩ 5,325,000	₩ 7,100,000	₩ 23,075,000
배부율	100%	15%	20%	65%
↓				
직접재료비 가격차이	₩ 840,000 (U)	₩ 126,000 (U)	₩ 168,000 (U)	₩ 546,000 (U)
직접재료비 수량차이	₩ 1,000,000 (F)	₩ 150,000 (F)	₩ 200,000 (F)	₩ 650,000 (F)
직접노무비 임률차이	₩ 210,000 (U)	₩ 31,500 (U)	₩ 42,000 (U)	₩ 136,500 (U)

직접노무비 능률차이	₩ 400,000 (U)	₩ 60,000 (U)	₩ 80,000 (U)	₩ 260,000 (U)
변동제조간접비 예산차이	₩ 620,000 (U)	₩ 93,000 (U)	₩ 124,000 (U)	₩ 403,000 (U)
변동제조간접비 능률차이	₩ 300,000 (U)	₩ 45,000 (U)	₩ 60,000 (U)	₩ 195,000 (U)
고정제조간접비 예산차이	₩ 2,000,000 (F)	₩ 300,000 (F)	₩ 400,000 (F)	₩ 1,300,000 (F)
고정제조간접비 조업도차이	₩ 2,500,000 (U)	₩ 375,000 (U)	₩ 500,000 (U)	₩ 1,625,000 (U)
합계	₩ 1,870,000 (U)	₩ 280,500 (U)	₩ 374,000 (U)	₩ 1,215,500 (U)

(주) 실무상 계산의 편의를 위하여 합계금액을 좌측에 기입하고 우측방향으로 배부율을 적용하는 방법이 편리하다.

○ 회계처리

(차)		(대)	
매출원가	₩ 1,215,500	직접재료비가격차이	₩ 840,000
제품	₩ 374,000	직접노무비가격차이	₩ 210,000
재공품	₩ 280,500	직접노무비능률차이	₩ 400,000
직접재료비수량차이	₩ 1,000,000	변동제조간접비예산차이	₩ 620,000
고정제조간접비예산차이	₩ 2,000,000	변동제조간접비능률차이	₩ 300,000
		고정제조간접비조업도차이	₩ 2,500,000

○ 손익계산서 작성

과목	금액	
Ⅰ. 매출액		₩ 30,000,000
Ⅱ. 매출원가		
1. 표준매출원가	₩ 23,075,000	
2. 불리한 원가차이	₩ 1,215,500	₩ 24,290,500
Ⅲ. 매출총이익		₩ 5,709,500

○ 기말제품재고액 증가 : ₩ 374,000

○ 기말재공품재고액 증가 : ₩ 280,500

3) 원가요소기준법

○ 원가차이배분

구분	합계	재공품	제품	매출원가
직접재료비	₩ 15,000,000	₩ 3,275,000	₩ 4,025,000	₩ 7,700,000
배부율	100%	21.83%	26.83%	51.34%
가공비	₩ 20,500,000	₩ 2,050,000	₩ 3,075,000	₩ 15,375,000
배부율	100%	10%	15%	75%
↓				
직접재료비 가격차이	₩ 840,000 (U)	₩ 183,400 (U)	₩ 225,400 (U)	₩ 431,200 (U)
직접재료비 수량차이	₩ 1,000,000 (F)	₩ 218,333 (F)	₩ 268,333 (F)	₩ 513,334 (F)
직접노무비 임률차이	₩ 210,000 (U)	₩ 21,000 (U)	₩ 31,500 (U)	₩ 157,500 (U)
직접노무비 능률차이	₩ 400,000 (U)	₩ 40,000 (U)	₩ 60,000 (U)	₩ 300,000 (U)
변동제조간접비 예산차이	₩ 620,000 (U)	₩ 62,000 (U)	₩ 93,000 (U)	₩ 465,000 (U)
변동제조간접비 능률차이	₩ 300,000 (U)	₩ 30,000 (U)	₩ 45,000 (U)	₩ 225,000 (U)
고정제조간접비 예산차이	₩ 2,000,000 (F)	₩ 200,000 (F)	₩ 300,000 (F)	₩ 1,500,000 (F)
고정제조간접비 조업도차이	₩ 2,500,000 (U)	₩ 250,000 (U)	₩ 375,000 (U)	₩ 1,875,000 (U)
합계	₩ 1,870,000 (U)	₩ 168,067 (U)	₩ 261,567 (U)	₩ 1,440,366 (U)

○ 회계처리

(차)		(대)	
매출원가	₩ 1,440,366	직접재료비가격차이	₩ 840,000
제품	₩ 261,567	직접노무비가격차이	₩ 210,000
재공품	₩ 168,067	직접노무비능률차이	₩ 400,000
직접재료비수량차이	₩ 1,000,000	변동제조간접비예산차이	₩ 620,000
고정제조간접비예산차이	₩ 2,000,000	변동제조간접비능률차이	₩ 300,000
		고정제조간접비조업도차이	₩ 2,500,000

○ 손익계산서 작성

과목	금액	
Ⅰ. 매출액		₩ 30,000,000
Ⅱ. 매출원가		
1. 표준매출원가	₩ 23,075,000	
2. 불리한 원가차이	₩ 1,440,366	₩ 24,515,366
Ⅲ. 매출총이익		₩ 5,484,634

○ 기말제품재고액 증가 : ₩ 261,567
○ 기말재공품재고액 증가 : ₩ 168,067

Chapter 7

전부원가계산과 변동원가계산

제1절 전부원가계산과 변동원가계산의 개념

1. 전부원가계산과 변동원가계산의 의의

Chapter 1에서 제품원가계산의 분류는 개별 기업이 수행하는 생산의 형태에 따라 개별원가계산과 종합원가계산, 원가의 속성에 따라 실제원가계산과 정상원가계산 및 표준원가계산, 원가의 범위에 따라 전부원가계산과 변동원가계산으로 분류할 수 있다고 설명하였다.

또 지금까지 설명한 모든 원가계산방법에서는 원가가 제조과정에서 직 · 간접적으로 제품의 생산과 관련이 되었다면 모두 제품원가에 포함시켰다. 이처럼 모든 제조원가를 제품의 원가로 집계하는 방법을 전부원가계산이라 하고 변동제조원가만 제품의 원가에 집계하고 고정제조간접비는 기간비용으로 집계하는 방법을 변동원가계산이라 한다.

1.1 전부원가계산

제조원가를 구성하는 항목을 어느 범위까지로 한정하느냐에 따른 원가계산의 분류로는 전부원가계산, 변동원가계산, 초변동원가계산이 있다. 전부원가계산(absorption costing)은 직접재료비, 직접노무비, 변동제조간접비는 물론이고 고정제조간접비까지 생산 활동과 관련이 되었다면 이들 원가를 모두 제품원가로 보는 방법으로서 가장 전통적인 원가계산방법이며 흡수원가계산이라고도 한다. 전부원가계산은 원가의 구성요소를 기능별로 분류하여 집계함으로써 기능별접근법(functional approach)을 사용한다.

한편, 제품의 생산과 직접적인 관련이 없는 비제조원가(판매와 관리업무에 수반되는 비용)인 판매비와관리비 등은 기간원가(period cost)로 분류하여 기간비용으로 처리한다. 전부원가계산방법에 의해 작성하는 손익계산서를 '기능적 손익계산서(functional income statement)' 또는 전통적 손익계산서라고 하며 기업의 외부 이해관계자들에게 재무정보의 제공을 목적으로 작성한다.

한국채택국제회계기준(K-IFRS)에서 인정하고 있는 방법으로서 재무제표의 작성에 필요한 가장 기본적인 원가계산방법이지만 관리회계적인 관점에서 경영상의 의사결정이나 성과평가 등을 위해서는 적합하지 않는 단점이 있다. 전부원가계산방법에 의한 원가계산과 영업이익의 흐름은 다음과 같다.

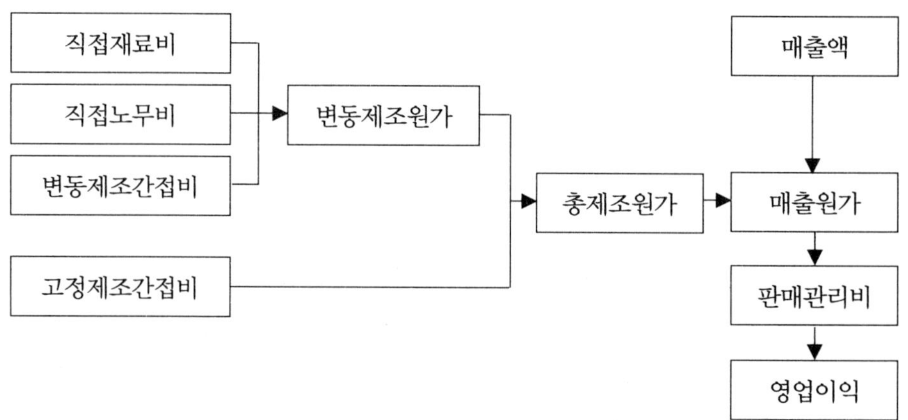

[전부원가계산과 영업이익의 흐름도]

1.2 변동원가계산

변동원가계산(variable costing)은 원가를 변동원가와 고정원가로 구분하고 변동제조원가만을 제품제조원가에 포함시키는 방법이다. 따라서 직접재료비, 직접노무비, 변동제조간접비만 제조원가를 구성하고 고정제조간접비는 판매비와관리비와 더불어 기간비용으로 처리한다.

고정제조간접원가를 제품제조원가에 포함시키지 않는 것은 고정제조간접원가는 특정한 개별 제품이나 작업에 이용되지 않는 설비자산과 관련한 원가인 경우가 많으며 대부분 특정 제품이나 작업으로의 추적이 불가능한 원가이기 때문이다. 따라서 고정제조간접비는 조업도의 변동에 따라 원가가 변동하지 않으며 시간이 경과함에 따라 당연히 발생하는 원가(매몰원가)이기 때문에 제품제조원가에 포함시키지 않고 기간원가로 처리한다. 변동원가계산방법에 의한 원가계산과 영업이익의 흐름은 다음과 같다.

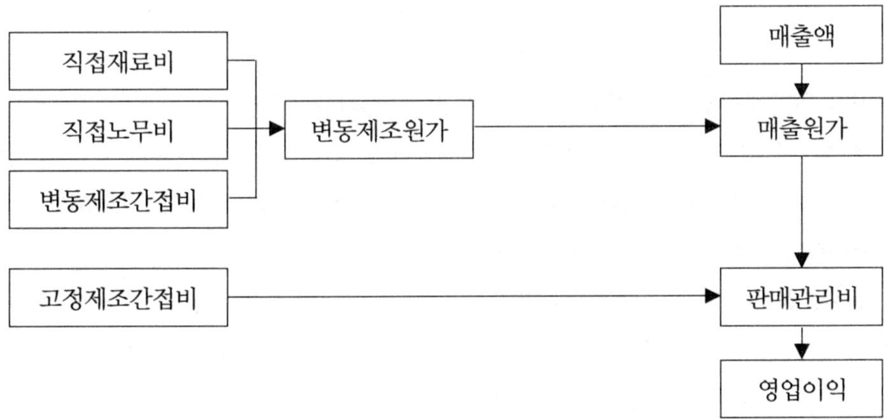

[변동원가계산과 영업이익의 흐름도]

변동원가계산은 단순한 원가계산제도에 그치는 것이 아니라 Chapter 8 이후에서 설명하게 되는 원가 · 조업도 · 이익분석(cost-volume-profit analysis, CVP분석)이나 특수의사결정 방법론, 성과평가 등 이익관리를 위해서는 없어서는 안 되는 필수적인 원가계산방법이다. 변동원가계산은 기업의 내부관리를 목적으로 하는 원가계산방법이며 한국채택국제회계기준에서는 인정되지 않고 있다. 전부원가계산과 변동원가계산을 비교하여 그림으로 표시하면 다음과 같다.

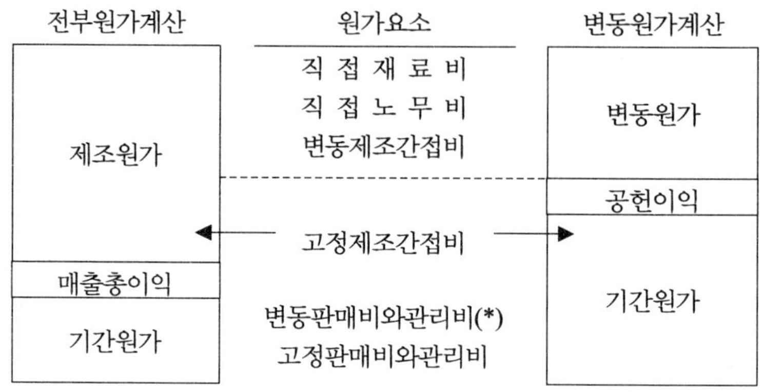

(*) 변동판매비와관리비는 변동원가계산에서는 변동원가에 합산된다.

변동원가계산방법은 다음과 같은 특징을 가지고 있다.

첫째, 변동원가계산은 손익분기점 분석이나 차액원가(differential cost)분석처럼 기업의 원가계산제도를 벗어나 수행되는 것이 아니라 원가를 기록하고 보고하는 원가계산시스템의 일부로 수행되어진다.

둘째, 원가계산를 수행할 때 반드시 원가의 구성요소를 변동비와 고정비로 구분하여야 한다. 이러한 구분은 제조원가뿐만 아니라 판매비와관리비에 대해서도 동일하게 구분하여야 한다.

셋째, 변동제조원가만을 제품제조원가로 계산하여 제품으로 변환한 후 그 제품의 판매가 이루어질 때 매출원가로서 비용화하지만 고정제조원가는 판매비와 관리비와 함께 기간원가로 처리되어 발생주의(accrual basis)에 따라 즉시 비용으로 처리된다.

넷째, 단기적 이익관리를 위한 공헌이익을 나타내는 '공헌이익법 손익계산서(contribution margin approach income statement)'를 작성하며 특별주문의 수락여부, 가격결정 등 단기적인 이익계획에 유용한 원가정보를 제공한다.

한편, 변동원가계산과 유사한 개념으로서 직접원가계산(direct costing)이라는 용어를 사용하자는 주장도 있으나 변동원가계산에서는 직접원가뿐만 아니라 변동제조간접원가와 같은 간접원가도 제품제조원가로 처리된다는 점에서 직접원가계산보다는 변동원가계산이라는 용어가 더 적절한 것으로 판단된다.

변동원가계산에서 파생된 원가계산방법으로 초변동원가계산이라는 개념도 있다. 초변동원가계산(super variable costing)은 제품단위수준의 변동원가(직접재료비)만을 변동원가로 간주하고 직접노무비나 제조간접비까지 고정비용인 것으로 전제하고 기간비용으로 처리하여 영업이익을 계산하는 방법으로 '스르풋원가계산(throughput costing)'이라고도 한다. 이 방법에서는 판매가 수반되지 않는 경우에 생산량이 많을수록 기간비용으로 처리되는 직접노무원가와 변동제조간접원가가 증가하므로 이익은 오히려 낮게 나타날 수 있다. 생산과잉으로 인한 불필요한 재고의 누적에 대하여 일종의 페널티(penalty)를 부과하는 효과가 있으므로 불필요한 재고 누적 방지효과가 변동원가계산보다 더 크다. 각 원가계산이 인식하는 고정비와 변동비를 구분하면 다음과 같다.

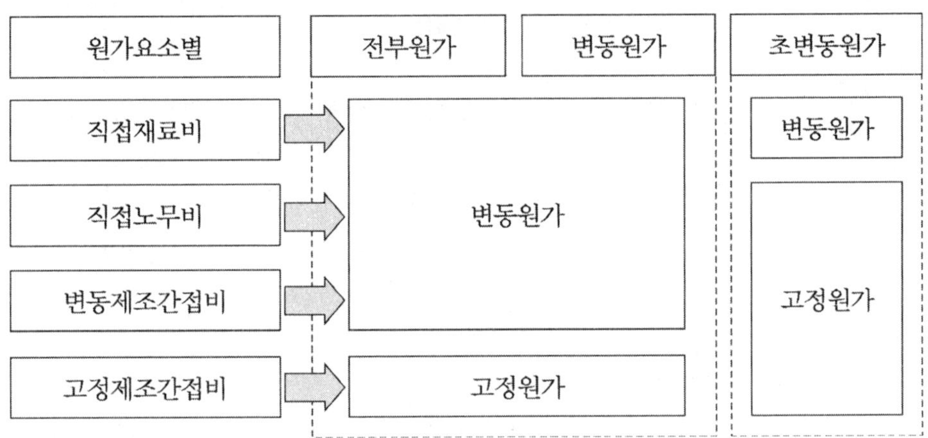

[원가계산방법별 변동비와 고정비의 인식 관계]

1.3 전부원가계산과 변동원가계산의 비교

전부원가계산과 변동원가계산은 제품원가를 구성하는 원가 항목의 성격에 따라 원가계산방법을 분류한 것이다. 전부원가계산과 변동원가계산 및 초변동원가계산의 주요 차이점을 비교하면 다음과 같다.

구분	전부원가계산	변동원가계산	초변동원가계산
활용목적	외부보고 목적과 장기적 의사결정	내부계획과 통제 단기적 의사결정	내부계획과 통제 단기적 의사결정
제품원가의 구성	직접재료비 + 직접노무비 + 변동제조간접비 + 고정제조간접비	직접재료비 + 직접노무비 + 변동제조간접비	직접재료비(제품 단위수준의 변동비)
기간원가	판매비와관리비	고정제조간접비 + 판매비와관리비	직접노무비 + 제조간접비 + 판매비와관리비
이론적 근거	고정제조간접비 → 제품 제조 관련 → 전액 제품 원가	고정제조간접비 → 원가회피 불가능 → 기간비용	직접노무비 및 제조간접비 → 원가회피 불가능 → 기간비용
조업도 차이	발생함	발생하지 않음	발생하지 않음
이익결정 요인	판매량과 생산량	판매량	판매량
손익 계산서	기능별(전통적) 손익계산서	공헌이익 손익계산서	초변동 손익계산서
영업이익	매출액 (-) 매출원가 (=) 매출총이익 (-) 판매비와관리비 (=) 영업이익	매출액 (-) 변동원가 (=) 공헌이익 (-) 고정원가 (=) 영업이익	매출액 (-) 직접재료비 (=) 재료처리량 공헌이익 (-) 운영비용 (=) 영업이익

실제원가계산의 전제 아래 전부원가계산과 변동원가계산의 원가요소를 비교하면 다음과 같다.

<table>
<tr><td>구분</td><td>전부원가계산</td><td>변동원가계산</td><td>초변동원가계산</td></tr>
<tr><td>직접재료비</td><td colspan="3">실제투입량 × 실제가격</td></tr>
<tr><td>직접노무비</td><td colspan="2">실제투입시간 × 실제임률</td><td rowspan="3">기간비용</td></tr>
<tr><td>변동제조간접비</td><td colspan="2">실제투입량 × 실제배부율</td></tr>
<tr><td>고정제조간접비</td><td>실제투입량
× 실제배부율</td><td></td></tr>
</table>

[원가계산방법과 원가요소의 관련성]

2. 전부원가계산과 변동원가계산의 영업이익

전부원가계산에서는 원가의 요소를 기능별로 분류(functional approach)하여 제조원가와 비제조원가로 구분한 다음 제조원가인 직접재료비, 직접노무비 및 제조간접비(변동제조간접비 및 고정제조간접비)에 대하여 재공품 계정을 거치면서 제품제조원가를 구성하고 이 제품이 판매되는 시점에서 비용인 매출원가로 인식한다. 매출액에서 매출원가를 차감한 후 기간비용인 판매비와관리비를 차감하여 영업이익을 산출한다.

반면, 변동원가계산에서는 원가요소를 조업도와의 관련성을 감안하여 변동비와 고정비로 구분한 다음 변동제조원가에는 직접재료비, 직접노무비, 변동제조간접비뿐만 아니라 변동판매비와관리비까지 포함하여 계산한다. 이러한 변동원가를 매출액에서 차감하여 공헌이익(contribution margin)을 먼저 산출한 후 고정원가를 차감하여 영업이익을 산출한다. 변동원가계산에 의한 손익계산서를 '공헌이익 손익계산서'라고 한다. 그러나 실무적으로는 공헌이익 손익계산서를 별도로 작성하는 것이 아니라 기능별 손익계산서를 기초로 각 원가요소를 변동비와 고정비로 분해하여 작성하는 것이 일반적이다. 기능별 손익계산서(전통적 손익계산서)와 공헌이익 손익계산서(변동원가 손익계산서)를 비교하면 다음과 같다.

기능별 손익계산서

과목		금액
매 출 액		×××
매출원가		×××
기 초 제 품 재고액	×××	
당기 제품 제조원가	×××	
합계	×××	
기 말 제 품 재고액	×××	
매 출 총 이 익		×××
판 매 비 와 관 리 비		×××
영 업 이 익		×××

공헌이익 손익계산서

과목		금액
매 출 액		×××
변동비		×××
변 동 제 조 원 가	×××	
변동판매비와관리비	×××	
공 헌 이 익		×××
고정비		×××
고 정 제 조 원 가	×××	
고정판매비와관리비	×××	
영 업 이 익		×××

2.1 기간별 생산량이 일정한 경우

변동원가계산에서는 고정제조간접비를 기간비용으로 인식하기 때문에 전부원가계산에서의 영업이익과 차이가 발생한다. 이는 전부원가계산에서는 고정제조간접비 중에서 기말의 재고자산에 배부된 금액만큼은 비용으로 산입되지 않고 자산으로 계상됨으로써 전부원가계산의 영업이익이 변동원가계산에서의 영업이익보다 크게 나타난다. 기초재고자산에 포함된 고정제조간접비의 배부금액은 반대의 결과로 나타난다. 이러한 차이에 대하여 다음과 같은 등식이 성립한다.

전부원가계산 영업이익 = 변동원가계산 영업이익
+ 기말재고금액 중 고정제조원가 배부액
- 기초재고금액 중 고정제조원가 배부액

예시 전부원가계산 및 변동원가계산 및 영업이익의 차이 조정

- 당기의 생산 수량 : 10,000개
- 기말의 제품 수량 : 1,500개
- 판매단가 : @ ₩ 2,000
- 기초의 제품과 재공품은 없는 것으로 한다.
- 원가 관련 자료

구분	단위당 변동비	고정비
직접재료비	₩ 500	-
직접노무비	₩ 300	-
제조간접비	₩ 200	₩ 1,500,000
판매비와관리비	₩ 100	₩ 1,000,000

풀이

- 전부원가계산에 의한 손익계산서 작성

과목	계산근거	금액	
매 출 액	8,500개 × @ ₩ 2,000		₩ 17,000,000
매 출 원 가			
당기제품제조원가	10,000개 × @ ₩ 1,000 + ₩ 1,500,000	₩ 11,500,000	
기말제품재고액	1,500개 × @ ₩ 1,150(*)	₩ 1,725,000	₩ 9,775,000
매 출 총 이 익			₩ 7,225,000
판매비와관리비	8,500개 × @ ₩ 100 + ₩ 1,000,000		₩ 1,850,000
영 업 이 익			₩ 5,375,000

(*) $@ ₩1,000 + \dfrac{\text{고정비 ₩1,500,000}}{\text{당기 생산량 10,000개}} = ₩1,150$

- 변동원가계산에 의한 손익계산서 작성

과목	계산근거	금액	
매 출 액	8,500개 × @ ₩ 2,000		₩ 17,000,000
변 동 비			
당기제품제조원가	10,000개 × @ ₩ 1,000	₩ 10,000,000	
기말제품재고액	1,500개 × @ ₩ 1,000	₩ 1,500,000	
변동판매비와관리비	8,500개 × @ ₩ 100	₩ 850,000	₩ 9,350,000
공헌이익			₩ 7,650,000
고정제조간접비			₩ 1,500,000
고정판매비와관리비			₩ 1,000,000
영 업 이 익			₩ 5,150,000

○ 영업이익의 차이

전부원가계산영업이익 ₩ 5,375,000

변동원가계산영업이익 ₩ 5,150,000 차이금액 ₩ 225,000

차이의 원인 : 기말제품에 배부된 고정제조간접비

기말제품재고량 1,500개 × @ ₩ 150(*) = ₩ 225,000

(*) $\frac{\text{고정제조간접비 ₩ 1,500,000}}{\text{당기 생산량 10,000개}} = \text{₩ 150}$

○ 초변동원가계산에 의한 손익계산서 작성

과목	계산근거	금액	
매 출 액	8,500개 × @ ₩ 2,000		₩ 17,000,000
변 동 비			
당기제품제조원가	10,000개 × @ ₩ 500	₩ 5,000,000	
기말제품재고액	1,500개 × @ ₩ 500	₩ 750,000	₩ 4,250,000
재료처리량공헌이익			₩ 12,750,000
운영비용			
직접노무비	10,000개 × @ ₩ 300	₩ 3,000,000	
변동제조간접비	10,000개 × @ ₩ 200	₩ 2,000,000	
변동판매비와관리비	8,500개 × @ ₩ 100	₩ 850,000	
고정제조간접비		₩ 1,500,000	
고정판매비와관리비		₩ 1,000,000	₩ 8,350,000
영 업 이 익			₩ 4,400,000

2.2 기간별 생산량이 일정하지 않은 경우

앞에서 설명한 부분은 매 기간별 생산량이 일정하다는 것을 가정하였다. 그러나 현실적으로 매 기간의 생산량이 일정한 경우는 거의 없다고 보아야 한다. 고정제조간접비의 금액이 일정하다고 하더라도 생산량이 변동되면 단위당 고정제조간접비의 금액이 달라지므로 기초와 기말의 재고수량만으로는 차이금액을 계산할 수 없다. 이런 경우에는 기초재고와 기말재고에 포함된 각각의 고정제조간접비 금액을 확인하여야 한다.

예시 **전부원가계산 및 변동원가계산 및 영업이익의 차이 조정**

○ 원가 관련 자료 (1차 년도와 2차 년도가 동일)

구분	단위당 변동비	고정비
직접재료비	₩ 1,000	-
직접노무비	₩ 700	-
제조간접비	₩ 500	₩ 6,000,000
판매비와관리비	₩ 300	₩ 3,000,000

○ 생산량과 판매량 (판매금액 : @ ₩ 4,000)

구분	1차 년도	2차 년도
생산량	10,000개	6,000개
판매량	8,000개	7,000개

○ 재공품은 없는 것으로 가정하고 선입선출법에 의한다.

풀이 ○ 전부원가계산에 의한 손익계산서 작성 (1차 년도)

과목	계산근거	금액	
매출액	8,000개 × @ ₩ 4,000		₩ 32,000,000
매출원가			
당기제품제조원가	10,000개 × @ ₩ 2,200 + ₩ 6,000,000	₩ 28,000,000	

(-) 기말제품재고액	2,000개 × @ ₩ 2,800(*)	₩ 5,600,000	₩ 22,400,000
매출총이익			₩ 9,600,000
판매비와관리비	8,000개 × @ ₩ 300 + ₩ 3,000,000		₩ 5,400,000
영업이익			₩ 4,200,000

$$(*)\ @\ ₩2,200 + \frac{\text{고정제조간접비 } ₩6,000,000}{\text{당기 생산량 } 10,000\text{개}} = ₩2,800$$

○ 전부원가계산에 의한 손익계산서 작성 (2차 년도)

과목	계산근거	금액	
매출액	7,000개 × @ ₩ 4,000		₩ 28,000,000
매출원가			
기초제품재고액	2,000개 × @ ₩ 2,800	₩ 5,600,000	
당기제품제조원가	6,000개 × @ ₩ 2,200 + ₩ 6,000,000	₩ 19,200,000	
(-) 기말제품재고액	1,000개 × @ ₩ 3,200(*)	₩ 3,200,000	₩ 21,600,000
매출총이익			₩ 6,400,000
판매비와관리비	7,000개 × @ ₩ 300 + ₩ 3,000,000		₩ 5,100,000
영업이익			₩ 1,300,000

$$(*)\ @\ ₩2,200 + \frac{\text{고정제조간접비 } ₩6,000,000}{\text{당기 생산량 } 6,000\text{개}} = ₩3,200$$

○ 변동원가계산에 의한 손익계산서 작성 (1차 년도)

과목	계산근거	금액	
매출액	8,000개 × @ ₩ 4,000		₩ 32,000,000
변동비			
당기제품제조원가	10,000개 × @ ₩ 2,200	₩ 22,000,000	
(-) 기말제품재고액	2,000개 × @ ₩ 2,200	₩ 4,400,000	
변동판매비와관리비	8,000개 × @ ₩ 300	₩ 2,400,000	₩ 20,000,000
공헌이익			₩ 12,000,000
고정제조간접비			₩ 6,000,000
고정판매비와관리비			₩ 3,000,000
영업이익			₩ 3,000,000

ㅇ 변동원가계산에 의한 손익계산서 작성 (2차 년도)

과목	계산근거	금액	
매출액	7,000개 × @ ₩ 4,000		₩ 28,000,000
변동비			
기초제품재고액	2,000개 × @ ₩ 2,200	₩ 4,400,000	
당기제품제조원가	6,000개 × @ ₩ 2,200	₩ 13,200,000	
(-) 기말제품재고액	1,000개 × @ ₩ 2,200	₩ 2,200,000	
변동판매비와관리비	7,000개 × @ ₩ 300	₩ 2,100,000	₩ 17,500,000
공헌이익			₩ 10,500,000
고정제조간접비			₩ 6,000,000
고정판매비와관리비			₩ 3,000,000
영업이익			₩ 1,500,000

ㅇ 영업이익의 차이

구분	1차 년도	2차 년도
변동원가계산 영업이익	₩ 3,000,000	₩ 1.500,000
전부원가계산 영업이익	₩ 4,200,000	₩ 1,300,000
영업이익차이	₩ △1,200,000	₩ 200,000
재고에 배분된 고정제조간접비		
(+) 기말제품재고액	2,000개 × @ ₩ 600(*) = ₩ 1,200,000	1,000개 × @ ₩ 1,000(**) = ₩ 1,000,000
(-) 기초제품재고액	-	2,000개 × @ ₩ 600 = ₩ 1,200,000

$$(*)\ \frac{\text{고정제조간접비 ₩ 6,000,000}}{\text{당기 생산량 10,000개}} = \text{₩ 600}$$

$$(**)\ \frac{\text{고정제조간접비 ₩ 6,000,000}}{\text{당기 생산량 6,000개}} = \text{₩ 1,000}$$

위의 예시에서 살펴본 바와 같이 생산수량이나 판매수량의 변화에 따라 원가계산별 영업이익의 규모가 달라진다는 것을 확인하였다. 이러한 결과를 바탕으로 그 내용을 요약하면 다음과 같다.

생산수량과 판매수량 (재고자산 비교)	기간비용화금액	영업이익
생산량 = 판매량 (기초재고 = 기말재고)	전부 = 변동 = 초변동	전부 = 변동 = 초변동
생산량 > 판매량 (기초재고 < 기말재고)	전부 < 변동 < 초변동	전부 > 변동 > 초변동
생산량 < 판매량 (기초재고 > 기말재고)	전부 > 변동 > 초변동	전부 < 변동 < 초변동

(주) 전부 : 전부원가계산, 변동 : 변동원가계산, 초변동 : 초변동원가계산

3. 변동원가계산의 유용성과 한계

전부원가계산과 변동원가계산은 제품원가에 포함시키는 원가요소가 서로 다른 원가의 계산방법으로서 각각 그 유용성과 한계를 가지고 있다. 따라서 특정한 계산방법에 대하여 절대적인 우열을 판단할 수는 없다. 제품의 생산형태, 관리의 목적과 정도 및 기업이 처한 제반 상황을 고려하여 가장 적합한 원가계산 방법을 적용하는 것이 필요하다. 변동원가계산방법이 가진 유용성과 한계를 살펴보면 다음과 같다,

3.1 변동원가계산의 유용성

변동원가 계산은 원가회피개념(cost avoidance concept)에 근거를 두고 제품을 생산하지 않는 경우에도 원가의 회피가 불가능한 고정제조원가를 제외한 변동제조원가만을 제품원가에 포함시키는 방법이다. 따라서 변동원가계산의 유용성으로

첫째, 이익계획과 예산편성에 필요한 원가・조업도・이익분석(cost-volume-profit analysis, CVP분석)에 관련하여 공헌이익 손익계산서를 활용함으로써 비교적 쉽게 관련 정보를 얻을 수 있다.

둘째, 특정기간의 조업도나 재고자산의 수량변동 등과 무관하게 고정제조간접비의 배부액이 변동되지 않아 이익의 규모에 영향을 미치지 않는다. 또한 고정

비가 손익계산서에 총액으로 표시되기 때문에 고정비가 이익에 미치는 영향을 쉽게 파악할 수 있다.

셋째, 변동원가계산에서 이익은 매출액과 동일한 방향으로 움직이므로 경영자 입장에서 이해하기 쉽고, 공통적인 고정비부문을 제품별로 배분하지 않기 때문에 부문별 또는 제품별 의사결정의 문제를 왜곡하지 않는다.

넷째, 변동원가계산을 표준원가 및 변동예산과 더불어 사용하면 원가통제와 성과평가에 유용한 수단이 된다.

3.2 변동원가계산의 한계

공헌이익 손익계산서가 경영관리에 유용한 수단인 것처럼 변동원가계산이 가진 유용성에도 불구하고 다음과 같은 한계도 가지고 있다.

첫째, 제조활동과 관련하여 발생되는 모든 원가를 계산해야 한다는 원가포괄개념(cost attach concept)에는 위배된다는 한계가 있다. 즉, 변동원가계산은 고정제조간접비를 제품원가에서 제외하고 있으므로 모든 원가가 제조원가로 산입되지 않는다.

둘째, 변동원가계산은 당기에 발생한 고정제조간접비를 전액 기간비용으로 처리함으로써 수익 · 비용 대응의 원칙에 부합하지 않으며, 장기적으로 볼 때 모든 원가는 변동비의 성격을 가지고 있으나 고정제조원가를 제품원가에 포함하지 않음으로써 투자자들이 재무정보를 분석할 때 오해할 여지가 있다.

셋째, 변동원가계산은 고정제조간접비의 중요성을 간과하고 있다. 즉, 변동원가계산에 기초하여 결정된 가격으로는 제품생산에 필요한 모든 원가를 보상할 수 없는 결과를 초래하여 장기적인 가격 결정이나 여러 가지의 장기적인 의사결정에 사용하기에는 적합하지 않다.

넷째, 변동원가계산은 모든 원가를 변동비와 고정비로 정확하게 구분할 수 있다는 것을 전제로 하지만 모든 원가를 변동비와 고정비로 명확하게 구분하기 어렵다.

다섯째, 변동원가계산은 고정제조간접비를 제품원가에 포함시키지 않기 때문에 전부원가계산에 비하여 재고자산의 가치를 낮게 평가하고 이로 인하여 재무정보를 왜곡할 수 있다.

연습문제

7-1. 다음의 각 물음에 답하라.

1) 전부원가계산과 변동원가계산을 비교하여 설명하라.

2) 변동원가계산의 유용성과 한계에 대하여 설명하라.

풀이 생략

제2절 전부원가계산과 변동원가계산에 의한 이익의 차이

1. 차이발생의 원인

전부원가계산과 변동원가계산에 따라서 기말재고금액과 영업이익에서 발생하는 차이의 근본적인 원인은 고정제조간접비를 배분하는 과정에서 발생하는 차이이다. 그러므로 실제원가계산을 하는 경우에 두 원가계산방법에서의 영업이익 차이는 두 계산방법에 따른 각각 기말재고금액의 차이와 반드시 일치한다. 전부원가계산에서는 고정제조간접비가 제조원가를 구성하여 매출원가에 포함되지만 변동원가계산에서는 당기에 발생한 고정제조간접비는 기간비용으로 처리된다.

2. 차이발생의 처리

우리나라의 한국채택국제회계기준(K-IFRS)에는 재무회계용(외부보고용)으로는 전부원가계산을 적용하도록 규정하고 있다. 그러나 변동원가계산을 사용하는 기업의 경우에도 회계기간 말에 변동원가계산에 의한 원가자료에서 일부분의 수정을 통하여 전부원가계산에 의한 원가자료로 변환시킬 수 있다. 따라서 변동원가계산제도를 적용하는 기업은 회계기간의 중간에도 굳이 두 가지의 원가계산방법을 모두 유지할 필요는 없다.

변동원가 손익계산서를 전부원가 손익계산서로 전환하는 절차의 핵심은 고정제조간접원가 중에서 변동원가계산에서 제품원가에 포함되지 않았던 부분을 기말재고자산과 매출원가에 안분하여 가산하면 된다.

아래의 산식은 기초 및 기말제품에 포함된 고정제조간접비는 전부원가계산을 이용하는 경우의 고정제조간접비를 뜻한다. 또 만일에 재공품이 존재한다면 제품과 같은 요령으로 계산한다. 생산수량이 판매수량보다 큰 경우에는 다음의 산식으로 산출한다.

전부원가계산에 의한 영업이익 = 변동원가계산에 의한 영업이익
+ {(생산량 - 판매량) × 제품단위당 고정제조간접비}
변동원가계산에 의한 영업이익 = 전부원가계산에 의한 영업이익
- {(생산량 - 판매량) × 제품단위당 고정제조간접비}

생산수량이 판매수량보다 적은 경우에는 다음의 산식으로 산출한다.

전부원가계산에 의한 영업이익 = 변동원가계산에 의한 영업이익
- {(생산량 - 판매량) × 제품단위당 고정제조간접비}
변동원가계산에 의한 영업이익 = 전부원가계산에 의한 영업이익
+ {(생산량 - 판매량)×제품단위당 고정제조간접비}

또 기초 또는 기말재공품이 존재하는 경우 변동원가계산에 의한 영업이익에서 전부원가계산에 의한 영업이익을 산출하기 위해서는 다음의 산식에 의하되, 전부원가계산에 의한 영업이익에서 변동원가계산에 의한 영업이익을 산출하고자 하는 경우에는 반대로 계산하면 된다.

전부원가계산 영업이익 = 변동원가계산 영업이익
- 기초제품(재공품)에 포함된 고정제조간접비
+ 기말제품(재공품)에 포함된 고정제조간접비

초변동원가계산과 변동원가계산 및 전부원가계산에 의한 이익조정은 다음의 산식에 의한다.

초변동원가계산의 영업이익
(-) 기초재고자산에 포함된 변동가공원가(*)
(+) 기말재고자산에 포함된 변동가공원가
(=) 변동원가계산의 영업이익
변동원가계산의 영업이익
(-) 기초재고자산에 포함된 고정제조간접원가
(+) 기말재고자산에 포함된 고정제조간접원가
(=) 전부원가계산의 영업이익

(*) 변동가공원가 : 변동원가계산의 재고자산에 포함된 직접노무비와 변동제조간접비를 말한다.

또 초변동원가계산의 영업이익에서 전부원가계산의 영업이익으로 직접 조정하는 방법도 있다.

초변동원가계산의 영업이익
(-) 기초재고자산에 포함된 운영비용(*)
(+) 기말재고자산에 포함된 운영비용
(=) 전부원가계산의 영업이익

(*) 운영비용 : 전부원가계산의 재고자산에 포함된 직접노무비와 변동제조간접비 및 고정제조간접비를 말한다.

예시 차이발생의 처리

- 위 제1절의 2.1 기간별 생산량이 일정한 경우의 예시에서 사용된 자료를 이용하여 초변동원가계산에서 변동원가계산의 영업이익으로 조정한 후 이를 다시 전부원가계산에 의한 영업이익으로 조정한다.
- 전부변동원가계산에 의한 영업이익 산출 자료

과목	계산근거	금액	
매 출 액	8,500개 × @ ₩ 2,000		₩ 17,000,000
매 출 원 가			
당기제품제조원가	10,000개 × @ ₩ 1,000 + ₩ 1,500,000	₩ 11,500,000	
기말제품재고액	1,500개 × @ ₩ 1,150	₩ 1,725,000	₩ 9,775,000
매 출 총 이 익			₩ 7,225,000
판매비와관리비	8,500개 × @ ₩ 100 + ₩ 1,000,000		₩ 1,850,000
영 업 이 익			₩ 5,375,000

○ 변동원가계산에 의한 손익계산서 작성

과목	계산근거	금액	
매 출 액	8,500개 × @ ₩ 2,000		₩ 17,000,000
변 동 비			
당기제품제조원가	10,000개 × @ ₩ 1,000	₩ 10,000,000	
기말제품재고액	1,500개 × @ ₩ 1,000	₩ 1,500,000	
변동판매비와관리비	8,500개 × @ ₩ 100	₩ 850,000	₩ 9,350,000
공헌이익			₩ 7,650,000
고정제조간접비			₩ 1,500,000
고정판매비와관리비			₩ 1,000,000
영 업 이 익			₩ 5,150,000

○ 초변동원가계산에 의한 손익계산서 작성

과목	계산근거	금액	
매 출 액	8,500개 × @ ₩ 2,000		₩ 17,000,000
변 동 비			
당기제품제조원가	10,000개 × @ ₩ 500	₩ 5,000,000	
기말제품재고액	1,500개 × @ ₩ 500	₩ 750,000	₩ 4,250,000
재료처리량공헌이익			₩ 12,750,000
운영비용			
직접노무비	10,000개 × @ ₩ 300	₩ 3,000,000	
변동제조간접비	10,000개 × @ ₩ 200	₩ 2,000,000	
변동판매비와관리비	8,500개 × @ ₩ 100	₩ 850,000	
고정제조간접비		₩ 1,500,000	
고정판매비와관리비		₩ 1,000,000	₩ 8,350,000
영 업 이 익			₩ 4,400,000

풀이 ○ 영업이익 차이금액

전부원가계산	변동원가계산	초변동원가계산
₩ 5,375,000	₩ 5,150,000	₩ 4,400,000

차이금액 ₩ 225,000 차이금액 ₩ 750,000

○ 차이금액의 조정

초변동원가계산 영업이익 ₩ 4,400,000

(+) 기말제품(재공품)에 포함된 변동가공원가 ₩ 750,000

(=) 변동원가계산 영업이익 ₩ 5,150,000

변동원가계산 영업이익 ₩ 5,150,000

(+) 기말재고자산에 포함된 고정제조간접원가 ₩ 225,000(*)

(=) 전부원가계산에 의한 영업이익 ₩ 5,375,000

(*) 위 예시자료를 확인하면 ₩ 225,000으로 확인된다.

연습문제

7-2. 다음의 각 물음에 답하라.

1) 전부원가계산과 변동원가계산에 의한 영업이익이 차이가 발생하는 원인에 대하여 설명하라.

2) 전부원가계산과 변동원가계산에 의해서 발생한 영업이익이 차이를 조정하는 방법에 대하여 설명하라.

풀이 생략

PART Ⅱ

원가의 활용

Chapter 8

CVP분석

제1절 CVP분석의 개념

1. CVP분석의 의의

원가 · 조업도 · 이익분석(cost-volume-profit analysis, CVP분석)이란 조업도(판매량 또는 생산량)의 변화가 원가에 미치는 영향을 분석하는 기법이다. CVP분석은 제품의 포트폴리오, 제품의 가격 수준, 손익분기점, 단기 이익계획, 매출 목표 및 이익률 목표 등의 결정을 비롯하여 경영 의사결정에 광범위하게 사용된다.

1.1 CVP분석의 가정

1) 고정원가와 변동원가

기업의 원가는 고정원가와 변동원가로 명확하게 구분이 되는 것들도 있지만 고정원가의 성격과 변동원가의 성격이 혼합되어 있는 등 구분이 명확하지 않는 원가도 존재한다. 그러나 CVP분석에서 모든 원가는 고정원가와 변동원가로 구분이 가능하다고 가정한다. 또 고정원가는 일정 범위 내에서 일정하며 변동원가는 조업도에 비례하여 변동한다고 가정한다.

2) 수익과 원가의 선형 관계

수익과 총변동원가는 조업도의 변화에 따라 비례적으로 변동한다고 가정한다. 예를 들어 판매량이 증가하더라도 판매단가는 항상 일정하고, 원재료 등 생산요소의 단위당 가격은 조업도와 무관하게 항상 일정하다고 가정한다. 일반적으로 생산량이 증가하면 학습효과나 능률의 향상 등으로 인해 단위당 생산원가가 하락할 수 있으며, 또 조업도의 증가로 인해 구매량이 증가하면 단위당 구입 단가도 하락할 수 있다. 그러나 CVP분석에서는 단기간의 의사결정에 사용되는 기법이므로 수익과 원가는 선형관계에 있다고 가정한다.

3) 생산량과 판매량

생산량과 판매량은 동일하다고 가정한다. 즉, 기초의 재고량과 기말의 재고량은 동일하여 손익에 미치는 영향이 없으며 당기에 생산된 제품의 수량만큼 모두 당기에 판매된다고 가정한다.

4) 판매 단가

제품의 판매 단가는 판매 수량에 불구하고 동일하다고 가정한다. 일반적으로 판매 수량이 변동되면 판매 단가를 조정하거나 여타의 마케팅전략에 따라 변동될 수 있으나 CVP분석에서는 이를 무시한다.

5) 생산 제품의 종류

원칙적으로 생산·판매하는 제품은 단일의 제품이라고 가정한다. 만약 여러 종류의 제품을 생산하는 경우라면 각 제품의 매출 구성 비율이 일정하다고 가정하여 단일의 제품을 생산하는 것과 동일한 개념을 적용한다. 다만, 매출 구성 비율이 일정하지 않은 경우에는 각기 다른 공헌이익을 가지는 각각의 제품 판매량에 대하여 복수의 손익분기점이 도출된다.

6) 화폐의 시간가치

CVP분석은 단기간을 대상으로 하는 의사결정의 기법이므로 화폐의 시간가치를 무시한다. 일반적으로 시간의 경과에 따라 화폐가치가 변동하지만 CVP분석에서는 명목가치만으로 수익과 비용을 평가하여 의사결정을 한다는 것이다.

7) 원가에 미치는 영향 요인

원가에 미치는 영향은 여러 가지의 요인이 존재한다. 그러나 CVP분석에서는 오직 조업도만이 원가에 영향을 미친다고 가정한다.

1.2 CVP분석의 한계

CVP분석의 가정을 살펴보면 그 한계점을 동시에 알 수 있다.

첫째, 모든 비용을 고정원가와 변동원가로 구분하는 것이 현실적으로 용이하지도 않고 가능하지도 않다. 조업도의 수준에 따라 원가는 고정원가, 변동원가, 혼합원가, 계단식원가 등이 존재하지만 이를 단순하게 고정원가와 변동원가만으로 구분하는 것이 합리적인가 하는 문제가 남는다.

둘째, 수익과 원가의 관계는 반드시 선형관계만을 가지는 것은 아니다. 생산량이 증가하면 학습효과나 공급자와의 교섭과정에서 단가 인하 등의 원인으로 단위당 원가는 하락하는 경우가 대부분이나 CVP분석에서는 그러한 상황을 무시한다.

셋째, 생산량과 판매량이 현실적으로 동일한 경우는 별로 많지 않다. 경기상황이나 수요자 또는 공급자와의 관계 등에 따라 판매량이 변동되는 경우가 대부분이지만 이를 무시한다. 또 판매량의 증감에 따라 판매단가의 변동이 일어나는 경우가 많이 있으나 이 또한 무시하고 있다.

넷째, 하나의 기업에서 하나의 제품을 생산하는 경우도 있지만 복수의 제품을 생산하는 경우도 많다. 또 복수의 제품을 생산하는 경우에도 그 판매 구성비가 동일한 경우는 거의 없으나 CVP분석에서는 동일한 것으로 가정하므로 비현실적일 수 있다.

다섯째, 화폐의 시간가치를 무시함으로써 단기간의 수익과 비용 분석에서만 유효하다. 따라서 화폐의 시간가치 변동을 고려해야 하는 장기간을 대상으로 하는 분석의 경우에는 적합하지 않다. 또 원가에 미치는 영향을 단지 몇 가지 요소만으로 설명할 수 있는 사항이 아니다. 조업도 뿐만 아니라 경제적 상황이나 원가요소 조달의 난이도에 따라 변동될 수 있으나 이를 무시함으로써 현실을 완전히 반영하지 못한다.

1.3 CVP분석의 유용성

위와 같은 한계에도 불구하고 분석의 기간을 단기간으로 한다면 그 유용성은 충분히 인정할 수 있으며 실무적으로 매우 다양하게 활용되고 있다.

CVP분석을 활용하는 예시는 ① 이익과 손실이 발생하는 않는 손익분기점에 해당하는 생산량·판매량 또는 금액의 산출, ② 일정한 목표이익을 얻는데 필요한 매출액의 산출, ③ 제품의 생산과 판매에 관한 단기계획의 수립, ④ 판매가격 및 원가의 변화가 이익에 미치는 영향, ⑤ 특정 사업부문의 확장(유지)나 폐지의 의사 결정, ⑥ 일정한 판매량에서 얻을 수 있는 이익의 규모, ⑥ 특별주문의 수락 여부 등과 같은 특수의사결정, ⑦ 제품의 판매가격의 결정 등이 있다.

2. CVP분석과 손익계산서

CVP분석은 손익계산서를 바탕으로 이루어진다. CVP분석은 기본적으로 원가를 고정원가와 변동원가로 나누는 과정이 필요하다. 다만, 이러한 비용 분류를 위해 모든 원가를 처음부터 고정원가와 변동원가로 나누어 별도의 손익계산서(공헌이익법 손익계산서)를 만드는 것은 경제적 측면에서도 바람직하지 않다.

우리나라의 회계기준[1]에서는 손익계산서를 기능별 분류법(functional approach method)에 의하여 작성하도록 하고 있으므로 이 손익계산서를 분해하여 원가를 고정원가와 변동원가로 분류한다.

1) 우리나라 회계기준은 한국채택 국제회계기준(K-IFRS), 일반기업회계기준, 특수분야회계기준으로 이루어져 있다.

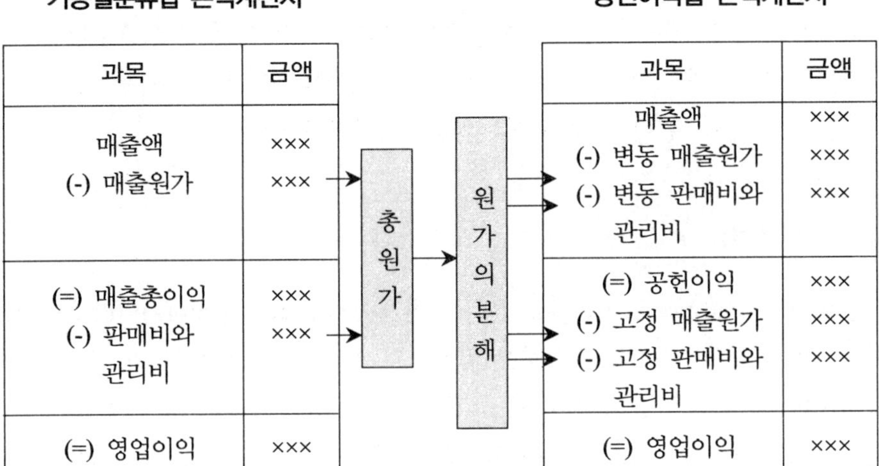

기능별분류법 손익계산서

과목	금액
매출액 (-) 매출원가	××× ×××
(=) 매출총이익 (-) 판매비와 관리비	××× ×××
(=) 영업이익	×××

공헌이익법 손익계산서

과목	금액
매출액 (-) 변동 매출원가 (-) 변동 판매비와 관리비	××× ××× ×××
(=) 공헌이익 (-) 고정 매출원가 (-) 고정 판매비와 관리비	××× ××× ×××
(=) 영업이익	×××

[기능별분류법 손익계산서와 공헌이익법 손익계산서]

여기에서 영업이익 이하의 항목은 CVP분석 대상에서 제외되므로 고려할 필요가 없다. 매출원가 및 판매비와관리비를 분석의 대상으로 하므로 매출원가를 구성하는 제조원가는 당연히 분석의 대상이 된다. CVP분석의 기본 개념을 도표로 표시하면 다음과 같다.

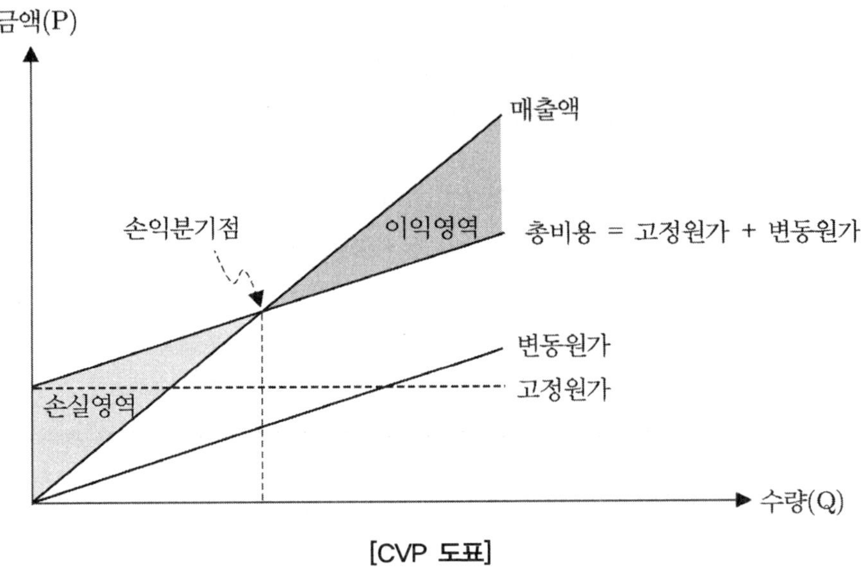

[CVP 도표]

위의 도표에서 보는 바와 같이 일정한 판매수량(매출액)에 미달하는 경우 손실로 나타나다가 매출이 증가하여 일정한 수준에 도달하면 그 이후부터는 이익이 발생한다. 이와 같이 손실에서 이익으로 전환되는 지점을 손익분기점이라 한다. 손익분기점에 관한 사항은 제2절에서 다루기로 한다.

2.1 공헌이익

공헌이익(contribution margin, CM)은 한계이익(marginal profit)이라고도 하며 매출금액에서 변동원가를 차감하는 방식으로 산출한다. 공헌이익의 의미는 매출을 통하여 변동원가를 충당한 후 고정원가를 차감하기 이전의 이익을 뜻한다. 산출된 공헌이익에서 고정원가를 차감하면 영업이익이 되며, CVP분석에서 재고자산의 변동이 없는 것으로 가정하였으므로 기능별분류법에 의한 손익계산서의 영업이익과 일치한다.

매출액 - 변동 매출원가 - 변동 판매비와관리비 = 공헌이익
공헌이익 - 고정원가 = 영업이익 = 손익계산서 영업이익

매 출 액 $Q\times P$
(-) 변 동 매출(제조)원가 $Q\times v$
(-) 변 동 판매비와관리비 $Q\times v$

(=) 공 헌 이 익 $Q\times(P-v)$
(-) 고 정 매출(제조)원가 FC
(-) 고 정 판매비와관리비 FC

(=) 영 업 이 익 $Q\times(P-v)-FC$

Q : 판매 수량, P : 판매 단가, v : 단위당 변동원가, FC : 고정원가

단위당 공헌이익(unit contribution margin, UCM)은 판매되는 제품 한 단위당 공헌이익을 말하는 것으로, 제조업의 경우 제품 한 단위가 변동원가를 충당한 후 한 단위당 제품에 배분된 고정원가를 어느 정도 회수하여 이익을 창출하는데 공헌하였는가를 측정하기 위한 금액이다. 위의 산식에서 '$P - v$'가 단위당 공헌이익을 나타내는 산식이다.

2.2 공헌이익률

공헌이익률(contribution margin ratio, CM%)은 매출액에서 공헌이익이 차지하는 비율이다. 공헌이익률이 높다는 것은 매출액에서 변동원가가 차지하는 비율이 낮다는 것을 의미하며 이는 제품 한 단위당 판매에 따른 공헌이익이 크다는 것을 의미한다. 따라서 이러한 경우에는 상대적으로 적은 매출로서도 고정원가의 회수가 가능하다는 것을 뜻한다. 이와 관련한 내용은 제2절에서 설명하게 되는 손익분기점의 검토를 통하여 확인할 수 있다. 공헌이익률의 산식을 표현하면 다음과 같다.

$$\text{공헌이익률} = \frac{\text{공헌이익}}{\text{매출액}} = \frac{\text{단위당 공헌이익}}{\text{단위당 매출단가}}$$

$$= \frac{Q \cdot (P - v)}{Q \cdot P} = \frac{P - v}{P} = 1 - \frac{v}{P} = 1 - \text{변동비율}$$

연습문제

8-1. 다음 자료에서 공헌이익법에 의한 손익계산서를 작성하고 공헌이익, 단위당 공헌이익, 공헌이익률을 구하라.

(주)하진의 판매와 원가에 관한 자료이다.

- ○ 판매수량 : 5,000개
- ○ 판매단가 : @ ₩ 500
- ○ 직접 재료비 원가 : 개당 ₩ 170
- ○ 직접 노무비 원가 : 개당 ₩ 50
- ○ 변동 제조간접비 : 개당 ₩ 70
- ○ 고정 제조간접비 : ₩ 400,000
- ○ 변동 판매비와관리비 : 개당 ₩ 10
- ○ 고정 판매비와관리비 : ₩ 300,000

풀이 1) 참고 목적으로 기능별분류법에 의한 손익계산서 작성

과목	금액		비고
Ⅰ. 매출액		2,500,000	5,000개 × @ ₩ 500
Ⅱ. 매출원가		1,850,000	
직접재료비	850,000		5,000개 × @ ₩ 170
직접노무비	250,000		5,000개 × @ ₩ 50
제조간접비	750,000		(5,000개 × @ ₩ 70) + 400,000
Ⅲ. 매출총이익		650,000	
Ⅳ. 판매비와관리비		350,000	(5,000개 × @ ₩ 10) + ₩ 300,000
Ⅴ. 영업이익		300,000	

2) 공헌이익법에 의한 손익계산서 작성

과목	금액		비고
Ⅰ. 매출액		2,500,000	5,000개 × @ ₩ 500
Ⅱ. 변동원가		1,500,000	
직접재료비	850,000		5,000개 × @ ₩ 170
직접노무비	250,000		5,000개 × @ ₩ 50
변동 제조간접비	350,000		5,000개 × @ ₩ 70
변동 판매비와관리비	50,000		5,000개 × @ ₩ 10
Ⅲ. 공헌이익		1,000,000	
Ⅳ. 고정원가		700,000	
고정 제조간접비	400,000		
고정 판매비와관리비	300,000		
Ⅴ. 영업이익		300,000	

(주) 기능별분류법에 의한 손익계산서의 영업이익과 공헌이익법에 의한 손익계산서의 영업이익이 정확하게 일치함.

3) 공헌이익 : ₩ 1,000,000

4) 단위당 공헌이익 : $\frac{\text{총 공헌이익 ₩ 1,000,000}}{\text{총 판매량 5,000개}} = \text{₩ 200}$

또는 단위당 판매 단가	₩ 500
(-) 단위당 직접 재료비	₩ 170
(-) 단위당 직접 노무비	₩ 50
(-) 단위당 변동 제조간접비	₩ 70
(-) 단위당 변동 판매비와관리비	₩ 10
(=) 단위당 공헌이익	₩ 200

5) 공헌이익률 :

$$\frac{\text{공헌이익}}{\text{매출액}} = \frac{\text{₩ 1,000,000}}{\text{₩ 2,500,000}} \text{ or } \frac{\text{단위당 공헌이익 ₩ 200}}{\text{단위당 매출단가 ₩ 500}} = 40\%$$

제2절 CVP분석의 방법

1. 손익분기점(BEP)의 분석

손익분기점(break-even point, BEP)은 매출액과 총원가(고정원가+변동원가)가 같아짐으로써 영업 이익 또는 영업 손실도 발생하지 않는 매출액(또는 판매량)을 말한다. 영업 이익 또는 영업 손실의 금액이 '0'이라는 사실은 공헌이익과 고정원가가 같다는 의미와 상통한다.

따라서 손익분기점 매출에 도달하기 전까지는 공헌이익으로 고정원가를 충당하지 못하여 영업 손실이 발생하며 그 수준을 넘어서면서 이익이 발생하기 시작한다는 의미이다. 즉, 다음의 산식이 성립하는 수준의 매출이 손익분기점 매출이다.

$$\text{공헌이익} - \text{고정원가} = (\text{매출액} - \text{변동원가}) - \text{고정원가} = 0$$

1.1 손익분기점에서의 판매 수량

손익분기점에서의 매출이 '이익 = 변동원가 + 고정원가 = 0'의 관계가 성립한다고 하였으므로 산식으로 표현하면 다음과 같다.

$$Q \cdot P = Qv + FC$$
$$Q \cdot (P - v) = FC$$
$$Q = \frac{FC}{P - v} = \frac{\text{고정원가}}{\text{단위당 공헌이익}}$$

Q : 판매 수량
P : 단위당 판매 금액
v : 단위당 변동원가
FC : 고정원가

위 연습문제 8-1에 의한 자료를 이용하여 손익분기점 판매 수량을 산출하면 다음과 같다.

$$Q = \frac{FC}{P - v} = \frac{\text{고정원가 ₩ 700,000}}{\text{판매 단가 ₩ 500} - \text{단위당 변동비 ₩ 300}} = 3{,}500\text{개}$$

손익분기점이 이익도 손실도 발생하지 않는 수준의 매출이라는 정의에 부합한다면 위의 사례에서 3,500개를 매출하면 손익이 '0'가 된다는 의미이다. 이를 검증하기 위해 손익분기점 수량만큼 판매를 한다고 가정하여 손익을 계산하면 다음과 같이 '0'이 됨을 확인할 수 있다.

- 판매 금액 : 3,500개 × @ ₩ 500 = ₩ 1,750,000
- 변동 원가 : 3,500개 × 단위당 변동 원가 합계 ₩ 300 = ₩ 1,050,000
- 고정 원가 : ₩ 700,000
- 손익 : 판매 금액 ₩ 1,750,000

판매 금액	₩ 1,750,000
(-) 총 변동원가	₩ 1,050,000
(-) 총 고정원가	₩ 700,000
(=) 총 손익	₩ 0

1.2 손익분기점에서의 판매금액

전술한 손익분기점에서의 판매량을 기초로 하여 BEP 판매금액을 산출할 수 있다. 간략하게는 손익분기점 판매 수량에 판매 단가를 곱하는 방식으로 산출할 수도 있으며 산식으로 표현하면 다음과 같다.

$$\text{손익분기점 판매금액 } Q \cdot P = \frac{FC}{(P-v)} \times P = \frac{\text{고정원가}}{\text{공헌이익률}}$$

$$= \frac{\text{고정원가}}{\frac{(\text{단위당 매출금액} - \text{단위당 변동원가})}{\text{단위당 매출금액}}}$$

$$= \frac{FC}{1-\frac{v}{P}}$$

역시 위 연습문제 8-1에 의한 자료를 이용하여 손익분기점 판매 금액을 계산하면 금액이 일치함을 알 수 있다.

$$Q \cdot P = \frac{FC}{1-\frac{v}{P}} = \frac{\text{고정원가 ₩700,000}}{1-\frac{\text{단위당 변동원가 ₩300}}{\text{단위당 판매금액 ₩500}}} = \text{₩}1,750,000$$

2. 목표이익과 매출의 분석

손익분기점은 영업 이익이나 영업 손실이 발생하지 않는 수준의 매출임을 알았다. 그렇다면 이러한 손익분기점을 활용하여 기업이 원하는 목표이익을 달성하는데 필요한 매출의 규모도 파악할 수 있다.

2.1 목표이익과 매출

목표이익(target net income, TI)은 일정 기간에 있어서 기업이 달성하고자 하는 이익의 규모를 말한다. 손익분기점 매출을 초과하는 시점부터 기업은 영업이익이 발생하는 바, 어느 정도까지 매출을 달성하여야만 목표하는 이익을 달성할 수 있는가의 문제이다. 여기에서는 세금을 감안하지 아니한 영업이익을 대상으로 한다. 손익분기점 산식을 이용하여 다음과 같은 산식을 도출할 수 있다.

$$\text{목표이익 달성을 위한 매출 수량} = \frac{FC + TI}{P - v}$$

$$\text{목표이익 달성을 위한 매출 금액} = \frac{FC + TI}{1-\frac{v}{P}}$$

TI : 목표이익

역시 위의 연습문제 8-1을 다시 활용하여 목표이익을 달성하기 위한 매출 금액과 수량을 산출할 수 있다. 연습문제 8-1에서는 매출 ₩ 2,500,000 (수량 :

5,000개)을 시현하여 영업이익이 ₩ 300,000이 발생하였다. 만약 목표로 하는 영업이익이 ₩ 500,000이라면 이를 달성하기 위한 매출 금액과 수량은 얼마일까? 위의 산식을 이용하여 산출한다.

$$\text{목표이익 달성을 위한 매출 수량} = \frac{FC + TI}{P - v}$$

$$= \frac{\text{고정원가 ₩ 700,000} + \text{목표이익 ₩ 500,000}}{\text{단위당 판매금액 ₩ 500} - \text{단위당 변동원가 ₩ 300}} = 6{,}000\text{개}$$

$$\text{목표이익 달성을 위한 매출 금액} = \frac{FC + TI}{1 - \frac{v}{P}}$$

$$= \frac{\text{고정원가 ₩ 700,000} + \text{목표이익 ₩ 500,000}}{1 - \frac{\text{단위당 변동원가 ₩ 300}}{\text{단위당 판매금액 ₩ 500}}} = \text{₩ } 3{,}000{,}000$$

위의 산출 결과를 검증을 해 보면 우선 매출 수량에서 6,000개의 판매가 필요하다고 산출되었는바, 이를 단위당 판매 단가인 ₩ 500을 적용하면 목표 달성을 위해 필요한 매출금액이 ₩ 3,000,000으로 일치함을 확인할 수 있다. 아울러 목표한데로 실제 ₩ 3,000,000의 매출이 달성된다면 목표로 하는 영업이익 ₩ 500,000을 달성할 수 있는지 확인해 보면 그 결과는 다음과 같다.

- 판매 금액 : 6,000개 × @ ₩ 500 = ₩ 3,000,000
- 변동 원가 : 6,000개 × 단위당 변동 원가 합계 ₩ 300 = ₩ 1,800,000
- 고정 원가 : ₩ 700,000
- 손익 :

판매 금액	₩ 3,000,000
(-) 총 변동원가	₩ 1,800,000
(-) 총 고정원가	₩ 700,000
(=) 총 손익	₩ 500,000

2.2 세후 목표이익과 매출

위에서 목표이익(TI)을 산출한 것은 법인세를 고려하지 않은 세전 영업이익을 가정하였다. 그러나 현실적으로 기업의 이익에 대하여는 반드시 세금이 부과되므로 이를 고려한 세후의 목표이익을 산출할 필요성이 대두된다. 세후목표이익(net income, NI)은 세전 영업이익에서 법인세를 차감한 이익이므로 다음과 같은 산식의 도출이 가능하다. 법인세율을 'Tx'라 한다.

$$\text{세후 목표이익 } NI = \text{세전 목표이익} - \text{법인세비용}$$

$$= TI - TI \times Tx = TI \cdot (1 - Tx)$$

$$\text{세전 목표이익 } TI = \frac{NI}{(1 - Tx)}$$

TI: 세전이익
NI: 세후이익

위에서 살펴본 바와 같이 목표이익 달성을 위한 손익분기점 산식에서 적용할 수치는 '세전 목표이익'이 아니라 '세후 목표이익'이므로, 세전 목표이익인 'TI'를 대신하여 위에서 유도된 산식을 따라 세후 목표이익을 대입하면 다음과 같이 세후 목표이익을 위한 손익분기점을 도출할 수 있다.

$$\text{세후 목표이익 달성을 위한 매출 수량} = \frac{FC + \frac{NI}{(1 - Tx)}}{P - v}$$

$$\text{세후 목표이익 달성을 위한 매출 금액} = \frac{FC + \frac{NI}{(1 - Tx)}}{1 - \frac{v}{P}}$$

2.3 목표이익률과 매출

손익분기점 산식을 이용하여 세전·세후의 목표이익을 달성하는데 필요한 매출 금액과 수량을 산출하였다. 이와 같이 금액이나 수량을 전제로 하는 것뿐만 아니라 목표로 하는 매출이익률을 결정한 후 이를 달성하기 위한 매출 수량과 금액을 산출할 수도 있다. 목표이익률을 'k'라고 하고 산식으로 표현하면 다음과 같다.

목표이익률 손익분기점 판매수량 Q

$$= \frac{FC}{(P-v)-P \cdot k}$$

$$= \frac{\text{고정원가}}{\text{단위당 공헌이익} - (\text{판매단가} \times \text{목표이익률})}$$

목표이익률 손익분기점 판매금액 $Q \cdot P = \dfrac{FC}{(1-\dfrac{v}{P})-k}$

$$= \frac{\text{고정원가}}{\text{공헌이익률} - \text{목표이익률}}$$

이러한 산식이 도출된 논리적 근거로 우선 공헌이익률은 매출액에서 변동원가를 차감한 금액이 매출액에서 차지하는 비율을 의미한다고 하였다. 손익분기점 산식에서는 고정원가를 기준으로 공헌이익률을 적용하여 필요한 매출액을 산출하였다. 이는 고정원가를 충당하기 위하여 필요한 매출액이 어느 정도인지를 파악하기 위한 방법이었다. 이러한 논리를 적용한다면 목표이익률만큼 공헌이익률에서 차감함으로써 고정원가뿐만 아니라 목표이익에 해당하는 금액까지 충당할 수 있는 매출액의 수준을 파악할 수 있다.

기업이나 제품의 특성에 따라서는 판매 금액보다 매출이익률을 중심으로 성과평가 등 경영활동에 활용하는 것이 바람직할 수 있다.

3. CVP분석을 활용한 추가 분석

CVP분석은 기본적으로 판매단가, 단위당 변동원가 및 고정원가가 항상 일정한 것으로 가정하였다. 그러나 기업 실무에서는 판매량의 증감, 생산량의 증감 등에 따라 판매단가, 변동원가 및 고정원가가 변동되는 것이 일반적이다. 즉, 조업도의 범위에 따라서 변동되는 CVP분석이 필요하다. 조업도에 따라 판매단가 또는 단위당 변동원가 등이 달라지기 때문에 손익분기점 판매금액(또는 수량)이 복수로 나타날 수 있음에 유의하여야 한다.

3.1 판매가격 변화에 따른 매출

기업은 판매량의 증가에 맞추어 가격을 할인하여 판매하기도 한다. 가격을 할인하는 경우 구간별 판매단가를 하나 또는 그 이상의 구간을 설정하여 각 구간별 판매단가를 적용하는 경우가 있다. 예시를 통하여 설명한다.

예시 판매단가 변동에 따른 손익분기점 매출

1) 판매량에 따라 모든 구간의 판매단가를 하나의 단일단가로 조정하는 경우
   - ○ 단위당 변동원가 : ₩ 350
   - ○ 고정원가 총액 : ₩ 200,000
   - ○ 판매수량이 구간별로 증가하는 경우 모든 판매수량에 대하여 조정된 단가를 적용한다.

판매수량 구간	판매단가	구간별 손익분기점 매출수량
① 1,000개 이하	₩ 500	$BEP = \dfrac{₩\ 200,000}{₩\ 500 - ₩\ 350} = 1,333$개
② 1,001개 ~ 2,000개	₩ 460	$BEP = \dfrac{₩\ 200,000}{₩\ 460 - ₩\ 350} = 1,818$개
③ 2,001개 ~ 3,000개	₩ 420	$BEP = \dfrac{₩\ 200,000}{₩\ 420 - ₩\ 350} = 2,857$개

풀이 ① 구간 : 판매수량 구간이 1,000개 이하인 경우의 BEP
손익분기점 매출수량은 1,333개이므로 손실이 발생한다. 따라서 1,000개 이하일 때 판매단가를 ₩ 500으로 결정하면 안 되므로 가격을 인상하거나 판매수량 구간을 최소한 BEP 매출수량까지 조정하여야 한다.
② 구간 : 판매수량 구간이 1,001개~2,000개인 경우의 BEP
손익분기점 매출수량은 1,818개이므로 BEP를 초과하는 1,818개~2,000개의 판매구간에서 이익이 발생한다. 따라서 판매단가를 ₩ 460으로 결정한 경우 1,818개 이하이면 손실이 발생한다.
③ 구간 : 판매수량 구간이 2,001개~3,000개인 경우의 BEP
손익분기점 매출수량은 2,857개이므로 BEP를 초과하는 2,857개~3,000개의 판매구간에서 이익이 발생한다. 따라서 판매단가를 ₩ 420으로 결정한 경우 2,857개 이하이면 손실이 발생한다.

일반적인 손익분기점의 가정인 판매단가 등이 변동하지 않는 것을 가정하였기 때문에 하나만의 손익분기점이 산출되었다. 그러나 위의 예시에서 보는 바와 같이 판매단가가 변동되는 경우 복수의 손익분기점이 나타날 수 있음에 유의하여야 한다.

2) 판매수량의 구간에 따라 판매단가를 다르게 적용하는 경우

- 판매수량이 구간별로 증가하는 경우 모든 판매에 대하여 동일하게 변동된 단가를 적용하지 않고 구간별로 다른 단가를 적용한다.
- 위의 예시 자료를 그대로 사용한다.

풀이 ① 구간 : 판매수량 구간이 1,000개 이하인 경우의 BEP

$$BEP\ Q = \frac{\text{고정원가 ₩ 200,000}}{\text{판매단가 ₩ 500} - \text{단위당 변동비 ₩ 350}} = 1{,}333\text{개}$$

판매수량 구간이 1,000개 이하에서 BEP 매출수량이 1,333개로 산출되었다. 이는 매출단가를 ₩ 500으로 결정하는 경우 어떤 경우에도 이익이 발생하지 않으므로 판매수량 구간을 확대하거나 또는 판매단가를 인상하여야 한다.
② 구간 : 판매수량 구간이 1,001개~2,000개인 경우의 BEP

$$BEP\ Q:\ ₩\,500 \times 1{,}000\text{개} + ₩\,460 \cdot (Q - 1{,}000\text{개})$$
$$= 350 \cdot Q + ₩\,200{,}000 \rightarrow Q = 1{,}455\text{개}$$

이 산식에서와 같이 손익분기점 수량을 산출된다. BEP 판매수량이 판매수량 구간인 1,001개~2,000개의 범위에 속하므로 이 예시에 있어서 1,455개가 손익분기점에 해당한다.
③ 구간 : 판매수량 구간이 2,001개~3,000개인 경우의 BEP

$$BEP\ Q:\ ₩\,500 \times 1{,}000\text{개} + ₩\,460 \times 1{,}000\text{개} + ₩\,420 \cdot (Q - 2{,}000\text{개})$$
$$= 350 \cdot Q + ₩\,200{,}000 \rightarrow Q = 1{,}143$$

이 산식에서와 같이 손익분기점 수량이 1,143개로 산출된다. 이는 BEP 판매수

량이 판매수량 구간인 2,001개~3,000개의 범위에 속하지 않으므로 손익분기점을 나타내는 수량이 아님에 유의하여야 한다. 다만, 2,000개를 초과한다면 무조건 이익은 발생한다는 의미이다.

이 2)의 예시가 나타내는 의미는 위 1)의 예시와 달리 손익분기점은 복수의 BEP가 아닌 1,455개의 단일 BEP이며 이익이 발생하는 판매수량은 1,455개부터 3,000개까지이다. 아래와 같이 판매수량이 3,000개일 때 이익의 규모가 가장 크다.

구분		금액	
매출액			₩ 1,380,000
1,000개 이하	(1,000개 × ₩ 500)	₩ 500,000	
1,001개 ~ 2,000개	(1,000개 × ₩ 460)	₩ 460,000	
2,001개 ~ 3,000개	(1,000개 × ₩ 420)	₩ 420,000	
변동원가	(3,000개 × ₩ 350)		₩ 1,050,000
고정원가			₩ 200,000
영업이익			₩ 130,000

3) 본 예시 1)과 2)의 해설

판매수량에 따라 모든 구간의 판매단가를 하나의 단일 단가로 조정하는 경우에는 판매수량 구간별로 BEP가 복수로 나타날 수 있으나, 판매수량별 구간마다 판매단가를 달리 적용하도록 조정하는 경우에는 하나의 BEP만 산출된다는 점에 유의하여야 한다.

3.2 고정원가 변화에 따른 매출

일반적으로 고정원가의 성격은 일정한 조업도 하에서는 일정하다. 그러나 특수한 경우 고정원가가 증가하는 현상이 일어날 수 있다. 예를 들어 A라는 제품을 생산하는 특정한 기계 1대의 생산능력(production capacity)이 월간 500단위라면 그 생산능력 범위 내에서 생산이 가능하므로 추가적인 기계의 증설이 필요치 않다. 따라서 기계로 인한 감가상각비는 생산량에 관계없이 항상 일정하게 발생한다.

그러나 필요 생산량이 월간 500단위를 초과한다면 추가적으로 1대의 기계를 증설하여야 할 것이다. 그러한 경우 기존의 기계 1대의 감가상각비는 일정하다가 추가 증설로 인한 기계에 대한 감가상각비가 발생하기 시작하여 한 순간 치솟게 된다. 그런 다음 다시 일정기간 동안은 2대의 기계 감가상각비가 일정하게 지속된다. 이처럼 단기적으로는 고정원가이지만 장기적으로는 계단식으로 증가되는 고정원가를 '준고정원가' 또는 '단계원가'라고 한다.

이러한 비용의 특성으로 인하여 생산량이 증가하면 고정원가가 증가할 수 있으므로 손익분기점도 그런 관점에서 검토되어야 하며 이에 대하여 예시를 통하여 설명한다.

예시 고정원가 변화에 따른 손익분기점 매출

1) 판매단가(₩ 1,000 가정)는 불변, 고정원가 증가에 따른 손익분기점 매출

- 단위당 변동원가 : ₩ 400
- 고정원가가 아래에서 제시하는 바와 같이 생산수량이 증가하면 해당 구간의 생산수량에 대하여는 증가한다.

	생산수량 구간	고정원가	고정원가 증가원인
①	1,000개 이하	₩ 800,000	
②	1,001개 ~ 2,000개	₩ 1,100,000	기계의 증가
③	2,001개 ~ 3,000개	₩ 1,500,000	공장의 신축

풀이 ① 구간 : 생산수량이 1,000개 이하인 경우의 BEP

$$BEP\ Q = \frac{\text{고정원가 ₩ 800,000}}{\text{판매단가 ₩ 1,000} - \text{단위당 변동비 ₩ 400}} = 1{,}333\text{개}$$

생산수량이 1,000개 이하인 구간에서의 BEP 매출수량이 1,333개로 산출되어 구간의 생산 상한수량을 벗어나 어떤 상황에서도 손실이 발생한다.

② 구간 : 생산수량이 1,001개 ~ 2,000개인 경우의 BEP

$$BEP\ Q = \frac{\text{고정원가 ₩1,100,000}}{\text{판매단가 ₩ 1,000} - \text{단위당 변동비 ₩ 400}} = 1{,}833\text{개}$$

생산수량이 1,001개 ~ 2,000개의 구간에서는 BEP 매출수량이 1,833개로 산출되어 생산수량 구간의 범위에 속해 있으므로 손익분기점은 1,833개이다. 추가 증설을 하고자 하는 경우 손익분기점의 수량 이상으로 생산(매출)이 가능한지를 판단하여야 한다.

③ 구간 : 생산수량이 2,001개 ~ 3,000개인 경우의 BEP

$$BEP\ Q = \frac{\text{고정원가 ₩1,500,000}}{\text{판매단가 ₩1,000 − 단위당 변동비 ₩400}} = \text{2,500개}$$

생산수량이 2,001개 ~ 3,000개의 구간에서는 BEP 매출수량이 2,500개로 산출되어 생산수량 구간의 범위에 속해 있으므로 손익분기점은 2,500개이다.

2) 본 예시에서와 같이 필요한 고정자산을 증설하는 경우 손익분기점의 수량 이상으로 생산(매출)이 가능한지를 판단하여야 한다.

3.3 변동원가 변화에 따른 매출

경기상황의 변동이나 환경의 변화 등으로 인하여 변동원가의 증감 가능성은 항상 존재한다. 따라서 변동원가가 증감하면 손익분기점 역시 변경되어야 하며 이에 관하여 예시를 통하여 설명한다.

예시 변동원가의 변화에 따른 손익분기점 매출

1) 판매단가는 불변이나 변동원가의 증감에 따른 BEP 매출

- 판매단가 : ₩ 600
- 고정원가 총액 : ₩ 300,000
- 변동원가가 아래에서 제시하는 바와 같이 생산수량이 증가하면 해당 구간의 생산수량에 대하여는 증가한다.

생산수량 구간		변동원가	변동원가 증가원인
①	1,000개 이하	₩ 400	
②	1,001개 ~ 2,000개	₩ 450	노무비의 상승
③	2,001개 ~ 3,000개	₩ 500	재료비의 상승

풀이 ① 구간 : 생산수량이 1,000개 이하인 경우의 BEP

$$BEP\ Q = \frac{\text{고정원가 ₩300,000}}{\text{판매단가 ₩600 − 단위당 변동비 ₩400}} = \text{1,500개}$$

생산수량이 1,000개 이하인 구간에서 BEP 매출수량이 1,500개로 산출되어 구간의 생산 상한수량을 벗어나 어떤 상황에서도 손실이 발생한다. 따라서 구간별 생산수량을 확대하거나 판매단가를 인상하여야 한다.

② 구간 : 생산수량이 1,001개 ~ 2,000개인 경우의 BEP

$BEP\ Q$: ₩400 × 1,000개 + ₩450 • (Q − 1,000개) + ₩300,00
= 600 • $Q \rightarrow Q$ = 1,667개

이 산식에서와 같이 손익분기점 수량은 1,667개로서 생산수량 구간인 1,001개 ~ 2,000개의 범위에 속하므로 손익분기점은 1,667개이다.

③ 구간 : 생산수량이 2,001개 ~ 3,000개인 경우의 BEP

$BEP\ Q$: ₩400 × 1,000개 + ₩450 × 1,000개 + ₩500 • (Q − 2,000개)
+ ₩300,000 = 600 • $Q \rightarrow Q$ = 1,500개

이 산식에서와 같이 손익분기점 수량이 1,500개로 산출된다. 이는 BEP 판매수량이 판매수량 구간인 2,001개 ~ 3,000개의 범위에 속하지 않으므로 적합한 손익분기점 수량이 아니다.

2) 이와 같은 산출 결과에 따라 손익분기점은 1,667개 하나뿐이므로 이익이 발생하는 구간은 1,667개를 초과하는 구간이다.

3.4 현금흐름 분기점 매출

CVP분석의 기본적인 전제는 이익에 관한 분석이었다. 그러나 기업의 경영활동에서 이익 못지않게(보다 더) 중요한 것이 현금흐름의 관리이다. 이익과 현금흐름의 차이는 감가상각비의 경우처럼 현금의 지출을 수반하지 않는 '비현금지출비용(non-cash item)' 때문에 발생한다.

따라서 현금흐름분기점(cash break-even point) 분석은 현금흐름을 수반하지 않는 비용을 제외하고 분석한다. 현금흐름분기점의 분석에서도 법인세의 유무에 따라 차이를 보이고 있다. 전술한 'Chapter 8의 제2절 1. 손익분기점(BEP)의 분석과 2. 목표이익과 매출의 분석'에서 설명한 원리를 준용하여 산식을 표시하면 다음과 같다. '*Dep*'는 감가상각비이다.

법인세가 없는 현금흐름분기점 $Q = \dfrac{F - Dep}{P - v}$

법인세가 있는 현금흐름분기점 $Q = \dfrac{F - \dfrac{Dep}{(1 - Tx)}}{P - v}$

3.5 복수의 제품 매출

CVP분석의 중요한 가정 중 하나는 판매(생산)되는 제품이 단일의 제품이거나 복수의 제품이라 할지라도 그 구성 비율이 동일하다는 것을 전제하였다. 그러나 현실의 기업에서는 그러한 가정을 충족하는 경우가 많지는 않다. 그럼에도 불구하고 단일제품 또는 동일한 구성 비율의 가정이 유효한 것은 장기적으로는 구성 비율에 변화가 많을 수도 있지만 단기적인 관점에서는 그리 급격한 변화는 없는 것으로 보아도 무방하기 때문이다.

여기에서 주의하여야 할 사항으로는 판매의 구성 비율을 판단함에 있어서 판매수량의 비율과 판매금액의 비율은 서로 상이할 수 있으므로 주의를 요한다.

먼저 판매수량을 기준으로 BEP 판매수량을 구하는 방법으로서 판매수량을 기준으로 단위당 가중평균 공헌이익을 산출하여 고정원가 총액에서 이를 나누어 산출하는 방법이 있다. 또 다른 방법으로는 가중평균 공헌이익을 계산할 때 판매수량을 기준으로 가중평균을 구하는 것이 아니라 매출금액을 기준으로 가중평균 공헌이익을 구하는 방법이 있다. 이들 방법에 대하여 예시를 통하여 설명한다.

예시 가중평균 공헌이익을 사용하여 손익분기점 매출

1) 판매수량을 기준으로 가중평균 공헌이익률 산출

○ 고정원가 지출 : ₩ 720,000

구분	갑 제품	을 제품
단위당 판매가격	₩ 20,000	₩ 50,000
단위당 변동원가	₩ 10,000	₩ 20,000
단위당 공헌이익	₩ 10,000	₩ 30,000
판매량 비율	3	2

풀이 ① 1단계 : 갑과 을에 대한 단위당 가중평균 공헌이익의 산출

$$\frac{(\text{갑 ₩ }10{,}000 \times 3\text{개}) + (\text{을 ₩ }30{,}000 \times 2\text{개})}{5\text{개}} = \text{₩ }18{,}000$$

② 2단계 : 손익분기점 판매수량의 산출

$$\frac{\text{고정원가 ₩ 720,000}}{\text{공헌이익 ₩ 18,000}} = 40\text{개}$$

③ 3단계 : 제품별 손익분기점 판매수량의 배분

$$\text{갑 제품: } 40\text{개} \times \frac{3\text{개}}{5\text{개}} = 24\text{개}, \quad \text{을 제품: } 40\text{개} \times \frac{2\text{개}}{5\text{개}} = 16\text{개}$$

2) 판매금액을 기준으로 가중평균 공헌이익을 산출

① 1단계 : 매출액의 비율 산출

갑 제품 ₩ 20,000 × 3개 = ₩ 60,000, 을 제품 ₩ 50,000 × 2개 = ₩ 100,000

갑 제품과 을 제품의 매출금액 비율은 3 : 5

② 2단계 : 각각의 제품에 대한 공헌이익률을 산출

갑 제품 : 50%, 을 제품 : 60%

③ 3단계 : 가중평균 공헌이익률 산출

$$(\text{갑 제품 } 50\% \times \frac{3}{8}) + (\text{을 제품 } 60\% \times \frac{5}{8})$$
$$= 18.75\% + 37.50\% = 56.25\%$$

④ 제품별 손익분기점 판매금액의 배분

총 고정원가 ₩ 720,000 ÷ 56.25% = ₩ 1,280,000

$$\text{갑 제품 ₩ } 1{,}280{,}000 \times \frac{3}{8} = \text{₩ } 480{,}000\ (24\text{개})$$

$$\text{을 제품 ₩ } 1{,}280{,}000 \times \frac{5}{8} = \text{₩ } 800{,}000\ (16\text{개})$$

3) 판매수량과 판매금액 중 어느 것을 기준을 하더라도 결과는 동일하게 도출된다.

연습문제

8-2. (주)하진의 자료에서 손익분기점 판매수량과 판매금액을 각각 구하라.

(주)하진은 월간 고정원가 ₩ 50,000,000으로 컴퓨터를 생산 · 판매하고 있다.

- 1대당 판매가격 : ₩ 1,500,000
- 1대당 직접 재료비 : ₩ 200,000
- 1대당 직접 노무비 : ₩ 300,000

풀이 1) 손익분기점 판매수량 산출

$$\frac{\text{고정비 ₩}50{,}000{,}000}{P\ \text{₩}1{,}500{,}000 - v\ \text{₩}500{,}000} = 50\text{대}$$

2) 손익분기점 판매금액 산출

방식1) 50대 × ₩1,500,000 = ₩75,000,000

방식2) $$\frac{\text{고정비 ₩}50{,}000{,}000}{1 - \dfrac{v\ \text{₩}500{,}000}{P\ \text{₩}1{,}500{,}000}} = \text{₩}75{,}000{,}000$$

3) 검증 : (BEP 판매금액 50대 × 150만원) − (변동비 50대 × 50만원)
= 공헌이익 ₩50,000,000
→ 공헌이익 ₩50,000,000 − ₩ 고정비 50,000,000 = 0

8-3. (주)하진의 자료를 기초로 목표영업이익 손익분기점 판매금액 및 판매수량을 구하고 손익계산서를 작성하라.

위 연습문제 8-2에서 ₩ 10,000,000의 목표이익을 달성하기 위해서는 어느 정도의 매출금액을 달성하여야 하는가?

풀이

1) 목표이익 손익분기점 매출액

$$\frac{\text{고정비 ₩}50{,}000{,}000 + \text{목표이익 ₩}10{,}000{,}000}{1-\dfrac{v\ \text{₩}500{,}000}{P\ \text{₩}1{,}500{,}000}} = \text{₩}90{,}000{,}000$$

2) 목표이익 손익분기점 판매수량

$$\frac{\text{고정비 ₩}50{,}000{,}000 + \text{목표이익 ₩}10{,}000{,}000}{P\ \text{₩}1{,}500{,}000 - v\ \text{₩}500{,}000} = 60\text{대}$$

○ 위 1)의 BEP 판매금액 ₩ 90,000,000에 해당하는 판매수량은 60대로써 위 풀이 1)과 풀이 2)의 결과는 일치한다.

3) 손익계산서

과목	금액		비고
Ⅰ. 매출액		₩ 90,000,000	60대 × @ ₩ 1,500,000
Ⅱ. 변동원가		₩ 30,000,000	
직접재료비	₩ 12,000,000		60대 × @ ₩ 200,000
직접노무비	₩ 18,000,000		60대 × @ ₩ 300,000
Ⅲ. 공헌이익		₩ 60,000,000	
Ⅳ. 고정원가		₩ 50,000,000	
Ⅴ. 영업이익		₩ 10,000,000	

4) 검증 : 위의 손익계산서에 따르면 월간 60대의 제품을 판매하는 경우 목표이익을 달성됨이 증명되었다.

8-4. (주)하진의 자료를 기초로 목표영업이익 손익분기점 판매수량을 구하라.

위 연습문제 8-2에서 법인세를 공제한 후 ₩ 10,000,000의 목표이익을 달성하기 위해서는 어느 정도의 매출을 달성하여야 하는가? 단, 법인세율은 20%이다.

풀이 1) 세후 목표영업이익의 손익분기점

○ BEP 수량 : $\dfrac{\text{고정비 ₩ }50{,}000{,}000 + \dfrac{\text{세후 목표이익 ₩ }10{,}000{,}000}{(1 - \text{법인세율 }20\%)}}{P\text{ ₩ }1{,}500{,}000 - v\text{ ₩ }500{,}000}$

= 62.5대

○ BEP 매출금액 : 62.5대 × ₩ 1,500,000 = ₩ 93,750,000

2) 다른 방법에 의한 산출

○ 세후 영업이익이 ₩ 10,000,000이고 법인세율이 20%라면 세전이익은 ₩ 12,500,000이 된다.

→ ₩ 10,000,000 ÷ (1 − 법인세율 20%) = ₩ 12,500,000

○ 세전 목표이익이 산출되면 위 문제 8-2에서와 같이 세전 목표이익을 기초로 산출할 수도 있다.

$$\frac{\text{고정비 ₩ }50{,}000{,}000 + \text{목표이익 ₩ }12{,}500{,}000}{1 - \dfrac{v\text{ ₩ }500{,}000}{P\text{ ₩ }1{,}500{,}000}} = \text{₩ }93{,}750{,}000$$

8-5. (주)하진의 자료를 기초로 목표영업이익률에 의한 손익분기점 판매수량, 판매금액 및 손익계산서를 구하라.

○ 위 연습문제 8-2에서 목표영업이익률(k) : 40%

풀이 1) 목표이익률 판매수량

$$\frac{\text{고정비 ₩ } 50{,}000{,}000}{(P\text{ ₩ } 1{,}500{,}000 - v\text{ ₩ } 500{,}000) - P\text{ ₩ } 1{,}500{,}000 \cdot k\ 40\%} = 125\text{대}$$

2) 목표이익률 판매금액

$$\frac{\text{고정비 ₩ } 50{,}000{,}000}{(1 - \frac{v\text{ ₩ } 500{,}000}{P\text{ ₩ } 1{,}500{,}000}) - k\ 40\%} = \text{₩ } 187{,}500{,}000$$

3) 손익계산서

과목	금액		비고
Ⅰ. 매출액		₩ 187,500,000	125대 × @ ₩ 1,500,000
Ⅱ. 변동원가		₩ 62,500,000	
직접재료비	₩ 25,000,000		125대 × @ ₩ 200,000
직접노무비	₩ 37,500,000		125대 × @ ₩ 300,000
Ⅲ. 공헌이익		₩ 125,000,000	
Ⅳ. 고정원가		₩ 50,000,000	
Ⅴ. 영업이익		₩ 75,000,000	영업이익률 : 40%

8-6. (주)하진의 자료를 기초로 판매가격이 변화하는 경우 손익분기점 판매수량을 구하라.

- 단위당 변동원가 : ₩ 700,000
- 고정원가 : ₩ 20,000,000
- 판매수량에 따라 변동하는 판매가격

판매수량별	대당 판매가격
50대 이하	₩ 1,000,000
51대 ~ 100대	₩ 950,000
101대 ~ 150대	₩ 850,000

- 같은 조건에서 가격인하를 하되 위 판매수량별 구간별로 각각의 단가를 적용하여 판매하기로 한 경우를 가정하여 손익분기점 수량을 산출하라.

풀이 1) 판매가격 인하(모든 판매에 적용)을 가정한 손익분기점 판매수량

- 50대 이하인 경우 손익분기점 수량

$$BEP\ Q = \frac{₩\ 20,000,000}{P\ ₩\ 1,000,000 - v\ ₩\ 700,000} = 66.7대$$

→ 50대 이하인 경우 BEP 매출수량은 66.7대이므로 조정범위를 벗어나 무조건 손실이 발생한다. 따라서 가격 조정을 허용하는 목표 손익분기점 수량을 높여야 한다.

- 51대 ~ 100대인 경우 손익분기점 수량

$$BEP\ Q = \frac{₩\ 20,000,000}{P\ ₩\ 950,000 - v\ ₩\ 700,000} = 80대$$

→ 50대 ~ 100대인 경우 BEP 매출수량은 80대이므로 가격 조정의 범위 안에 속한다.

- 101대 ~ 150대인 경우 손익분기점 수량

$$BEP\ Q = \frac{₩\ 20,000,000}{P\ ₩\ 850,000 - v\ ₩\ 700,000} = 133.3대$$

→ 101대 ~ 150대인 경우 BEP 매출수량은 133.3대이므로 가격 조정의 범위에 속한다. 따라서 133.3대를 초과하는 매출 달성이 가능하다고 판단될 경우에는 이 정책의 선택은 가능하다.

- 이 연습문제에서는 손익분기점이 2개 존재한다. 따라서 판매가 가능한 예상 수량을 면밀히 검토 · 결정하여 어느 단가를 선택할 것인가를 결정해야 한다.

2) 판매가격 인하(판매 단계별 적용)을 가정한 손익분기점 판매수량

- 50대 이하인 경우 손익분기점 수량

$$BEP\ Q = \frac{₩\,20{,}000{,}000}{P\,₩\,1{,}000{,}000 - v\ ₩\,700{,}000} = 66.7\text{대}$$

→ 50대 이하인 경우 BEP 매출수량은 66.7대이므로 이 구간의 판매수량인 경우 무조건 손실이 발생한다.

- 51대 ~ 100대인 경우 손익분기점 수량

$$\begin{aligned} BEP\ Q &= ₩\,1{,}000{,}000 \times 50\text{대} + ₩950{,}000(Q - 50\text{대}) \\ &= ₩\,700{,}000 \bullet Q + ₩\,20{,}000{,}000 \rightarrow Q = 70\text{대} \end{aligned}$$

산출된 손익분기점 수량이 70대로서 가격 조정의 범위에 속한다. 따라서 이 경우 70대 이상의 판매가 가능한 것으로 판단되면 이 정책은 채택이 가능하다.

- 101대 ~ 150대인 경우 손익분기점 수량

$$\begin{aligned} BEP\ Q &= ₩\,1{,}000{,}000 \times 50\text{대} + ₩950{,}000 \times 50\text{대} \\ &\quad + ₩\,850{,}00 \bullet (Q - 100) \\ &= ₩\,700{,}000 \bullet Q + ₩\,20{,}000{,}000 \\ &\rightarrow Q = 50\text{대} \end{aligned}$$

- 손익분기점 수량이 50대인데 판매량 범위가 100대를 초과한다는 것은 판매 수량이 100대를 초과하는 경우에는 무조건 이익이 발생한다는 의미이다. 그러나 주의할 것은 여기에서 산출된 50대라는 수량이 손익분기점을 나타내는 수량이 아니라는 점이다.

8-7. 다음 자료에서 고정원가가 변화하는 경우의 손익분기점 생산수량을 구하라.

- ○ 단위당 판매단가 : ₩ 1,000,000 (불변 금액)
- ○ 단위당 변동원가 : ₩ 300,000
- ○ 제품 생산량의 증가에 따른 고정원가(준고정원가)의 변동 상황

생산수량별	고정원가 변동 상황
50대 이하	₩ 50,000,000
51대 ~ 100대	₩ 60,000,000
101대 ~ 150대	₩ 70,000,000

풀이 1) 생산수량이 50대 이하인 경우

$$BEP\ Q = \frac{F\ ₩\ 50{,}000{,}000}{P\ ₩\ 1{,}000{,}000 - v\ 300{,}000} = 71.4\text{대}$$

생산수량이 50대 이하인 구간에서는 산출된 BEP 생산수량이 71.4대로서 생산량 구간을 벗어나므로 언제나 손실이 발생한다.

2) 생산수량이 51대 ~ 100대인 경우

$$BEP\ Q = \frac{F\ ₩\ 60{,}000{,}000}{P\ ₩\ 1{,}000{,}000 - v\ 300{,}000} = 85.7\text{대}$$

생산수량이 50대 ~ 100대인 구간에서는 산출된 BEP 생산수량이 85.7대로서 생산량 구간에 속하므로 손익분기점 생산수량으로 인정된다.

3) 생산수량 101대 ~ 150대인 경우

$$BEP\ Q = \frac{F\ ₩\ 70{,}000{,}000}{P\ ₩\ 1{,}000{,}000 - v\ 300{,}000} = 100\text{대}$$

생산수량이 100대 ~ 150대인 구간에서는 산출된 BEP 생산수량이 100대이므로 적합한 손익분기점 생산수량으로 인정된다.

4) 종합하여 판단하면 생산량을 85.7대 이상이면 증설 등으로 인하여 고정원가가 ₩ 60,000,000이 발생하더라도 이익이 발생할 수 있으며, 또 고정원가가 ₩ 70,000,000으로 증가하더라도 생산량이 100대를 넘어가면 이익이 발생하는 것으로 예측이 된다.

8-8. (주)하진의 자료에서 변동원가가 변화하는 경우의 손익분기점 생산수량을 구하라.

- ○ 단위당 판매단가 : ₩ 1,000,000 (불변 금액)
- ○ 월간 고정원가 : ₩ 40,000,000
- ○ 제품 생산량의 증가에 따른 변동원가의 변동 상황

생산수량별	변동원가 변동 상황
50대 이하	₩ 300,000
51대 ~ 100대	₩ 500,000
101대 ~ 150대	₩ 800,000

풀이 1) 생산수량이 50대 이하인 경우

$$BEP\ Q = \frac{F\ ₩\ 40{,}000{,}000}{P\ ₩\ 1{,}000{,}000\ -\ v\ 300{,}000} = 57.1\text{대}$$

생산수량이 50대 이하인 구간에서는 산출된 BEP 생산수량이 57.1대로서 생산량 구간을 벗어나므로 언제나 손실이 발생한다.

2) 생산수량이 51대 ~ 100대인 경우

$$BEP\ Q = \frac{F\ ₩\ 40{,}000{,}000}{P\ ₩\ 1{,}000{,}000\ -\ v\ 500{,}000} = 80\text{대}$$

생산수량이 51대 ~ 100대인 구간에서는 산출된 BEP 생산수량이 80대로서 생산량 구간에 속하므로 이익이 발생한다.

3) 생산수량이 101대 ~ 150대인 경우

$$BEP\ Q = \frac{F\ ₩\ 40{,}000{,}000}{P\ ₩\ 1{,}000{,}000\ -\ v\ 800{,}000} = 200\text{대}$$

생산수량이 101대 ~ 150대인 구간에서는 산출된 BEP 생산수량이 200대로서 생산량 구간을 벗어나므로 손실이 발생한다.

4) 종합하여 판단하면 생산량의 증가에 따라 원재료비나 노무비가 동반상승한다면 무작정 생산량을 증가시키기 보다는 가장 효율적인 수준에서 생산량을 조절하는 것이 필요하다.

8-9. (주)하진의 자료를 활용하여 손익분기점 매출수량 및 현금흐름 분기점을 산출하라.

- 단위당 판매단가 : ₩ 500,000
- 월간 고정원가 : ₩ 10,000,000
- 고정원가에는 감가상각비 ₩ 3,000,000이 포함되어 있다.
- 단위당 변동원가 : ₩ 350,000

풀이 1) 손익분기점 판매수량

$$BEP\ Q = \frac{F\ ₩\ 10{,}000{,}000}{P\ ₩\ 500{,}000\ -\ v\ ₩\ 350{,}000} = 66.7\text{단위}$$

2) 현금흐름 분기점

$$BEP\ Q = \frac{F\ ₩\ 10{,}000{,}000\ -\ Dep\ ₩\ 3{,}000{,}000}{P\ ₩\ 500{,}000\ -\ v\ ₩\ 350{,}000} = 46.7\text{단위}$$

고정원가 금액 중에서 현금 지출이 수반되지 않는 감가상각비를 차감한 금액을 기초로 BEP 생산수량을 계산한다.

8-10. (주)하진의 자료와 같이 복수의 제품을 생산하는 경우의 물음에 각각 답하라.

○ 월간 고정원가 : ₩ 50,000,000

○ 판매관련 자료 및 변동원가 자료

구분	컴퓨터	가전제품
단위당 판매가격	₩ 1,000,000	₩ 1,500,000
단위당 변동원가	₩ 400,000	₩ 1,100,000
판매량 비율	2	1

○ 판매수량을 기준으로 손익분기점 판매수량과 판매금액을 기준으로 손익분기점 판매수량을 산출하라.

풀이 1) 판매수량기준 손익분기점 판매수량

○ 단위당 가중평균 공헌이익 산출

$$\frac{(₩\,600{,}000 \times 2) + (₩\,400{,}000 \times 1)}{3} = ₩\,533{,}333$$

○ 전체의 손익분기점 판매수량 산출

$$\frac{F\,₩\,50{,}000{,}000}{₩\,533{,}333} = 93.8\text{단위}$$

○ 각각의 제품에 대하여 손익분기점 판매량을 배분

컴퓨터 : $93.8 \times \frac{2}{3} = 62.5$단위, 가전제품 : $93.8 \times \frac{1}{3} = 31.3$단위

2) 판매금액 기준 손익분기점 판매수량

○ 매출액의 비율 산출

컴퓨터와 가정제품의 매출액 구성 비율은 4 : 3이다.

○ 각 제품에 대한 공헌이익률

컴퓨터 : 60%, 가전제품 : 26.7%

○ 가중평균 공헌이익률 산출

(컴퓨터 60% $\times \frac{4}{7}$) + (가전제품 26.7% $\times \frac{3}{7}$) = 45.7%

○ 전체의 손익분기점 판매금액 산출

$\frac{F\ ₩50{,}000{,}000}{45.7\%}$ = ₩109,409,190

○ 각 제품으로 판매금액을 배분

컴퓨터 ₩109,409,190 $\times \frac{4}{7}$ = ₩62,519,537(62.5단위)

가전제품 ₩109,409,190 $\times \frac{3}{7}$ = ₩46,889,653(31.3단위)

Chapter 9

특수의사결정 방법론

제1절 특수의사결정회계의 개념

1. 특수의사결정의 의의

1.1 정형적 의사결정과 특수의사결정

기업의 경영활동은 수많은 의사결정의 연속이라 할 수 있다. 의사결정(decision making)이란 기업이 선택 가능한 여러 가지의 행동 또는 방법 중에서 가장 효과적이고 유리하며 최적의 결과를 도출할 수 있도록 행동이나 방법을 선택하는 사전 결정단계의 활동이다. 이러한 의사결정에는 '단기의사결정'과 '장기의사결정'으로 구분할 수 있는데 단기의사결정은 통상 1년 이내의 미래 상황에 관한 의사결정이며, 장기의사결정은 1년 이상에 걸쳐 효과가 나타나는 것에 대한 자본예산에 관한 의사결정이다. 단기의사결정과 장기의사결정에서 가장 중요한 요소 가운데 하나는 화폐의 시간가치를 고려하느냐 하지 않느냐의 문제이다. 단기의사결정은 비교적 짧은 미래에 관한 사항이므로 시간의 경과에 따른 화폐의 가치 변동을 고려하지 않는 반면 장기의사결정에서는 화폐의 가치 변동이 의사결정에 중요한 영향을 미친다.

특수의사결정은 단기의사결정의 한 방법으로서 정형적인 의사결정과 대비되는 개념이다. 일반적으로 정형화된 의사결정 중 하나는 Chapter 8에서 살펴본 바와 같이 CVP분석이 있다. 그러나 특수의사결정은 정형적인 의사결정의 문제에 비해 특별한 상황에 대한 의사결정으로서, 여러 종류의 유형에 대한 합리적인 의사결정을 하는데 필요한 정보와 근거를 제시한다.

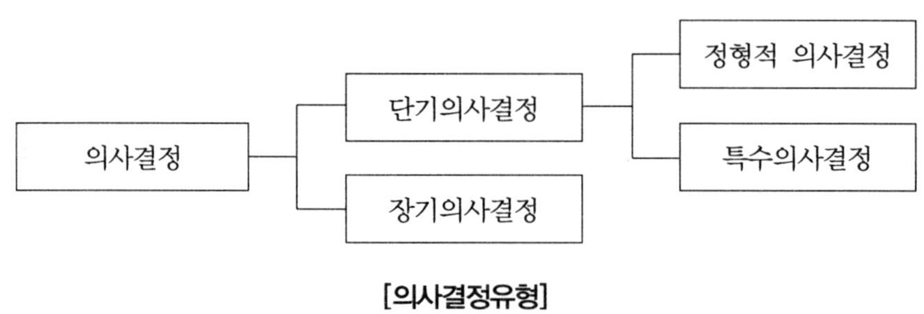

[의사결정유형]

이러한 특수의사 결정에 있어서도 전술한 공헌이익법에 의한 손익계산서를 사용하여 결론을 도출한다.

1.2 의사결정의 방법

의사결정의 과정에서는 여러 가지의 방법들이 사용되고 있다. 그 중 하나로서 총액접근법(total approach)이 있다. 총액접근법은 모든 대안에 대하여 수익과 비용을 도출하여 이익이 가장 큰 대안을 선택하는 방법이다. 각각의 대안별로 수익과 비용(관련원가와 비관련원가)을 모두 파악하여 총체적으로 분석할 수 있다. 총액법은 세 가지 이상의 대안을 동시에 비교할 수 있고 관련원가와 비관련원가를 구분할 필요가 없는 장점이 있는 반면 시간과 비용이 많이 소요되며 수익과 비용에서 핵심적인 부분을 파악하기 곤란한 단점도 있다.

또 다른 방법은 증분접근법(incremental approach)으로서 차액접근법이라 부르기도 하며 이는 두 가지의 대안 중에서 차이가 없는 수익과 비용은 분석 대상에서 제외하고 차이가 있는 수익과 비용만을 비교하여 더 나은 대안을 선택하는 방법이다. 두 가지의 대안만을 비교하므로 시간이 절약되며 의사결정에 중요한 핵심적인 부분을 잘 파악할 수 있는 장점이 있는 반면 세 가지 이상의 대안 비교에는 적용이 불가능한 단점이 있다.

구분	총액분석법		증분접근법	
	현 상태 유지	신 기계도입	현 상태 유지	신 기계도입
수익	₩ 1,000,000	₩ 1,000,000	-	-
변동원가	₩ 600,000	₩ 500,000	₩ 100,000	-
감가상각비	-	₩ 50,000	-	₩ 50,000
고정원가	₩ 200,000	₩ 200,000	-	-
영업이익	₩ 200,000	₩ 250,000	₩△100,000	₩ △50,000

위의 표에서 보는 바와 같이 신 기계를 도입함으로써 감가상각비가 추가로 발생하지만 노무비(변동원가)의 절약이 가능한 사례이다. 총액접근법은 각각의 대안에 대하여 모두 손익을 계산한 결과이며, 증분접근법은 각 대안 중에서 차이가 있는 항목의 차이분석을 통하여 결과를 도출하는 방법이다. 신 기계를 도입하는 대안이 영업이익에서 ₩ 50,000만큼 추가이익이 발생하므로 도입을 선택한다.

2. 특수의사결정과 원가의 관계

2.1 관련원가와 비관련원가

관련원가(relevant cost)는 각각의 대안 중에서 차이가 발생하는 차액원가(differential cost)로서 의사결정에 직접적으로 영향을 미친다. 따라서 각 대안별로 차이가 발생하는 원가이므로 모든 대안에서 공통적으로 발생하는 원가는 관련원가가 아니다. 관련원가는 미래원가이면서 각 대안 간에 차이가 있고 따라서 각 대안 상호간 관련성을 갖는 원가이다.

이에 비하여 비관련원가(irrelevant cost)는 의사결정에 아무런 영향을 미치지 않는 원가를 말한다. 관련원가와 비관련원가는 절대적으로 정해진 개념은 아니며 상황에 따라 달라지기도 한다. 미래원가라고 해서 모두 관련원가가 되는 것은 아니며 미래원가 중에서 각 대안 간에서 차이가 없으면 비관련원가이다. 기회원가는 관련원가, 역사적 원가는 비관련원가의 대표적 원가이다. 관련원가와 더불어 관련수익(relevant revenue)의 개념도 있다. 이는 각 대안들 중 차이가 있는 수익을 말한다. 이러한 관련수익과 관련원가의 분석을 통칭하여 관련원가분석이라고 부른다.

2.2 매몰원가

매몰원가(sunk cost)는 과거의 의사결정으로 인하여 이미 발생한 원가로서 경영자가 통제할 수 있는 원가가 아니며 현재 또는 미래의 의사결정에 영향을 미치지 않는 역사적 원가이다. 따라서 의사결정의 과정에서 고려될 필요가 없는 비관련원가이다.

2.3 기회원가

기회원가(opportunity cost)는 여러 종류의 대안 중에서 하나의 대안을 선택함으로써 포기하게 되는 다른 대안들 중 최적의 기대치(최대 효익)를 말한다. 기회원가는 현금의 유출입을 수반하는 원가는 아니지만 의사결정과정에서 반드시 고려되어야 하는 중요한 요소이다.

기회원가는 보유한 자원의 용도가 여러 가지일 때 또는 희소한 자원일 때 발생하며 자원이 아무리 많거나 또는 희소성을 가진 자원일지라도 용도가 하나 밖에 없다면 기회원가는 없다. 그러나 기회원가를 정확히 계산하는 것은 매우 어려운 일이므로 실무적으로는 생략하는 경우도 많다.

2.4 회피가능원가와 회피불능원가

회피가능원가(avoidable cost)는 현재의 경영활동의 일부를 변경하거나 제거함으로 인하여 절감되는 원가로서 직접 재료비가 가장 대표적인 회피가능원가이며 차액원가라는 개념과 유사하게 사용되고 있다. 반면 회피불능원가(unavoidable cost)는 일부 변경 또는 제거를 하더라도 절약되지 않고 계속 발생하는 원가이다. 회피불가능원가의 사례로 각 부문에서 공통적으로 발생하는 공유 설비의 감가상각비, 판매비와관리비 등이 있다.

연습문제

9-1. (주)하진의 자료를 바탕으로 총액접근법과 증분접근법으로 각 대체안을 비교하라.

- ㅇ 현재 월간 판매량 : 200개, 단위당 판매가격 : ₩ 10,000
- ㅇ 월간 고정원가 : ₩ 500,000, 단위당 변동원가 : ₩ 4,000
- ㅇ 단위당 판매가격을 ₩ 12,000으로 인상하면 현재 판매량보다 20개의 판매수량이 감소할 것으로 예측되며, 판매량 감소로 인하여 창고 임차료가 월간 ₩ 50,000이 절약될 것으로 예측된다.

풀이

구분	총액분석법		증분접근법	
	현 상태	단가 인상	현 상태	단가 인상
매출	₩ 2,000,000	₩ 2,160,000	-	₩ 160,000
변동원가	₩ 800,000	₩ 720,000	₩ 80,000	-
고정원가	₩ 500,000	₩ 450,000	₩ 50,000	
영업이익	₩ 700,000	₩ 990,000	₩△130,000	₩ 160,000

ㅇ 총액분석법으로 하면 판매수량을 감소하더라도 단가를 인상을 하는 것이 ₩ 290,000의 이익 증가를 가져온다. 증분접근법으로 계산하면 단가를 인상하는 경우 이익이 ₩ 160,000인데 비하여 현 상태를 유지하는 경우에는 이익이 ₩△ 130,000으로서 그 차액은 ₩ 290,000이므로 역시 단가를 인상하는 것이 더 큰 이익을 가져오는 결과가 도출된다.

제2절 특수의사결정의 유형

1. 자가 제조와 외부 조달

기업은 생산하는 제품에 소요되는 부품을 자체적으로 생산하여 조달하거나 또는 외부에서 구입하여 조달하는 경우가 있다. 이와 같이 두 가지의 선택방안이 있을 때 어느 대안을 선택하느냐의 문제이다. 자가 제조 또는 외부 조달을 선택하는 기준으로 재무적 요소와 비재무적 요소를 모두 고려하여 판단하여야 한다. 비재무적 요소로서 자가 제조의 경우 공급자에 대한 의존도를 줄일 수 있으며 품질관리에 대하여 직접적인 통제가 가능하다는 등의 장점과 한편 공급자와의 관계 단절로 인하여 향후 갑작스러운 대량 주문이 있을 경우 부품의 외부조달이 용이하지 않는 등의 단점도 있다.

다만, 본서에서는 비재무적 요인은 제외하고 재무적 요소만을 기준으로 판단하기로 한다. 자가 제조와 외부 조달과 관련한 원가를 비교하여 기업에 유리한 방향으로 결정하여야 한다. 비교하는 요소로는 자가 제조의 경우 '변동 제조원가'와 외부 조달의 경우 '외부 구입원가'를 비교하여 결정한다.

1.1 회피불능원가의 고려

자가 제조의 경우 제조원가를 구성하는 요소로서 직접 재료비, 직접 노무비 및 변동 제조간접비가 있다. 여기에서 특히 유의하여야 하는 것은 회피불능 고정 제조간접비에 대한 포함 여부이다. 즉, 고정 제조간접비는 자가 제조를 하든 외부에서 조달을 하든 무관하게 발생하는 비용이므로 고려대상에서 제외하여야 한다. 예를 들어 공장 건물에 대한 감가상각비라면 어떤 의사결정을 하든 발생하는 비용으로 회피할 수 있는 비용이 아니다. 따라서 이 비용은 외부에서 조달하는 경우에도 반드시 발생하는 비용이므로 이 비용을 자가 제조에서 원가로 산입한다면 잘못된 의사결정을 내릴 수 있다.

1.2 기회비용의 고려

회피불능 비용과 더불어 기회비용을 고려하여야 한다. 만약 부품을 외부에서 조달함으로써 해당 부품의 제조설비가 유휴설비가 되는 경우 이를 임대한다면 임대수익이 발생할 수 있다. 이런 상황에서 부품을 자가 제조를 한다면 그 임대 수익은 기회비용이 되어 자가 제조의 원가에 산입하여야 한다.

외부 조달 : 자가 제조원가 > 외부 조달원가 자가 제조 : 자가 제조원가 < 외부 조달원가 자가 제조원가 = 증분 변동원가 + 증분 고정원가 + 기회비용

예시 자가 제조 또는 외부 조달의 의사결정

- 필요 수량 : 4,000개, 외부에서 조달 가능 가격 : @ ₩ 170
- 회사가 자가 제조하는 경우의 원가 자료

구분	자가 제조	비고
직접재료비	₩ 150,000	
직접노무비	₩ 300,000	
변동 제조간접비	₩ 200,000	
고정 제조간접비	₩ 150,000	회피불능원가
제조원가	₩ 800,000	단위당 제조원가 ₩ 200

풀이 ○ 증분접근법에 의한 분석

구분	외부 조달	비고
외부 구입원가	₩ 680,000	4,000개 × @ ₩ 150
변동원가 절감	₩△650,000	
고정 제조간접비	-	
차액	₩ 30,000	증분원가 ₩ 30,000

ㅇ 총액접근법에 의한 분석

구분	자가 제조	외부 조달	비고
직접재료비	₩ 150,000	-	
직접노무비	₩ 300,000	-	
변동 제조간접비	₩ 200,000	-	
고정 제조간접비	₩ 150,000	₩ 150,000	회피불능원가
외부 구입원가	-	₩ 680,000	
제조(조달)원가	₩ 800,000	₩ 830,000	

ㅇ 외부에서의 조달 단가는 ₩ 30이 싸지만 회피불능원가로 인하여 전체 원가에서 ₩ 30,000이 손해이므로 자가 제조가 유리하다.

2. 사업부의 유지와 폐지

기업은 여러 종류의 사업부로 분할 · 관리하는 사업부체제로 운영하거나 또는 여러 종류의 제품을 기본 단위로 분권경영을 하기도 한다. 이러한 경우 경영자는 기업 전체의 이익을 극대화하기 위하여 손실이 발생하는 사업부에 대하여는 매각하거나 폐지하는 등의 의사결정을 하여야 한다. 이익이 발생하는 사업부를 손실이 나는 사업부로 잘못 판단하거나 그 반대의 경우에는 기업에게 막대한 손실을 입힐 수 있다.

2.1 사업부 유지와 폐지의 의사결정

사업부의 유지 또는 폐지의 문제는 부품의 자가 제조 또는 외부 조달의 분석과 유사하다. 기본적으로 수익의 발생 여부를 기준으로 의사결정을 하는 것이지만, 만약 특정 사업부문에서 손실이 발생한다 하더라도 다른 사업부에 서비스를 제공하는 등 영향을 미치는 경우에는 더욱 복잡한 분석을 필요로 한다.

2.2 증분수익과 증분비용의 고려

사업부의 유지 또는 폐지의 분석에 있어서도 증분수익과 증분원가를 비교하여 의사결정을 하는 것이 일반적이다. 또 특정 사업부의 수익성을 분석을 하고자 할 때 회피가능원가와 회피불능원가를 구분하여 고려하여야 한다. 특정 사업부를 폐지하는 경우에도 회피불능원가는 절감되지 않는 것에 유의하여야 한다. 유지 또는 폐지 여부의 의사결정에서 반드시 공헌이익을 기준으로 하여야 하며 순이익을 기준으로 하면 의사결정에 오류가 일어날 가능성이 매우 크다.

사업부 유지 : 사업부의 공헌이익 > 회피가능고정원가 + 기회원가
사업부 폐지 : 사업부의 공헌이익 < 회피가능고정원가 + 기회원가

예시 사업부의 유지 또는 폐지에 관한 의사결정

○ 각 사업부별 손익계산서

구분	A 사업부	B 사업부	C 사업부	합계
매출	₩ 300,000	₩ 400,000	₩ 350,000	₩1,050,000
변동원가	₩ 180,000	₩ 250,000	₩ 200,000	₩ 630,000
공헌이익	₩ 120,000	₩ 150,000	₩ 150,000	₩ 420,000
고정원가	₩ 70,000	₩ 80,000	₩ 170,000	₩ 320,000
순이익	₩ 50,000	₩ 70,000	₩△20,000	₩ 100,000

○ 손실을 발생시키는 C 사업부의 폐지를 위한 검토하고 있다.

○ C 사업부의 고정원가에는 회피가능원가 ₩ 50,000이 포함되어 있다.

풀이 ○ 증분접근법에 의한 분석

구분	C 사업부	비고
증분수익 (매출)	₩ △350,000	매출 감소
증분비용 (변동)	₩ △200,000	변동원가 전액 절감
공헌이익	₩ △150,000	
증분비용 (고정)	₩ △ 50,000	
차액	₩ △100,000	증분손실

- 손실을 발생시키는 C 사업부를 폐지한다면 회피불능원가로 인하여 C 사업부에서 ₩ 100,000의 증분손실이 추가로 발생(기업 전체의 손익에 같은 금액만큼 반영)하여 폐지 전보다 C 사업부의 손실규모가 더 커지므로 계속 유지하는 것이 유리하다.
- 증분손실금액은 C 사업부 폐지로 제거되는 공헌이익 ₩ 150,000과 절감되는 원가(회피가능원가) ₩ 50,000의 차이이다.
- 총액접근법에 의한 분석

구분	A 사업부	B 사업부	C 사업부	합계
매출	₩ 300,000	₩ 400,000	₩ 0	₩ 700,000
변동원가	₩ 180,000	₩ 250,000	₩ 0	₩ 430,000
공헌이익	₩ 120,000	₩ 150,000	₩ 0	₩ 270,000
고정원가	₩ 70,000	₩ 80,000	₩ 120,000	₩ 270,000
순이익	₩ 50,000	₩ 70,000	₩△120,000	₩ 0

- 총액접근법에 의해 분석을 하더라도 기업 전체의 순이익은 '0'로 변하게 된다.
- 결과적으로 현행대로 유지하는 경우의 순이익 ₩ 100,000이 제거되는 결과로 나타난다.

3. 특별주문의 수락 또는 거절

특별주문(special order)은 기존의 판매거래처 외의 고객으로부터 통상적이지 않는 주문을 받거나 또는 기존의 고객이더라도 통상적인 주문량을 초과하는 대량주문을 받는 경우를 말한다. 특별주문의 수락 여부에 관해서는 재무적 관점과 비재무적 관점을 모두 고려하여 의사결정을 하여야 한다.

또 특별주문에 있어서 유휴설비의 현황 등 기업의 생산능력 등을 고려하여야 한다. 일반적으로 특별주문은 통상의 판매가격보다 낮은 가격으로 주문을 하는 경우가 많다. 낮은 가격으로 판매를 하는 경우 장기적인 가격 구조와 기존 고객의 반응 등을 동시에 고려하여야 한다.

3.1 유휴 생산능력 고려

기업이 보유하고 있는 유휴 생산능력이 특별 주문량보다 많다면 추가 투자가 필요하지 않으므로 특별주문에 따른 증분수익과 증분비용의 비교를 통한 이익 발생 여부만 판단해도 충분하다. 그러나 유휴 생산능력이 부족한 경우에는 생산설비에 추가 투자를 실행하거나 외부 구입을 통한 판매, 기존 판매의 감소 등의 방법이 있을 것이다. 이 경우에는 특별주문의 수락으로 인한 이익뿐만 아니라 투자에 따른 원가의 발생, 외부 구입에 따른 원가 발생 및 기존 판매의 감소로 인한 기회비용도 함께 고려되어야 한다.

또 하나 검토하여야 할 사항으로는 생산능력을 초과하여 특별주문을 받는 경우에 기존의 판매수량이 줄어드는 상황이 생기므로 이로 인해 수락 · 거절의 판단 결과가 달라진다는 점에 유의하여야 한다. 특별주문으로 기존의 판매량을 줄여야 하는 상황에서 수락 · 거절을 구분하는 기준은 특별주문으로 인한 증분이익이 '0' 보다 크면 수락한다. 반대로 증분이익이 '0' 보다 작으면 거절하여야 한다.

이는 특별주문으로 인하여 감소되는 기존 판매수량에 대한 공헌이익보다 특별주문으로 증가하는 판매수량에 대한 공헌이익에서 동반하여 증가하는 고정원가를 차감한 금액이 더 커야 한다는 의미이며 이를 산식으로 표현하면 다음과 같다.

증분이익이 '0' 보다 크면 수락 :

$$\underline{\{(P_S - v)\times \Delta Q - \Delta F\}} - \underline{\{(P - v)\times x\}} > 0$$

특별주문으로 감소하는 기존 판매수량 공헌이익

특별주문으로 증가하는 공헌이익 - 동반 증가하는 고정원가

최저공급 가능가격 : 다음의 등식을 성립시키는 P_S 의 값

$(P_S - v)\times \Delta Q - \Delta F = (P - v) \times$ 기존판매 감소량 x

P_S : 특별주문가격　　ΔQ: 특별주문량
ΔF : 고정원가증가분　　x : 기존판매 감소분

이와 같은 산식을 이용하여 최저공급 가능가격도 산출이 가능하다. 최저공급 가능가격은 특별주문의 수락으로 인하여 증가되는 공헌이익이 특별주문 수락으로 인하여 감소하는 기존 판매수량에 대한 공헌이익과 최소한 같아지도록 하는 가격(위의 산식에서는 P_S)이다. 즉, 최저공급 가능가격(P_S)보다 하회하는 가격으로 특별주문을 수락한다면 특별주문으로 인하여 비록 공헌이익은 일정 부분 증가하겠지만 상대적으로 기존 판매수량의 감소로 인한 공헌이익 감소분을 충당하지는 못한다는 의미이다.

3.2 비재무적 관점

경우에 따라서는 특별주문을 수락하는 경우 낮은 가격으로 공급하게 되거나 기존의 판매수량을 줄이는 등의 방법으로 실행할 수 있다. 낮은 가격으로 공급하게 되는 경우 장기적으로는 회사의 수익성 악화를 초래할 수 있고, 기존의 판매량을 줄이는 경우에는 기존 고객의 반발 등으로 장기적 관점에서 회사의 매출이 감소, 기업 신뢰도를 실추시키는 결과를 초래할 수도 있다.

특별주문 수락 : 특별주문가격 > 증분원가 + 기회원가 특별주문 거절 : 특별주문가격 < 증분원가 + 기회원가 (주) 기회원가는 기존 판매량 감소, 추가 설비원가 등을 포함

예시 특별주문의 수락 여부에 관한 의사결정

1) 유휴 생산능력이 있는 경우

- 현재의 생산 능력은 45,000개이다.
- 내년도 정상 판매예정량은 35,000개이다.
- 정상 판매단가는 ₩ 300이다.
- 고정원가는 ₩ 2,000,000이다.
- 개당 변동원가는 ₩ 180이다.
- 특별주문의 조건으로 수량은 10,000개이고 단가는 ₩ 200이다.

ㅇ 회사의 내년도 예상 손익계산서

구분		금액
매출	35,000개 × ₩ 300	₩ 10,500,000
변동원가	35,000개 × ₩ 180	₩ 6,300,000
공헌이익		₩ 4,200,000
고정원가		₩ 2,000,000
영업이익		₩ 2,200,000

풀이 ㅇ 증분접근법에 의한 분석

구분		금액
증분수익 (매출)	10,000개 × ₩ 200	₩ 2,000,000
증분비용 (변동)	10,000개 × ₩ 180	₩ 1,800,000
증분비용 (고정)		-
차액		₩ 200,000

ㅇ 특별주문을 수락하면 추가 이익 ₩ 200,000이 발생하므로 수락한다.

2) 유휴 생산능력이 부족하여 기존 판매가 2,000개 감소하는 경우

ㅇ 특별 주문으로 공헌이익 증가액 : ₩ 200,000

특별주문량 10,000개 × $(P$ ₩ $200 - v$ ₩ $180) =$ ₩ 200,000

ㅇ 기존 판매 감소분에 대한 공헌이익 감소분 : ₩ 240,000

기존판매 감소량 2,000개 × $(P$ ₩ $300 - v$ ₩ $180) =$ ₩ 240,000

ㅇ 따라서 총 공헌이익은 ₩ 40,000이 감소하므로 특별주문을 거절하여야 한다.

4. 결합제품의 판매 또는 추가 가공

결합제품(joint product)은 동일한 원재료를 사용하고 동일한 공정에서 생산되는 제품 중에서 각 제품의 경제적 가치의 차이가 비교적 크고 계속 제조 또는

추가 가공 여부에 영향을 미칠 수 있는 주요 제품을 말하며 연산품이라고도 한다. 결합제품은 일정한 공정에 도달하기 전까지는 각 제품별로 구분할 수 없으며 특정 공정이 지난 이후에 개별 제품으로 구분이 가능한 특징이 있다. 결합제품의 사례로는 정유 산업에서 등유, 경유, 휘발유, 제트유 등이 있다.

4.1 추가 가공 또는 판매 여부

추가가공 또는 즉시 판매에 관한 의사결정은 분리점(split-off point)의 단계에서 이루어진다. 이러한 의사결정에서 분리점 이전까지의 원가는 이미 발생한 매몰원가이며 비관련원가로서 검토의 대상이 되지 않는다. 즉, 결합원가의 계산에서는 결합원가를 각 연산품에 배분하는 것이 중요한 과정이었지만 추가 가공의 여부를 결정하는 과정에서는 전혀 고려하지 않아도 된다.

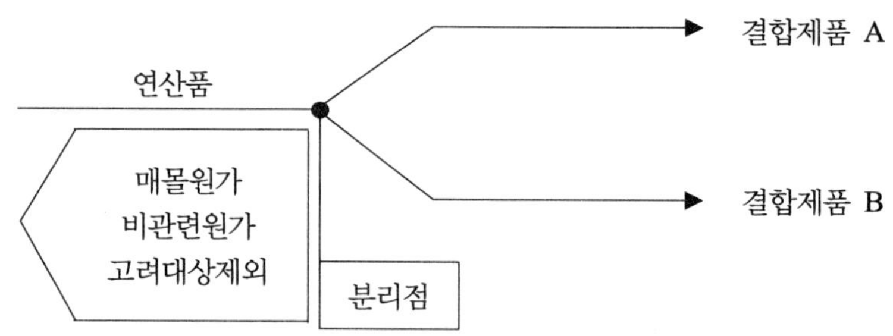

[결합제품의 매몰원가 및 추가가공 과정]

4.2 추가 가공에 따른 증분수익과 증분비용의 고려

추가 가공할 것인가의 여부는 오직 추가 가공으로 인한 증분수익과 증분비용의 관계에서 결정된다. 증분수익에서 증분비용을 차감한 결과, 이익이 발생하면 추가 가공을 하되 이익이 발생하지 않으면 즉시 판매한다. 여기에서 '증분수익'이라 함은 추가 가공을 한 후 최종적으로 판매되었을 때의 판매가격과 분리점에서 즉시 판매하였을 때의 판매가격의 차액을 말한다.

추가 가공 : 추가 가공 후 증분수익 > 추가 가공 증분비용
즉시 판매 : 추가 가공 후 증분수익 < 추가 가공 증분비용

예시 추가 가공 또는 즉시판매에 관한 의사결정

○ 결합제품 A, B, C의 원가자료

구분	분리점 판매단가	수량	추가 가공원가	추가 가공 후 판매단가
A	750	1,000개	₩ 1,000,000	₩ 1,500
B	1,500	1,500개	₩ 2,000,000	₩ 3,300
C	1,200	1,800개	₩ 2,500,000	₩ 3,000
합계		4,300개	₩ 5,500,000	

풀이 ○ 추가 가공 또는 즉시 판매의 결정

구분	증분수익	증분비용	증분이익
A	1,000개 × (₩ 1,500 − ₩ 750) = ₩ 750,000	₩ 1,000,000	₩△250,000
B	1,500개 × (₩ 3,300 − ₩ 1,500) = ₩ 2,700,000	₩ 2,000,000	₩ 700,000
C	1,800개 × (₩ 3,000 − ₩ 1,200) = ₩ 3,240,000	₩ 2,500,000	₩ 740,000
합계	₩ 6,690,000	₩ 5,500,000	₩ 1,190,000

○ 결합제품 A는 추가 가공하면 손실이 발생하므로 추가 가공을 하지 않고 즉시 판매하는 것이 유리하며, B와 C는 추가 가공을 함으로써 더 많은 이익을 창출할 수 있다.

5. 제품의 가격 결정

기업의 경영활동은 궁극적으로 이익을 추구하는 과정이라는 전제에서 보면 기업이 여러 가지의 원가요소를 투입한 후 제품을 생산하여 판매함으로써 투입된 원가를 얼마나 빨리, 그리고 얼마나 크게 회수하느냐의 문제와 그러한 일련의 과정들이 얼마나 효율적으로 순환하느냐에 기업의 성패가 달려 있다고 할 수 있다. 이처럼 기업이 제품의 가격을 결정하는 것은 단순하게는 매출의 규모를 결정할 뿐 아니라 기업의 성장과 수익성에 직결되므로 매우 중요한 과정이다. 가격을 결정함에 있어서 완벽하게 기업이 자율적으로 선택할 수 있는 경우는 거의 없다. 따라서 기업의 가격 결정에는 고객, 경쟁기업 그리고 원가와 직접적으로 관련을 맺는다. 제품의 판매가격을 일반적으로 원가가산방법에 의해 결정되므로 이에 대하여 살펴본다.

5.1 전부원가접근법

전부원가접근법은 단위당 전부원가(변동 제조원가와 고정 제조간접비 포함)에 이익을 가산하여 제품 가격을 결정하는 방법이다. 즉, 제조원가에 판매비와 관리비 및 기업이 목표로 하는 이익을 가산하여 결정하는 방법이다. 여기에서 이익이라 함은 순이익만을 의미하는 것이 아니라 판매비와관리비를 포함한 개념이다.

$$\text{목표 판매가격} = \text{단위당 전부원가} + \text{단위당 이익}$$

$$\text{단위당 이익} = \text{단위당 전부원가} \times \text{이익가산율(mark-up rate)}$$

$$\text{이익가산율} = \frac{\text{판매비와관리비} + \text{목표이익}}{\text{전부원가}}$$

판매가격

전부원가				원가 가산항목		
직접재료비	직접노무비	변동제조간접비	고정제조간접비	변동판매관리비	고정판매관리비	목표이익

[전부원가접근법에 의한 판매가격 결정 구조]

5.2 총원가접근법

총원가접근법은 단위당 총원가에 이익을 가산하여 결정하는 방식으로 총원가에는 제조원가뿐만 아니라 판매비와관리비 등 일반관리 활동에 투입된 모든 원가를 포함한다. 이익가산율은 목표이익률을 총원가로 나눈 개념이다.

> 목표 판매가격 = 단위당 총원가 + 단위당 이익
>
> 단위당 이익 = 단위당 총원가 × 이익가산율(mark-up rate)
>
> $$이익가산율 = \frac{목표이익}{총원가}$$

판매가격

총원가						원가 가산항목
직접재료비	직접노무비	변동제조간접비	고정제조간접비	변동판매관리비	고정판매관리비	목표이익

5.3 공헌이익접근법

공헌이익접근법은 단위당 변동원가에 이익을 가산하여 가격을 결정하는 방법으로 변동원가에는 변동 제조간접비 및 변동 판매비와관리비를 포함한다. 이를 위하여 원가를 변동원가와 고정원가로 분류한다. 공헌이익접근법은 고정원가를 회수하고 적정 이익을 획득할 수 있도록 가격을 결정한다.

목표 판매가격 = 단위당 변동원가 + 단위당 이익

단위당 이익 = 단위당 변동원가 × 이익가산율(mark-up rate)

$$\text{이익가산율} = \frac{\text{고정비} + \text{목표이익}}{\text{변동비}}$$

판매가격						
변동원가				원가 가산항목		
직접재료비	직접노무비	변동제조간접비	변동판매관리비	고정제조간접비	고정판매관리비	목표이익

[공헌이익접근법에 의한 판매가격 결정 구조]

5.4 목표원가접근법

잠재적인 고객이 제품의 구매에 대응하여 대가를 지불할 의도가 있는 추정가격을 '목표가격(target price)'이라 하며, 기업의 목표이익을 달성해 줄 수 있는 원가의 잠정치를 '목표원가'를 말한다. 이와 같은 목표가격과 목표이익을 기초로 가격을 결정하는 것을 목표원가접근법이라 한다. 이 방법은 판매가격이 시장에서 형성되어 있지 않은 상태에서 적절한 원가수준으로 제품을 개발하여 판매가 가능할 것인가의 문제에 사용된다.

목표원가접근법에서 목표원가의 절차는 첫째, 고객의 잠재적 욕구를 충족할 수 있는 제품을 개발한다. 둘째, 고객이 생각하는 가치와 경쟁기업이 적용하고 있는 가격을 고려하여 목표가격을 결정한다. 셋째, 목표가격에서 목표이익을 차감하여 목표원가를 추정한다. 넷째, 목표원가를 달성하기 위한 방법으로써 설계, 제조, 마케팅, 유통 등 모든 경로를 구상한다.

위에서 언급한 제품의 가격 결정에 관한 여러 방법들에 대하여 예시로써 설명한다.

예시 가격 결정의 방법

○ 생산과 관련한 원가자료

구분	변동원가	고정원가
직접재료비	₩ 20	-
직접노무비	₩ 35	-
제조간접비	₩ 55	₩ 4,500,000
판매비와관리비	₩ 30	₩ 2,000,000
합계	₩ 140	₩ 6,500,000

○ 예상 판매량 : 200,000개

○ 목표이익 : ₩ 3,000,000 (단위당 ₩ 15)

풀이 1) 전부원가접근법

○ 이익가산율

$$= \frac{(\text{변동판관비 ₩}30 \times 200{,}000\text{개} + \text{고정판관비 ₩}2{,}000{,}000) + \text{목표이익 ₩}3{,}000{,}000}{\text{변동전부원가 ₩}110 \times 200{,}000\text{개} + \text{고정전부원가 ₩}4{,}500{,}000}$$

$$= 41.5\%$$

○ 목표판매가격

$$= (\text{단위당전부원가 ₩}110 + \frac{\text{고정전부원가 ₩}4{,}500{,}000}{200{,}000\text{개}}) + \text{₩}132.5 \times 41.5\% = \text{₩}187.5$$

2) 총원가접근법

○ 이익가산율

$$= \frac{\text{목표이익 ₩ 3,000,000}}{(\text{₩ 140} \times \text{200,000개}) + \text{₩ 6,500,000}} = 8.7\%$$

○ 목표판매가격

$$= (\text{₩ 140} + \frac{\text{₩ 6,500,000}}{\text{200,000개}}) + \text{₩ 172.5} \times 8.7\% = \text{₩ 187.5}$$

3) 공헌이익접근법

○ 이익가산율

$$= \frac{(\text{고정제조간접비 ₩4,500,000} + \text{고정판관비 ₩2,000,000}) + \text{목표이익 ₩3,000,000}}{\text{₩140} \times \text{200,000개}}$$

$= 33.9\%$

○ 목표판매가격 = ₩ 140 + ₩ 140 × 33.9% = ₩ 187.5

4) 어떤 방법을 사용하더라도 목표판매가격은 ₩ 187.5으로 동일하다.

연습문제

9-2. (주)하진의 자료를 바탕으로 자가 제조 또는 외부 조달 중 유리한 방법을 선택하고 그 이유를 설명하라.

ㅇ (주)하진은 컴퓨터를 생산하는 기업으로 생산에 필요한 부품인 칩을 자가 제조하고 있으며 그 원가자료는 다음과 같다.

구분		금액
직접 재료비	500개 × ₩ 50,000	₩ 25,000,000
직접 노무비	500개 × ₩ 20,000	₩ 10,000,000
변동 제조간접비	500개 × ₩ 15,000	₩ 7,500,000
고정제조간접비	회피불능원가	₩ 15,000,000
합계	@ ₩ 115,000	₩ 57,500,000

ㅇ 거래처로부터 칩을 개당 ₩ 90,000에 공급하겠다는 제안을 받았다.

ㅇ 외주 조달을 선택하는 경우에는 이 생산설비를 외부에 임대함으로써 ₩ 7,000,000의 임대수익이 가능하다.

풀이 1) 증분접근법에 의한 분석

구분		자가 제조	외부 조달
직접 재료비	500개 × ₩ 50,000	₩ 25,000,000	-
직접 노무비	500개 × ₩ 20,000	₩ 10,000,000	-
변동 조간접비	500개 × ₩ 15,000	₩ 7,500,000	-
고정 조간접비		₩ 15,000,000	₩ 15,000,000
외부 구입원가	500개 × ₩ 90,000	-	₩ 45,000,000
기회비용(임대수익)		₩ 7,000,000	-
합계	@ ₩ 115,000	₩ 64,500,000	₩ 60,000,000

2) 해설

○ 외부에서 조달하는 것이 ₩ 4,500,000 유리하다.

○ 외부 조달로 인한 유휴설비의 임대수익이 없다면 오히려 자가 제조를 하는 것이 ₩ 2,500,000 유리하다.

○ 기회비용에 대하여는 외부 조달의 원가분석에서 차감하는 방식으로 산출하여도 무방하다.

○ 고정 제조간접비가 회피가능원가이냐 회피불능원가냐에 따라 분석 결과가 달라짐에 유의하여야 한다.

9-3. (주)하진의 자료를 바탕으로 손실을 발생시키는 '을' 사업부의 폐지에 관한 타당성을 검토하라.

- 다음 자료는 사업부제를 운영하는 현재의 손익계산서이다.
- 고정원가는 전 사업부서의 공통설비에 대한 감가상각비이다.

구분	갑 사업부	을 사업부	병 사업부	합계
매출	₩ 155,000	₩ 140,000	₩ 165,000	₩ 460,000
변동원가	₩ 90,000	₩ 135,000	₩ 115,000	₩ 340,000
공헌이익	₩ 65,000	₩ 5,000	₩ 50,000	₩ 120,000
고정원가	₩ 15,500	₩ 14,000	₩ 16,500	₩ 46,000
영업이익	₩ 49,500	₩ △9,000	₩ 33,500	₩ 74,000

풀이

- '을' 사업부를 폐지한 이후 추정 손익계산서

구분	갑 사업부	을 사업부	병 사업부	합계
매출	₩ 155,000	-	₩ 165,000	₩ 320,000
변동원가	₩ 90,000	-	₩ 115,000	₩ 205,000
공헌이익	₩ 65,000	-	₩ 50,000	₩ 115,000
고정원가	₩ 22,281	-	₩ 23,719	₩ 46,000
영업이익	₩ 42,719	-	₩ 26,281	₩ 69,000

- '을' 사업부를 폐지한 이후 기업전체의 손익은 ₩ 69,000으로써 폐지 이전의 손익 ₩ 74,000보다 감소한다.
- 이러한 결과를 나타낸 것은 '을' 사업부가 영업이익에서는 손실을 기록하고 있었지만 공헌이익에서는 일부 이익(₩ 5,000)을 발생시키고 있었으며 이로써 공통설비에 대한 감가상각비를 부담하고 있었다.

○ '을' 사업부를 폐지하더라도 공통설비에 대한 감가상각비는 제거되지 아니하고 다른 사업부로 안분됨으로써 기업 전체의 이익 향상에는 영향을 미치지 못하다.

○ 따라서 '을' 사업부를 계속 유지하는 것이 기업의 이익에 유리하다.

구분	을 사업부	비고
증분수익 (매출)	₩ △140,000	매출 감소
증분비용 (변동)	₩ △135,000	변동원가 전액 절감
공헌 이익	₩ △5,000	
증분비용 (고정)	-	전부 회피불능원가
차액	₩ △5,000	증분손실

○ 손실을 발생시키는 '을' 사업부를 폐지한다면 회피불능원가(공통설비 감가상각비)로 인하여 '을' 사업부에서 ₩ 5,000의 증분손실이 추가로 발생하여 같은 금액만큼 기업 전체의 손익에 부정적 영향을 미치므로 계속 유지하는 것이 유리하다.

9-4. 특별주문을 받은 경우 다음의 자료를 바탕으로 수락 또는 거절의 의사결정을 하라.

ㅇ (주)하진의 예상 손익계산서 자료

구분		금액
매출	10,000개 × @ ₩ 1,000	₩ 10,000,000
변동원가	10,000개 × @ ₩ 700	₩ 7,000,000
공헌이익		₩ 3,000,000
고정원가		₩ 1,500,000
영업이익		₩ 1,500,000

ㅇ 고객으로부터 특별주문의 조건으로 5,000개를 개당 ₩ 900으로 공급해 달라는 의뢰를 받았다.

ㅇ 특별주문을 수락하면 고정원가가 ₩ 500,000 증가한다.

ㅇ 기존 고객으로부터의 주문은 변동이 없다.

ㅇ (주)하진의 생산능력은 15,000개이다.

풀이 1) 총액접근법에 의한 분석

구분	거절하는 경우		수락하는 경우	
매출	10,000개 × @ ₩ 1,000	₩ 10,000,000	(*)	₩ 14,500,000
변동원가	10,000개 × @ ₩ 700	₩ 7,000,000	15,000개 × @ ₩ 700	₩ 10,500,000
공헌이익		₩ 3,000,000		₩ 4,000,000
고정원가		₩ 1,500,000	(**)	₩ 2,000,000
영업이익		₩ 1,500,000		₩ 2,000,000

(*) (10,000개 × @ ₩ 1,000) + (5,000개 × @ ₩ 900) = ₩ 14,500,000
(**) 고정비 증가액을 가산한다.

- 특별주문을 거절하는 경우보다 수락하는 것이 ₩ 500,000 만큼 추가 이익을 획득할 수 있다.

2) 증분접근법에 의한 분석

구분		금액
증분수익 (매출)	5,000개 × ₩ 900	₩ 4,500,000
증분비용 (변동)	5,000개 × ₩ 700	₩ 3,500,000
증분 공헌이익	(*)	₩ 1,000,000
증분비용 (고정)		₩ 500,000
영업이익		₩ 500,000

(*) 5,000개 × (₩ 900 - ₩ 700) = ₩ 1,000,000

- 특별주문을 수락하면 ₩ 500,000의 추가이익이 발생하므로 특별주문을 수락하여야 한다.
- 총액접근법이나 증분접근법이나 동일한 결론이 도출된다.

3) 위의 연습문제에서 생산능력이 14,000개라고 가정하면 특별주문을 수락하여야 하는가에 대한 의사결정을 하라.
- 기존 주문수량을 1,000개 줄여야 하는 상황이다.
- $(P_S - v) \times \Delta Q - \Delta F - (P - v) \times x > 0$ 의 산식을 대입하면 다음과 같이 계산이 된다. 이는 특별주문으로 증가하는 공헌이익에서 동반 증가하는 고정원가를 차감한 금액이 특별주문으로 인하여 감소하는 기존의 판매에 대한 공헌이익보다 크면 수락한다는 의미이다.
  {(₩ 900 - ₩ 700) × 5,000개 - ₩ 500,000} - {(₩ 1,000 - ₩ 700) × 1,000개} = ₩ 200,000 → 증분이익이 '0' 보다 크므로 수락한다.

4) 위 3)과 같은 조건하에서 최저공급 가능가격은 얼마인가?
- $(P_S - v) \times \Delta Q - \Delta F = (P - v) \times$ 기존판매 감소량 x 의 등식을 만족시키는 P_S의 값을 산출한다.
- $(P_S -$ ₩ $700) \times 5{,}000$개 $-$ ₩ $500{,}000 = ($₩ $1{,}000 -$ ₩ $700) \times 1{,}000$개 $= P_S$ 의 값은 $=$ ₩ 860 이므로 최저공급 가능가격은 ₩ 860이다.
- 이의 검증을 위하여 최소 ₩ 860원으로 특별주문을 수락한다는 가정 하에 계산하면, 특별주문 수락으로 공헌이익이 ₩ 300,000이 증가하며, 이와 동시에

기존 판매수량의 감소분 1,000개에 해당하는 공헌이익도 ₩ 300,000이 감소된다는 것을 확인할 수 있다.

5) 위의 연습문제에서 생산능력이 10,000개라고 가정하면 특별주문을 수락하여야 하는가에 대한 의사결정을 하라.

- ㅇ 기존 주문수량을 5,000개 줄여야 하는 상황
- ㅇ 같은 산식을 적용하여 $(P-v)\times \Delta Q - \Delta F - (P-v)\times x > 0$ 을 대입하면 다음과 같이 계산이 된다. 이는 특별주문으로 증가하는 공헌이익에서 동반 증가하는 고정원가를 차감한 금액이 특별주문으로 인하여 감소하는 기존의 판매에 대한 공헌이익보다 작으므로 거절하여야 한다는 의미이다.
  {(₩ 1,000 - ₩ 700) × 5,000개 - ₩ 500,000} - {(₩ 1,000 - ₩ 700) × 5,000개} = ₩ △500,000 → 증분이익이 '0' 보다 작으므로 거절한다.

9-5. 다음의 자료를 근거로 김치용 절임배추의 즉시판매 또는 추가 가공 여부에 관한 의사결정을 하라.

- (주)하진은 김치를 제조하는 기업이다. 배추를 절여서 완제품인 김치를 생산하기도 하지만 절임배추 상태로 판매하기도 한다.
- 절임배추 상태로는 Kg당 ₩ 3,000으로 판매할 수 있다.
- 추가 가공하여 완제품 김치로 판매하는 경우 ₩ 4,500으로 판매할 수 있다.
- 분리점까지 판매용 절임배추로 5,000Kg, 절임배추로도 판매가 가능한 김치 제조용으로 3,500Kg을 생산하는데 투입된 원가는 다음과 같다.

구분	금액
직접 재료비	₩ 4,000,000
직접 노무비	₩ 3,000,000
변동 제조간접비	₩ 2,500,000
합계	₩ 9,500,000

- 완제품인 김치로 추가 가공하는데 ₩ 3,000,000의 가공비가 소요된다.
- 이 경우 김치제조용 절임배추를 즉시 판매하여야 하는지 추가 가공하여 김치상태로 판매하여야 하는지 의사결정을 하라.

풀이 ○ 증분접근법에 의한 분석

구분	금액
증분 수익 3,500Kg × (₩ 4,500 − ₩ 3,000)	₩ 5,250,000
증분원가 (추가 가공원가)	₩ 3,000,000
증분 이익 (추가 가공 이익)	₩ 2,250,000

○ 분리점까지의 원가 ₩ 9,500,000은 매몰원가, 비관련원가로서 본 검토대상에서는 제외하여야 하며, 추가 가공할 경우 ₩ 2,250,000의 증분 이익을 창출할 수 있으므로 추가 가공하는 의사결정을 한다.

○ 즉시판매와 추가 가공 후 판매시의 비교

구분	즉시판매	가공 후 판매		
		절임배추	김치	합계
매출	₩ 25,500,000	₩ 15,000,000	₩ 15,750,000	₩ 30,750,000
변동원가 (매몰)	₩ 9,500,000	₩ 5,588,235	₩ 3,911,765	₩ 9,500,000
추가 가공원가	-	-	₩ 3,000,000	₩ 3,000,000
공헌이익	₩ 16,000,000	₩ 9,411,765	₩ 8,838,235	₩ 18,250,000

○ 현재 상태에서 모두 판매하는 경우와 완제품 김치를 추가 가공하는 경우를 비교하면 공헌이익에서 같은 차이 금액이 발생하여 증분접근법에 의한 분석과 동일한 결론이 도출된다.

Chapter 10

대체가격의 결정

제1절 대체가격의 개념

1. 대체가격의 의의

기업의 규모가 확대되고 환경이 다양해짐에 따라 전통적인 직능별 부서조직에서 탈피하여 사업부 단위로 조직이 운영되는 사례가 많아지고 있다. 사업부는 기업 내부 조직이지만 마치 독립적인 기업처럼 경영활동을 수행한다. 이러한 사업부제의 조직에서는 사업부간(사실상 기업의 내부 조직간)에 재화나 용역의 이전이 유상거래의 형태로 이루어지게 된다. 이러한 사업부간의 거래를 대체거래 또는 이전거래라 하며 이때 적용되는 가격이 대체가격(transfer price) 또는 이전가격이라고 한다.

대체가격은 각 사업부간의 성과평가의 기준으로 활용되므로 특별히 중요성을 가진다. 즉, 대체가격이 공급사업부 관점에서는 수익(매출)이 되고 수요사업부 관점에서는 비용(원가)가 되므로 서로에게 상충관계(trade-off)에 있다 할 것이다. 사업부 제도에서는 기본적으로 외부로의 판매 또는 외부로부터의 조달이 허용되기 때문에 사업부간의 지나친 성과위주의 경영을 하게 되면 기업 전체의 관점에서는 오히려 손실을 초래할 수도 있다.

2. 대체가격의 결정 기준

공급사업부와 수요사업부의 상충관계를 감안하고 기업 전체적 관점에서 효율적인 경영이 되도록 대체가격의 결정 기준을 설정하여 운용하여야 한다. 대체가격의 결정에 있어서 준수하여야 하는 몇 가지의 기준을 정리하면 목표와의 일치성, 성과평가의 기준 및 자율성의 기준이 있다.

2.1 목표와의 일치성

사업부제는 본질적으로 각 사업부의 독립적인 의사결정을 존중하는 것을 전제로 하는 것이고, 각 사업부의 경영자는 자신이 속한 사업부의 이익을 극대화하는데 노력을 기울일 것이다. 그러한 결과의 역작용으로서 특정 사업부에게는 이익이 극대화되지만 기업 전체적 관점에의 이익에는 반하는 결과가 초래될 수가 있다. 따라서 대체가격을 결정할 때에는 기업의 목표와 사업부의 목표를 일치시킴으로써 전체적인 이익의 극대화와 같은 최적의 결과를 추구하여야 한다.

2.2 성과평가의 기준

대체가격은 공급사업부에게는 수익이 되는 반면 수요사업부에게는 비용이 되어 서로의 이익에 직접적으로 영향을 미친다. 이러한 이익을 바탕으로 각 사업부의 성과평가가 이루어진다면 당연히 대체가격에 대하여 각 사업부 경영자들이 이의를 제기하지 않도록 공정하게 결정되어져야 한다.

대체가격이 합리성과 공정성을 상실하면 사업부 경영자들의 의욕을 감퇴시키게 되고 분권화의 진정한 목적을 달성하지 못하게 된다.

2.3 자율성의 기준

사업부제의 근본적인 전제에는 각 사업부 경영자들에게 독립적인 의사결정권이 있는데 있다. 이는 기업의 내부에서 사업부간의 대체거래를 통하거나 외부와의 거래를 통하거나 그 선택권은 사업부 경영자들에게 있다는 의미이다. 다만, 자율성의 기준이 지나치게 강조되다보면 특정한 의사결정이 기업 전체적인 관점에서는 이익이 되는 것임에도 불구하고 사업부 자체의 이익에 반하는 것이라는 이유로 채택되지 않는 경우도 발생한다. 이러한 것을 '준최적화현상'이라고 한다. 따라서 준최적화현상을 최소화하기 위해서는 일정부분 자율성을 제한하는 것도 필요할 수 있다.

연습문제

10-1. 1) 대체가격의 의의와 선택기준에 대하여 설명하라.

2) 대체가격의 결정 기준에 대하여 설명하라.

풀이 생략

제2절 대체가격의 결정 방법

1. 분권적 방법

분권적 방법은 대체가격의 결정과정에 최고경영자가 관여하지 않으면서 각 사업부의 경영자들이 자율적으로 결정하도록 하는 방법이다. 이러한 방법에는 시장가격을 기준으로 하는 방법, 원가를 기준으로 하는 방법, 직접적인 협상을 통하는 방법 등이 있다.

1.1 시장가격 기준

시장가격 기준은 외부의 시장에서 거래되는 재화나 용역의 시장가격을 기준으로 대체가격을 결정하는 방법이다. 시장가격이 대체가격으로 활용되기 위해서는 첫째, 동일 재화나 용역이 거래되는 시장이 존재해야 한다. 둘째, 그 시장이 완전경쟁시장이어야 한다. 완정경쟁시장이라 함은 특정한 소수의 기업이나 시장 참여자가 재화나 용역의 수요와 공급 및 가격에 영향을 미치지 못하는 것을 말한다. 셋째, 각 사업부의 경영자들에게 충분한 자율성이 보장되어야 한다. 시장가격 기준은 가장 객관적인 가격이므로 성과평가에 공정하게 적용할 수 있는 가격이다.

1.2 원가 기준

대체거래의 대상이 되는 재화나 용역의 원가를 기준으로 대체가격을 결정하는 방법이다. 원가 기준은 이해가 용이하고 적용하기가 쉬운 장점이 있는 반면 준최적화현상의 가능성이 있고, 각 사업부의 성과평가에 공정성이 결여될 수 있으며, 공급사업부는 자신의 사업부에서 발생한 원가를 기준으로 수요사업부에 공급하기만 하면 되기 때문에 공급사업부가 원가절감을 위해 노력하도록 하는 동기부여를 하지 못할 수도 있다.

1) 전부원가기준

실무적으로 가장 많이 사용되는 방법 중의 하나로 공급사업부의 단위당 전부원가를 대체가격으로 결정하는 방법이다. 그러나 전부원가를 채택하게 되면 공급사업부의 관점에서는 수익과 원가가 동일하게 되어 이익이 발생하지 않는다. 따라서 동기유발효과가 나타나지 않게 되어 공급사업부의 원가 비효율이 그대로 수요사업부로 전가되는 단점도 있다. 이를 극복하기 위하여 표준원가를 설정하여 이를 대체가격으로 정함으로써 공급사업부의 관점에서는 표준원가보다 실질원가를 감소시키는 노력을 하도록 동기를 유발할 수 있다.

2) 이익가산 전부원가기준

단위당 전부원가에 일정한 이익을 가산시켜 줌으로써 전부원가주의의 단점을 보완할 수 있다.

3) 변동원가기준

공급사업부가 공급하는 재화나 용역에 대한 단위당 변동원가만을 기준으로 대체가격을 결정하는 방법이다. 그러나 이는 장기적으로는 공급사업부에게 고정원가만큼 손실을 발생시키게 되므로 특수한 경우가 아니라면 바람직한 방법이라고는 할 수 없다.

4) 이익가산 변동원가기준

공급사업부의 단위당 변동원가에 일정한 이익을 가산하여 대체가격을 결정하는 방법이다.

1.3 협상가격 기준

각 사업부의 경영자들이 자율적인 직접 협상을 통하여 대체가격을 결정하는 방법이다. 이러한 방법은 각 사업부의 경영자들이 최적의 의사결정을 할 수 있다는 것을 전제로 한다. 또 각 사업부 경영자들에게 자율성을 제고시키고 서로 간의 갈등을 해소할 수 있는 기회가 되기도 하며, 동기부여의 관점에서도 장점이 있다. 다만, 시간이 많이 소요될 수 있고, 사업부 경영자들의 경영활동 능력보다 협상의 능력에 따라 해당 사업부의 이익에 직접적인 영향을 미칠 수 있다는 단점도 있다.

2. 비분권적 방법

비분권적 방법으로 중재가격 기준이 있다. 이 방법은 대체가격의 결정과정에 기업의 최고경영자가 참여하여 상호간을 중재함으로써 대체가격을 결정하는 방법이다. 그러나 사업부 경영자들의 자율성을 저해할 뿐 아니라 최고경영자가 모든 대체가격의 결정에 참여한다는 것이 현실적으로 어렵다는 단점도 있다.

연습문제

10-2. 대체가격의 결정 방법에 대하여 설명하라.

풀이 생략

제3절 대체가격의 결정의 문제

1. 공급사업부 최소대체가격의 문제

대체가격의 결정 문제는 공급사업부와 수요사업부가 자율적인 상태에서 상호 만족하는 수준에서 대체가격을 결정하는 것이다. 물론 사업부 상호간의 대체가격에 따라 기업 전체의 관점에서 이익의 효과를 검토하여야 한다.

기업 전체의 관점에서 공급사업부의 최소대체가격이 수요사업부의 최대대체가격보다 낮은 경우 두 사업부는 모두 허용 가능한 대체가격이 존재하고, 이런 상황에서는 상호 증분이익을 얻게 될 뿐 아니라 기업 전체의 관점에서도 두 사업부의 증분이익을 합한 만큼 증분이익을 얻게 되므로 대체가격과 무관하게 대체거래를 하는 것이 유리하다.

반대로 공급사업부의 최소대체가격이 수요사업부의 최대대체가격보다 높은 경우 대체거래는 성립하지 않으며 만약 어느 쪽에도 증분이익이 없는 지점에서 대체가격을 결정하면 두 사업부 모두에게 증분손실이 발생하는 것은 물론이고 기업 전체의 관점에서도 증분손실을 합한 금액만큼 증분손실이 발생하므로 대체거래를 하지 않는 것이 유리하다.

공급사업부의 경영자는 내부 대체거래이든 외부 판매거래이든 최대한 높은 가격으로 거래를 함으로써 자신의 사업부 이익을 극대화하기 위해 노력하는 것은 당연한 행위이다.

대체가격이 낮아지면 대체거래로 손실이 발생할 수 있고 외부와 판매거래를 하는 것보다 불리하게 되므로 공급사업부는 자신이 허용할 수 있는 '최소의 대체가격'을 결정하게 된다.

대체가격 > 최소대체가격 = 내부 대체거래
대체가격 < 최소대체가격 = 외부 판매거래

공급사업부의 내부 최소대체가격은 유휴 생산능력에 따라 달라지며 다음의 산식으로 산출할 수 있다.

최소대체가격 = 대체시 단위당 증분원가 + 대체시 단위당 기회원가 대체시 단위당 기회원가 = $\frac{\text{포기되는 공헌이익}}{\text{내부 대체수량}}$

예시 공급사업부(제1사업부)의 최소대체가격의 산출

- 제1사업부에서 제2사업부로 부품을 공급
- 제1사업부는 외부에 판매할 수 있는 자율권이 있다.
- 제1사업부의 연간 생산능력 : 10,000개
- 제1사업부가 외부 판매시의 가격 : ₩ 1,000
- 제1사업부의 변동원가 단가 : ₩ 600 (변동 판매비와관리비 포함)
- 제1사업부의 고정원가 : ₩ 400,000
- 제2사업부의 연간 소요량 : 2,000개

풀이 1) 제1사업부의 현재 외부 판매수량이 5,000개인 경우

단위당 증분원가 ₩ 600 + 단위당 기회원가 ₩ 0 = ₩ 600

- 제1사업부 유휴 생산능력이 있으므로 내부대체 대신 외부에 판매할 기회비용이 없다. → 단위당 변동원가가 최소대체가격이 된다.
- 고정원가 ₩ 400,000은 어떤 거래이든 동일하게 발생하므로 비관련원가로 분석대상에서 제외한다.

2) 제1사업부의 현재 외부 판매수량이 9,000개인 경우

단위당 증분원가 ₩ 600 + 단위당 기회원가 ₩ 200 = ₩ 800 기회원가 = $\frac{\text{포기되는 공헌이익}}{\text{내부 대체량}} = \frac{1{,}000\text{개}(₩\,1{,}000 - ₩\,600)}{2{,}000\text{개}}$ = ₩ 200

3) 제1사업부의 현재 외부 판매수량이 10,000개인 경우

단위당 증분원가 ₩ 600 + 단위당 기회원가 ₩ 400 = ₩ 1,000

$$기회원가 = \frac{포기되는\ 공헌이익}{내부\ 대체량} = \frac{2{,}000개(₩1{,}000 - ₩600)}{2{,}000개}$$
$$= ₩400$$

4) 제1사업부의 현재 외부 판매수량이 10,000개이며 내부 대체시에는 변동판매비와관리비가 ₩ 100 절감되는 경우

단위당 증분원가 ₩ 600 - ₩ 100 + 단위당 기회원가 ₩ 400 = ₩ 900

$$기회원가 = \frac{포기되는\ 공헌이익}{내부\ 대체량} = \frac{2{,}000개(₩1{,}000 - ₩600)}{2{,}000개}$$
$$= ₩400$$

2. 수요사업부 최대대체가격의 문제

수요사업부의 경영자는 공급사업부의 경우와는 반대의 입장을 취한다. 수요사업부 경영자는 내부 대체를 통하여 조달하든 외부 구매를 통해 조달하든 최소한의 가격으로 거래를 함으로써 자신의 사업부 이익을 극대화하기 위해 노력한다.

대체가격이 높아지면 대체거래로 손실이 발생할 수 있고 외부와 구매거래를 하는 것보다 불리하게 되므로 수요사업부는 자신이 허용할 수 있는 '최대의 대체가격'을 결정하게 된다.

대체가격 < 최대대체가격 = 내부 대체거래
대체가격 > 최대대체가격 = 외부 구매거래

수요사업부의 내부 최대대체가격은 '외부 구입가격'과 '단위당 지출가능 원가' 중에서 낮은 금액으로 결정한다. 단위당 지출가능 원가란 손실이 발생하지 않는 한도 내에서 지불할 수 있는 원가를 말한다.

최대대체가격 = Min [단위당 지출가능 원가, 단위당 외부 구입가격]
단위당 지출가능 원가 = 비손실 단위당 지불가능 금액

$$= \frac{\text{완제품 최종판매가격} - \text{완제품 단위당 추가원가}}{\text{완제품 단위당 투입 부품의수}}$$

예시 수요사업부의 최대대체가격의 산출

- 제2사업부에서 제1사업부로부터 부품을 공급받아 완제품 생산
- 제2사업부는 외부에 판매할 수 있는 자율권이 있다.
- 제2사업부의 추가 가공 단가 : ₩ 1,500
- 제2사업부의 완제품 판매가격 : ₩ 6,000
- 제2사업부의 완제품 1개당 제1사업부의 부품 2개가 소요된다.

풀이 1) 제1사업부에서 생산하는 부품의 외부시장가격이 ₩ 2,500인 경우

최대대체가격 = Min [₩ 2,250, ₩ 2,500] → ₩ 2,250
단위당 지출가능 원가 (= 비손실 단위당 지불가능 금액)

$$= \frac{\text{완제품 최종판매가격} - \text{완제품 단위당 추가원가}}{\text{완제품 단위당 투입부품의수}}$$

$$= \frac{₩\,6{,}000 - ₩\,1{,}500}{2\text{개}} = ₩\,2{,}250$$

2) 제1사업부에서 생산하는 부품의 외부시장가격이 ₩ 2,000인 경우

최대대체가격 = Min [₩ 2,250, ₩ 2,000] → ₩ 2,000
단위당 지출가능 원가 (= 비손실 단위당 지불가능 금액)

$$= \frac{\text{완제품 최종판매가격} - \text{완제품 단위당 추가원가}}{\text{완제품 단위당 투입부품의수}}$$

$$= \frac{₩\,6{,}000 - ₩\,1{,}500}{2\text{개}} = ₩\,2{,}250$$

3. 대체거래가격의 성립 영역

전술한 바와 같이 공급사업부의 경영자와 수요사업부의 경영자는 대체가격의 결정에 있어 서로 상반된 입장에 있다. 공급사업부의 경영자는 최소대체가격을 설정한 후 그 이하의 가격으로는 내부대체거래(내부 판매)를 하지 않을 것이며 수요사업부의 경영자는 최대대체가격을 설정한 후 그 가격의 이상으로는 내부대체거래(내부 구입)를 하지 않으려 할 것이다.

결국 내부대체거래는 공급사업부가 설정한 최소대체가격 이상으로 수요공급자가 공급받기를 원하는 경우 또는 수요사업부가 설정한 최대대체가격 이하로 공급사업자가 공급하기를 원하는 경우에만 내부대체거래가 성립한다. 이와 같이 각각의 대체가격의 영역에 속하지 않으면 내부대체거래는 이루어지지 않으며 외부와의 거래를 선택할 것이다.

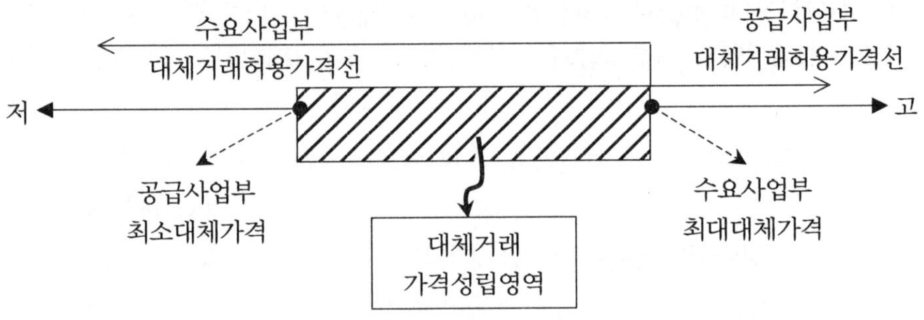

연습문제

10-3. (주)하진의 다음 자료를 근거로 각 조건별로 A 사업부의 최소대체가격을 구하라.

- ㅇ (주)하진은 A 사업부와 B 사업부로 구성되어 있다.
- ㅇ A 사업부에서 부품을 B 사업부로 공급하여 B 사업부가 완제품을 생산한다.
- ㅇ 각 사업부는 내부대체거래 또는 외부거래가 가능하다.
- ㅇ A 사업부의 연간 생산능력(조업도 수준) : 50,000개
- ㅇ A 사업부는 생산한 부품의 외부시장 판매단가 : ₩ 1,500
- ㅇ A 사업부의 변동원가 단가 : ₩ 1,000
- ㅇ A 사업부의 고정원가 : ₩ 8,000,000
- ㅇ B 사업부가 필요한 연간 소요량 : 10,000개

풀이 1) A 사업부의 외부 판매량이 35,000개인 경우

① 산식을 이용하는 방법

단위당 증분원가 ₩ 1,000 + 단위당 기회원가 ₩ 0 = ₩ 1,000

- ㅇ A 사업부 유휴 생산능력이 있으므로 외부 판매 대신 내부대체를 함으로써 발생하는 기회비용이 없으므로 단위당 변동원가가 최소대체가격이 된다.
- ㅇ 고정원가 ₩ 8,000,000은 어떤 거래이든 동일하게 발생하므로 비관련원가로 분석대상에서 제외한다.

② 손익계산서를 작성하는 방법 (내부대체가격 : x)

구분	외부판매		내부대체 및 외부판매	
매출	35,000개 × ₩ 1,500	₩ 52,500,000	(10,000개 × x) + (35,000개 × ₩ 1,500)	₩ 10,000x + ₩ 52,500,000
변동원가	35,000개 × ₩ 1,000	₩ 35,000,000	45,000개 × ₩ 1,000	₩ 45,000,000
공헌이익		₩ 17,500,000		₩ 10,000x + ₩ 7,500,000
고정원가		₩ 8,000,000		₩ 8,000,000
영업이익		₩ 9,500,000		₩ 10,000x + ₩△500,000

- 내부대체거래를 하려면 외부판매 영업이익보다 내부대체거래의 영업이익이 더 많아야 대체거래가 성립한다.
- 그러므로 '₩ 9,500,000 ≤ ₩ 10,000x + ₩△500,000' 의 관계가 성립하고, 이에 따라 'x = ₩ 1,000' 이 되며, 이는 산식에 의한 방법에서 산출된 최소 대체가격과 동일하다.

2) A 사업부의 외부 판매량이 45,000개인 경우

① 산식을 이용하는 방법

> 단위당 증분원가 ₩ 1,000 + 단위당 기회원가 ₩ 250 = ₩ 1,250
>
> $$\text{기회원가} = \frac{\text{포기되는 공헌이익}}{\text{내부 대체량}} = \frac{5{,}000\text{개}(₩\,1{,}500 - ₩\,1{,}000)}{10{,}000\text{개}}$$
>
> $$= ₩\,250$$

② 손익계산서를 작성하는 방법 (내부대체가격 : x)

구분	외부판매		내부대체 및 외부판매	
매출	45,000개 × ₩ 1,500	₩ 67,500,000	(10,000개 × x) + (40,000개 × ₩ 1,500)	₩ 10,000x + ₩ 60,000,000
변동원가	45,000개 × ₩ 1,000	₩ 45,000,000	50,000개 × ₩ 1,000	₩ 50,000,000
공헌이익		₩ 22,500,000		₩ 10,000x + ₩ 10,000,000
고정원가		₩ 8,000,000		₩ 8,000,000
영업이익		₩ 14,500,000		₩ 10,000x + ₩ 2,000,000

- 내부대체거래를 하려면 외부판매 영업이익보다 내부대체거래의 영업이익이 더 많아야 성립한다.
- 그러므로 '₩ 14,500,000 ≤ ₩ 10,000x + ₩ 2,000,000' 의 관계가 성립하고, 이에 따라 'x = ₩ 1,250' 이 되며, 이는 산식에 의한 방법에서 산출된 최소대체가격과 동일하다.

3) A 사업부의 외부 판매량이 50,000개인 경우

① 산식을 이용하는 방법

단위당 증분원가 ₩ 1,000 + 단위당 기회원가 ₩ 500 = ₩ 1,500

$$\text{기회원가} = \frac{\text{포기되는 공헌이익}}{\text{내부 대체량}} = \frac{10{,}000\text{개}(₩\,1{,}500 - ₩\,1{,}000)}{10{,}000\text{개}} = ₩\,500$$

② 손익계산서를 작성하는 방법 (내부대체가격 : x)

구분	외부판매		내부대체 및 외부판매	
매출	50,000개 × ₩ 1,500	₩ 75,000,000	(10,000개 × x) + (40,000개 × ₩ 1,500)	₩ 10,000x + ₩ 60,000,000
변동원가	50,000개 × ₩ 1,000	₩ 50,000,000	50,000개 × ₩ 1,000	₩ 50,000,000
공헌이익		₩ 25,000,000		₩ 10,000x + ₩ 10,000,000
고정원가		₩ 8,000,000		₩ 8,000,000
영업이익		₩ 17,000,000		₩ 10,000x + ₩ 2,000,000

- 내부대체거래를 하려면 외부판매 영업이익보다 내부대체거래의 영업이익이 더 많아야 대체거래가 성립한다.
- 그러므로 '₩ 17,000,000 ≤ ₩ 10,000x + ₩ 2,000,000' 의 관계가 성립하고, 이에 따라 'x = ₩ 1,500' 이 되며, 이는 산식에 의한 방법에서 산출된 최소대체가격과 동일하다.

4) A 사업부의 외부 판매량이 50,000개이며 내부 대체거래시 변동원가를 ₩ 50 줄일 수 있는 경우

① 산식을 이용하는 방법

단위당 증분원가 ₩ 1,000 - ₩ 50 + 단위당 기회원가 ₩ 500 = ₩ 1,450

$$기회원가 = \frac{포기되는\ 공헌이익}{내부\ 대체량} = \frac{10{,}000개(₩1{,}500 - ₩1{,}000)}{10{,}000개}$$
$$= ₩500$$

② 손익계산서를 작성하는 방법 (내부대체가격 : x)

구분	외부판매		내부대체 및 외부판매	
매출	50,000개 × ₩ 1,500	₩ 75,000,000	(10,000개 × x) + (40,000개 × ₩ 1,500)	₩ 10,000x + ₩ 60,000,000
변동원가	50,000개 × ₩ 1,000	₩ 50,000,000	(10,000개 × ₩ 950) + (40,000개 × ₩ 1,000)	₩ 49,500,000
공헌이익		₩ 25,000,000		₩ 10,000x + ₩ 10,500,000
고정원가		₩ 8,000,000		₩ 8,000,000
영업이익		₩ 17,000,000		₩ 10,000x + ₩ 2,500,000

- 내부대체거래를 하려면 외부판매 영업이익보다 내부대체거래의 영업이익이 더 많아야 성립한다.
- 그러므로 '₩ 17,000,000 ≤ ₩ 10,000x + ₩ 2,500,000' 의 관계가 성립하고, 이에 따라 'x = ₩ 1,450' 이 되며, 이는 산식에 의한 방법에서 산출된 최소대체가격과 동일하다.

10-4. (주)하진의 자료를 근거로 각 조건별로 B 사업부의 최대대체가격을 구하라.

- ○ 연습문제 10-3에서 B 사업부는 A 사업부로부터 부품을 공급받아 완제품을 생산한다.
- ○ 각 사업부는 내부대체거래 또는 외부거래가 가능하다.
- ○ B 사업부의 연간 구입량은 10,000개이고, B 사업부는 완제품을 생산하기 위하여 부품 1개당 추가로 가공 단가 ₩ 1,000을 투입한다.
- ○ B 사업부의 완제품 판매가격 : ₩ 9,000
- ○ B 사업부가 완제품 1개를 생산하기 위해서는 A 사업부가 생산한 부품 2개가 투입된다.

풀이 1) A 사업부에서 생산하는 부품의 시장가격이 ₩ 3,000인 경우

① 산식을 이용하는 방법

최대대체가격 = Min [₩ 3,500, ₩ 3,000]

단위당 지출가능 원가 (= 비손실 단위당 지불가능 금액)

$$= \frac{\text{완제품 최종판매가격} - \text{완제품 단위당 추가원가}}{\text{완제품 단위당 투입부품의수}}$$

$$= \frac{₩9,000 - ₩2,000(*)}{2\text{개}} = ₩3,500$$

(*) B 사업부의 완제품 1개당 2개의 부품이 소요되므로 변동 부품원가는 ₩ 2,000이다.

○ 단위당 지출가능 원가와 단위당 외부 구입가격을 비교한 결과 더 적은 금액인 ₩ 3,000(단위당 지출가능 원가)이 최대대체가격으로 산출되었다.

② 손익계산서를 작성하는 방법 (내부대체가격 : x)

구분	외부구입		내부대체 및 외부구입	
매출 (**)	5,000개 × ₩ 9,000	₩ 45,000,000	5,000개 × ₩ 9,000	₩ 45,000,000
부품원가	10,000개 × ₩ 3,000	₩ 30,000,000	10,000개 × x	₩ 10,000x
가공원가	10,000개 × ₩ 1,000	₩ 10,000,000	10,000개 × ₩ 300	₩ 10,000,000
공헌이익		₩ 5,000,000		₩ 35,000,000 - ₩ 10,000x

(**) B 사업부의 완제품 1개당 부품이 2개 소요되므로 완제품으로 판매할 수 있는 수량은 5,000개다.

- 내부대체거래를 하려면 외부구입 공헌이익보다 내부대체거래의 공헌이익이 더 많아야 대체거래가 성립한다.
- 그러므로 '₩ 5,000,000 ≤ ₩ 35,000,000 - ₩ 10,000x' 의 관계가 성립하고, 이에 따라 'x = ₩ 3,000' 이 되며, 이는 산식에 의한 방법에서 산출된 최대대체가격과 동일하다.

2) A 사업부에서 생산하는 부품의 시장가격이 ₩ 4,000인 경우

① 산식을 이용하는 방법

최대대체가격 = Min [₩ 3,500, ₩ 4,000]

단위당 지출가능 원가 (= 비손실 단위당 지불가능 금액)

$$= \frac{\text{완제품 최종판매가격} - \text{완제품 단위당 추가원가}}{\text{완제품 단위당 투입부품의수}}$$

$$= \frac{₩9{,}000 - ₩2{,}000(*)}{2\text{개}} = ₩3{,}500$$

(*) B 사업부의 완제품 1개당 2개의 부품이 소요되므로 변동 부품원가는 ₩ 2,000이다.

- 단위당 지출가능 원가와 단위당 외부 구입가격을 비교한 결과 더 적은 금액인 ₩ 3,500(단위당 지출가능 원가)이 최대대체가격으로 산출되었다.

② 손익계산서를 작성하는 방법 (내부대체가격 : x)

구분	외부구입		내부대체 및 외부구입	
매출(**)	5,000개 × ₩ 9,000	₩ 45,000,000	5,000개 × ₩ 9,000	₩ 45,000,000
부품원가	10,000개 × ₩ 4,000	₩ 40,000,000	10,000개 × x	₩ 10,000x
가공원가	10,000개 × ₩ 1,000	₩ 10,000,000	10,000개 × ₩ 1,000	₩ 10,000,000
공헌이익		₩△5,000,000		₩ 35,000,000 - ₩ 10,000x

(**) B 사업부의 완제품 1개당 부품이 2개 소요되므로 완제품으로 판매할 수 있는 수량은 5,000개다.

- 내부대체거래를 하려면 외부구입 공헌이익보다 내부대체거래의 공헌이익이 더 많아야 대체거래가 성립한다.
- 그러므로 '₩ △5,000,000 ≤ ₩ 35,000,000 - ₩ 10,000x'의 관계가 성립하고, 이에 따라 'x = ₩ 4,000' 이 된다.
  다만, 이는 산식에 의한 방법으로 도출한 금액(₩ 3,500)과는 일치하지 않는다.
- 일치하지 않는 이유는 논리상으로 변동원가의 금액이 과다하여 외부구입시의 공헌이익이 적자로 나타난다면 손익계산서에 의한 최대대체가격은 적합한 가격이 아니다.
- 이것은 논리상으로만 외부구입에 의한 공헌이익보다 적지 않아야 한다는 의미에 불과한 것이므로 수요사업부 자체의 관점에서는 단위당 지출가능원가(Min 금액)인 ₩ 3,500을 선택하는 것이 옳다.
- 물론 공헌이익 단계에서 이미 적자가 발생하는 사업부를 존속하여야 하는 문제는 본 연습문제에서는 별론으로 하고 검토하지 않는다.

Chapter 11

투자예산과 자본예산모형

제1절 투자예산과 현금흐름

1. 투자예산의 의의

기업은 경영활동에서 여러 형태의 의사결정을 하게 되며, 단기간의 경영활동에 대한 의사 결정뿐 아니라 장기간에 걸쳐 영향을 미치는 것에 관하여 의사결정을 하지 않으면 안 된다. 단기간의 의사결정에 관하여는 Chapter 8에서 설명한 바와 같이 CVP분석이나 관련되는 원가 분석 등을 통하여 어느 정도 해결할 수 있다. 그러나 1년 이상의 장기간에 걸쳐 기업의 성과에 영향을 미치는 대규모 투자 등에 관하여는 별도의 분석을 통한 의사결정이 반드시 필요하다.

1.1 투자예산과 회계상의 이익

투자예산(investment budgeting)은 1년 이상의 장기간에 걸쳐 나타나는 현금흐름을 예측・분석하고 이를 위해 투자대상의 결정, 투자 방법, 투자 규모 등에 관한 총괄적인 계획 수립을 말한다. 즉, 주어진 여러 종류의 투자안 중에서 가장 효율적이고 유리한 투자안을 선택하는 과정이다. 투자예산은 자본예산(capital budgeting)이라고 부르기도 하며 장기적인 경영계획을 바탕으로 토지, 건물, 생산시설 등에 대한 투자의 실행을 위하여 투자의 타당성 평가에 초점을 맞추고 있다.

투자예산은 장기간에 걸쳐 나타나는 것이므로 단순히 회계상의 이익에 의존하지 않고 현금의 흐름으로 판단한다. 회계상의 이익은 전통적인 회계모형에 입각하여 회계가 갖는 여러 가지의 기본 가정을 전제로 계산되는 회계기간별 측정치일 뿐이다. 장기간에 걸친 현금흐름은 장기간의 이익과도 일치하고 회계기간별 성과를 보여주기 위한 회계의 가정들과도 무관하므로 장기간의 투자예산을 분석할 때는 현금흐름의 결과로 판단하여야 한다.

1.2 투자예산의 특징 및 절차

투자예산의 특징으로는

첫째, 대규모의 자원이 동원되고 그로 인하여 미래 기업의 성패에도 직접적인 여향을 미친다. 투자가 성공할 경우에는 막대한 이익을 창출하거나 선도 기업으로 도약할 수 있는 기회가 되기도 하지만 그렇지 못할 경우에는 존폐의 위기로 내몰릴 수도 있다.

둘째, 투자예산은 장기간에 걸쳐 이루어지고 또 장기간에 걸쳐 그 효과가 나타나기 때문에 기업의 자금이 장기간 고정된다. 그러므로 투자의 결정시에는 단기적인 유동성의 문제를 반드시 같이 검토하여야 한다.

셋째, 투자예산의 수립에는 반드시 불확실성의 문제와 관련된다. 투자예산은 장기적인 예측을 기본 바탕으로 하기 때문에 정치·경제적 상황이나 사회적으로 소비자나 일반 대중의 성향, 기술의 진보 등 불확실성의 위험이 매우 크다.

투자예산을 수립하는 절차로써 우선 투자의 대상을 탐색하여 선정하고 각각의 투자안에 대한 현금흐름을 추정한다. 그 다음 각각의 투자안에 대한 현금흐름을 바탕으로 경제성 분석을 실시하여 최적의 투자안을 선택한다. 마지막으로는 선택된 투자안을 실행하여 결과를 평가한다. 평가된 결과에 따라 최초의 계획과 비교함으로써 투자계획의 수정 과정을 거치기도 한다. 아울러 그 결과는 다른 투자안을 평가하는데 필요한 기초로 삼는다. 자본예산의 수립 및 실행과정을 그림으로 표시하면 다음과 같다.

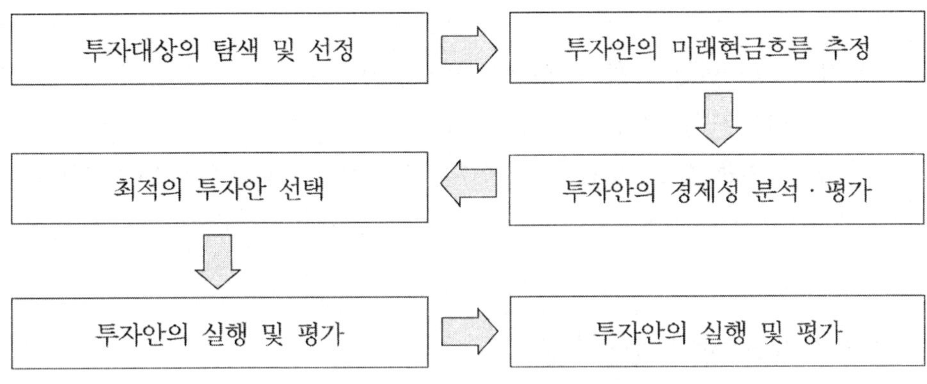

[자본예산의 수립 및 실행 과정]

2. 현금흐름의 의의

현금흐름은 투자예산을 평가하는 가장 중요한 수단의 하나로서, 각 기간별 현금의 유입액에서 현금의 유출액의 차이를 말하며 순현금흐름(net cash flow)이라고 한다. 투자예산의 평가시에 사용되는 현금흐름의 개념에는 최초 투자시점의 현금흐름, 투자 기간 중의 현금흐름, 투자 종료시점의 현금흐름으로 구분한다.

2.1 투자시점의 현금흐름

투자시점의 현금흐름은 특정자산의 구입금액과 그에 부가적으로 발생하는 비용을 포함한다. 기업이 새로운 사업에 투자하면 기계 등과 같은 비유동자산이 증가하게 되고 아울러 신제품의 생산 등으로 인하여 재고자산과 매출채권 등 유동자산도 함께 증가하게 된다. 이처럼 비유동자산과 유동자산의 증가는 재무상태표의 차변에 표시되며 이 부분만큼 현금의 유출이 발생하게 된다. 이러한 자금의 유출은 투자자본의 유출(비유동자산 증가) 및 운전자본의 유출(유동자산 증가)로 구분되어진다.

투자시점의 현금흐름을 계산할 때 투자에 따른 세액공제가 있거나 또는 구 설비를 처분하여 신 설비로 대체하는 경우 세액공제의 금액과 구 설비의 처분 금액은 현금의 유입으로 처리한다.

투자시점의 현금 유출 = 유형자산의 증가 + 운전자본의 증가
현금 흐름 = 신 설비 취득 현금 유출 - 구 설비 처분 현금 유입
구 설비 처분 현금 유입 = 구 설비 처분가액 - (1-장부가액) × 세율

2.2 투자기간 중의 현금흐름

투자기간 중의 현금흐름은 정상적인 영업활동을 통하여 획득하게 되는 현금흐름을 말하는 것으로 추정방법으로는 기간별 매출액을 추정하고 원가의 구조를 감안하여 추정 손익계산서를 작성한 후, 비현금성 수익과 비용을 제거하여 현금흐름을 추정한다. 현금흐름 추정에서 가장 일반적인 방법으로는 세후 영업이익에서 감가상각비를 가산하는 방식으로 산출한다.

세후 영업현금흐름 = 세후 영업이익 + 감가상각비

$$CF = NI + Dep$$

감가상각비는 손익계산서에서 비용으로 계산되어 순이익을 차감하는 효과가 있지만 현금이 직접적으로 유출되는 것은 아니므로 가산한다. 감가상각비와 같이 현금의 유출이 없이 비용으로 계산되는 항목은 무형자산상각비 등 여러 종류가 있지만 감가상각비가 금액이 가장 크고 중요하므로 감가상각비의 파악만으로 세후 현금흐름의 구조를 파악할 수 있다.

다음의 표를 산식으로 산출하면 세후 영업이익 ₩ 2,100,000에 감가상각비 ₩ 2,000,000을 가산하면 세후 영업현금흐름 ₩ 4,100,000이 된다.

현금흐름을 파악하기 위한 또 다른 방법으로 현금항목의 세후 현금흐름과 감가상각비의 감세효과를 나누어 산출하는 '항목별 분석법'도 있다. 그러나 이 방법은 세후 영업현금흐름에 대한 정확한 이해가 가능한 장점이 있으나, 실무적으

로 사용하기 불편함이 많아 거의 사용되지는 않는다.

구분	손익계산서	현금흐름
매출액	₩ 10,000,000	₩ 10,000,000
현금성 영업비용	₩ 5,000,000	₩ 5,000,000
감가상각비	₩ 2,000,000	-
세전 영업이익	₩ 3,000,000	₩ 5,000,000
법인세 (30% 가정)	₩ 900,000	₩ 900,000
세후 영업이익	₩ 2,100,000	₩ 4,100,000

2.3 투자종료시점의 현금흐름

투자가 종료된 연도에도 영업활동은 계속되는 것이므로 현금흐름은 발생한다. 투자 종료시에는 투자시점에 취득한 설비 등을 처분함으로써 현금유입이 발생하고 매출채권이나 재고자산의 회수를 통하여 현금흐름이 발생한다. 따라서 투자 종료시점의 현금흐름은 유형자산 등의 처분금액과 운전자본의 회수금액으로 이루어진다. 다만, 유형자산 처분의 경우 법인세가 존재하므로 처분손익에 따른 법인세의 효과를 반영하여야 한다.

> 투자 종료시점의 현금 유입 = 유형자산의 처분 + 운전자본의 회수
> 유형자산 처분 = 유형자산 처분가액 - (1-장부가액) × 세율

장부가액 ₩ 1,000,000인 유형자산을 처분한 경우 처분 가액별로 법인세(30% 가정) 효과를 반영한 현금흐름을 예시하면 다음과 같다.

구분	처분가액 ₩ 1,500,000	처분가액 ₩ 1,000,000	처분가액 ₩ 500,000
현금흐름	₩ 1,500,000	₩ 1,000,000	₩ 500,000
처분손익	₩ 500,000	₩ 0	(-) ₩ 500,000
법인세효과	(-) ₩ 150,000	₩ 0	(+) ₩ 150,000
현금흐름	₩ 1,350,000	₩ 1,000,000	₩ 650,000

3. 현금흐름 추정의 원칙

현금흐름을 추정할 때 지켜야 하는 원칙이 있다.

첫째, 증분현금흐름을 기준으로 추정하여야 한다. 증분현금흐름은 투자의 결과 직접적으로 발생하는 현금흐름의 변화를 의미한다. 따라서 과거의 투자 결정으로 이미 투자가 완료된 부분은 매몰원가이므로 현금흐름 추정에서 제외시켜야 한다.

둘째, 감가상각비를 현금 유출로 계산하여서는 안 되며, 감가상각비로 인한 법인세효과는 현금유입으로 계산하여야 한다.

셋째, 소득에 대하여 법인세를 납부하는 것은 당연한 것일 뿐 아니라 명백한 현금유출이기 때문에 세금을 차감한 후의 현금흐름을 계산하여야 한다. 이때 손익계산서에 포함된 비현금성 비용(감가상각비)에 대한 법인세 효과는 반영되어야 한다.

넷째, 금융비용 중 이자비용은 현금유출에서 제외하여야 한다. 이자비용이 명백한 현금의 유출이기는 하지만 현금흐름의 현재가치를 계산할 때 할인율을 통해 반영되므로 제외하여야 한다.

연습문제

11-1. (주)하진의 손익계산서를 기초로 현금흐름표의 빈칸을 채워 완성하라.

구분	손익계산서	현금흐름표	손익계산서	현금흐름표
매출액	₩ 9,000,000		₩ 3,000,000	
현금영업비용	₩ 5,000,000		₩ 1,000,000	
감가상각비	₩ 1,000,000		-	
세전이익	₩ 3,000,000		₩ 2,000,000	
법인세	₩ . 900,000		₩ . 600,000	
세후이익	₩ 2,100,000		₩ 1,400,000	

풀이 생략 : 현금흐름은 ₩ 3,100,000과 ₩ 1,400,000이 각각 산출됨.

11-2. 1) 투자예산에 대하여 정의하고 특징을 설명하라.

2) 투자예산의 수립 절차에 대하여 설명하라.

3) 현금흐름의 의의를 설명하고 투자안의 평가와 관련되는 현금흐름에 대하여 종류별로 구분하여 설명하라.

풀이 생략

제2절 투자예산모형의 개념

1. 투자예산모형의 의의

1.1 투자예산모형의 의의

투자예산모형(investment budgeting model)이란 투자안의 경제적 타당성을 평가하기 위하여 각 투자안에 대한 현금흐름이나 이익에 미치는 영향 등을 평가하기 위한 기법으로 자본예산모형(capital budgeting model)이라는 용어와 혼용하여 사용되고 있다. 투자예산모형은 전통적인 방법으로서 화폐의 시간적 가치를 고려하지 않는 비할인모형(non-discounting model)과 화폐의 시간적 가치를 고려하는 할인모형(discounting model)이 있다.

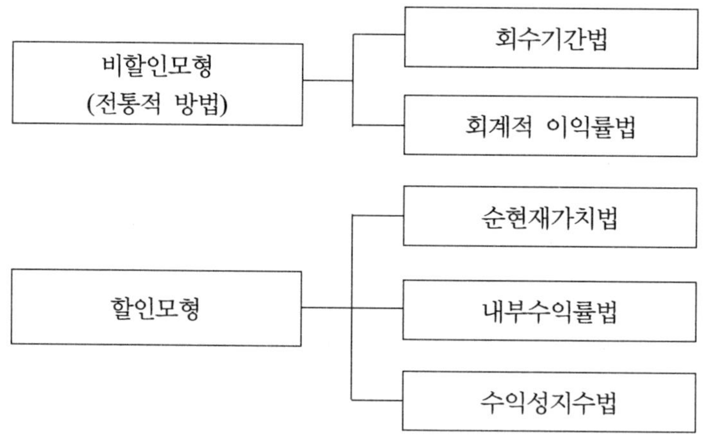

[투자예산모형의 구조]

1.2 화폐의 시간적 가치

화폐의 시간적 가치(time value of money)란 시간의 흐름에 따라 화폐의 가치가 변동하는 것을 말한다. 기업에서 투자에 관한 결정 및 실행은 현재 시점에 이루어지지만 그에 따른 대가는 미래의 여러 기간에 걸쳐 실현된다. 따라서 투자안을 평가할 때 현재의 투자금액과 미래의 현금흐름을 단순히 명목가치로만 평가하여 의사결정을 한다면 올바른 선택이라 할 수 없다. 화폐의 시간적 가치를 고려한다는 것은 현재의 화폐(투자금액)에 대하여 이자가 발생하여 미래의 특정 시점에서는 이 보다 큰 금액이 유입된다는 것을 전제로 한다. 다만, 단기적인 의사결정은 이자가 차지하는 비중이 크지 않기 때문에 화폐의 시간가치를 고려할 필요가 없다.

1.3 현재가치와 미래가치

현재가치(present value, PV)는 미래에 발생하게 될 것으로 예상되는 현금흐름을 현재 시점에서 환산(평가)한 가치를 말한다. 현재가치를 구하려면 이자율(r)을 알아야 하는데 이 이자율을 할인율이라 한다. 현재가치를 구할 때 적용되는 이자율을 '할인율'이라 하고, 미래가치를 구할 때의 이자율은 '수익률'이라 하며 이 두 가지의 용어는 용도에 따른 차이일 뿐 결국 같은 이자율이다. 현재가치를 계산할 때 일시불과 연금의 형태로 구한다.

1) 일시불의 현재가치

일시불의 현재가치(present value, PV)는 미래의 특정 시점에 있어서의 현금흐름 크기를 현재 시점의 화폐가치로 환산(평가)한 값을 말하며 후술하게 될 미래가치를 구하는 방법과 역의 관계에 있다. 현재가치를 계산할 때에는 '현가계수(present value interest factor, PVIF)'을 사용하며 이는 미래의 특정 시점에서 ₩1의 현재가치를 나타낸다. 일시불의 현재가치를 구하는 방법을 산식으로 표현하면 다음과 같다.

$$P_0 = \frac{P_n}{(1+r)^n}$$

$$\text{현가계수}(PVIF) = \frac{1}{(1+r)^n}$$

P_0: 현재의 가치
P_n: n시점의 가치
r : 이자율(할인률)

2) 기말연금의 현재가치

연금은 미래의 여러 기간에 걸쳐 매 기간 동안 동일한 현금흐름이 발생하는 것을 말한다. 그 중에서 기말연금의 현재가치(present value of annuity, PVA)란 미래의 일정기간 동안 매기간의 말(末)에 발생하는 현금흐름을 현재가치로 환산(평가)한 값을 말하며 기말연금의 현가계수(present value interest factor for an annuity, PVIFA)를 이용하여 산출한다.

$$P_0 = C \times \frac{(1+r)^n - 1}{r\,(1+r)^n}$$

$$\text{기말연금의 현가계수}(CVIFA) = \frac{(1+r)^n - 1}{r\,(1+r)^n}$$

C : 연금의 현금흐름
P_0: 현재의 가치

3) 기초연금의 현재가치

기초연금의 현재가치란 미래의 일정기간 동안 매기간의 초(初)에 발생하는 현금흐름을 현재가치로 환산(평가)한 값을 말한다. 기말연금은 매기의 기말부터 연금이 발생하지만 기초연금은 매기의 기초부터 연금이 발생한다는 것이 차이점이다.

$$P_0 = C \times \frac{(1+r)^{n-1} - 1}{r\,(1+r)^{n-1}} + C$$

$$\text{기초연금의 현가계수}(PVIFA) = \frac{(1+r)^{n-1} - 1}{r\,(1+r)^{n-1}}$$

C : 연금의 현금흐름
P_0: 현재의 가치

기초연금의 현재가치 계산의 과정에서 지수 '$n-1$'에 주의를 기울여 보면 기말연금의 현재가치 계산과 유사한 점이 있음을 알 수 있다. 즉, 기말연금의 현재가치와 비교하면 기초연금의 기간보다 1기간이 적은 기말연금의 현재가치 금액에서 1기간의 현금흐름(연금액)을 더한 금액과 같음을 알 수 있다. 예를 들어 4년 기간의 기초연금 현재가치는 3년 기간의 기말연금 현재가치에 1기간의 현금흐름(연금액)을 단순히 더한 것과 같아진다.

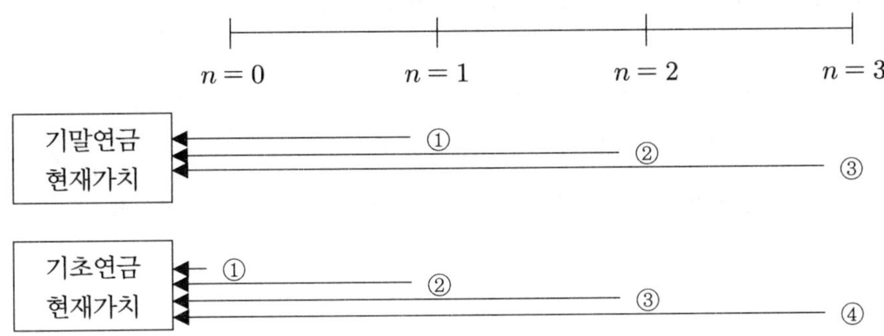

[기말연금과 기초연금의 현재가치 관계]

4) 영구연금의 현재가치

영구연금의 현재가치(present value perpetuity, PVP)란 일정한 금액의 현금흐름이 무한히 계속되는 연금을 현재가치로 평가한 값이다. 영구연금제도 자체가 아직 우리나라에 도입되어 있지 않아 영구채권의 현금흐름에는 직접적으로 사용할 기회가 없다.

그러나 기업 가치를 평가하는 과정에서 현금흐름 추정기간 이후 현금흐름의 현재가치를 구하는데 사용되는 잔여가치(continuing value, CV)의 계산이나 재무관리에서 증권가격을 산출하는 방법 중 하나인 배당평가모형의 적용 등 여러 분야에서 사용되므로 유익한 개념이다. 영구연금의 현재가치는 무한등비급수의 합계로 표현할 수 있으며 그 산식은 다음과 같다.

$$PVP = P_0 = \frac{C}{r}$$

C : 연금의 현금흐름
P_0 : 현재의 가치

5) 일시불의 미래가치

미래가치(Future Value, FV)는 현재의 일정한 현금흐름을 미래의 특정 시점을 기준으로 환산(평가)한 값으로 현재가치와 역의 관계를 가지며, 미래가치계수(compound value interest factor, CVIP)를 이용하여 산출한다.

$$P_n = P_0 \cdot (1+r)^n$$

$$\text{미래가치계수}(CVIF) = (1+r)^n$$

P_0: 현재의 가치
P_n: n시점의 가치
r : 이자율

6) 기말연금의 미래가치

기말연금의 미래가치(future value of annuity, FVA)란 현재부터 일정기간 동안 매 기간의 말(末)에 발생하는 현금흐름을 미래의 특정 시점을 기준으로 환산(평가)한 값을 말하며, 기말연금의 미래가치계수(compound value interest factor for an annuity, CVIFA)를 이용하여 산출한다.

$$P_n = C \times \frac{(1+r)^n - 1}{r}$$

$$\text{기말연금의 미래가치계수}(CVIFA) = \frac{(1+r)^n - 1}{r}$$

7) 기초연금의 미래가치

기초연금의 미래가치는 현재부터 일정기간 동안 매 기간의 초(初)에 발생하는 현금흐름을 미래의 특정 시점을 기준으로 환산(평가)한 값을 말하며, 기초연금의 미래가치계수(compound value interest factor annuity, CVIFA)를 이용하여 산출한다.

$$P_n = C \times \frac{(1+r)^{n+1} - 1}{r}$$

$$\text{기초연금의 미래가치계수}(CVIFA) = \frac{(1+r)^{n+1} - 1}{r}$$

기초연금의 미래가치 계산 과정에서 지수 '$n+1$'에 주의를 기울여 보면 지정된 기간보다 1회 만큼 더 현금흐름이 발생한다는 것을 알 수 있다. 즉, 기간의 시작과 동시에 기초부터 연금의 현금흐름에 발생하기 때문에 전체 기간에 비하여 1회 만큼 더 현금흐름이 발생하고 이 같은 이유로 위의 산식이 도출된 것이다. 예를 들어 3년 기간의 기초연금 미래가치는 4년 기간의 기말연금 현재가치와 같아진다.

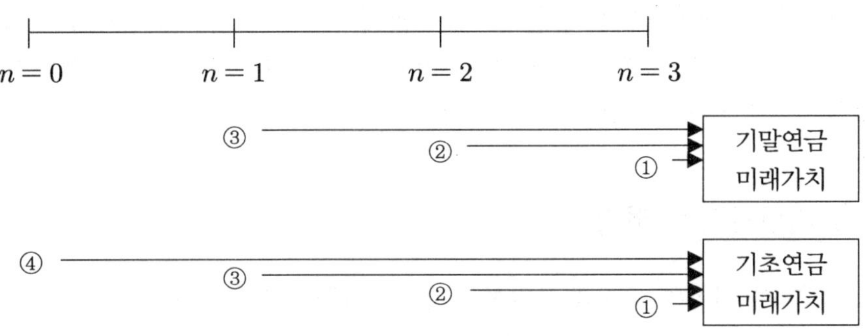

[기말연금과 기초연금의 미래가치 관계]

2. 화폐의 시간적 가치의 활용

화폐의 시간적 가치의 개념은 관리회계의 관점에서도 대단히 중요하고 광범위하게 사용된다. 투자안의 분석 및 평가를 비롯하여 원가회계의 관점에서 뿐 아니라 재무관리의 범위로까지 확장하여 적용할 수 있다.

2.1 실물투자의 결정

화폐의 시간적 개념은 본 Chapter에서 다루고 있는 기계설비, 토지, 건물 등 실물투자(투자예산)의 결정에 적극 사용된다. 현재의 투자금액이 100억 원이라면 그에 대한 대가로서 향후 10년간 단지 100억 원의 현금흐름이 발생한다면 투자로서의 가치를 지녔다고 볼 수 없다. 현재의 100억 원과 미래의 10년이라는 기간 동안 분할되어 발생하는 현금흐름 100억 원이 같은 가치일 수 없기 때문이다.

2.2 증권가격의 산출

화폐의 시간적 가치 개념은 원가관리에 국한하지 않고 범위를 확장하여 재무관리의 관점에서도 유용하게 사용된다. 주식이나 채권을 구입하게 되는 경우 그로 인하여 미래에 유입될 현금흐름과 현재의 투자금액을 비교하여 의사결정을 하게 된다. 주식이든 채권이든 그 증권을 보유하고 있음으로써 획득하게 되는 미래의 현금흐름을 현재 가치로 환산한 값이 현재의 증권가격이 된다. 증권가격의 산출과 관련된 문제는 비단 자본투자를 전문을 하는 기업만의 문제가 아니라 일반 제조기업의 경우에서도 흔히 일어날 수 있는 일이다.

2.3 기업가치의 평가

투자자가 기업의 주식을 보유하고 있으면 매년 이익의 배당을 받게 되고, 채권을 보유하고 있으면 매년 일정한 이자를 받게 된다. 만약 그 기업의 주식과 부채를 모두 보유하고 있으면 그 기업의 영업이익(순이익 + 지급이자)을 모두 획득할 수 있다. 그러므로 주식이나 채권의 보유 비율을 고려하여 기업의 현금흐름 손익계산서를 기준으로 영업이익을 현재가치로 환산하면 그 기업의 자산가치가 되고, 지급이자의 현재가치는 부채가치, 순이익의 현재가치는 자본가치가 된다. 일반적으로 기업은 계속기업(going concern)을 전제로 하고 있으므로 이때 적용되는 것이 영구연금의 현재가치 산식인데 역시 화폐의 시간적 가치 개념을 적용한 것이다.

연습문제

11-3. (주)하진의 자료를 기초로 주어진 문제에 답하라.

1) 다음 조건의 현금흐름에 대하여 현재가치를 구하라.
- ○ 3년 후 현금유입이 예상되는 금액 : ₩ 35,000,000
- ○ 금리 : 년 10%

2) 다음 조건에서 기말연금의 현재가치를 구하라.
- ○ 매년 기말의 연금 현금흐름 : ₩ 10,000,000
- ○ 지급기간 : 3년 ○ 금리 : 년 10%

3) 다음 조건에서 기초연금의 현재가치를 구하라.
- ○ 매년 기초의 연금 현금흐름 : ₩ 10,000,000
- ○ 지급기간 : 4년 ○ 금리 : 년 10%

4) 다음 조건에서 일시불의 미래가치를 구하라.
- ○ 현재의 일시불 현금흐름 : ₩ 10,000,000
- ○ 지급기간 : 3년 ○ 금리 : 년 10%

5) 다음 조건에서 기말연금의 미래가치를 구하라.
- ○ 현재부터 매 기말 연금의 현금흐름 : ₩ 10,000,000
- ○ 지급기간 : 3년 ○ 금리 : 년 10%

6) 다음 조건에서 기초연금의 미래가치를 구하라.
- ○ 현재부터 매 기초 연금의 현금흐름 : ₩ 10,000,000
- ○ 지급기간 : 3년 ○ 금리 : 년 10%

풀이

1) 현재가치를 구하는 산식 : $P_0 = \frac{P_n}{(1+r)^n}$

$$P_0 = \frac{₩\,35,000,000}{(1+0.1)^3} = ₩\,26,296,018$$

2) 기말 연금의 현재가치 구하는 산식 : $P_0 = C \times \frac{(1+r)^n - 1}{r\ (1+r)^n}$

$$P_0 = ₩\,10,000,000 \times \frac{(1+0.1)^3 - 1}{0.1\ (1+0.1)^3} = ₩\,24,868,520$$

3) 기초 연금의 현재가치 구하는 산식 : $P_0 = C \times \frac{(1+r)^{n-1} - 1}{r\ (1+r)^{n-1}} + C$

$$P_0 = ₩\,10,000,000 \times \frac{(1+0.1)^{4-1} - 1}{0.1\ (1+0.1)^{4-1}} + ₩\,10,000,000 = ₩\,34,868,520$$

기간 4년의 기초연금 현재가치는 3년 기간의 기말연금 현재가치에서 1기간의 현금흐름을 단순히 더한 금액과 같다. 따라서 위 2)는 기간이 3년인 바, 위 2)의 기말 연금 현재가치에서 3)의 1기간의 현금흐름 ₩ 10,000,000을 단순히 더한 금액과 같다.

4) 일시불의 미래가치 구하는 산식 : $P_n = P_0 \cdot (1+r)^n$

$$₩\,10,000,000\,(1+0.1)^3 = ₩\,13,310,000$$

5) 기말연금의 미래가치 구하는 산식 : $P_n = C \times \frac{(1+r)^n - 1}{r}$

$$₩\,10,000,000 \times \frac{(1+0.1)^3 - 1}{0.1} = ₩\,33,100,000$$

6) 기초연금의 미래가치 구하는 산식 : $P_n = C \times \frac{(1+r)^{n+1} - 1}{r}$

$$₩\,10,000,000 \times \frac{(1+0.1)^{3+1} - 1}{0.1} = ₩\,46,410,000$$

연금기간은 총 3년이지만 기초부터 연금의 현금흐름이 발생하기 때문에 전체 현금흐름 발생빈도수는 4가 된다. 따라서 지수가 '3+1'이 된 것이다.

제3절 투자안의 경제성 평가

1. 회수기간법

1.1 회수기간법의 의의

회수기간법(payback period method)은 투자금액에 대하여 이를 회수하는데 소요되는 시간을 기준으로 투자예산에 관한 의사결정을 하는 방법이다. 매 기간 유입되는 현금흐름을 누적하여 소요기간이 측정하고 기업이 목표로 하는 회수기간에 비하여 회수예상 기간이 짧으면 투자예산은 채택되지만 회수예상 기간이 길면 기각한다. 이는 투자안의 수익성 관점보다는 위험의 관점을 중시하는 방법이다.

회수기간법의 장점으로는 계산하기가 간단하여 이해하기가 용이하며, 회수기간이 짧을수록 유동성의 확보에 유리하다. 또 회수기간이 짧은 투자안을 선택하므로 불확실성에 노출될 가능성이 상대적으로 적다. 반면, 단점으로는 화폐의 시간적 가치가 무시되고, 회수기간 이후의 현금흐름을 고려하지 않으므로 장기적 관점에서 평가가 이루어지지 않는 단점이 있다. 목표 회수기간을 설정하는데 자의적일 뿐 아니라, 수익성의 검토 관점에서도 회수기간만을 고려하기 때문에 이를 소홀히 하기 쉽다.

화폐의 시간적 가치를 고려하지 않는 단점을 보완하기 위하여 할인된 회수기간법(discounted payback period method)을 사용하기도 한다. 이 방법은 매년 유입되는 현금흐름을 계산할 때 현재가치로 할인한 금액을 누적하여 회수기간을 계산하는 방법이다. 그러나 이 방법은 시간적 가치는 고려되지만 수익성의 검토는 여전히 소홀히 되는 단점이 남는다.

이울러 사업을 철수하는 경우에는 일반적으로 보유하고 있던 자산을 매각하므로 매각에 따른 현금유입을 함께 고려하여 투자안을 평가하는 방법인 긴급회수기간법(bail-out payback period method)을 이용하기도 한다.

1.2 회수기간법에서의 의사결정 기준

회수기간법은 본질적으로 투자금액에 대한 회수기간을 비교하여 최적의 투자안을 선택하는 방법이다. 단일의 투자안인 경우 기업이 목표로 하는 회수기간과 비교하여 판단하며, 복수의 투자안이 있는 경우에는 기업의 목표 회수기간보다 짧은 투자안 중에서 회수기간이 가장 짧은 투자안을 우선적으로 선택한다. 회수기간의 계산 산식은 다음과 같다.

$$\text{회수기간(연 단위)} = \frac{\text{투자금액}}{\text{연간 현금유입액}}$$

투자안의 회수기간 < 목표 회수기간 : 투자안 채택
투자안의 회수기간 > 목표 회수기간 : 투자안 기각

매년 유입되는 현금흐름이 회수기간 중 평균적으로 발생한다고 가정하여 위의 산식이 성립되었으므로 매년 유입되는 현금흐름이 일정하다면 위의 산식에 의해 계산이 가능하다. 그러나 현금흐름이 일정하지 않다면 누적 현금흐름액과 투자금액이 일치하는 시점까지의 기간을 기준으로 판단한다. 참고로 회수기간의 역수는 후술하는 회계적이익률법에 의한 이익률과 같다.

예시1 투자안의 선택 여부

ㅇ 최초 투자금액 : ₩ 50,000백만　　　ㅇ 목표 회수기간 : 3년

ㅇ 세후 현금흐름의 예측 자료

연도	1 차년	2 차년	3 차년	4차년
현금흐름 (백만원)	₩ 20,000	₩ 20,000	₩ 20,000	₩ 20,000

풀이

- 회수기간의 계산 : $\frac{₩50,000백만원}{₩20,000백만원}$ = 2.5년이다.
- 목표 회수기간보다 짧으므로 채택한다.
- 회수기간 2.5년을 역수로 하면 1/2.5=40%로 회계적이익률과 같다.

예시2 복수의 투자안 중에서 선택

- 투자 금액 : ₩ 10,000,000 ○ 목표 회수기간 : 3
- 세후현금흐름 예측자료

연도별	A 안의 현금흐름	B 안의 현금흐름
1 차년	₩ 2,000,000	₩ 4,000,000
2 차년	₩ 3,000,000	₩ 4,000,000
3 차년	₩ 4,000,000	₩ 4,000,000
4 차년	₩ 10,000,000	₩ 4,000,000
5 차년	₩ 15,000,000	₩ 4,000,000
합계	₩ 34,000,000	₩ 20,000,000

풀이

- A 안의 회수기간 계산 : 현금유입 누적금액이 투자금액에 도달하는 기간은 4년차 도중에 나타난다.
- B 안의 회수기간 계산 : $\frac{₩10,000,000}{₩4,000,000}$ = 2.5년이 소요된다.
- 선택 : 목표 회수기간에 부합하며 회수기간이 짧은 B 안을 선택한다.
- 문제점으로는 회수기간법에 의하면 회수기간이 짧은 B 안이 선택되지만 회수기간 이후의 현금흐름은 A 안이 훨씬 크다. 이러한 측면이 무시되는 것이 회수기간법의 단점 중 하나이다.

2. 회계적 이익률법

2.1 회계적 이익률법의 의의

회계적 이익률법(accounting rate of return method)은 '평균이익률법'이라고도 하며 수익성을 평가의 기준으로 삼는 것이다. 분석의 기준으로 투자기간 중 유입되는 현금흐름으로 분석하는 것이 아니라 회계적 순이익을 기준으로 분석하는 것이 다른 분석기법과 다른 점이다. 세후 평균순이익을 연평균 투자금액으로 나누어 산출하여 계산되므로 자본수익률(return on assets, ROA)이나 투자수익률(return on investment, ROI)과 같은 개념이다.

회계적 이익률법의 장점으로는 수익성을 고려하고 있으며 발생주의에 의해 작성된 기존의 재무제표를 이용하므로 자료수집이 쉽다. 회계적 이익률이 투자수익률(ROI)와 같아 투자대상의 경제성 분석과 투자중심점의 성과평가가 논리적으로 연결되어 있어 분석에 일관성이 있다.

단점으로는 화폐의 시간적 가치와 현금흐름을 고려하지 않고 기준수익률의 설정이 자의적이다. 또 감가상각의 방법에 따라 이익이 달라지므로 평가결과가 달라질 수 있다.

2.2 회계적 이익률법에서의 의사결정 기준

각각의 투자안으로부터 발생하는 연평균순이익을 최초의 투자금액 또는 평균투자금액으로 나누어 이익률을 계산한다. 단일 투자안인 경우에는 기업에서 정한 목표 이익률보다 회계적 이익률이 높으면 채택하고 목표 이익률보다 낮으면 기각한다. 복수의 투자안인 경우에는 1차적으로 목표 이익률보다 높은 투자안을 선택하고 그 중에서 가장 높은 이익률을 나타내는 투자안을 우선적으로 선택하는 의사결정을 한다. 회계적 이익률을 구하는 산식은 다음과 같으며 참고로 회계적이익률을 역수로 하면 회수기간과 같다.

$$\text{회계적 이익률} = \frac{\text{연평균 순이익}}{\text{최초 투자액 (또는 평균 투자액)}}$$

$$\text{평균 투자액} = \frac{\text{최초 투자액} + \text{잔존가치}}{2}$$

투자안의 회계적 이익률 > 목표 이익률 : 투자안 채택 투자안의 회계적 이익률 < 목표 이익률 : 투자안 기각

한편 전술한 바와 같이 현금흐름은 순이익에서 감가상각비 등 비현금성 비용을 가산하여 산출할 수도 있다. 예를 들어 순이익이 ₩ 10,000,000이고 감가상각비가 ₩ 3,000,000이라면 현금흐름은 ₩ 13,000,000이 된다.

예시 회계적 이익률의 산출

- 최초의 투자금액 : ₩ 100,000,000
- 잔존가치 : ₩ 10,000,00
- 세후 순이익의 예측자료

연도별	A 안의 세후 순이익	B 안의 세후 순이익
1 차년	₩ 15,000,000	₩ 20,000,000
2 차년	₩ 20,000,000	₩ 20,000,000
3 차년	₩ 25,000,000	₩ 20,000,000
4 차년	₩ 30,000,000	₩ 20,000,000
5 차년	₩ 35,000,000	₩ 20,000,000
합계	₩ 125,000,000	₩ 100,000,000
연평균 순이익(*)	₩ 25,000,000	₩ 20,000,000

(*) 연평균 순이익은 순이익의 합계를 산술평균한 것이다.

풀이 1) 최초 투자액에 대한 회계적 이익률

- A 안 : $\frac{₩\,25,000,000}{₩\,100,000,000} = 25\%$ (회수기간 $= \frac{1}{25\%} = 4$년)
- B 안 : $\frac{₩\,20,000,000}{₩\,100,000,000} = 20\%$ (회수기간 $= \frac{1}{20\%} = 5$년)

2) 평균 투자액에 대한 회계적 이익률

ㅇ A 안 : $\dfrac{₩\,25,000,000}{(₩\,100,000,000\ +\ ₩\,10,000,000) \div 2} = 45.5\%$

ㅇ B 안 : $\dfrac{₩\,20,000,000}{(₩\,100,000,000\ +\ ₩\,10,000,000) \div 2} = 36.4\%$

3) 이 기업은 최초(또는 평균) 투자액에 대한 회계적 이익률이 높은(회수기간이 짧은) A 안을 선택한다.

3. 순현재가치법

3.1 순현재가치법의 의의

회수기간법이나 회계적 이익률법은 계산의 편리성 등 일부 장점에도 불구하고 화폐의 시간가치를 무시하는 단점이 있다. 이러한 단점을 보완하기 위한 방법으로 할인모형인 순현재가치법과 내부수익률법이 있다.

순현재가치법(net present value method, NPV법)은 투자기간 중 유입되는 현금흐름의 현재가치 합계에서 투자를 위하여 유출된 현금흐름의 현재가치 합계를 차감하여 순현재가치(NPV)를 구하여 투자안에 대하여 의사결정을 하는 방법이다.

순현재가치법에서는 미래의 현금흐름을 '적정한 할인율'로 할인하여 현재가치를 구하는데, 여기에서 적정한 할인율이란 기업에서 해당 투자에 대하여 요구하는 '최소한의 수익률(minimum required rate of return)'을 의미하며, 이는 투하자본에 대한 기회비용이면서 자본비용이다.

일반적으로 기업에서 할인율을 적용할 때는 자기자본과 타인자본을 모두 포괄하는 자본 전체의 조달비용을 뜻하는 '가중평균자본조달비용(weighted average cost of capital, WACC)'을 이용한다. WACC를 계산할 때 가장 어려운 부분이 자기자본비용을 계산하는 것이다. 자기자본비용을 계산하는 방법은 여러 가지가 있으나 이는 원가회계의 범위를 넘어서는 부분으로 재무관리 부문에서 별도의 학습을 필요로 한다.

3.2 순현재가치법에서의 의사결정 기준

순현재가치법은 투자기간 중 유입되는 현금흐름 현재가치의 합계에서 투자로 인하여 유출되는 현금흐름 현재가치의 합계를 차감한 순현재가치(NPV)를 기준으로 평가한다. 따라서 단일의 투자안인 경우 순현재가치가 '0'보다 크면 투자로 인하여 현금흐름이 증가함을 의미하므로 해당 투자안은 채택이 되고 마이너스가 되면 기각한다.

복수의 투자안이 있는 경우에는 순현재가치가 '0'보다 큰 투자안 중에서 가장 큰 투자안부터 우선적으로 채택한다. 복수 투자안의 경우 각각의 투자안에 대하여 NPV를 구해 비교하는 '총액접근법'과 투자대안 간 차이가 나는 부분만을 기초로 NPV를 구해 비교하는 '증분접근법'이 있다.

순현재가치를 구하는 산식은 다음과 같다.

$$NPV = \text{유입 현금흐름의 현재가치} - \text{유출 현금흐름의 현재가치}$$

$$NPV = \Sigma \left(\frac{\text{유입 현금흐름}}{(1+r)^n}\right) - \Sigma \left(\frac{\text{유출 현금흐름}(=\text{투자액})}{(1+r)^n}\right)$$

일반적으로 유출 현금흐름은 최초 투자액을 의미하는 경우가 많으므로 다음과 같이 표시하기도 한다.

$$NPV = \Sigma \frac{\text{유입 현금흐름}}{(1+r)^n} - \text{유출 현금흐름}(=\text{투자액})$$

투자안의 순현재가치(NPV) > 0 : 투자안 채택

투자안의 순현재가치(NPV) < 0 : 투자안 기각

한편 투자종료 시점에서 투자한 기계설비를 처분하거나 운전자본의 회수 등으로 현금유입이 발생한다면 이를 반영하여 NPV를 계산하여야 한다.

예시 NPV 계산 및 투자안에 대한 의사결정

- 최초 투자금액 : ₩ 100,000,000
- 할인율 : 10%
- 투자기간 중의 유입 현금흐름 예측자료

1 차년	2 차년	3 차년
₩ 40,000,000	₩ 50,000,000	₩ 60,000,000

풀이
- NPV의 계산

$$\frac{₩\,40,000,000}{(1+0.1)} + \frac{₩\,50,000,000}{(1+0.1)^2} + \frac{₩\,60,000,000}{(1+0.1)^3} - ₩\,100,000,000$$

$$= ₩\,22,764,838$$

- NPV가 '0'보다 크므로 채택하는 의사결정을 한다.

4. 내부수익률법

4.1 내부수익률법의 의의

내부수익률(Internal Rate of Return, IRR)이란 투자기간 중 유입되는 현금흐름의 현재가치 합계와 유출되는 현금흐름 현재가치의 합계액이 같아지도록 하는 할인율을 말한다. 이는 곧 NPV가 '0'이 되는 할인율을 의미한다. 따라서 내부수익률은 투자기간 중의 평균 투자수익률을 의미하므로 투자에 소요된 자본비용(평균 자본비용)보다 크면 그 투자안의 경제적 타당성은 있는 것으로 인정되어 채택이 된다. IRR법은 NPV법과 더불어 화폐의 시간가치를 고려하고 있으며 실무적으로도 널리 사용되고 있다. 대부분의 경우에는 IRR법을 적용하든 NPV법을 적용하든 관계없이 같은 결과가 나오지만 양자가 서로 다른 결과가 나오는 특수한 경우도 있다.

4.2 내부수익률법에서의 의사결정 기준

내부수익률법은 NPV가 '0'가 되는 할인율(IRR)을 구하는 것으로부터 시작된다. 단일 투자안의 경우 내부수익률(IRR)이 평균 자본비용보다 높으면 채택이 되고 반대로 낮으면 기각 된다. 복수의 투자안인 경우에는 IRR이 평균 자본비용보다 큰 투자안 중에서 IRR이 가장 높은 투자안을 우선적으로 채택하게 된다. 여기에서 IRR를 구하기 위해서는 유입되는 현금흐름을 파악하여야 하는데 매년 동일한 현금흐름이 발생하는 경우와 동일하지 않은 현금흐름이 발생하는 경우가 있다.

1) 매년 동일한 현금흐름이 발생하는 경우

매년 현금흐름이 동일하면 연금현가표를 이용하여 계산하고, 만약 연금현가표에서 정확한 연금현가계수를 구할 수 없으면 다음의 산식으로 보간법(interpolation)을 활용하여 산출한다. 보간법으로 산출한 기간별 연금현가요소에 해당하는 이자율이 IRR이다.

$$\text{투자액} = \text{연간 유입현금흐름} \times \text{연금현가계수}$$

$$\text{연금현가계수} = \frac{\text{투자액}}{\text{연간 현금유입액}} = \text{회수기간}$$

예시 매년 동일한 현금흐름이 발생하는 경우의 IRR 산출

- 최초 투자금액 : ₩ 100,000,000
- 매년 유입 현금흐름 : ₩ 20,000,000
- 투자기간 : 10년

풀이

○ 연금현가계수 $= \dfrac{\text{투자액 ₩ 100,000,000}}{\text{연간 현금유입액 ₩ 20,000,000}} = 5.0000$

○ 10년 기간에서 연금현가요소가 '5.0000'이 속한 이자율 구간을 찾는다.

기간	14%	15%	x	16%	18%
10	5.2161	5.0188	· · 5.0000 · ·	4.8332	4.4941

○ 연금현가계수(x) 5.0000은 15%와 16%의 사이에 있음을 알 수 있다.
○ 내부수익률(IRR) 유도

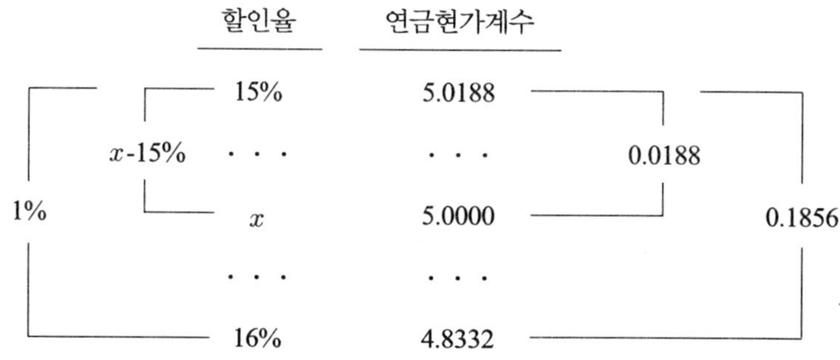

(x - 15%) : 1% = 0.0188 : 0.1856 → x = 15.1013%

○ 내부수익률(IRR) : 15.1013%

2) 매년 동일하지 않은 현금흐름이 발생하는 경우

실무적으로는 매년 유입 현금흐름이 동일하지 않는 경우가 대부분이다. 매년 현금흐름이 동일하지 않으면 보간법으로는 구할 수 없고, 내부수익률의 기본 정의에 따라 다음과 같은 산식을 이용하여 시행착오법(trial and error method)에 의해 구해야 한다. 시행착오법에서는 excel 등의 소프트웨어를 이용하면 손쉽게 구할 수 있다.

$$\sum_{t=1}^{n} \frac{t\text{시점의 현금유입 현재가치}}{(1+r)^t} = \text{최초 투자금액의 현재가치}$$

$$r = IRR$$

투자안의 IRR > 평균 자본비용 : 투자안 채택
투자안의 IRR < 평균 자본비용 : 투자안 기각

예시 **매년 동일하지 않는 현금흐름이 발생하는 경우의 IRR 산출**

- 최초 투자금액 : ₩ 100,000,000
- 현금흐름의 예측자료

1 차년	2 차년	3 차년
₩ 30,000,000	₩ 40,000,000	₩ 50,000,000

풀이 ○ 내부수익률(IRR) 유도

$$\frac{₩\,30{,}000{,}000}{(1+IRR)} + \frac{₩\,40{,}000{,}000}{(1+IRR)^2} + \frac{₩\,50{,}000{,}000}{(1+IRR)^3} = ₩\,100{,}000{,}000$$

→ 시행착오법에 의하여 IRR을 구하면 8.896%가 된다.

5. 순현재가치지수법

5.1 순현재가치지수법의 의의

순현재가치지수법(net present value index method)는 유입 현금흐름의 현재가치를 유출 현금흐름의 현재가치로 나누어서 구해지는 비율인 순현재가치지수(net present value index, NPI)로써 복수의 투자안에 대한 상대적 우선순위를 결정하는 모형이다. 순현재가치지수는 여러 투자안에 대하여 등급을 정함으로써 순위를 정하고 이에 따라 투자안을 선택하려는 목적으로 사용된다. 따라서 순현재가치지수가 클수록 더 우수한 투자안으로 평가받는다. 순현재가치지수가 '1'보다 크면 그 투자안은 유출 현금흐름에 비하여 유입 현금흐름의 크기가 더 크다는 의미로서 투자 가능성을 가진다고 할 수 있으며 '1'보다 작으면 투자안으로서 부적합함을 의미한다. 이 방법은 상호 배타적인 복수의 투자안에 대하여 우선적으로 투자할 대안을 찾는데 편리하다는 장점이 있는 반면 우선순위가 높다고 해서 반드시 기업에 공헌하는 이익의 크기도 더 크다는 것을 의미하지는 않다는 점에서 유의할 필요가 있다. 순현재가치지수법은 일반적으로 화폐의 시간적 가치를 고려하므로 할인모형의 하나이며 순현재가치법의 변형이라 할 수 있다. 초과 현재가치지수법(excess present value method) 또는 수익성지수법(profitability index method)이라고도 한다.

5.2 순현재가치지수법에서의 의사결정 기준

순현재가치지수가 '1'이면 유입 현금흐름의 크기와 유출 현금흐름의 크기가 같다는 의미이다. 따라서 '1'보다 작으면 유입 현금흐름의 크기보다 유출 현금흐름의 크기가 더 크다는 의미이므로 투자안으로서 일단은 부정적인 의미를 가진다. 따라서 산출된 순현재가치지수가 우선적으로는 '1'보다 커야 하며 '1'보다 큰 투자안 중에서도 가장 큰 수를 가진 투자안이 우선권을 가진다. 즉, 기업이 보유한 자원은 한정되어 있고 최저필수수익률(hurdle rate)을 초과하는 여러 가지의 투자안이 있을 경우 순현재가치지수가 가장 큰 투자안을 선택하게 된다. 순현재가치지수를 산출하는 산식은 다음과 같다.

$$\text{순현재가치지수} = \frac{\text{유입 현금흐름의 현재가치}}{\text{유출 현금흐름의 현재가치}}$$

순현재가치지수 > 1 : 투자안 채택

순현재가치지수 < 1 : 투자안 기각

예시 투자안의 우선순위 및 선택

- 최초의 투자금액 : ₩ 100,000,000
- 할인율 : 10%
- 최저필수수익률 : 13%
- 각 투자안별 유입 현금흐름 예측 자료

구분	투자안 A	투자안 B	투자안 C
1 차년	₩ 30,000,000	₩ 40,000,000	₩ 50,000,000
2 차년	₩ 40,000,000	₩ 50,000,000	₩ 50,000,000
3 차년	₩ 50,000,000	₩ 60,000,000	₩ 60,000,000
합계	₩ 120,000,000	₩ 150,000,000	₩ 160,000,000

풀이

- 각 투자안별 순현재가치지수

구분	투자안 A	투자안 B	투자안 C
순현재가치	₩ 97,896,319	₩ 122,764,838	₩ 131,855,748
NPVI	0.98	1.23	1.32

- 평가 : 투자안 A는 순현재가치지수가 '1'이하이므로 기각하고, 투자안 C의 현재가치지수가 가장 크므로 투자안 C를 우선적으로 선택한다.

연습문제

11-4. 다음 (주)하진의 자료를 기초로 두 투자안의 NPV를 구하고 이를 근거로 의사결정을 하라.

- 최초 투자금액 : ₩ 30,000,000
- 할인률 : 8%
- 투자안에 대한 각각의 현금흐름 예측 자료

연도	A 투자안	B 투자안	현재가치	연금 현재가치
1	₩ 10,000,000	₩ 7,000,000	0.9259	0.9259
2	₩ 10,000,000	₩ 10,000,000	0.8573	1.7833
3	₩ 10,000,000	₩ 11,000,000	0.7938	2.5771
4	₩ 10,000,000	₩ 14,000,000	0.7350	3.3121
합계	₩ 40,000,000	₩ 42,000,000		

풀이

- A 투자안의 NPV (일정한 유입 현금흐름)
  ₩ 10,000,000 × 3.3121 - ₩ 30,000,000 = ₩ 3,121,000
- B 투자안의 NPV (일정하지 않은 유입 현금흐름)
  (₩ 7,000,000 × 0.9259) + (₩ 10,000,000 × 0.8573)
  + (₩ 11,000,000 × 0.7938) + (₩ 14,000,000 × 0.7350) - ₩ 30,000,000
  = ₩ 4,076,100
- B 투자안이 A 투자안에 비하여 NPV가 ₩ 955,100만큼 크므로 B 투자안을 선택한다.

11-5. (주)하진의 자료에 의하여 복수의 투자안을 평가하고 이를 근거로 의사 결정을 하라.

(주)하진은 A 설비를 생산성이 좋은 B 설비로 대체할지의 여부를 검토하고 있다. 다음과 같은 설비에 관한 자료를 바탕으로 총액접근법에 의한 방법과 증분접근법에 의한 방법으로 분석을 하라.

- 순현재가치법에 의해 평가한다.
- 투자 종료 시점에 설비를 모두 매각한다.
- 현금흐름을 비롯한 모든 수치는 세후 금액으로 가정한다.
- 설비의 매각 및 취득에 관한 사항

구분	A 설비	B 설비
현재 매각시	₩ 200,000 가능	-
신규 취득시	-	₩ 10,000,000 소요
3년 후 매각시	₩ 50,000 가능	₩ 500,000 가능

- 현금흐름 예측 자료

구분	A 설비	B 설비
1 차년	₩ 2,000,000	₩ 6,000,000
2 차년	₩ 2,000,000	₩ 6,000,000
3 차년	₩ 2,000,000	₩ 6,000,000
합계	₩ 6,000,000	₩ 18,000,000

- 기간 3년, 할인율 8% 기준 연금의 현가계수 : 2.5571
- 기간 3년, 할인율 8% 기준 현가계수 : 0.7938

풀이 1) 총액기준접근법에 의한 NPV

○ A 설비를 계속 유지하는 경우

구분	0 차년	1 차년	2 차년	3 차년
최초 투자금액	0 (*)			
투자기간		₩ 2,000,000	₩ 2,000,000	₩ 2,000,000
투자 종료시점				₩ 50,000

(*) A 설비는 기존에 이미 보유하고 있던 설비이므로 투자금액이 없다.

○ NPV 계산

(₩ 2,000,000 × 2.5571) + (₩ 50,000 × 0.7938) = ₩ 5,153,890

○ B 설비로 대체하는 경우

구분	0 차년	1 차년	2 차년	3 차년
최초 투자금액	₩△10,000,000			
A 설비 매각	₩ 200,000			
투자기간		₩ 6,000,000	₩ 6,000,000	₩ 6,000,000
투자 종료시점				₩ 500,000

○ NPV 계산

(₩ 6,000,000 × 2.5571) + (₩ 500,000 × 0.7938) - ₩ 9,800,000

= ₩ 5,939,500

○ 결론 : A 설비만을 유지하는 경우 NPV가 ₩ 5,153,890이나 A 설비를 지금 매각하고 B 설비로 대체·유지하는 경우 NPV는 ₩ 5,939,500으로 ₩ 785,610 만큼 유리하다.

2) 증분기준접근법에 의한 NPV

○ 증분접근법은 각 투자안 간에 차이가 발생하지 않는 것은 제외하고 차이가 있는 부분만을 비교하여 NPV를 구한다.

○ 차이가 발생하는 부분만을 대상으로 하기 때문에 B 설비를 유지하는 경우의 NPV 자료(표 안의 자료)에서 A 설비를 유지하는 경우의 NPV자료(표 안의 자료)를 차감한다는 개념으로 작성하면 된다.

ㅇ 투자 종료시점의 현금흐름

구분	0 차년	1 차년	2 차년	3 차년
최초 투자금액	₩△10,000,000			
A 설비 매각	₩ 200,000			
투자기간		₩ 4,000,000	₩ 4,000,000	₩ 4,000,000
B 설비 처분				₩ 500,000

ㅇ NPV 계산
(₩ 4,000,000 × 2.5571) + (₩ 450,000 × 0.7938) - ₩ 9,800,000
= ₩ 785,610

ㅇ 총액기준접근법과 증분기준접근법에서 동일하게 NPV가 산출된다.

11-6. 다음 자료를 기초로 각 투자안의 내부수익률을 구하고, 순현재가치지수법에 의하여 투자 우선순위를 결정하라.

- ○ 최초 투자금액 : ₩ 200,000,000
- ○ 할인율 : 10%
- ○ 최저필수수익률 : 16%
- ○ 투자안에 대한 각각의 현금흐름 예측 자료

연도	투자안 A	투자안 B	투자안 C
1 차년	₩ 90,000,000	₩ 80,000,000	₩ 100,000,000
2 차년	₩ 90,000,000	₩ 90,000,000	₩ 90,000,000
3 차년	₩ 90,000,000	₩ 100,000,000	₩ 80,000,000
합계	₩ 270,000,000	₩ 270,000,000	₩ 270,000,000

풀이 1) 각 투자안에 대한 내부수익률

○ 투자안 A의 내부수익률

$$\frac{₩\,90{,}000{,}000}{(1+IRR)} + \frac{₩\,90{,}000{,}000}{(1+IRR)^2} + \frac{₩\,90{,}000{,}000}{(1+IRR)^3} = ₩\,200{,}000{,}000$$

→ 시행착오법에 의하여 IRR을 구하면 16.649%가 된다.

○ 투자안 B의 내부수익률

$$\frac{₩\,80{,}000{,}000}{(1+IRR)} + \frac{₩\,90{,}000{,}000}{(1+IRR)^2} + \frac{₩\,100{,}000{,}000}{(1+IRR)^3} = ₩\,200{,}000{,}000$$

→ 시행착오법에 의하여 IRR을 구하면 15.973%가 된다.

○ 투자안 B의 내부수익률

$$\frac{₩\,100{,}000{,}000}{(1+IRR)} + \frac{₩\,90{,}000{,}000}{(1+IRR)^2} + \frac{₩\,80{,}000{,}000}{(1+IRR)^3} = ₩\,200{,}000{,}000$$

→ 시행착오법에 의하여 IRR을 구하면 17.371%가 된다.

2) 각 투자안에 대한 순현재가치

○ 투자안 A의 유입 현금흐름 순현재가치

$$\frac{₩\,90,000,000}{(1+0.1)^1} + \frac{₩\,90,000,000}{(1+0.1)^2} + \frac{₩\,90,000,000}{(1+0.1)^3} = ₩\,223,816,679$$

○ 투자안 B의 유입 현금흐름 순현재가치

$$\frac{₩\,80,000,000}{(1+0.1)^1} + \frac{₩\,90,000,000}{(1+0.1)^2} + \frac{₩\,100,000,000}{(1+0.1)^3} = ₩\,222,238,918$$

○ 투자안 C의 유입 현금흐름 순현재가치

$$\frac{₩\,100,000,000}{(1+0.1)^1} + \frac{₩\,90,000,000}{(1+0.1)^2} + \frac{₩\,80,000,000}{(1+0.1)^3} = ₩\,225,394,440$$

3) 각 투자안별 순현재가치지수

○ 투자안 A : $\frac{₩\,223,816,679}{₩\,200,000,000} = 1.12$

○ 투자안 B : $\frac{₩\,222,238,918}{₩\,200,000,000} = 1.11$

○ 투자안 C : $\frac{₩\,225,394,440}{₩\,200,000,000} = 1.13$

4) 평가 및 투자우선순위 결정

○ 투자안 A, B, C의 순현재가치지수는 모두 '1'이상이므로 일단은 모두 투자의 경제성이 있는 것으로 평가되며, 우선순위는 C→A→B의 순위이다.

○ 다만, 기업에서 요구하는 최저필수수익률이 16%이므로 투자안 B는 내부수익률이 15.973%로서 기각되고, 투자안 A와 C 중에서 판단하면 C→A로 우선순위가 최종 결정된다.

Chapter 12

책임회계와 성과평가

제1절 책임회계의 개념

1. 책임회계의 의의

1.1 책임회계의 의의 및 전제 조건

1) 책임회계의 의의

기업의 경쟁환경이 날로 치열해지고 있어 다른 기업과의 경쟁이 더욱 심화되고 있다. 이러한 환경에서 단순히 기업 전체의 성과를 다른 기업과 비교하여 평가하는 것으로는 대외 경쟁력 강화에 도움이 될 수 없음을 인식하게 되었다. 이에 따라 기업 외부뿐만 아니라 기업 내부에서도 사업부간 또는 조직 간의 경쟁을 유도하고 궁극적으로는 대외 경쟁력의 강화를 위한 제도가 필요하게 되었다. 이러한 배경을 바탕으로 등장한 것이 책임회계제도(responsibility accounting)이며 이는 기업 내부의 여러 사업부 또는 조직 단위별로 권한과 책임을 부여하고 예산을 배정하며 경영활동의 결과(성과)에 대하여 평가하는 회계제도를 말한다.

여기에서 권한과 책임을 부여받은 하나의 사업부 또는 부서 단위를 책임중심점(responsibility center)이라 하며, 책임중심점에 대한 계획과 실적을 분석하는 과정을 성과평가(performance evaluation)라고 한다. 책임회계를 성과평가회계(performance evaluation accounting) 또는 수익성 회계제도라고도 한다.

2) 책임회계의 전제조건

책임회계제도가 효과적으로 이행되기 위해서는 몇 가지의 전제 조건이 있다. 첫째, 원가가 발생한 경우 그 발생의 원인에 대하여 책임을 지는 해당 사업부 또는 부서가 명확해야 한다. 그럼으로써 책임중심점에 대한 성과평가에 반영할 수 있다. 둘째, 책임중심점의 경영 관리자가 각각의 원가항목들에 대한 통제권을 가지고 있어야 한다. 그렇게 함으로써 책임중심점 단위에서 적절한 원가통제가 이루어질 수 있다. 셋째, 각 책임중심점의 경영 관리자에 대한 성과를 평가하기 위하여 비교의 기초가 되는 예산자료가 있어야 한다. 비교가 되는 기초자료가 없다면 단순히 다른 사업부나 부서와의 상대적 비교만 가능하기 때문에 동기부여의 기능을 약화시킬 수 있다.

1.2 책임회계의 유용성

책임회계는 전통적인 회계제도와 비교하여 다음과 같은 유용성을 지닌다.

첫째, 책임중심점 경영 관리자로 하여금 수익이나 원가에 대하여 효율적으로 관리할 수 있게 해 준다. 전통적인 회계는 재무보고 및 세무보고 등을 목적으로 하였으나, 책임회계는 수익이나 원가가 발생하였을 경우 누구의 책임이냐를 규명하여 결과에 대한 책임을 부담시키는 것이기 때문이다.

둘째, 예산(계획)과 성과(결과)를 대비하여 그 차이를 명확히 규명함으로써 책임중심점 단위로 어떠한 분야에 우선적으로 자원을 투입해야 하는지를 알 수 있게 해 준다.

셋째, 책임회계를 효율적으로 운용하기 위해서는 권한과 책임의 위임을 전제로 이루어지는데, 이를 통하여 신속한 상황판단과 의사결정으로 환경변화에 적극적으로 대응할 수 있다. 아울러 책임중심점 경영 관리자에 대하여 강력한 동기부여의 기능을 하게 된다.

넷째, 미래의 기업 경영자로 훈련할 수 있는 기회를 제공한다. 책임중심점 단위의 경영 관리자는 자기 책임으로 작은 단위의 경영 의사결정을 하게 된다. 이러한 훈련과 경험을 통하여 기업은 미래의 뛰어난 경영자를 양성하는 기회를 갖게 된다.

2. 원가의 통제가능성과 책임중심점

2.1 원가의 통제가능성

책임회계제도가 성립하는데 있어 중요한 개념의 하나는 원가의 통제가능성(controllability)에 있다. 원가의 통제가능성이란 권한의 위임을 통하여 책임중심점 경영 관리자가 특정한 항목의 원가에 대하여 어느 정도의 영향력을 행사할 수 있느냐의 문제이다. 원가의 통제 가능성에 따라 '통제가능원가'와 '통제불능원가'로 구분한다.

1) 통제가능원가

통제가능원가(controllable cost)는 책임중심점의 경영 관리자가 자신의 권한이나 의지로 통제할 수 있는 원가로서, 이 원가의 발생과정이나 결과에 대하여 책임중심점 경영관리자는 성과평가를 통하여 직접적인 책임을 부담한다. 일반적으로 직위가 높아질수록 통제가능원가의 범위가 확대된다.

2) 통제불능원가

통제불능원가(uncontrollable cost)는 책임중심점 경영 관리자가 통제할 수 없는 원가로서 책임회계제도 하에서는 통제불능원가에 대하여는 평가의 대상으로 삼지 않는다. 통제불능원가를 성과평가의 대상으로 산입한다면 책임중심점 경영관리자는 자신이 가진 권한 밖의 원가로 인하여 불이익을 받게 되고 이로 인하여 책임회계제도 자체에 대하여 반발할 수 있다. 일반적으로 직위가 높아지면 통제불능원가의 수가 줄어들지만 본질적인 통제불능원가도 존재한다. 예를 들어 세금이나 공과금 등의 경우 특별한 경우를 제외하고는 직위의 고하를 막론하고 원천적으로 통제불능원가에 속한다.

원가를 계산하는 문제와 성과를 평가하는 문제는 별개의 기준으로 보아야 한다. 즉, 원가의 계산에서는 모든 원가를 모든 제품, 사업부 또는 부서에 배분하는 것이지만, 성과평가에서는 그렇게 하면 안 된다. 왜냐하면 책임중심점 경영

관리자가 통제할 수 없는 원가로 인한 결과를 책임중심점 경영 관리자에게 부담시키는 불합리한 상황이 발생한다. 책임중심점의 경영 관리자에게는 그가 통제할 수 있는 원가만을 기준으로 평가하여야 한다.

2.2 책임중심점

책임중심점(responsibility center)이란 책임회계제도가 성립되고 효과를 발휘하기 위해서는 수익이나 원가의 발생에 대하여 책임을 부담하고 있는 조직이 존재하여야 한다. 즉, 기업의 경영활동에서 수익이나 원가가 발생하면 누구의 의사결정에 의하여 발생하였는지를 규명하고, 그 결과를 기초로 올바른 평가가 이루어져 최종적인 책임을 부담할 수 있는 조직이 결정되어야 한다. 이처럼 경영활동에 관한 권한과 책임을 부여받은 하나의 사업부 또는 부서 단위를 책임중심점이라 하며, 원가중심점, 수익중심점, 이익중심점, 투자중심점 등으로 분류할 수 있다.

1) 원가중심점

원가중심점(cost center)는 수익이나 이익에 대하여 책임을 부담하지 아니하고 오로지 원가에 대해서만 책임을 부담하는 형태를 말한다. 일반적으로 제조부서의 성과평가에 적용되는 것으로서 생산 제품에 대한 수량 등을 명확하게 정의할 수 있고 그 생산을 위하여 투입되는 자원에 대하여도 명확하게 정의할 수 있는 경우에 적용한다. 생산 제품에 대한 판매 가격이나 제품 믹스 등에 관하여는 본사 또는 마케팅 부서 단위에서 이루어지므로 원가중심점에서 책임질 사항이 아니다. 그러나 생산되는 제품의 품질이나 적시성에 대하여는 책임을 지며 표준원가제도가 대표적인 분석 방법이다.

2) 수익중심점

수익중심점(revenue center)은 수익만을 기준으로 책임을 부담하고 성과를 평가받는 형태를 말한다. 일반적으로 마케팅부서 등에 적용되는 것으로서 이익중심점과 병행하여 운용하는 것이 바람직하다. 오로지 수익만을 평가기준으로 삼는다면 수익을 증대시키기 위하여 원가를 과다하게 발생시킬 수 있는 가능성이 있어 결과적으로 기업 전체적으로는 바람직한 결과를 기대하기 어렵다. 만약 판매가격 결정의 권한이 본사에 있다면 수익중심점에서는 물리적인 수량이나 판매믹스에 대해서만 책임을 부담한다. 다만, 판매가격이 판매의 수량에도 많은 영향을 미친다면 이에 대한 고려가 이루어져야 한다.

3) 이익중심점

이익중심점(profit center)은 원가중심점이나 수익중심점의 단점을 보완할 수 있는 제도로서 수익과 원가 모두를 평가 대상으로 하는 형태이다. 수익과 이익을 모두 평가의 대상으로 하기 때문에 이익중심점의 경영 관리자는 제품의 믹스에 대한 의사결정을 하여야 하고, 기업이 가진 자원을 어떻게 배분하여 생산과 마케팅에 투입할 것인가를 결정하여야 한다. 따라서 가격, 조업도, 품질, 원가 등과의 상관관계를 분석하여 최적의 상태로 운용될 수 있도록 하여야 하며 대표적으로 매출차이 분석방법이 있다.

4) 투자중심점

투자중심점(investment center)은 가장 넓은 의미의 책임중심점으로서 수익, 원가 및 이로 인한 이익에 대하여 책임을 부담할 뿐만 아니라 해당 부문에 대한 투자자원의 사용 및 그 성과에 대해서도 책임을 부담하는 형태이다. 일반적으로 실물자산과 운전자본의 사용에 관한 독립적인 권한을 가진 사업부제도를 운용하는 경우에 많이 적용되며, 투자수익률(return on investment, ROI), 잔여이익(residual income, RI), 경제적 부가가치(economic value added, EVA) 분석 등의 방법이 있다.

연습문제

1) 책임회계제도의 의의에 대하여 설명하라.

2) 책임회계제도의 유용성에 대하여 설명하라.

3) 원가의 통제가능성에 대하여 설명하라.

4) 책임중심점의 의의와 일반적인 분류방법에 대하여 설명하라.

풀이 생략

제2절 성과평가

1. 성과평가의 의의

성과의 의미가 노력의 결과로 이루어진 효과라고 정의한다면 책임회계제도에서의 성과는 당초 기업이 목표한 예산에 대비하여 각 책임중심점들이 이룩한 달성의 정도를 의미한다고 할 수 있다. 성과평가는 이러한 책임중심점들의 성과에 대하여 사전에 정해진 일정한 기준(예산)에 따라 비교하여 평가하는 과정이라 할 수 있다.

성과평가의 목적은 예산과 성과를 비교하여 차이가 발생한다면 그 차이의 원인이 무엇이며 이를 개선할 대안은 무엇인지를 모색하고, 또 다른 미래의 계획에 대하여 피드백을 함으로써 보다 합리적으로 계획이 수정·보완되도록 하는데 목적이 있다. 동시에 성과평가의 결과에 따라 각 책임중심점의 경영 관리자에 대한 보상이나 제재 등의 조치가 취해지기도 한다.

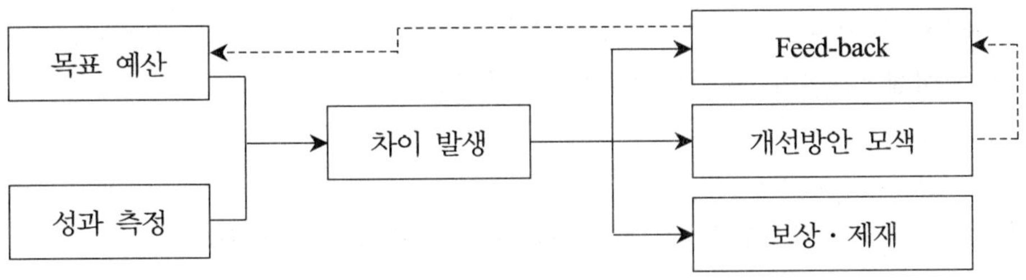

[목표예산 및 성과평가의 흐름도]

성과평가에서 가장 주의하여야 하는 점은 통제불능원가는 제외하거나 최소한 통제가능원가와는 구분되어져야 한다는 것이다. 책임중심점은 통제가능원가에 대해서만 책임을 부담하는 것이며 책임의 범위 밖에 있는 통제불능원가까지 책임중심점의 성과평가시 반영하여서는 안 된다.

성과평가 제도를 설계함에 있어서 고려하여야 할 사항으로는 책임중심점의 목표와 기업의 전체적인 목표가 일치되도록 설계되어야 하며, 성과 측정에 있어서의 오류를 최소화되도록 하여야 한다. 또 원가분석이나 성과평가의 자료는 적시에 보고되어야 경영활동에 즉각적으로 반영되어 적절한 개선책을 모색할 수 있으므로 평가 결과에 지나치게 정확성을 추구하기 보다는 평가 과정의 경제성도 함께 중시할 필요가 있다.

2. 원가중심점 성과평가

2.1 원가차이

원가중심점(cost center)은 통제 가능한 원가의 발생에 대해서만 책임을 지는 가장 작은 활동범위를 가진 책임중심점이다. 성과평가에서 원가차이는 사전에 설정된 표준원가와 사후에 실제 발생한 실제원가와의 차이를 분석하여 성과평가, 표준의 재설정 등에 활용된다. 원가의 차이 분석 결과 사전에 설정된 표준원가(standard cost)보다 실제원가(actual cost)가 더 많이 발생한 것을 '불리한 차이(unfavorable variance, U)'라고 하며, 그 반대의 경우는 '유리한 차이(favorable variance, F)'라고 한다. 원가차이 분석은 직접재료비, 직접노무비, 변동제조간접비, 고정제조간접비 등으로 나누어 측정한다.

실제원가 - 표준원가 > 0 : 불리한 차이 (U)
실제원가 - 표준원가 < 0 : 유리한 차이 (F)

2.2 원가요소별 차이 분석

원가요소별 차이 분석은 직접재료비, 직접노무비, 변동제조간접비, 고정제조간접비로 구분하여 각각 예산과 실제발생금액과의 차이를 분석한다.

1) 직접재료비 차이

직접재료비 차이는 가격 차이와 수량 차이로 구분할 수 있으며 전체 직접재료비 차이는 가격차이와 수량차이의 합이다.

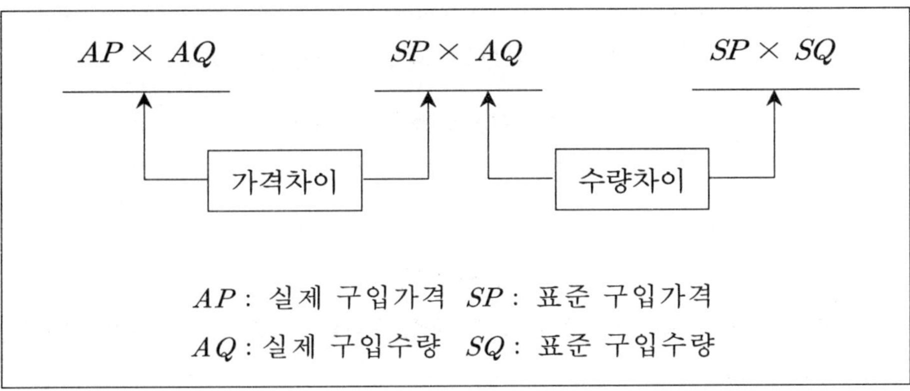

가격차이는 실제 구입가격이 표준가격에 비하여 높은 가격에 의한 차이(U) 또는 낮은 가격에 의한 차이(F)로 인한 원가차이를 말하며, 구매부서의 성과평가지표로 활용된다. 다만, 이 산식에 따르면 실제 생산량(AQ)에 따라 가격차이의 금액이 결정된다면 구매부서의 성과평가가 곧 생산부서의 생산량에 영향을 받는 것으로 되어 구매부서의 관점에서는 합리적이지 못하다. 따라서 그 경우 구매부서의 성과평가에는 실제 생산량(AQ)을 대신하여 실제 구매수량을 적용하면 합리적인 성과평가가 가능할 것이다. 이를 가격차이에서 따로 분리하여 '구입가격차이'라 한다. 구입가격차이에 관하여는 Chapter 6의 제2절에서 설명한 바 있다.

$$가격차이 = (AP \times AQ) - (SP \times AQ)$$
$$= (AP - SP) \times AQ$$

〈개념정리〉

가격차이 = 실제 직접재료비 발생액 - (실제 사용량 × 표준 구입가격)

수량차이는 실제 투입수량이 표준수량에 비하여 많이 소비된 차이(U) 또는 적게 소비된 차이(F)에 의해 발생하는 원가차이를 말하며, 생산부서의 성과평가지표로 활용된다.

$$\text{수량차이} = (AQ \times SP) - (SQ \times SP)$$
$$= (AQ - SQ) \times SP$$

〈개념정리〉

수량차이 = (실제 사용량 × 표준 구입가격) - 표준 직접재료비 총액

예시 직접재료비 원가 차이의 산출

- 직접재료비 표준 소비수량 : 1,000개
- 표준 구입단가 @ ₩ 100 (총액 ₩ 100,000)
- 실제 구입 및 소비수량 : 900개 (구입 가격차이는 없는 것으로 가정)
- 실제 구입단가 : @ ₩ 110 (총액 ₩ 99,000)

풀이

- 가격차이 : $AP \times AQ =$ ₩110 × 900개 = ₩99,000
  $SP \times AQ =$ ₩100 × 900개 = ₩90,000
  ⇒ 불리한 차이 : ₩9,000

  ※ 약식 계산방법
  $(AP - SP) \times AQ =$ (₩110 − ₩100) × 90개
  = ₩9,000 ⇒ 양의 수치이므로 불리한 원가 차이

- 수량차이 : $AQ \times SP =$ 900개 × ₩100 = ₩90,000
  $SQ \times SP =$ 1,000개 × ₩100 = ₩100,000
  ⇒ 유리한 차이 : ₩10,000

  ※ 약식 계산방법
  $(AQ - SQ) \times SP =$ (900개 − 1,000개) × ₩1,000
  = ₩△10,000 ⇒ 음의 수치이므로 유리한 원가 차이

- 직접재료비 총원가차이 : ₩ 1,000 유리 (F)

2) 직접노무비 차이

직접노무비 차이는 임률차이와 능률차이로 구분할 수 있으며, 전체 직접노무비 차이는 임률차이와 능률차이의 합이다.

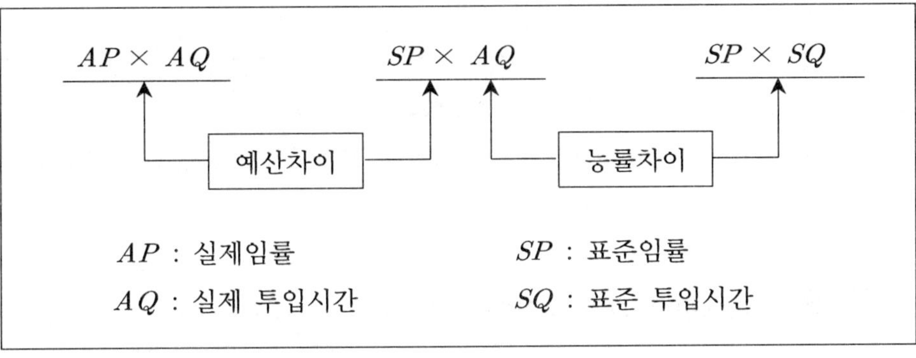

임률차이는 실제임률이 표준임률에 비해 높음으로써 발생하는 차이(U) 또는 낮음으로써 발생하는 차이(F)로 인한 원가차이를 말하며, 임률은 노사 간의 합의 등의 절차를 통해 정해지는 것이므로 성과평가에는 일반적으로 적용하지 않는 경우가 많다.

$$\begin{aligned} \text{임률차이} &= (AP \times AQ) - (SP \times AQ) \\ &= (AP - SP) \times AQ \end{aligned}$$

〈개념정리〉

임률차이 = 실제 직접노무비 발생액 - (실제 작업시간 × 표준임률)

능률(투입시간)차이는 실제 작업에 투입된 시간이 표준투입시간에 비하여 많아서 발생하는 차이(U) 또는 적어서 발생하는 차이(F)로 인한 원가차이를 말하며, 생산부서의 노동관련 생산성을 평가하는 지표로 사용된다.

$$\text{능률(투입시간)차이} = (AQ \times SP) - (SQ \times SP)$$
$$= (AQ - SQ) \times SP$$

〈개념정리〉

능률(투입시간)차이 = (실제 작업시간 × 표준임률) - 표준임률 총액

예시 **직접노무비 원가 차이의 산출**

- 직접노무비 표준 시간 : 700시간
- 표준임률 : @ ₩ 60 (총액 ₩ 42,000)
- 실제 작업시간 : 800시간
- 실제임률 : @ ₩ 55 (총액 ₩ 44,000)

풀이

- 임률차이 : $AP \times AQ =$ ₩ 55 × 800시간 = ₩ 44,000
  $SP \times AQ =$ ₩ 60 × 800시간 = ₩ 48,000
  ⇒ 유리한 차이 ₩ 4,000

  ※ 약식 계산방법
  $(AP - SP) \times AQ =$ (₩ 55 − ₩ 60) × 800시간
  = ₩ △4,000 ⇒ 음의 수치이므로 유리한 원가 차이

- 능률(투입시간)차이 : $AQ \times SP =$ 800시간 × ₩ 60 = ₩ 48,000
  $SQ \times SP =$ 700시간 × ₩ 60 = ₩ 42,000
  ⇒ ₩ 6,000 불리한 차이

  ※ 약식 계산방법
  $(AQ - SQ) \times SP =$ (800시간 − 700시간) × ₩ 60
  = ₩ 6,000 ⇒ 양의 수치이므로 불리한 원가 차이

- 직접노무비 총원가차이 : ₩ 2,000 불리 (U)

3) 변동제조간접비 차이

변동제조간접비 차이는 예산차이와 능률차이로 구분할 수 있다.

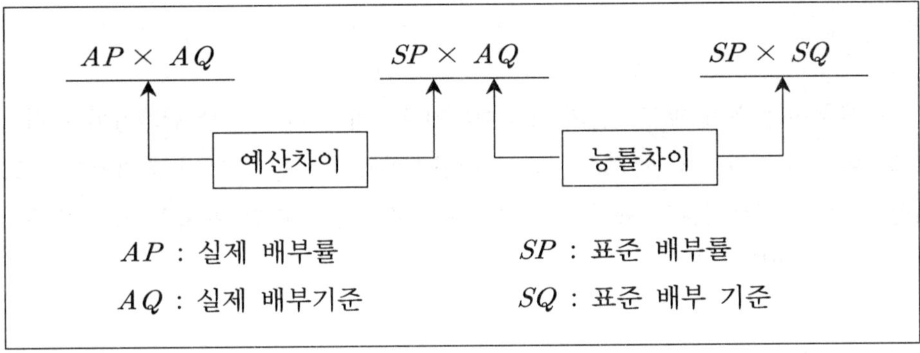

예산차이는 변동제조간접비의 실제발생 금액에 비하여 실제조업도에 표준배부율을 적용한 금액(예산)과의 차이로서 변동 제조간접비의 실제발생액과 표준발생액의 차이를 나타내며 '소비차이'라고도 한다. 배부기준이란 설비 가동시간, 근로자의 작업시간 등을 말하며, 배부율이란 설비의 가동시간당 또는 근로자의 작업시간당 변동제조간접비 금액 등을 말한다.

즉, 표준배부기준은 무시하고 실제로 발생한 배부기준(조업도)에서 실제배부율과 표준배부율과의 차이로 인한 것으로 직접재료비 차이를 참고로 한다면 가격차이와 유사한 개념의 원가차이이다. 실제발생액이 크면 불리한 차이(U)이고 적으면 유리한 차이(F)이다.

예산차이는 책임중심점 경영 관리자의 능력이나 의지와는 무관하게 외부 환경의 변화로 인하여 생산요소의 가격이 변동하는데 원인인 경우가 많으므로 성과평가에 적용할 때 이를 고려하여야 하며, 실무적으로 사용하지 않는 것이 일반적이다.

$$\text{예산(소비)차이} = (AP \times AQ) - (SP \times AQ)$$
$$= (AP - SP) \times AQ$$

〈개념정리〉

예산(소비)차이 = 실제 변동제조간접비 발생액
- (실제 조업도 × 표준 배부율)

능률차이는 실제 배부기준과 표준배부기준과의 차이로 인한 원가차이로 직접재료비의 원가차이를 참고로 한다면 수량차이와 유사한 개념의 원가차이를 말한다. 실제 배부기준이 표준 배부기준을 초과하면 불리한 차이(U)이고 반대면 유리한 차이(F)이다.

$$\text{능률차이} = (AQ \times SP) - (SQ - SP)$$
$$= (AQ - SQ) \times SP$$
$$= (\text{실제배부기준} - \text{표준배부기준}) \times \text{표준배부율}$$

〈개념정리〉

능률차이 = (실제 조업도 × 표준 배부율)
- 표준 변동제조간접비 총액

예시 변동제조간접비 원가 차이의 산출

- 변동제조간접비 표준 작업시간 : 700시간
- 변동제조간접비 배부율 : @ ₩ 40 / 시간당 (총액 ₩ 28,000)
- 실제 작업시간 : 800시간
- 실제 변동제조간접비 배부율 : @ ₩ 45 / 시간당 (총액 ₩ 36,000)

풀이 ○ 예산(소비)차이 : $AP \times AQ =$ ₩ 45 × 800시간 = ₩ 36,000
$SP \times AQ =$ ₩ 40 × 800시간 = ₩ 32,000
⇒ ₩ 4,000 불리한 차이

※ 약식 계산방법
$(AP - SP) \times AQ =$ (₩45 − ₩40) × 800시간
= ₩4,000 ⇒ 양의 수치이므로 불리한 원가 차이

○ 능률(조업도)차이 : $AQ \times SP =$ 800시간 × ₩40 = ₩32,000
$SQ \times SP =$ 700시간 × ₩40 = ₩28,000
⇒ ₩4,000 ⇒ 양의 수치이므로 불리한 차이

※ 약식 계산방법
$(AQ - SQ) \times AP =$ (800시간 − 700시간) × ₩40 = ₩4,000
⇒ 양의 수치이므로 불리한 원가 차이

○ 변동제조간접비 총원가차이 : ₩ 8,000 불리 (U)

4) 고정제조간접비 차이

고정제조간접비 차이는 예산차이와 조업도차이로 구분할 수 있다. 고정제조간접비는 본질적으로 조업도(산출량)과 관계없이 일정하게 발생하므로 실제 조업도의 변화에 대하여 무관하며 단지 기준조업도에서만 영향을 받는다. 따라서 경영진이나 책임 중심점의 경영 관리자가 능률적인 원가 통제를 통하여 원가의 발생을 줄일 수 있는 능률차이는 존재하지 않고 오직 예산차이와 조업도 차이만 존재한다.

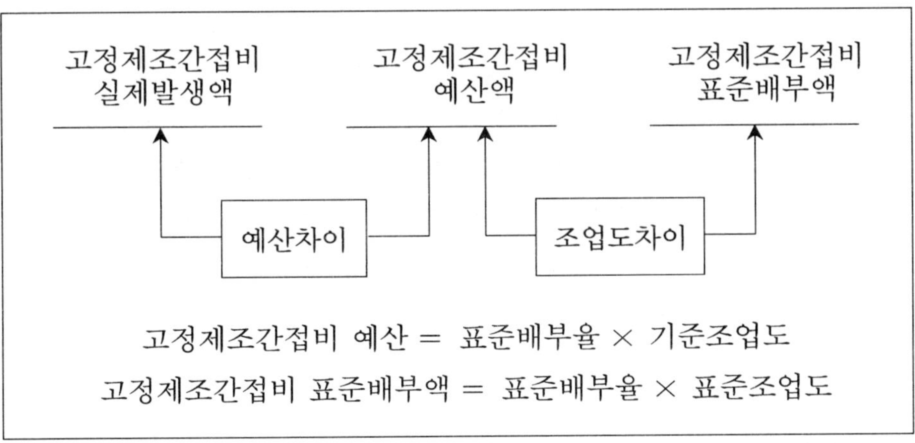

예산차이는 고정제조간접비 실제 발생액과 고정제조간접비 예산액을 비교하여 실제 발생한 차이로서 고정제조간접비가 크면 불리한 차이(U)이며 적으면 유

리한 차이(F)이다. 고정 제조간접비 예산액은 고정제조간접비 예정배부율에 기준조업도를 곱하여 산출한다. 예산차이 산식의 의미는 당초 기업이 목표로 설정한 고정제조간접비의 예산액(고정제조간접비 예정배부율 × 기준조업도)보다 실제 고정제조간접비의 발생이 어느 정도인가를 분석하는 것이다.

> 예산차이 = 고정제조간접비 실제발생액 - 고정제조간접비 예산액
> = 고정제조간접비 실제발생액
> - (기준조업도 × 고정제조간접비 예정배부율)
>
> $$\text{고정제조간접비 예정배부율} = \frac{\text{고정제조간접비 예산}}{\text{기준조업도}}$$

고정제조간접비가 일정한 금액으로 발생함에도 불구하고 조업도차이가 발생하는 원인은 제품의 원가계산을 목적으로 하는 경우에 변동제조간접비처럼 제품 단위당으로 파악하여 각 제품에 배부하는 것이 필요하고, 이와 같은 배분의 과정 때문에 조업도차이가 발생한다. 그러나 원가관리의 목적으로 하는 경우에는 고정제조간접비를 총액으로 파악하는 것으로도 충분하다.

> 조업도차이 = 고정제조간접비 예산액 - 고정제조간접비 배부액
> = (기준조업도 × 고정제조간접비 예정배부율)
> - (실제산출량 조업도 × 고정제조간접비 예정배부율)
> = (기준조업도 - 실제 산출량 조업도)
> × 고정제조간접비 예정배부율

고정제조간접비의 경우에도 대부분 외부의 환경변화에 따른 변동이 원인이므로 책임중심점의 성과평가에 적용하는 것은 불합리한 측면이 있어 일반적으로 사용하지 않는다. 조업도차이는 기준조업도와 표준조업도와의 차이로 인하여 발생하는 원가차이로서 인원이나 설비의 유휴상태를 측정하는데 유용한 지표이다.

예시 **고정제조간접비 원가 차이의 산출**

- 고정제조간접비 기준조업도 : 1,000시간
- 고정제조간접비 예정배부율 : @ ₩ 200 / 시간당 (총액 ₩ 200,000)
- 실제 작업시간 : 1,100시간
- 실제 고정제조간접비 배부율 : @ ₩ 210 / 시간당 (총액 ₩ 231,000)

풀이
- 예산차이 : 고정제조간접비 실제발생액 - 고정제조간접비 예산액
  = 고정제조간접비 실제발생액
  - (기준조업도 × 고정제조간접비 예정배부율)
  = ₩ 231,000 - ₩ 200,000
  = ₩ 231,000 - (1,000시간 × ₩ 200)
  = ₩ 31,000 ⇒ 양의 수치이므로 불리한 원가 차이
- 조업도차이 : 고정제조간접비 예산액 - 고정제조간접비 배부액
  = (기준조업도 × 고정제조간접비 예정배부율)
  - (실제산출량 조업도 × 고정제조간접비 예정배부율)
  = (기준조업도 - 실제 산출량 조업도)
  × 고정제조간접비 예정배부율
  = ₩ 200,000 - ₩ 220,000
  = (1,000시간 × ₩ 200) - (1,100시간 × ₩ 200)
  = (1,000시간 - 1,100시간) × ₩ 200 = ₩ △20,000
  ⇒ 음의 수치이므로 유리한 원가 차이
- 고정제조간접비 총원가차이 : ₩ 11,000 불리 (U)

2.3 원가차이에 대한 성과평가

원가차이에 대한 분석이 완료되면 각 원가중심점에 대한 성과평가를 수행한다. 성과평가에 있어서 특히 주의하여야 하는 사항으로 원가발생의 원인에 대한 책임소재를 명확히 구분하는 것이 필요하다. 성과평가의 오류 내지는 불합리로 인하여 조직 구성원들의 사기에 악영향을 끼치거나 심지어 성과평가제도 자체에 대하여 수용하지 못하는 분위기가 형성되면 기업으로서는 매우 바람직하지 않다. 각 원가중심점에 대하여 인과관계를 명확히 하여 그러한 부작용이 나타나지 않도록 하여야 한다. 일률적으로 적용할 수는 없지만 일반적인 기준에서 각 원가중심점에 대한 책임부담의 관계를 그림으로 표시하면 다음과 같다.

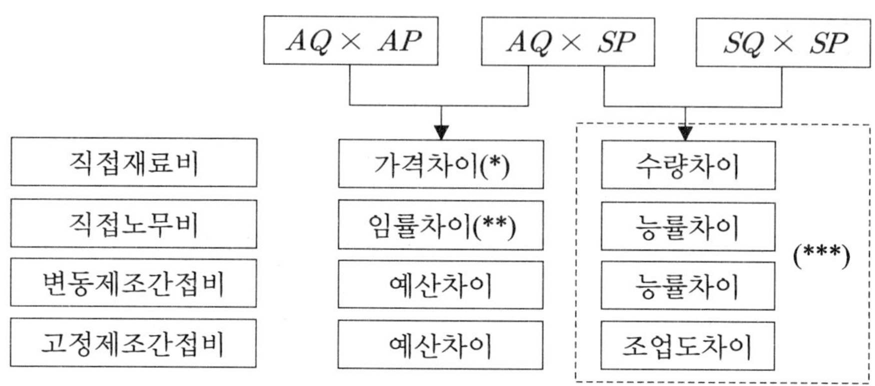

(*) 구매부서의 생산성 측정
(**) 인사부서의 생산성 측정
(***) 생산부서의 생산성 측정
(주) 예산차이에 대하여는 기업이 통제할 수 없는 요인으로 인한 경우가 많다.

3. 수익과 이익중심점 성과평가

3.1 매출가격과 조업도 차이분석

수익과 이익중심점을 운용함에 있어서 수익중심점(revenue center)보다 이익중심점(profit center)으로 운용하는 것이 더 바람직하다. 왜냐하면 수익중심점으로 운용하면 수익을 극대화하기 위한 목적으로 책임중심점 단위에서 자칫 과도한 원가가 발생할 가능성이 있기 때문이다. 따라서 수익과 더불어 비용도 함께 책임을 부담시키는 이익중심점으로 운영하는 것이 바람직하다.

매출차이 분석결과 실제의 매출이 예산매출보다 크면 기업의 긍정적인 영향을 미치므로 유리한 차이(F)이고 예산매출보다 적으면 불리한 차이(U)가 된다.

실제매출(AP) $>$ 예산매출(BP) : 유리한 차이(F)
실제매출(AP) $<$ 예산매출(BP) : 불리한 차이(U)
AP : $Actual\ Price$, BP : $Budget\ Price$

매출차이는 매출가격차이(sales price variance)와 매출조업도차이(sales volume variance)로 이루어져 있으며, 일반적으로 매출차이분석이라 함은 공헌이익을 포함한 이익중심점 분석이라고 이해하는 것이 필요하다. 매출차이분석은 수익과 이익중심점 성과평가를 위한 분석으로서 실제 매출과 예산 매출의 차이에 따른 공헌이익의 차이를 분석하며 주로 마케팅 부서의 성과평가에 사용된다.

매출총차이 = 매출가격차이 + 매출조업도차이 = 실제 매출수량 × (실제판매가격 - 예산판매가격) + (실제 매출수량 - 예산 매출수량) × 예산공헌이익

여기에서 매출차이만을 분석하면 수익중심점 분석이 위주가 되어 기업 전체의 이익을 해하는 행위가 나타날 수 있고 기업의 목표와 책임중심점의 목표가 일치하지 않는 상황의 발생으로 목표일치성을 위배할 수 있다.

따라서 이익중심점 분석을 위하여 매출차이뿐만 아니라 공헌이익의 차이를 분석하여야 한다. 공헌이익을 산출할 때 적용하는 제품의 변동원가는 실제 단위당 변동원가를 적용하는 것이 아니라 표준 단위당 변동원가를 적용하여야 한다. 이는 마케팅 부서는 제품의 생산과정에서 발생하는 원가에 대하여는 책임이 없기 때문이다. 실제 단위당 변동원가를 적용하면 마케팅 부서는 생산부서의 책임으로 발생한 문제에 직접적으로 영향을 받기 때문이다.

매출가격차이 = 실제매출수량 × (실제판매가격 - 표준변동원가) - 실제매출수량 × (예산판매가격 - 표준변동원가) = 실제매출수량 × (실제판매가격 - 예산판매가격)

매출조업도 차이는 실제 판매량과 예산 판매량 사이에서 발생하는 공헌이익을 측정함으로써 분석한다.

매출조업도차이 = 실제매출수량 × (예산판매가격 - 표준변동원가)
- 예산매출수량 × (예산판매가격 - 표준변동원가)
= (실제매출수량 - 예산매출수량) × 예산공헌이익

매출가격차이를 계산할 때 원가요소별 차이분석에서 사용한 방법과 같은 분석도구를 사용하여 계산할 수도 있다.

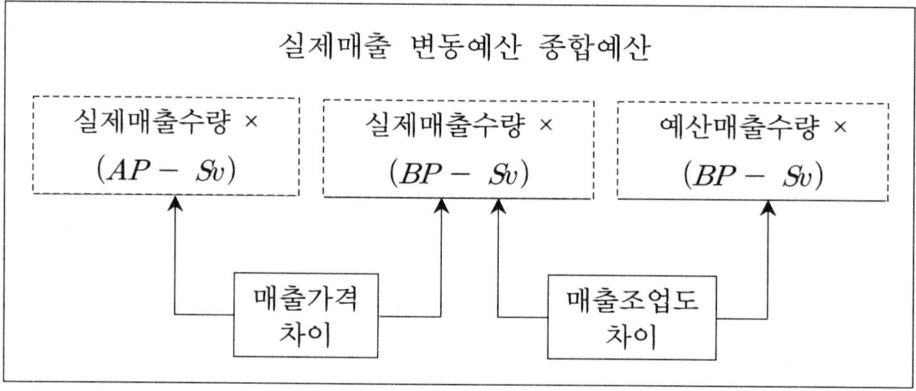

예시 매출가격 차이와 매출조업도 차이 및 매출차이 산출

○ 판매와 관련한 자료

구분	단위당 판매가격	표준 변동원가	단위당 공헌이익	판매량
예산내용	₩ 1,300	₩ 900	₩ 400	22,000개
실제내용	₩ 1,500	₩ 900	₩ 600	20,000개

풀이

○ 매출가격차이 : 실제매출수량 × (실제판매가격 - 예산판매가격)
= 20,000개 × (₩ 1,500 - ₩ 1,300) = ₩ 4,000,000
⇒ ₩ 4,000,000 유리 (F)

○ 매출조업도차이 : (실제매출수량 - 예산매출수량) × 예산공헌이익
= (20,000개 - 22,000개) × ₩ 400 = ₩ △800,000
⇒ ₩ 800,000 불리 (U)

○ 총매출차이 차이 : ₩ 3,200,000 유리 (F)
○ 원가요소별 분석방법과 같은 분석도구를 사용하면 다음과 같다.

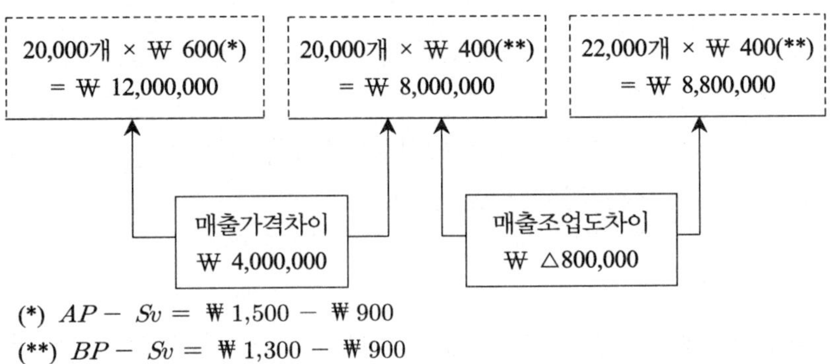

(*) $AP - Sv$ = ₩ 1,500 − ₩ 900
(**) $BP - Sv$ = ₩ 1,300 − ₩ 900

3.2 매출구성차이와 수량 차이분석

일반적으로 기업은 2개 이상의 제품을 판매하는 경우가 많으므로 예산매출액을 구하려면 기업이 구성하고 있는 제품의 비율을 가정해야 한다. 그 후 실제 매출이 발생했을 때 당초 가정하였던 구성비율과 실제 매출의 구성 비율은 달라지는 것이 대부분이다. 이런 관점에서 매출가격차이는 실제 매출수량을 기준으로 분석하므로 추가 검토의 필요성이 없으나, 매출조업도차이는 예산매출수량이 분석의 과정에 개입되기 때문에 달라지며, 매출조업도차이는 매출구성차이와 매출수량차이로 구분할 수 있다. 따라서 제2절 3.1에서 산출한 매출조업도차이와 일치한다.

매출구성차이(sales mix variance)는 예산 단위당 공헌이익과 실제 판매의 구성비율이 예산 구성비율과 다르기 때문에 발생한다. 영문을 직역하면 '매출배합차이'가 적절할 것이나 그 의미를 이해하기 위하여 본서에서는 '매출구성차이'라는 용어를 사용하기로 한다.

매출구성차이 = {실제매출수량 - (실제매출총수량 × 예산총매출수량 구성비)} × 예산 단위당 공헌이익

매출수량차이는 예산 단위당 공헌이익과 실제 판매량이 예산 판매량과 다르기 때문에 발생한다.

> 매출수량차이
> = (실제매출총수량 × 예산총매출수량 구성비 - 예산 매출수량)
> × 예산 단위당 공헌이익

예시 매출구성차이와 매출수량차이 및 총매출조업도차이 산출

○ 판매와 관련한 자료

구분		단위당 공헌이익	판매량	구성 비율
예산내용	A 제품	₩ 900	30,000개	30.0%
	B 제품	₩ 800	70,000개	70.0%
	합계		100,000개	
실제판매	A 제품	₩ 950	45,000개	40.9%
	B 제품	₩ 750	65,000개	59.1%
	합계		110,000개	

풀이 ○ 매출구성차이

A 제품 : {실제매출수량 - (실제매출총수량 × 예산총매출수량구성비)}
× 예산 단위당 공헌이익
= {45,000개 - (110,000개 × 30%)} × ₩ 900 = ₩ 10,800,000
⇒ ₩ 10,800,000 유리 (F)

B 제품 : {65,000개 - (110,000개 × 70%)} × ₩ 800 = ₩ △9,600,000
⇒ ₩ 9,600,000 불리 (U)

A 제품과 B 제품의 구성차이 합계 : ₩ 1,200,000 유리 (F)

○ 매출수량차이 : (실제매출총수량 × 예산총매출수량 구성비
- 예산 매출수량) × 예산 단위당 공헌이익

A 제품 : (110,000개 × 30% - 30,000개) × ₩ 900 = ₩ 2,700,000
⇒ ₩ 2,700,000 유리 (F)

B 제품 : (110,000개 × 70% - 70,000개) × ₩ 800 = ₩ 5,600,000
⇒ ₩ 5,600,000 유리 (F)

A 제품과 B 제품의 수량차이 합계 : ₩ 8,300,000 유리 (F)

○ A 제품과 B 제품의 총매출조업도차이 : ₩ 9,500,000 유리 (F)

3.3 시장규모와 시장점유율 차이분석

기업의 매출에 큰 영향을 미치는 요인은 시장요인이며 그 중에서 시장의 전체적인 규모와 시장에서의 해당 기업 점유율에 따라 매출에 직접적인 영향을 받는다. 전술한 바와 같이 매출수량 차이는 실제 총판매수량과 예산 총판매수량과의 차이가 미치는 공헌이익에 대하여 분석하였다. 그렇다면 그러한 매출수량은 시장의 규모와 점유율의 차이에 영향을 받으므로 시장규모차이와 시장점유율차이를 분석하여야 한다. 지금까지 논의된 것을 종합하면 매출총차이는 다음과 같이 계층적으로 분류할 수 있다.

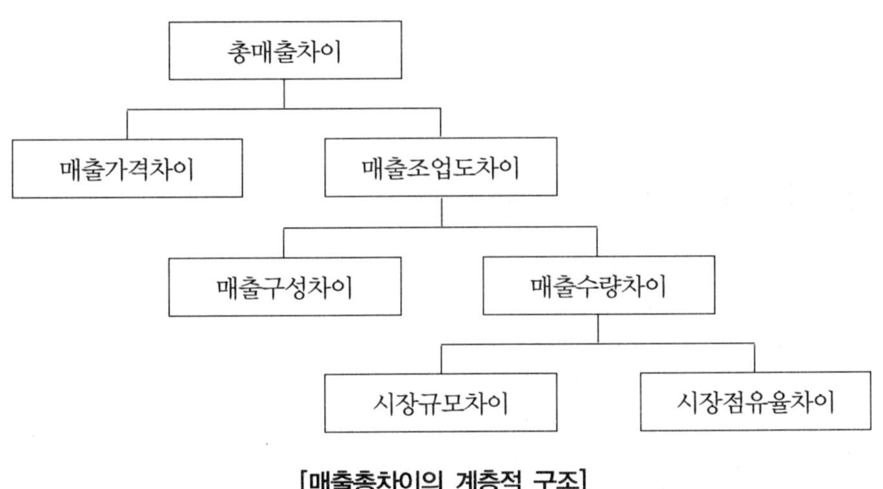

[매출총차이의 계층적 구조]

시장규모는 본질적으로 기업으로서는 통제 가능한 요소가 아니다. 그러나 시장점유율이 일정하다면 시장규모가 커질수록 기업의 매출수량도 증가할 것이다. 시장규모차이는 전체 시장규모의 변화가 기업의 공헌이익에 미치는 영향을 분석하는 것으로 실제시장규모와 예산시장규모의 차이에 예산시장점유율을 적용하여 자신의 시장규모의 차이를 산출한 후 '평균 예산단위당 공헌이익(average budget unit contribution margin, ABUCM)'을 곱하여 산출한다. ABUCM은 기업의 제품별 예산공헌이익을 예산매출의 구성비율로 가중평균하여 산출한다.

> 시장규모차이 = (실제시장규모 - 예산시장규모) × 예산시장점유율 × 평균 예산단위당 공헌이익

시장점유율차이는 실제점유율과 예산점유율의 차이로 인하여 공헌이익이 변화하는 것을 분석하는 것이다. 실제시장점유율에서 예산시장점유율의 차이가 실제시장규모에서 차지하는 부분을 산출한 후 시장규모차이의 분석에서와 마찬가지로 ABUCM을 곱하여 산출한다.

> 시장점유율차이 = (실제시장점유율 - 예산시장점유율) × 실제시장규모 × 평균 예산단위당 공헌이익

예시 시장규모차이와 시장점유율차이 및 매출수량차이 산출

○ 시장규모와 점유율에 관한 자료

실제관련자료		예산관련자료	
시장규모	1,500,000개	시장규모	1,800,000개
판매량	100,000개	판매량	110,000개
점유율	6.67%	점유율	6.11%

○ ABUCM : 앞 1.2의 예시 중 A 제품 자료를 사용하여 ₩ 830 가정
(₩ 900 × 30%) + (₩ 800 × 70%) = ₩ 830

풀이

○ 시장규모차이 : (실제시장규모 - 예산시장규모) × 예산시장점유율 × 평균예산 단위당 공헌이익
= (1,500,000개 − 1,800,000개) × 6.11% × ₩ 830
= ₩ △15,213,900 ⇒ 불리한 시장규모 차이 (U)

○ 시장점유율차이 : (실제시장점유율 − 예산시장점유율) × 실제시장규모 × 평균예산 단위당 공헌이익
= (6.67% - 6.11%) × 1,500,000개 × ₩ 830
= ₩ 6,972,000 ⇒ 유리한 시장점유율 차이 (F)

○ 매출수량차이 : ₩ 8,241,900 불리 (U)

4. 투자중심점 성과평가

투자중심점(investment center)은 가장 넓은 활동범위를 갖는 책임중심점으로서 수익과 원가뿐만 아니라 해당 부문에 대한 투자에 대해서도 책임을 부담하는 것으로 일반적으로 사업부의 성과평가에 많이 이용된다. 평가방법으로는 투자수익률, 잔여이익, 경제적 부가가치 등이 있다.

4.1 투자수익률 평가

투자수익률(return on investment, ROI)는 투자금액에 대하여 회수된 영업이익의 비율로서 수익성을 나타내는 지표이다. 투자수익률은 자금조달의 원천을 구분하지 않고 타인자본과 자기자본을 모두 합한 금액을 투자금액으로 계산하므로 자산수익률(return on asset, ROA)이라고도 한다. 투자수익률을 구하는 산식은 다음과 같다.

$$\text{투자수익률} = \frac{\text{영업이익}}{\text{투자중심점의 영업자산}(*)}$$

$$= \frac{\text{영업이익}}{\text{매출액}} \times \frac{\text{매출액}}{\text{투자중심점의 영업자산}}$$

$$= \text{영업이익률} \times \text{자산회전율}$$

$$(*)\ \text{투자중심점의 영업자산} = \frac{(\text{기초 영업자산} + \text{기말 영업자산})}{2}$$

위의 산식에서 투자중심점의 영업자산은 재무상태표의 자료를 이용하지만 재무상태표는 일정한 시점에 있어서의 재무상태를 나타내는 것이다. 그러나 기업의 재무상태는 계속적으로 변동되고 있기 때문에 투자중심점 영업자산의 가액을 기초금액으로 할 것인가 기말금액으로 할 것인가의 문제가 남는다. 정확한 측정을 위해서는 기중의 재무상태 변동사항을 모두 반영한 가중평균금액으로 하는 것이 옳지만 원가계산이나 성과평가의 적시성과 경제성을 고려하여 기초의 영업자산 금액과 기말의 영업자산 금액을 단순 평균한 금액을 사용하는 것이 일반적이다.

위의 산식에서 보는 바와 같이 영업이익률과 자산회전율을 활용하여서도 투자수익률의 산출이 가능한데 이는 투자수익률의 개념에는 수익성과 활동성을 모두 내포하고 있다는 것을 의미한다.

투자수익률이 가진 장점으로는 책임중심점의 경영 관리자에게 투자에 관한 통제권한이 있음을 전제하므로 그 경영 관리자에 대한 성과평가를 측정하는 도구(지표)로서 유용하다. 또 유사한 수준에 있는 다른 책임중심점이나 동일 산업 내의 다른 기업들과의 성과를 비교하는데 유용한 자료가 된다. 그러나 투자수익률은 화폐의 시간적 가치를 고려하지 않기 때문에 단기적인 성과평가에 적합하고, 현금흐름이 아닌 회계적 순이익을 기준으로 한다는 점에 유의할 필요가 있다. 투자수익률 분석체계는 다음과 같다.

[투자수익률 분석 체계]

4.2 잔여이익 평가

잔여이익(residual income, RI)이란 투자중심점의 성과를 평가하는 하나의 방법으로서 영업용 자산으로부터 요구되는 최저필수수익을 초과하는 영업이익(유보이익)을 의미하며, 책임중심점의 영업이익에서 자본비용을 차감한 금액이다. 잔여이익을 계산하기 위해서는 최저필수수익률을 설정하여야 하는데 일반적으로 자본비용에 투자중심점에 대한 위험요소를 고려하여 설정한다.

잔여이익 = 영업이익 - (영업자산 × 최저필수수익률)

잔여이익이 가진 장점으로는 기업 전체의 목표와 각 투자책임중심점의 목표를 일치시킬 수 있고 동기를 부여할 수 있으며, 최저필수수익률을 조정하는 방법을 활용함으로써 산업간 위험의 차이에 대한 조정을 용이하게 할 수 있다. 반면에 다른 투자책임중심점과의 비교가 어려운 단점이 있다.

따라서 투자수익률과 잔여이익은 각각 장점과 단점을 내포하고 있으므로 특정한 한 가지의 방법만을 사용하는 것은 바람직하지 않으며 이 두 가지를 모두 고려하여 성과평가에 활용하는 것이 필요하다.

예시 투자수익률과 잔여이익의 산출

ㅇ 각 사업부에 대한 투자액과 경영성과 자료

구분	전자사업부	통신사업부
투자액	₩ 1,000,000,000	₩ 2,000,000,000
매출액	₩ 500,000,000	₩ 1,500,000,000
영업이익	₩ 120,000,000	₩ 150,000,000

(주) 최저필수수익률은 10%로 가정

풀이 ○ 전자사업부 투자수익률, 잔여이익 및 투자수익률 검증

$$투자수익률 = \frac{₩\ 120,000,000}{₩\ 1,000,000,000} = 12\%$$

매출액이익률 및 자산회전율

$$매출액이익률 : \frac{₩\ 120,000,000}{₩\ 500,000,000} = 24.0\%$$

$$자산회전율 = \frac{₩\ 500,000,000}{₩\ 1,000,000,000} = 0.5회전$$

매출액이익률 24% × 자산회전율 0.5회전 = 투자수익률 12%

잔여이익 = ₩ 120,000,000 − (₩ 1,000,000,000 × 10%)
= ₩ 20,0000,000

○ 통신사업부 투자수익률, 잔여이익 및 투자수익률 검증

$$투자수익률 = \frac{₩\ 150,000,000}{₩\ 2,000,000,000} = 7.5\%$$

매출액이익률 및 자산회전율

$$매출액이익률 : \frac{₩\ 150,000,000}{₩\ 1,500,000,000} = 10.0\%$$

$$자산회전율 = \frac{₩\ 1,500,000,000}{₩\ 2,000,000,000} = 0.75회전$$

매출액이익률 10% × 자산회전율 0.75회전 = 투자수익률 7.5%

잔여이익 = ₩ 150,000,000 − (₩ 2,000,000,000 × 10%)
= ₩ △ 20,0000,000

○ 두 사업부의 비교

구분	전자사업부	통신사업부
투자수익률(ROI)	12.0%	7.5%
매출액이익률	24.0%	10.0%
자산회전율	0.5회전	0.75회전
잔여이익(RI)	₩ 20,000,000	₩ △20,000,000

4.3 경제적 부가가치 평가

경제적 부가가치(economic value added, EVA)는 기업의 세전순영업이익(earning before interest expense and tax, EBIT)에서 법인세를 차감하여 세후 순영업이익

(net operating profit less adjusted tax, NOPLAT)을 산출하고, 이 NOPLAT에서 투하자본에 대한 자본비용을 차감한 순이익을 말한다. 투하자본에 대한 자본비용을 계산할 때는 타인자본뿐만 아니라 자기자본에 대한 자본비용도 계산하여야 하므로 가중평균자본비용(WACC)을 사용한다.

기업회계기준에 의하여 작성되는 재무제표에서는 타인자본에 대한 자본비용만 반영하여 순이익을 산출하고 있으나 자기자본에 대한 비용도 기회비용으로서 기업의 경영성과에 반영되어야 한다. 비록 회계상으로는 순이익이 나더라도 경제적 부가가치가 적은 기업은 효율적인 경영성과를 이룩하였다고 볼 수 없다.

경제적 부가가치의 개념은 자기자본을 포함한 모든 자본비용을 고려하기 때문에 경영성과의 중요한 측정지표로 사용되고 있다. EVA에 대한 보다 구체적인 내용은 Chapter 13에서 설명하기로 한다.

연습문제

12-2. 다음 (주)하진의 자료에 의해 매출가격차이와 매출조업도차이 및 매출총차이를 구하라.

○ 예산판매와 관련한 자료

제품	단위당판매가격	표준변동원가	판매량
갑	₩ 15,000	₩ 8,000	5,000개
을	₩ 20,000	₩ 11,000	7,000개

○ 실제판매와 관련한 자료

제품	단위당판매가격	실제변동원가	판매량
갑	₩ 17,000	₩ 9,000	4,000개
을	₩ 19,000	₩ 13,000	10,000개

풀이 1) 매출가격차이

○ 산식 : 실제매출수량 × (실제판매가격 − 예산판매가격)

제품	실제 매출수량	실제 판매가격	예산 판매가격	매출가격차이
갑	4,000개	₩ 17,000	₩ 15,000	₩ 8,000,000 F
을	10,000개	₩ 19,000	₩ 20,000	₩ 10,000,000 U
합계	14,000개	-	-	₩ 2,000,000 U

2) 매출조업도차이

○ 산식 : (실제매출수량 − 예산매출수량) × 예산공헌이익

제품	실제 매출수량	예산 매출수량	예산 공헌이익	매출조업도차이
갑	4,000개	5,000개	₩ 7,000	₩. 7,000,000 U
을	10,000개	7,000개	₩ 9,000	₩ 27,000,000 F
합계	14,000개	12,000개	-	₩ 20,000,000 F

(주) 예산공헌이익은 위의 자료에서 직접 산출하여야 한다.

3) 매출총차이 : 매출가격차이 + 매출조업도차이 = ₩ 18,000,000 F

ㅇ 원가요소별 분석방법과 같은 분석도구에 의한 산출

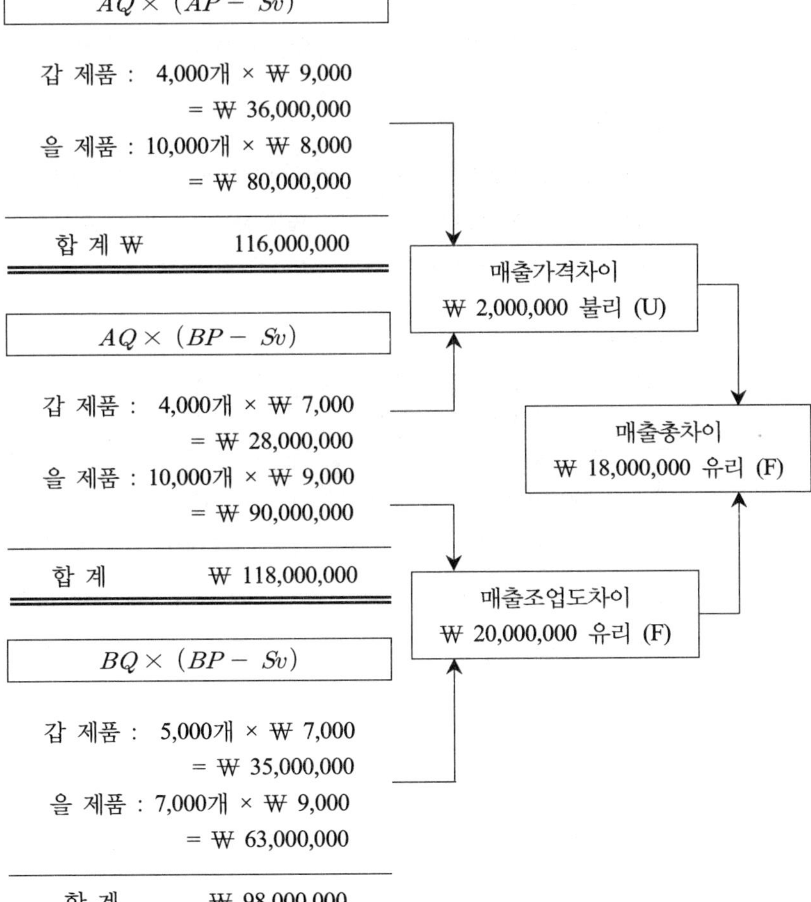

12-3. 연습문제 12-2의 자료에 의하여 매출구성차이와 매출수량차이 및 매출조업도차이를 구하라.

풀이

○ 예산판매와 관련한 자료 및 구성비

제품	단위당 판매가격	표준 변동원가	판매량	구성비
갑	₩ 15,000	₩ 8,000	5,000개	41.67%
을	₩ 20,000	₩ 11,000	7,000개	58.33%

○ 실제판매와 관련한 자료 및 구성비

제품	단위당 판매가격	실제 변동원가	판매량	구성비
갑	₩ 17,000	₩ 9,000	4,000개	28.57%
을	₩ 19,000	₩ 13,000	10,000개	71.43%

1) 매출구성차이

○ 산식 : {실제매출수량 - (실제매출총수량 × 예산총매출수량구성비)}
× 예산 단위당 공헌이익

제품	실제 매출수량	예산총매출 수량구성비	예산단위당 공헌이익	매출 구성차이
갑	4,000개	41.67%	₩ 7,000	₩ 12,836,600 U
을	10,000개	58.33%	₩ 9,000	₩ 16,504,200 F
합계	14,000개(*)	-	-	₩ 3,667,600 F

(*) 실제매출총수량(개별제품 매출수량이 아님)에 예산매출총수량구성비를 곱해야 함에 특히 주의가 필요하다.

2) 매출수량차이

○ 산식 : (실제매출총수량 × 예산총매출수량 구성비 - 예산 매출수량)
× 예산 단위당 공헌이익

제품	실제 매출수량	예산 매출수량	예산총매출 수량구성비	예산단위당 공헌이익	매출구성차이
갑	4,000개	5,000개	41.67%	₩ 7,000	₩ 5,836,600 F
을	10,000개	7,000개	58.33%	₩ 9,000	₩ 10,495,800 F
합계	14,000개(*)	12,000개	-	-	₩ 16,332,400 F

(*) 위1)과동일함.

3) 매출조업도차이 : 매출구성차이 + 매출수량차이 = ₩ 20,000,000 F

- ㅇ 이 매출조업도차이 금액은 연습문제 12-2에서 구한 매출조업도차이 금액과 일치한다.
- ㅇ 원가요소별 분석방법과 같은 분석도구에 의한 산출

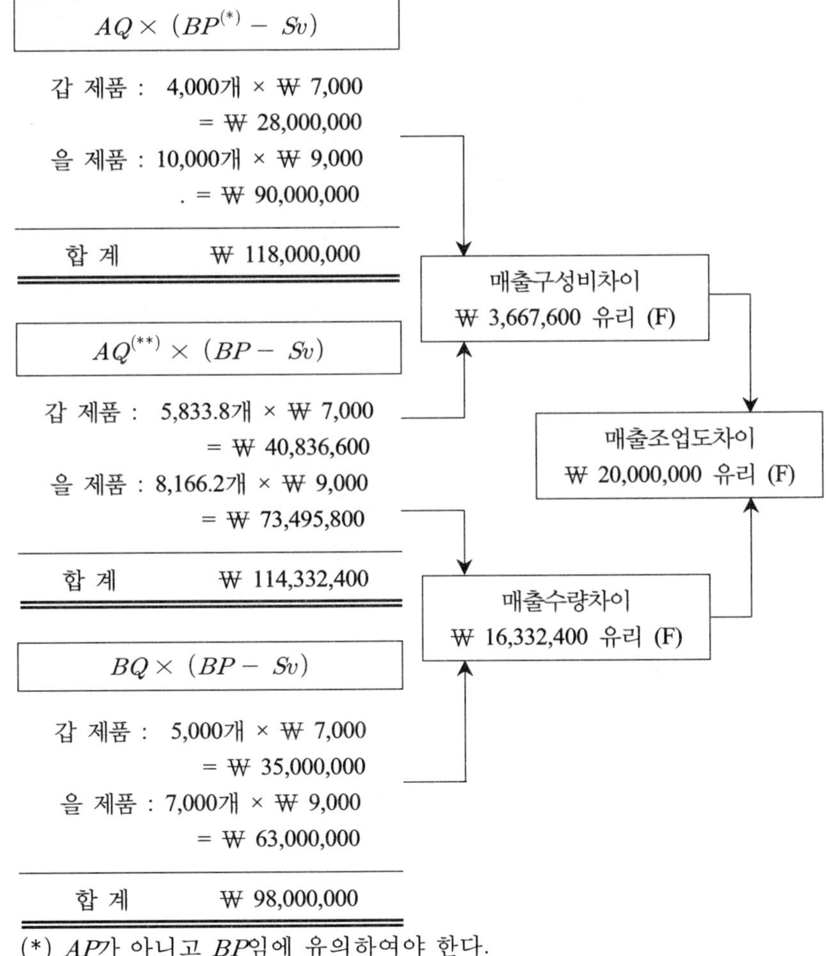

(*) AP가 아니고 BP임에 유의하여야 한다.
(**) AQ는 $\Sigma(AQ) \times BQ$의 구성비율이다.

Chapter 13

경제적 부가가치 평가

제1절 경제적 부가가치의 개념

1. 경제적 부가가치의 의의

일반적으로 기업의 성과평가는 발생주의에 의해 측정 · 계산된 회계장부에 표시된 측정치를 사용함으로써 엄밀한 의미에서 기업의 성과를 평가하는데 일정한 한계를 가지고 있다. 다른 성과평가는 모두 회계상의 세후 순영업이익을 기초로 이루어지고 있으나 회계상의 영업이익에는 자기자본비용에 관한 사항이 제외되어 있다. 이러한 한계를 극복하기 위하여 등장한 것이 경제적 부가가치의 개념이다.

1.1 EVA의 의의 및 도입 배경

경제적 부가가치(economic value added, EVA)는 세후 영업이익에서 총자본비용(타인자본비용 및 자기자본비용)을 차감하는 방식으로 산출되며, 기본적으로는 잔여이익과 유사하다. 다만, 잔여이익과 다른 점은 잔여이익은 영업이익과 최저필수수익률을, EVA는 세후 순영업이익과 가중평균자본비용을 이용한다는 것이다. 경제적 부가가치가 양(+)의 수치로 나오면 그 책임중심점은 투자자의 기회비용을 초과하여 이익을 실현한 것이 되지만, 만약 음(-)의 수치이면 손실을 기록한 것이 된다.

경제적 부가가치 = NOPLAT - WACC
= NOPLAT - (IC × WACC의 %)
= IC × (ROIC - WACC의 %)

NOPLAT : 세후 순영업이익 WACC : 가중평균자본비용
IC : 투하자본 ROIC : 투하자본수익률

경제적 부가가치를 도입하게 된 배경으로 첫째, 손익계산서 중심의 성과지표가 가진 한계를 들 수 있다. 전통적인 성과평가의 기본적인 기준은 손익계산서를 중심으로 한 세후 순영업이익이다. 그러나 손익계산서는 단순히 회계적 이익을 측정하기 위한 하나의 수단일 뿐 주주의 관점에서 성과평가를 하기에는 미흡한 점이 많이 있다. 즉, 주주가 투입한 자본(자기자본)에 대한 기회비용은 사실상 손익계산서에서는 전혀 반영되지 않고 있다. 둘째, 현금흐름에 관한 정보를 표시하지 못한다. 손익계산서는 발생주의에 의해 인식되어 현금흐름을 포함한 실질적인 성과를 나타내지 못하는 한계가 있다. EVA가 잉여현금흐름을 투자자의 기회비용으로 인식함으로써 비록 불완전하긴 하지만 일부 현금흐름을 반영한다. 아무리 매출과 순이익이 양호하더라도 현금흐름이 뒤따르지 않으면 계수상의 성과에도 불구하고 기업의 실질가치는 하락하고 경우에 따라서는 도산(흑자도산)에 이르기도 한다. 따라서 각 책임중심점에 대한 성과평가에서 EVA의 중요성은 부각되고 있다. 셋째, EVA는 타인자본 뿐만 아니라 자기자본에 대한 자본조달비용을 고려함으로써 진정한 의미에서의 경영성과를 측정할 수 있다. 손익계산서가 단순히 회계상의 이익을 측정하는 것이라면 EVA는 자기자본에 대한 기회비용을 감안한 재무상의 성과를 측정할 수 있다. 일반적으로 사채(bond)나 금융기관 차입금 등의 타인자본에 대한 자본비용은 미리 설정된 이자율이 있으므로 비교적 쉽게 구할 수 있으나, 타인자본에 대한 자본비용은 별도의 계산과정을 거쳐야 산출된다.

1.2 EVA의 유용성과 한계

1) EVA의 유용성

경제적 부가가치는 세후 순영업이익을 평가의 대상으로 하기 때문에 진정한 의미에서 기업이나 책임중심점 관점에서 투하자본의 운용 효율성을 평가할 수 있다. 손익계산서상의 순이익은 영업이익에서 타인자본 조달비용인 이자비용을 차감한 것으로 자기자본 조달비용은 전혀 고려되지 않기 때문에 투하자본의 효율성을 제대로 평가할 수 없다. 따라서 EVA는 세후 순영업이익에서 총자본비용을 차감한 이후의 이익을 산출하므로 어느 정도 기업가치의 증대에 기여하였는지를 평가할 수 있다. 또 잔여이익으로 성과를 평가한다면 투자의 규모가 클수록 잔여이익이 커지므로 투자의 효율성을 평가하기에는 부족하다. 그러나 EVA는 투자 규모가 크면 총자본비용의 규모도 커지게 되어 투자규모와 이익규모의 상관관계가 어느 정도 상쇄될 수 있다.

또 EVA는 기업의 수익성과 부채의 상환능력을 표시하는 종합지표이다. 수익성 지표로서 투하자본수익률(return on invested capital, ROIC)이 있으며 이는 세후 순영업이익을 투하자본으로 나눈 값으로 기업이 투자한 자본의 크기와 이를 통하여 획득한 영업이익이 어느 정도인지를 보여 준다. 재무적 지표로는 자기자본비율이 있으며 이는 자기자본과 타인자본의 비율을 나타낸다.

2) EVA의 한계

경제적 부가가치가 가지는 유용성에도 불구하고 일부 한계점도 있다. 첫째, 이익조작으로 인한 EVA의 조작 가능성이다. EVA가 세후 순영업이익에서 총자본비용을 차감하는 방식으로 산출한다는 명제에서 세후 순영업이익을 조작하면 당연히 EVA도 조작된 결과가 된다. 물론 이익을 조작한다는 것은 EVA뿐 아니라 모든 분석 자료가 조작된다는 것을 의미이므로 특별히 EVA에만 국한된 사항은 아니다. 둘째, 자기자본비용의 산정에 관한 문제이다. 타인자본은 미리 설정된 이자율이 있어 자본비용을 객관적으로 도출할 수 있지만 자기자본비용은 객관적인 자료가 없으므로 주관이 개입될 여지가 있다. 이로써 타인자본비용과 자기자본비용의 가중치로 산출되는 EVA에 일부 주관적 요소가 개입될 소지가 있다. 셋째, 기업의 이익창출능력은 EVA 하나만으로 판단할 수 없다. 예를 들어 산업의 성장주기상 어느 지점에 위치하느냐에 따라 이익이나 경영성과가 달라질 수 있지만 현재의 EVA 제도는 그것을 완전하게 반영하지 못하므로 이 점을 유의할 필요가 있다. 만약 EVA의 산출결과가 음의 수치라고 가정하면 해당 기업이나 사업부의 이익 및 EVA의 창출능력이 부족한 것은 맞지만 그 기업이나 사업부 전체의 미래가 밝지 못하다고 단정적으로 판단할 수는 없다. 넷째, 기업의 자본에 대하여 공정가치를 충분히 반영하지 못하는데 따른 한계이다. EVA 산출에서 투하자본을 반영할 때 공정가치를 기준으로 해야 타당할 것이지만 매기간마다 공정가치를 산정한다는 것은 실무적으로 시간・비용 등 경제적 측면에서 어려운 일이다. 따라서 현실적으로는 장부가치를 기준으로 분석하는 것이 일반적인데 장부가치는 역사적 원가에 기초한 것이므로 완전히 공정한 분석이라고 하기는 어렵다.

2. EVA의 활용 및 유의 사항

1) EVA의 활용

EVA 산출을 통하여 기업가치의 평가, 경영성과에 대한 평가 등에 활용할 수 있다. 기업가치의 평가에서 사용되는 '기업가치'의 의미는 투하자본의 합계로서 이는 미래의 경제적 부가가치를 현재가치로 환산한 금액에 비영업자산을 합한 금액이다. 물론 미래의 EVA를 산출하기 용이하지 않아 현재의 EVA에 WACC을 나누어 계산하기도 한다.

기업가치 = 기말의 투하자본
= 미래 EVA의 현재가치 + 기말 비영업자산의 시가 (*)

(*) 비영업자산의 시가는 관련 손익을 가감한 금액이다.

투하자본에 대한 자본비용을 고려한 EVA는 경영성과에 대한 평가라는 관점에서 합리성을 제공한다. EVA에 의한 성과평가는 기업의 경영전략과 계획의 수립에 기여하고, 성과에 대한 보상의 기준을 마련해 준다. 기업 내부적인 관점에서 투자 프로젝트를 평가하는 수단, 전략의 평가지표로서의 역할, 기업의 목표설정 기준 제시 등의 기능이 있다.

2) EVA의 유의 사항

경제적 부가가치를 산출할 때 유의사항으로 우선 세후 순영업이익이 투하자본으로부터 발생한 손익인가를 명확히 구분하여야 한다. 또 투하자본을 산정할 때 일정한 기간 동안의 가중평균자본액을 기준으로 계산하여야 하나 이를 일일이 계산하기 어려우므로 기중의 자본변동을 고려하여 기초와 기말의 자본을 합하여 평균치를 사용한다. 만약 EVA가 음수로 나타날 경우 투하자본을 비효율적으로 사용하는 것은 아닌지 또는 매출에 대비하여 너무 많은 영업비용을 발생시키지는 않는 것인지를 확인하여야 한다. 아울러 바람직하지 않은 EVA가 산출되면 그 상태가 일시적인 것인지 아니면 상당기간 계속될 것인지에 대하여 충분한 검토가 있어야 한다.

연습문제

13-1. (주)하진의 자료에 의해 경제적 부가가치를 산출하고, ROIC를 구하라.

○ EVA 산출을 위한 관련 자료

구분	전자사업부	통신사업부	합계
총자산	₩ 100,000,000	₩ 150,000,000	₩ 250,000,000
기타채무	₩ 10,000,000	₩ 20,000,000	₩ 30,000,000
영업이익	₩ 30,000,000	₩ 40,000,000	₩ 70,000,000

○ 부채 총액 : ₩ 170,000,000 ○ 부채 이자율 : 10%

○ 자기자본 시장가치 : ₩ 250,000,000 ○ 자기자본비용 : 15%

○ 법인세율 : 30%

풀이 ○ 가중평균자본비용(WACC)

$$= 10\% \times (1 - 0.3) \times \frac{₩\,170{,}000{,}000}{₩\,170{,}000{,}000 + ₩\,250{,}000{,}000} + 15\% \times \frac{₩\,250{,}000{,}000}{₩\,170{,}000{,}000 + ₩\,250{,}000{,}000} = 11.76\%$$

○ 경제적 부가가치 = NOPLAT - WACC

= NOPLAT - (IC × WACC의 %)

= IC × (ROIC - WACC의 %)

구분	전자사업부	통신사업부	합계
영업이익	₩ 30,000,000	₩ 40,000,000	₩ 70,000,000
NOPLAT (*)	₩ 21,000,000	₩ 28,000,000	₩ 49,000,000
IC (**)	₩ 90,000,000	₩ 130,000,000	₩ 220,000,000
WACC %	11.76%	11.76%	11.76%
WACC	₩ 10,584,000	₩ 15,288,000	₩ 25,872,000
EVA (***)	₩ 10,416,000	₩ 12,712,000	₩ 23,128,000

(*) NOPLAT = 영업이익 × (1-30%)
(**) 투하자본 = 총자산 - 기타채무
(***) EVA = NOPLAT - WACC

○ 전자사업부 ROIC : $\frac{₩\,21,000,000}{₩\,90,000,000}$ = 23.33% (소수점 이하 미고려)

통신사업부 ROIC : $\frac{₩\,28,000,000}{₩\,130,000,000}$ = 21.54% (소수점 이하 미고려)

제2절 EVA의 산출 과정

1. EVA 계산의 기본 전제

경제적 부가가치를 계산함에 있어 기본적으로 전제되어야 하는 원칙이 있는데, 그 원칙은 실무적인 관점과 이론적인 관점으로 구분하여 볼 수 있다.

실무적인 관점에서는 원가의 통제가능성에 관한 사항이다. 특별히 예측 불가능한 상태에서 발생하는 재해손실 등은 기업이나 책임중심점의 권한 범위를 벗어나 발생하는 것이므로 제외시켜야 한다. 또 EVA 계산에서 항목이나 금액의 정확성과 신속성의 측면에서 판단할 수 있다. 금액적인 중요성이나 적시성 및 계산과정의 경제성 등을 동시에 고려하여 산출하여야 한다. 극단적인 정확성을 위하여 적시성이나 경제성을 희생하여서도 안 되며, 그 반대의 경우도 허용되어서는 안 된다.

이론적 관점에서 재무제표는 EVA를 산출하기 위한 기초자료이므로 회계기준에 의해 작성된 재무제표를 신뢰하고 존중하여야 한다. 다만, EVA를 산출하는 기본 취지를 고려하여 경제적 실질을 중시하여야 하고 항목의 구분이나 적용에 일관성을 유지하여야 한다.

2. EVA 산출을 위한 측정

경제적 부가가치를 산출하기 위한 과정으로 우선 영업활동에 투하된 자본을 정확히 측정하고, 투하자본에 제공된 자본비용을 측정하며, 세후 순영업이익을 계산한 후 마지막으로 EVA를 산출한다.

2.1 투하자본 측정

투하자본(invested capital, IC)의 측정은 영업활동과 관련된 자산과 관련이 없는 자산을 구분함으로써 성과평가에서 투하자본에 대한 세후 순영업이익으로 수익률을 평가하기 위함이다. 투하자본은 재무상태표의 차변 항목에서 산출한다. 또 투하자본은 일반적으로 기초투하자본과 기말투하자본의 평균으로 한다.

투하자본 (IC) = 총자산 - 비영업용 자산 - 무이자 부채 = 고정자산 + 순운전자본

고정자산 = 투자자산 - 비영업 투자자산 + 유형자산 + 무형자산 순운전자본 = 영업 유동자산 - 영업 유동부채 (*)

(*) 차감하는 영업 유동부채는 무이자 영업부채(매입채무 등)을 의미한다.

고정자산의 산출에 포함되는 투자자산은 여유자금 활용을 목적으로 하는 투자는 제외한다. 유형자산 중에서 건설 중인 자산은 제외하며 무형자산은 전액 산입한다.

순운전자본의 산출에 포함되는 유동자산에는 적정 규모 이상의 현금이나 여유자금 활용을 목적으로 하는 금융상품 등은 제외하고 차감하는 영업 유동부채는 무이자 유동부채만 고려(차감)한다.

재무상태표

차변	대변
당좌자산	무이자부채
재고자산	
투자자산	
유형자산	차입금
무형자산	자본금
기타비유동자산	잉여금

무이자부채 → 사업용순자산 (IC)

차입금, 자본금, 잉여금 → 가중평균자본비용 (WACC)

[IC와 WACC의 관계]

한편 재무상태표의 대변을 통해서도 투하자본을 산출할 수 있는데 타인자본과 자기자본의 합이다. 타인자본은 장·단기의 기간에 불구하고 이자가 지급되는 모든 차입금을 말하며 자기자본은 자본금, 자본잉여금 및 이익잉여금 등을 모두 포함한다.

2.2 자본비용 측정

자본비용(cost of capital)이란 기업이 조달한 자본에 대하여 그 대가로 요구하는 비용으로 위험에 대한 보상의 성격을 갖는다. 위험에 대한 보상은 타인자본의 제공자보다 자기자본의 제공자인 주주들에 대한 보상의 성격이 더 강하다. 그것은 타인자본에 대해서는 기업에 손실이 발생하더라도 일정한 이자비용을 지불하지만 자기자본에 대해서는 이익이 없는 경우 대가의 지급이 안 되기 때문이다.

자본비용은 타인으로부터 차입한 타인자본비용과 주주로부터 출자를 받거나 유보된 잉여금인 자기자본비용으로 구분된다. 타인자본비용은 타인으로부터 조달한 것이므로 처음부터 설정된 이자율이 있어 비교적 손쉽게 구할 수 있다. 그러나 자기자본비용은 별도로 이자비용이 현금으로 지출되는 것은 아닌 주주들의 기회비용 개념인 것이므로 시장이자율 등을 감안하여 별도로 산출하여야 한다. EVA에서 적용하는 자본비용은 이 두 가지의 자본비용을 가중 평균하여 산출된 이자율을 적용하며 다음의 산식에 의한다.

가중평균자본비용 (WACC) =

$$\text{이자율} \times (1 - \text{법인세율}) \times \frac{\text{부채의 시장가치}}{\text{부채와 자기자본 시장가치의 합}}$$

$$+ \text{자기자본비용} \times \frac{\text{자기자본의 시장가치}}{\text{부채와 자기자본 시장가치의 합}}$$

자기자본비용은 위험에 대한 보상의 성격을 가장 잘 반영하고 있는 자본자산가격결정모형(capital asset pricing model, CAPM)을 가장 많이 사용하고 있다.

CAPM모형은 재무관리 분야에서는 매우 중요한 개념으로 사용되고 있으므로 학습의 범위를 확장하는 것도 필요할 것이다. CAPM모형에서 자기자본비용을 산출하는 산식은 다음과 같다.

$$자기자본비용 = R_f + [E(R_m) - R_f] \times \beta$$

R_f : 무위 이자율　　　$E(R_m)$: 시장의 기대수익률

$E(R_m) - R_f$: 위험 프리미엄　　　β : 시장의 체계적 위험

2.3 NOPLAT의 측정

세후 순영업이익(net operating profit less adjusted tax, NOPLAT)은 기업의 정상적인 경영활동에서 획득한 영업이익에서 법인세비용을 차감한 이후의 영업이익을 말한다. 세후 순영업이익을 사용하는 것은 일반적인 기업경영의 성과는 금융수익과 금융비용이 가감된 이후의 경상이익을 기준으로 판단한다. 그러나 기업의 가장 기본적인 활동분야인 구매, 생산 및 판매활동과 관련한 결과로 경영성과를 평가함으로써 기업이 가진 기본적인 경쟁력을 확인할 필요성이 있다.

또 기업의 가치평가는 조달한 자금을 얼마나 효율적으로 운용하였는가에 대한 측정의 결과이다. 그러므로 자기자본에 대한 기회비용도 성과평가에 반영되어야 하는 것이다.

법인세비용의 경우에는 자본의 조달비용과 무관하게 발생하는 영업의 결과에 따른 비용이 아니므로 영업이익에서 법인세비용을 차감한다. 세후 순영업이익을 산출하는 과정은 다음과 같다.

EVA를 계산하는 과정에서 재무제표의 영업이익 중 일부를 수정하여야 하는 경우도 발생한다. 이는 기업회계기준과 EVA의 계산방식에서의 차이로 인하여 발생하는 문제이다. 손익계산서에서 영업외수익과 영업외비용에 포함되어 있는 영업수익 또는 영업비용이 있다면 이를 조정하여야 하고, 손익계산서에서 비용으로 계상하였으나 현금지출이 없는 비용은 영업이익에 가산하여야 한다.

매출액
(-) 영업비용 (유형자산감가상각비, 무형자산상각비는 제외)
(=) EBITDA (earning before interest tax depreciation amortization
(-) 유형자산감가상각비, 무형자산상각비
(=) EBIT (earning before interest and tax, 세전영업이익) (*)
(±) 법인세비용
(=) NOPLAT (net operating profit less adjusted tax)

(*) EBIT는 일부 조정사항이 발생할 수 있으므로 조정후의 EBIT를 사용하여야 한다.

연습문제

13-2. (주)하진의 자료에 의하여 IC, WACC, NOPLAT 및 EVA를 산출하라.

○ (주)하진의 재무상태표

과목	당기	전기
당좌자산	₩ 13,500,000	₩ 15,000,000
영업 당좌자산	₩ 12,300,000	₩ 10,800,000
비영업 당좌자산	₩ 1,200,000	₩ 4,200,000
재고자산	₩ 1,500,000	₩ 3,300,000
투자자산	₩ 10,000,000	₩ 7,300,000
유형자산	₩ 57,000,000	₩ 54,500,000
자산총계	₩ 82,000,000	₩ 80,100,000
유동부채	₩ 32,000,000	₩ 31,100,000
무이자부채	₩ 12,000,000	₩ 13,000,000
이자부채	₩ 20,000,000	₩ 18,100,000
비유동부채(이자부채)	₩ 25,500,000	₩ 27,000,000
부채총계	₩ 57,500,000	₩ 58,100,000
자본총계	₩ 24,500,000	₩ 22,000,000
부채와자본총계	₩ 82,000,000	₩ 80,100,000

○ (주)하진의 손익계산서

과목	당기	전기
매출	₩ 100,000,000	₩ 90,000,000
영업비용	₩ 60,000,000	₩ 55,000,000
영업이익	₩ 40,000,000	₩ 35,000,000
영업외비용	₩ 5,000,000	₩ 3,000,000
법인세비용전순이익	₩ 35,000,000	₩ 32,000,000
법인세비용	₩ 10,500,000	₩ 9,600,000
당기순이익	₩ 24,500,000	₩ 22,400,000

○ 투자자산은 전액 비영업 자산이다.

○ 법인세율은 30%이다.

○ 타인자본비용은 10%, 자기자본비용은 15%이다.

풀이 1) 당기 투하자본(IC)의 산출

○ 당기 투하자본 = 총자산 − 비영업용 자산 − 무이자 부채
= 고정자산 + 순운전자본
= ₩ 82,000,000 - ₩ 11,200,000 - ₩ 12,000,000
= ₩ 57,000,000 + (₩ 13,800,000 - ₩ 12,000,000)
= ₩ 58,800,000

○ 다른 방식에 의한 산출 (당기)

과목	금액	과목	금액
총자산	₩ 82,000,000	자기자본	₩ 24,500,000
비영업용자산(*)	₩ 11,200,000	타인자본	₩ 45,500,000
영업용자산	₩ 70,800,000		
무이자부채	₩ 12,000,000		
투하자본(**)	₩ 58,800,000		
합계(***)	₩ 70,000,000	합계	₩ 70,000,000

(*) 비영업 당좌자산 + 투자자산
(**) 영업용자산 - 무이자부채
(***) 비영업용자산 + 투하자본, 합계금액과 재무상태표의 자산총계와의 차이 원인 : 무이자부채의 차이 (₩ 12,000,000)

○ 전기 투하자본 = 총자산 - 비영업용 자산 - 무이자 부채
= 고정자산 + 순운전자본
= ₩ 80,100,000 - ₩ 11,500,000 - ₩ 13,000,000
= ₩ 54,500,000 + (₩ 14,100,000 - ₩ 13,000,000)
= ₩ 55,600,000

○ 다른 방식에 의한 산출 (전기)

과목	금액	과목	금액
총자산	₩ 80,100,000	자기자본	₩ 22,000,000
비영업용자산(*)	₩ 11,500,000	타인자본	₩ 45,100,000
영업용자산	₩ 68,600,000		
무이자부채	₩ 13,000,000		
투하자본(**)	₩ 55,600,000		
합계(***)	₩ 67,100,000	합계	₩ 67,100,000

2) 당기 가중평균자본비용(WACC)의 산출

$$\text{○ 이자율} \times (1 - \text{법인세율}) \times \frac{\text{부채의 시장가치}}{\text{부채와 자기자본 시장가치의 합}} + \text{자기자본비용} \times \frac{\text{자기자본의 시장가치}}{\text{부채와 자기자본 시장가치의 합}}$$

○ $10\% \times (1 - 30\%) \times \dfrac{₩45,500,000}{₩45,500,000 + ₩24,500,000} + 15\% \times \dfrac{₩24,500,000}{₩45,500,000 + ₩24,500,000} = ₩9.80\%$

○ 다른 방식에 의한 산출

과목	금액 및 비율
타인자본 (구성비율 ⓐ) 자기자본 (구성비율 ⓑ)	₩ 45,000,000 (65.0%) ₩ 25,000,000 (35.0%)
총투하자본 (비영업자산투하자본포한)	₩ 70,000,000 (100.0%)
타인자본비용 (세후타인자본비용 ⓒ) 자기자본비용 ⓓ	10%, 7%(*) 15%
WACC (ⓒ × ⓐ + ⓓ × ⓑ)	9.80%

(*) 10% × (1-법인세율 30%) = 7%

3) 당기 세후 순영업이익(NOPLAT)의 산출

매출액	₩ 100,000,000
(-) 영업비용	₩ 60,000,000
(=) EBITDA	₩ 40,000,000
(-) 감가상각비	₩ 0
(=) EBIT	₩ 40,000,000
(±) 법인세비용	₩ 12,000,000
(=) NOPLAT	₩ 28,000,000

4) 당기 경제적 부가가치(EVA)의 산출

○ NOPLAT : ₩ 28,000,000

○ 평균IC : (당기 ₩ 58,800,000 + 전기 ₩ 55,600,000) ÷ 2
= ₩ 57,200,000

○ WACC : ₩ 57,200,000 × 9.80% = ₩ 5,605,600

○ 경제적 부가가치(EVA) : ₩ 28,000,000 - ₩ 5,605,600 = ₩ 22,394,400

Chapter 14

균형성과표

제1절 균형성과표의 개념

1. 균형성과표의 의의

1.1 BSC의 의의

균형성과표(balance score-card, BSC)는 기업의 전략 관리와 성과평가를 위한 새로운 형태의 평가척도이다. 전통적으로 기업 경영에 대한 성과평가에는 재무적 분석에 치중되어 왔으며 이러한 재무적 자료에 의한 분석은 객관성과 신뢰성이란 측면에서는 매우 유용한 것이다.

BSC는 이러한 전통적인 재무 측정치를 포함하여 기업의 무형적 가치를 비롯한 비재무적 측정치도 함께 평가하는 시스템이다. 기업이 가진 무형적 가치는 지적 자산을 비롯하여 고객과의 관계, 기업 내부의 역량 등 다양한 요소들이 존재한다. BSC는 아래의 그림[1]과 같이 네 가지의 관점에서 측정하여 분석한다.

1) R. S. Kaplan & D. P. Norton(2000), "The Strategy-Focused organization : How Balanced Scorecard Companies Thrive in the New Business Environment", HBSP Corp. 김희경, 성은숙(2004), BSC 실천전략, p.41. 재인용

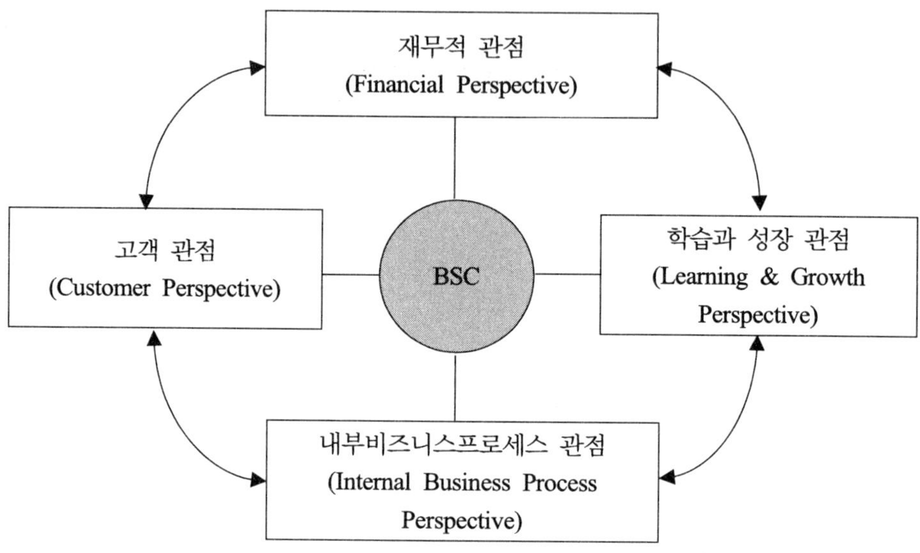

위의 그림과 같이 BSC는 과거의 성과에 대한 재무적 측정치를 활용하여 재무적 관점, 고객 관점, 내부 프로세스 관점, 학습과 성장 관점 등 네 가지의 측면에서 지표를 설정하고 각 지표별로 가중치를 부여하여 산출한다. 균형성과표를 효과적으로 적용하기 위하여 많은 기업에서는 핵심성과지표(key performance indicators, KPI)를 만들어 사용하는 경우가 많다.

1.2 BSC의 유용성과 한계

균형성과표가 가진 유용성으로는

첫째, 균형감을 잃지 않은 성과평가가 가능하다는 것이다. 단기적으로 재무적 측면에서 아무리 우수한 성과를 이룩하였다 하더라도 고객들이 만족하지 못한다면 장기적으로는 기업의 성장은 기대할 수 없다. 이러한 측면에서 재무적 성과뿐 아니라 다양한 요소들의 비재무적 성과를 균형적으로 분석하고 평가할 수 있게 해 준다.

둘째, 재무적 측정치들은 주로 과거의 정보를 바탕으로 한 단기적인 성과인 반면 비재무적인 성과는 장기적으로 기업의 경영에 영향을 미치는 경우가 많다. 이와 같이 단기적인 성과와 장기적인 영향요소들과의 균형을 이루도록 해 준다.

셋째, 재무적 관점이나 고객 관점은 주로 기업의 외부와 관련된 측정치이며 기업 내부프로세스와 학습과 성장의 관점은 기업 내부의 측정치들이다. 이러한 내 · 외부의 성과들 간의 균형을 유지할 수 있도록 해 준다.

넷째, 재무적 측정치나 시장 점유율 등과 같은 측정치는 계량화된 객관적인 성과이나 종업원의 학습능력 등은 주관적인 성과이다. 이러한 객관적 측정치와 주관적 측정치들 간의 균형을 이룰 수 있다.

이러한 유용성에도 불구하고 BSC는 아직 정형화되고 객관적인 측정수단이 부족하고 비재무적 측정치들에 대하여는 객관적인 측정이 어려워 평가의 신뢰도와 공정성에 이의가 제기될 수 있다는 한계점도 가지고 있다. 그러므로 BSC를 도입하는 경우 이러한 주관적 요소에 대하여 합리성을 부여하여 구성원들이 충분히 이해하고 동의할 수 있는 방향으로 추진되어야 한다.

2. 균형성과표의 도입 배경과 특성

2.1 BSC의 도입배경

전통적으로 성과평가는 대부분 과거의 성과를 측정하여 평가하는 재무적 관점에서 이루어져 왔다. 그러나 기업의 경영활동이란 재무적 관점을 기준으로만 의사결정을 할 수는 없다. 일반적으로 기업의 경영활동은 계획(plan)-실행(do)-평가(see)의 과정을 통하여 이루어지고 있으며 여기에서 평가란 주로 회계부문의 자료를 기초로 하는 재무적 평가가 중심이 되는 평가이다. 그러나 기업에게의 장기적인 관점에서 영향을 미치는 것은 과거의 자료를 이용한 재무적 성과뿐만 아니라 수많은 다른 요인들도 존재한다. 비재무적 성과를 측정하고 분석함으로써 기업을 둘러싸고 있는 환경의 변화에 능동적으로 대응하는 것이 필요하다.

이러한 관점에서 기업이 지속적으로 개선과 혁신을 통하여 장기적인 성장을 추구하기 위해서는 재무적인 관점과 더불어 비재무적인 관점에서의 성과평가를 필요로 하게 된 것이다. 따라서 고객이나 공급자와의 관계, 정부와 지역사회 등과의 관계, 수요창출을 위한 활동, 내부의 업무 프로세스의 개선, 종업원에 대한 학습의 문제, 성장 잠재력의 확보를 위한 활동 등 다양한 혁신활동과 동기유발 요인의 관점에서 평가하여야 한다.

2.2 기존 측정지표와의 차이

전술한 바와 같은 유용성과 필요성에 따라 측정되고 평가되는 BSC는 전통적인 평가방법과는 차별되는 요소들이 있다.

첫째, 전통적인 평가방법은 기업 경영활동의 성과에 대한 결과를 보고하고 평가하기 위한 것이라면 BSC는 기업이 처한 현재의 상황을 분석함으로써 미래의 성장을 위한 기초자료가 된다.

둘째, 전통적인 측정지표들은 영업이익과 같은 외부적 요인에 영향을 받는 결과만을 나타내지만 BSC는 종업원 교육이나 연구개발 등 내부적인 영향으로 인한 성과도 나타내준다.

셋째, 기업은 여러 가지의 전략을 바탕으로 경영활동을 수행하게 되지만 때로는 기업의 전략이나 의지와는 무관하게 경영활동이 이루어지는 경우도 많고 전통적인 방법이 그 결과에 대한 단순한 측정일 뿐이라는 데 비하여 BSC는 기업의 전략적인 판단과 환경요인 들을 고려하여 기업의 의지에 따라 설계가 이루어진다.

연습문제

14-1. 1) 균형성과표의 의의와 도입배경에 대하여 설명하라.

2) 균형성과표의 유용성에 대하여 설명하라.

풀이 생략

제2절 균형성과표의 네 가지 관점

기업의 경영활동에서 수많은 정보가 존재하지만 특정된 소수의 정보만으로 기업을 경영할 수는 없다. 다양한 정보를 종합적으로 고려함으로써 적절한 의사결정을 할 수 있다. 균형성과표는 재무측정지표(financial measures)와 운영측정지표(operational measures)로 구성되어 있으며 재무적 측정지표는 일반적으로 기업의 단기적 성과를 평가하는 척도로 사용되고, 운영측정지표는 재무측정지표를 보완하는 역할을 한다. 운역측정지표에는 고객, 내부 프로세스, 학습과 성장으로 이루어져 있다.

일반적으로 이 네 가지의 관점은 학습과 성장의 관점(종업원 역량 강화) → 내부 프로세스의 관점(프로세스의 질과 효율성 향상) → 고객 관점(고객 만족도의 제고) → 재무적 관점(투자수익률 등의 증가)의 방향으로 이루어진다.

1. 재무적 관점

재무적 관점(financial perspective)은 전통적인 성과평가의 방법으로 원가중심점, 수익과 이익 중심점, 투자중심점 등이 있다. 이는 원가와 이익에 대한 목표를 설정하고 이를 달성하기 위한 경영활동의 결과로써 목표(예산)과 성과를 비교하여 평가하는 일련의 과정을 말한다. 기업은 궁극적으로 재무적 목표인 이익의 증대에 있으므로 모든 관점에서의 목표는 재무적 관점의 목표로 연결되어야 한다. 재무적 관점의 대표적인 측정지표로는 전술한 투자수익률(ROI), 경제적 부가가치(EVA), 수익성 등이 있다.

2. 고객 관점

고객관점(customer perspective)은 고객과 관련한 직·간접의 모든 관계를 위한 관점이다. 기업의 경영자들은 시장과 고객을 확인한 후 세분화된 목표시장과

목표고객을 선정하여야 한다. 선정된 목표시장과 목표고객에 대한 이해를 바탕으로 고객 만족도, 시장점유율, 고객 확보율 등의 핵심적인 성과지표(KPI)를 설정하여야 하고 이 성과지표가 고객 관점에서의 기업 목표가 된다. 경영자들은 끊임없이 균형성과표를 통하여 고객들의 만족도, 성향의 변화, 주요 관심사항 등을 면밀히 확인할 뿐 아니라 필요하면 수정을 가함으로써 이 성과지표들이 단순히 후행지표(lagging measure)에 머무르지 않도록 해야 한다.

고객 관점의 주요지표로 사용되는 것 중에서 고객확보율은 기업이나 책임중심점 단위에서 목표고객을 유인하여 획득하는 비율을 말하며, 고객유지율은 확보된 기존 고객들을 존속시키는 비율을 말한다. 시장점유율은 목표 시장 안에서 고객의 수 또는 판매수량의 비율이며, 고객만족도는 고객 개개인이 해당 기업의 상품이나 서비스에 대하여 만족하는 정도를 말한다.

3. 내부프로세스 관점

내부프로세스 관점(internal process perspective)은 기업의 경영활동 중에서 원재료나 인력 등과 같은 입력요소를 투입하여 상품이나 서비스 등의 산출요소를 만드는 과정에 대한 관점이다. 자신이 가진 핵심역량을 강화하고 약점을 보완함으로써 기업의 재무적 관점에서의 성과향상에 기여하여야 한다.

기업이 재무적 관점의 성과와 고객 관점의 성과를 향상시키기 위해서는 이를 뒷받침하는 내부 프로세스가 따라주지 않으면 안 된다. 고객의 요구에 의한 신제품의 개발, 고객이 필요로 하는 시기와 장소에의 납품, 판매 후 원활한 사후서비스 등의 활동이 원활하고 효과적으로 수행되도록 하여야 한다. 이런 관점에서 기업의 내부프로세스는 일반적으로 혁신(innovation), 운영(operation) 및 판매 후 서비스(postsale servive)의 과정으로 이루어져 있다. 혁신은 현재 또는 잠재고객의 요구사항을 반영하여 고객을 만족시키기 위한 신제품 개발 등의 활동을 말하며, 운영은 현재의 고객에게 신뢰성이 있고 효과적이며 책임감 있게 전달하기 위한 활동이다. 또 판매 후 서비스는 고객에게 상품이나 서비스를 인도한 이후 그들의 불만이나 문제점 등을 신속하고 완전하게 해결하려는 활동이다.

이러한 내부 프로세스 관점에는 전통적으로는 원가, 시간 등의 지표들을 사용하지만 신제품 개발 정도, 신사업의 진행 정도, 조직 간의 협업효과 및 효율 극대화 등의 지표들을 개발하여 사용할 수 있다.

4. 학습과 성장 관점

학습과 성장 관점(learning and growth perspective)은 앞에서 열거한 세 가지의 관점을 해결하고 목표를 달성하기 위한 능력의 관점이다. 기업이 궁극적인 목표인 재무적 관점의 성과 향상을 비롯한 제반 관점을 달성 가능하게 하는 것은 역시 종업원의 능력이다. 이러한 종업원의 능력을 향상시키기 위한 방법으로 종업원에 대한 교육과 훈련, 권한의 이양, 보상 시스템의 운용, 동기를 부여할 수 있는 제도의 실행 등이 있다. 기업이 보유한 종업원의 역량은 경영활동에 있어 가장 기본적인 원천이 된다. 학습과 성장 관점에서 사용하는 지표로는 종업원의 만족도, 종업원 유지율, 교육훈련의 빈도, 숙련도, 정보의 활용능력 등이 있다.

예시 균형성과표의 예시

균형성과표의 네 가지 관점을 기초로 일반적인 제조기업의 경우를 가정하여 참고 목적으로 BSC의 예시를 제시한다.

목표		평가수단	목표지표	성과지표
재무적 관점	매출 증대	전년대비 증가율	5%	7%
	투자수익 극대화	투자수익률	10%	11%
	영업이익률 개선	매출액 대비율	5%	6%
	현금자산 확보	확보 금액	100억 원	105억 원
고객 관점	시장점유율 증가	시장점유율	14.5%	14.9%
	고객만족도 증가	고객만족도 척도 (5점 척도)	4.2	4.5
	판매지역 최적화	지역별 분산 정도	표준편차 5.1	표준편차 4.9

내부프로세스 관점	A/S시간 개선	접수 후 처리완료시간	2시간	1.8시간
	주문-배달시간	소요 일수	3일	2.8일
	신제품 개발	신제품 개발 건수	2건	1.4건
학습과 성장 관점	종업원 만족도	종업만족도 척도 (5점 척도)	4.5	4.8
	종업원 유지도	이직률	1.5%	1.1%
	종업원 교육훈련	교육훈련일수	150MD	169MD

연습문제

14-2. 1) 균형성과표의 네 가지 관점에 대하여 설명하라.

2) 균형성과표의 실제 사례를 구하여 분석하라.

풀이 생략

Chapter 15

종합예산

제1절 종합예산의 수립

1. 예산의 일반적 개념

1.1 예산의 의의

기업 경영활동의 구조체계는 본질적으로 전략적 계획이 먼저 확립되고 이에 따라 장기계획이 수립된다. 수립된 장기계획을 실행하여 효과적으로 목표를 달성하기 위하여 하위의 개념인 예산제도를 활용한다. 전략적 계획(strategic planning)은 기업 전체의 장기적인 발전과 관련된 사항으로 특정 사업으로의 신규 진입이나 철수, 업종의 전환이나 사업 포트폴리오의 구성 등의 내용을 포함하는 가장 최상위의 계획이다.

장기계획(long term planning)은 전략적 계획을 구체적으로 실행하기 위한 계획으로 일반적으로 중장기 기간을 대상으로 하며 chapter 11에서 설명한 투자예산이 대표적이다. 예산(budget)은 전략적 계획을 구체적으로 실행하기 위한 단기계획으로 기업의 전 부문이 참여하며 통상 1년을 단위로 하는 경우가 많다. 따라서 예산(budget)이란 일정기간 동안 기업의 전체 또는 책임중심점(부문)에서 기대하거나 목표로 하는 경영활동을 화폐단위로 계량화한 것이며 재무계획(financial plan)을 포함한다.

예산의 실행과정은 예산의 편성(budget planning)과 시정조치(corrective action)

및 예산통제(budgetary control)로 이루어진다. 예산의 편성은 예산에 관한 실행계획을 만드는 것이고, 시정조치는 예산과 성과를 비교하여 차이가 발생한 경우 그 원인을 분석하여 필요하면 당초의 예산을 조정하거나 발생 원인을 제거하기 위한 활동이다. 예산통제는 미래의 예산을 편성하는데 중요한 자료로 사용하기 위한 피드백의 과정이다.

통상 예산이라는 개념은 표준원가라는 개념과 혼용하여 사용하기도 한다. 표준원가는 예산에 대하여 생산량(판매량)에 대한 단위당 목표원가로 단위의 개념(unit concept)인 반면 예산은 계획된 전체의 금액을 나타내는 총괄적인 개념(total concept)이다. 예산의 종류는 분류목적에 따라 다양하게 분류할 수 있으나 일반적으로 다음과 같이 분류할 수 있으며 본서에서는 종합예산의 예를 중심으로 설명한다.

분류기준	예산의 종류
예산활동의 범위	종합예산, 부문예산
예산활동의 종류	경상예산, 자본예산
예산의 탄력성	고정예산, 변동예산
예산의 대상 기간	장기예산, 단기예산
예산의 수립 방법	원점예산, 증분예산

1.2 예산의 목적

예산을 수립하는 목적에는 구성원의 예산수립 참여, 의사소통과 조정, 효율적인 자원배분, 통제 및 성과평가 등이 있다. 구성원의 예산수립 참여 목적은 최고경영자부터 부문 관리자까지 예산의 수립과정에 참여함으로써 경영활동에 관한 이해도를 높이고 참여의식을 갖도록 하며 동기를 부여하는 역할을 한다. 의사소통과 조정의 목적은 기업 내부의 여러 조직들 간의 의사소통을 통하여 상호간의 활동계획을 조정할 수 있게 한다. 예를 들어 판매예산에 따라 생산예산이 수립되므로 판매예산과 생산예산의 수립자는 상호 긴밀하게 의사소통하여 조정하지 않으면 안 된다. 효율적인 자원배분의 목적은 대부분의 기업들은 인력이나 원자재 등 자원의 부족을 경험하게 되는데 예산의 수립과정을 통하여 한정된 자원의 효율적인 배분을 도모할 수 있다. 통제 및 성과평가의 목적은 예산이 갖는 본질적인 기능 중 하나인 성과와 비교하기 위한 기준으로 사용하기 위함이다. 변동예산은 산출량에 대하여 단위당 예산과 단위당 성과를 비교하고, 고정예산은 총액으로 예산과 성과를 비교한다. 비교된 자료는 해당 책임중심점이나 부서 또는 개인에 대한 평가 측정치가 되어 인센티브 제공 등에 있어서 근거자료가 된다.

반면에 예산이 갖는 역기능도 있다. 예산을 의식하여 자칫 단기적인 목표의 달성에만 치중하여 장기적인 관점에서의 이익을 놓칠 수가 있으며, 조직의 구성원들에게 심리적인 압박으로 작용할 수 있고 또 내부 조직 간의 과도한 경쟁을 유발하여 상호 협력정신을 해할 수도 있다.

2. 종합예산의 의의

2.1 종합예산의 의의

종합예산(master budget)이란 예산의 여러 종류 중에서 부문예산과 더불어 예산활동의 범위를 기준으로 분류한 예산의 한 종류이다. 종합예산은 예산의 활동범위가 해당 조직의 전체를 대상으로 하므로 각 하위 부문인 구매, 제조, 판매, 재무, 자재, 일반 관리 등 조직의 부문예산을 모두 합한 예산으로 일반적으로 1년 단위로 수립하는 경우가 많다. 또 예산은 그 자체로서 매출, 매출원가, 영업이익, 순이익, 현금흐름 등 기업 전체 또는 각 책임중심점(부문)이 달성해야 할 개별 목표로서의 기능도 한다.

앞서 chapter 14에서 설명한 균형성과표와 관련하여 이 목표(예산)들이 핵심성과지표(key performance indicators, KPI)로서의 기능도 하고 있다. 예산의 수립에서 조직 구성원들의 참여 정도에 따라 중앙집권적 예산 수립방법, 보조적 예산 수립방법, 참여적 예산 수립방법 등으로 구분할 수 있다.

2.2. 종합예산의 수립 절차

종합예산의 수립은 미래 활동에 대한 목표를 설정하는 것이기 때문에 가장 먼저 판매에 관한 목표를 수립하는 것으로부터 출발한다. 판매에 관한 예산에 의해 제조예산과 재고예산을 포함한 매출원가예산, 일반관리비예산, 금융비용예산 등의 과정을 거쳐 예산 재무상태표의 작성에까지 이른다. 이 과정에서 현금흐름예산이 수립되는 데 현금의 과부족에 따라 금융기관 등으로부터의 차입예산, 차입금의 상환예산 및 여유자금의 활용예산이 수립되어야 하며, 인력예산이나 단기적인 설비투자의 예산 등이 함께 수립되어야 한다. 예산 수립의 과정은 앞에서 설명된 제품원가계산과 이익계산의 흐름과는 반대의 방향으로 흐른다.

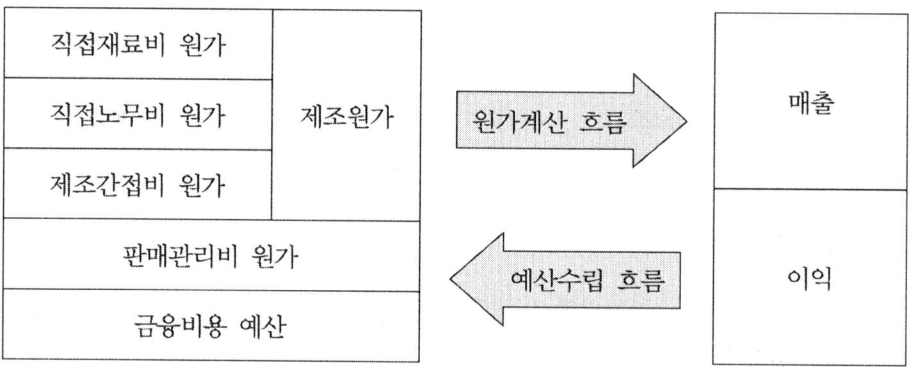

원가계산과 예산수립의 흐름 관계를 바탕으로 종합예산의 수립과정을 그림으로 표시하면 다음과 같으며 이 과정은 순환 · 반복하면서 최종적인 예산으로 완성된다.

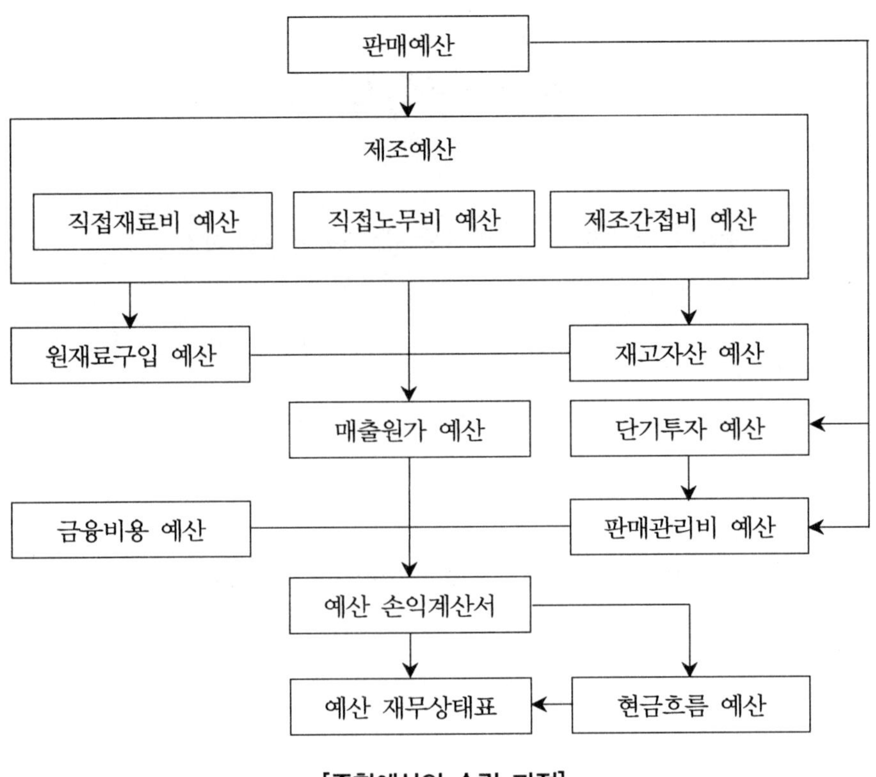
판매예산
제조예산
직접재료비 예산
직접노무비 예산
제조간접비 예산
원재료구입 예산
재고자산 예산
매출원가 예산
단기투자 예산
금융비용 예산
판매관리비 예산
예산 손익계산서
예산 재무상태표
현금흐름 예산

[종합예산의 수립 과정]

연습문제

15-1. 1) 예산의 일반적인 의의와 목적에 대하여 설명하라.

2) 종합예산에 대하여 부문예산과의 차이를 중심으로 설명하라.

3) 종합예산의 수립절차에 대하여 설명하라.

풀이 생략

제2절 현금예산의 수립

1. 현금예산의 의의

기업의 경영활동 과정에서 가장 중요한 자원은 바로 현금이다. 뛰어난 매출실적과 양호한 원가관리로 인하여 손익계산서상 많은 이익을 실현하였다고 하더라도 필요한 시기에 현금흐름이 발생하지 않으면 기업은 도산의 위험에 빠질 수 있다. 현금예산(cash budget)은 일정 기간 중 현금의 유입과 유출에 관한 예산으로 일반적으로는 단기간의 예산이다. 또 현금예산은 기업의 이익흐름이 중심이 아닌 현금흐름을 중심으로 하는 매우 중요한 예산이다.

현금예산서

구분	1월	2월	3월	· · · ·
기초잔액	×××	×××	×××	×××
(+)현금유입액	×××	×××	×××	×××
○○○○	×××	×××	×××	×××
○○○○	×××	×××	×××	×××
(-)현금유출액	×××	×××	×××	×××
○○○○	×××	×××	×××	×××
○○○○	×××	×××	×××	×××
기말잔액	×××	×××	×××	×××
목표현금	×××	×××	×××	×××
과부족액	×××	×××	×××	×××
과부족해결방안	×××	×××	×××	×××
○○○○	×××	×××	×××	×××

현금의 유입예산은 판매대금의 회수가 가장 일반적이고 중요하며 그 밖에 자산의 매각, 이자의 수입, 유상증자 등이 있으며 현금의 유출예산은 원재료나 상품의 매입대금 지급, 인건비의 지급이 가장 기본적인 유출항목이며 기타 판매관리비의 지급, 금융비용의 지급, 자산의 신규 취득, 배당금의 지급, 부채의 상환 등이 있다.

따라서 현금예산은 각각의 항목별로 별도의 현금예산을 수립한 후 이것들을 집합시키는 개념으로 이해하면 된다. 즉, 판매대금의 회수에 따른 현금예산, 매입대금의 지급에 따른 현금예산, 판매비와관리비에 따른 현금예산 등을 각각 먼저 수립한 후 이들을 통합하여 합계하는 방식으로 수립하는 것이 일반적이다. 기업의 경영활동 형태나 거래의 상황에 따라서 각각의 항목별 현금예산은 다양한 형태를 가지고 있으므로 기업의 실정에 가장 적합한 형식을 취하면 될 것이다. 현금예산은 위의 예시와 같은 형식으로 수립할 수 있다.

2. 판매대금과 현금예산

판매대금의 회수와 관련한 예산은 현금유입예산 중에서 가장 중요한 비중을 차지한다. 일반적인 상거래 기업의 경우 판매에 따른 대금의 회수가 가장 핵심적인 현금유입의 수단이 될 것이다.

판매대금에 대하여 전액 현금으로 즉시 회수가 된다면 판매예산을 그대로 이용하면 되므로 판매대금 관련 현금예산을 수립하기가 수월하겠지만 일반적으로는 그런 경우는 드물다. 따라서 외상거래를 하는 경우 발생주의에 근거한 회계기준에서는 바로 수익(매출)로 인식하지만 현금이 유입되는 것은 아니므로 이들에 대한 분석을 실시하여 현금의 유입시기와 금액을 결정하여야 한다. 또 외상거래의 경우 거래처마다 현금 회수의 시점이 제각기 다른 것이 일반적이므로 이에 대하여도 고려하여야 한다.

예시 (주)하진의 판매예산에 의한 판매대금 현금예산의 수립

○ 월별 판매예산

1월	2월	3월	4월
₩ 22,000	₩ 24,000	₩ 26,000	₩ 30,000

○ 거래의 조건 : 판매금액의 40%는 현금이며 나머지는 외상거래이다.

○ 외상대금의 회수 : 외상대금 60% 중 당월에 10%, 차월에 40%, 차차월에 10%가 현금으로 회수된다.

풀이 ○ 판매대금 현금예산

월별	판매금액	1월	2월	3월	4월
1월	₩ 22,000	₩ 8,800 ₩ 2,200	₩ 8,800	₩ 2,200	
2월	₩ 24,000		₩ 9,600 ₩ 2,400	₩ 9,600	₩ 2,400
3월	₩ 26,000			₩ 10,400 ₩ 2,600	₩ 10,400
4월	₩ 30,000				₩ 12,000 ₩ 3,000
합계	₩ 102,000	₩ 11,000	₩ 20,800	₩ 24,800	₩ 27,800

○ 월별 위 칸의 금액은 당월 판매에 대한 현금유입이며, 아래 부분은 외상판매 중에서 당해 월의 현금유입을 표시한 것이다.

○ 판매대금 현금예산을 연속적으로 수립하면 1월의 경우 전년도에 판매한 대금 중에서 1월 이후 현금유입 부분이 추가될 것이다.

○ 연속적으로 수립하면 5월 이후의 현금유입도 표시될 것이다.

3. 매입대금과 현금예산

매입대금의 지급과 관련한 현금예산은 일반적인 기업의 경우 가장 비중이 큰 현금유출예산일 것이다. 매입대금 역시 판매대금과 마찬가지로 전액 현금으로 즉시 지급한다면 구매예산을 그대로 이용하면 되므로 수월하게 수립할 수 있다. 그러나 현금거래와 외상거래가 혼합되어 나타나는 경우가 일반적이므로 위에서 언급한 판매관련 현금예산의 경우와 동일한 방법으로 매입대금 현금예산을 수립하면 된다.

4. 현금예산 상호간의 관련성

판매예산에 근거하여 판매대금 현금예산을 수립하고 구매예산에 의해 매입관련 현금예산이 수립된다. 동시에 판매비와관리비예산, 인력(인건비)예산, 자산 신규 취득이나 매각관련 예산, 금융부채 운용예산 등에 의하여 각각 현금유입예산과 현금유출예산이 수립된다. 그런 다음 최종적으로 이들 각각의 현금예산을 집합하면 전술한 바와 같이 전체 현금예산의 수립이 종결된다.

연습문제

15-2. 1) 현금예산의 의의와 중요성에 대하여 설명하라.

2) 판매대금 현금예산과 판매예산과의 관계를 설명하라.

풀이 생략

부 록

〈1〉 현가계수
〈2〉 미래가치계수
〈3〉 기말연금의 현가계수
〈4〉 기말연금의 미래가치계수
〈5〉 기초연금의 현가계수
〈6〉 기초연금의 미래가치계수

〈 1 〉 현가계수$(PVIF_{r,\,n}) = \dfrac{1}{(1+r)^n}$

기간	이자율									
	1%	2%	3%	4%	5%	6%	7%	8%	9%	10%
1	0.9901	0.9804	0.9709	0.9615	0.9524	0.9434	0.9346	0.9259	0.9174	0.9091
2	0.9803	0.9612	0.9426	0.9246	0.9070	0.8900	0.8734	0.8573	0.8417	0.8264
3	0.9706	0.9423	0.9151	0.8890	0.8638	0.8396	0.8163	0.7938	0.7722	0.7513
4	0.9610	0.9238	0.8885	0.8548	0.8227	0.7921	0.7629	0.7350	0.7084	0.6830
5	0.9515	0.9057	0.8626	0.8219	0.7835	0.7473	0.7130	0.6806	0.6499	0.6209
6	0.9420	0.8880	0.8375	0.7903	0.7462	0.7050	0.6663	0.6302	0.5963	0.5645
7	0.9327	0.8706	0.8131	0.7599	0.7107	0.6651	0.6227	0.5835	0.5470	0.5132
8	0.9235	0.8535	0.7894	0.7307	0.6768	0.6274	0.5820	0.5403	0.5019	0.4665
9	0.9143	0.8368	0.7664	0.7026	0.6446	0.5919	0.5439	0.5002	0.4604	0.4241
10	0.9053	0.8203	0.7441	0.6756	0.6139	0.5584	0.5083	0.4632	0.4224	0.3855
11	0.8963	0.8043	0.7224	0.6496	0.5847	0.5268	0.4751	0.4289	0.3875	0.3505
12	0.8874	0.7885	0.7014	0.6246	0.5568	0.4970	0.4440	0.3971	0.3555	0.3186
13	0.8787	0.7730	0.6810	0.6006	0.5303	0.4688	0.4150	0.3677	0.3262	0.2897
14	0.8700	0.7579	0.6611	0.5775	0.5051	0.4423	0.3878	0.3405	0.2992	0.2633
15	0.8613	0.7430	0.6419	0.5553	0.4810	0.4173	0.3624	0.3152	0.2745	0.2394
16	0.8528	0.7284	0.6232	0.5339	0.4581	0.3936	0.3387	0.2919	0.2519	0.2176
17	0.8444	0.7142	0.6050	0.5134	0.4363	0.3714	0.3166	0.2703	0.2311	0.1978
18	0.8360	0.7002	0.5874	0.4936	0.4155	0.3503	0.2959	0.2502	0.2120	0.1799
19	0.8277	0.6864	0.5703	0.4746	0.3957	0.3305	0.2765	0.2317	0.1945	0.1635
20	0.8195	0.6730	0.5537	0.4564	0.3769	0.3118	0.2584	0.2145	0.1784	0.1486
21	0.8114	0.6598	0.5375	0.4388	0.3589	0.2942	0.2415	0.1987	0.1637	0.1351
22	0.8034	0.6468	0.5219	0.4220	0.3418	0.2775	0.2257	0.1839	0.1502	0.1228
23	0.7954	0.6342	0.5067	0.4057	0.3256	0.2618	0.2109	0.1703	0.1378	0.1117
24	0.7876	0.6217	0.4919	0.3901	0.3101	0.2470	0.1971	0.1577	0.1264	0.1015
25	0.7798	0.6095	0.4776	0.3751	0.2953	0.2330	0.1842	0.1460	0.1160	0.0923
26	0.7720	0.5976	0.4637	0.3607	0.2812	0.2198	0.1722	0.1352	0.1064	0.0839
27	0.7644	0.5859	0.4502	0.3468	0.2678	0.2074	0.1609	0.1252	0.0976	0.0763
28	0.7568	0.5744	0.4371	0.3335	0.2551	0.1956	0.1504	0.1159	0.0895	0.0693
29	0.7493	0.5631	0.4243	0.3207	0.2429	0.1846	0.1406	0.1073	0.0822	0.0630
30	0.7419	0.5521	0.4120	0.3083	0.2314	0.1741	0.1314	0.0994	0.0754	0.0573
40	0.6717	0.4529	0.3066	0.2083	0.1420	0.0972	0.0668	0.0460	0.0318	0.0221
50	0.6080	0.3715	0.2281	0.1407	0.0872	0.0543	0.0339	0.0213	0.0134	0.0085

기간	이자율									
	12%	14%	16%	18%	20%	22%	24%	26%	28%	30%
1	0.8929	0.8772	0.8621	0.8475	0.8333	0.8197	0.8065	0.7937	0.7813	0.7692
2	0.7972	0.7695	0.7432	0.7182	0.6944	0.6719	0.6504	0.6299	0.6104	0.5917
3	0.7118	0.6750	0.6407	0.6086	0.5787	0.5507	0.5245	0.4999	0.4768	0.4552
4	0.6355	0.5921	0.5523	0.5158	0.4823	0.4514	0.4230	0.3968	0.3725	0.3501
5	0.5674	0.5194	0.4761	0.4371	0.4019	0.3700	0.3411	0.3149	0.2910	0.2693
6	0.5066	0.4556	0.4104	0.3704	0.3349	0.3033	0.2751	0.2499	0.2274	0.2072
7	0.4523	0.3996	0.3538	0.3139	0.2791	0.2486	0.2218	0.1983	0.1776	0.1594
8	0.4039	0.3506	0.3050	0.2660	0.2326	0.2038	0.1789	0.1574	0.1388	0.1226
9	0.3606	0.3075	0.2630	0.2255	0.1938	0.1670	0.1443	0.1249	0.1084	0.0943
10	0.3220	0.2697	0.2267	0.1911	0.1615	0.1369	0.1164	0.0992	0.0847	0.0725
11	0.2875	0.2366	0.1954	0.1619	0.1346	0.1122	0.0938	0.0787	0.0662	0.0558
12	0.2567	0.2076	0.1685	0.1372	0.1122	0.0920	0.0757	0.0625	0.0517	0.0429
13	0.2292	0.1821	0.1452	0.1163	0.0935	0.0754	0.0610	0.0496	0.0404	0.0330
14	0.2046	0.1597	0.1252	0.0985	0.0779	0.0618	0.0492	0.0393	0.0316	0.0254
15	0.1827	0.1401	0.1079	0.0835	0.0649	0.0507	0.0397	0.0312	0.0247	0.0195
16	0.1631	0.1229	0.0930	0.0708	0.0541	0.0415	0.0320	0.0248	0.0193	0.0150
17	0.1456	0.1078	0.0802	0.0600	0.0451	0.0340	0.0258	0.0197	0.0150	0.0116
18	0.1300	0.0946	0.0691	0.0508	0.0376	0.0279	0.0208	0.0156	0.0118	0.0089
19	0.1161	0.0829	0.0596	0.0431	0.0313	0.0229	0.0168	0.0124	0.0092	0.0068
20	0.1037	0.0728	0.0514	0.0365	0.0261	0.0187	0.0135	0.0098	0.0072	0.0053
21	0.0926	0.0638	0.0443	0.0309	0.0217	0.0154	0.0109	0.0078	0.0056	0.0040
22	0.0826	0.0560	0.0382	0.0262	0.0181	0.0126	0.0088	0.0062	0.0044	0.0031
23	0.0738	0.0491	0.0329	0.0222	0.0151	0.0103	0.0071	0.0049	0.0034	0.0024
24	0.0659	0.0431	0.0284	0.0188	0.0126	0.0085	0.0057	0.0039	0.0027	0.0018
25	0.0588	0.0378	0.0245	0.0160	0.0105	0.0069	0.0046	0.0031	0.0021	0.0014
26	0.0525	0.0331	0.0211	0.0135	0.0087	0.0057	0.0037	0.0025	0.0016	0.0011
27	0.0469	0.0291	0.0182	0.0115	0.0073	0.0047	0.0030	0.0019	0.0013	0.0008
28	0.0419	0.0255	0.0157	0.0097	0.0061	0.0038	0.0024	0.0015	0.0010	0.0006
29	0.0374	0.0224	0.0135	0.0082	0.0051	0.0031	0.0020	0.0012	0.0008	0.0005
30	0.0334	0.0196	0.0116	0.0070	0.0042	0.0026	0.0016	0.0010	0.0006	0.0004
40	0.0107	0.0053	0.0026	0.0013	0.0007	0.0004	0.0002	0.0001	0.0001	
50	0.0035	0.0014	0.0006	0.0003	0.0001	0.0000				

〈 2 〉 미래가치계수$(CVIF_{r,\, n}) = (1 + r)^n$

기간	이자율									
	1%	2%	3%	4%	5%	6%	7%	8%	9%	10%
1	1.0100	1.0200	1.0300	1.0400	1.0500	1.0600	1.0700	1.0800	1.0900	1.1000
2	1.0201	1.0404	1.0609	1.0816	1.1025	1.1236	1.1449	1.1664	1.1881	1.2100
3	1.0303	1.0612	1.0927	1.1249	1.1576	1.1910	1.2250	1.2597	1.2950	1.3310
4	1.0406	1.0824	1.1255	1.1699	1.2155	1.2625	1.3108	1.3605	1.4116	1.4641
5	1.0510	1.1041	1.1593	1.2167	1.2763	1.3382	1.4026	1.4693	1.5386	1.6105
6	1.0615	1.1262	1.1941	1.2653	1.3401	1.4185	1.5007	1.5869	1.6771	1.7716
7	1.0721	1.1487	1.2299	1.3159	1.4071	1.5036	1.6058	1.7138	1.8280	1.9487
8	1.0829	1.1717	1.2668	1.3686	1.4775	1.5938	1.7182	1.8509	1.9926	2.1436
9	1.0937	1.1951	1.3048	1.4233	1.5513	1.6895	1.8385	1.9990	2.1719	2.3579
10	1.1046	1.2190	1.3439	1.4802	1.6289	1.7908	1.9672	2.1589	2.3674	2.5937
11	1.1157	1.2434	1.3842	1.5395	1.7103	1.8983	2.1049	2.3316	2.5804	2.8531
12	1.1268	1.2682	1.4258	1.6010	1.7959	2.0122	2.2522	2.5182	2.8127	3.1384
13	1.1381	1.2936	1.4685	1.6651	1.8856	2.1329	2.4098	2.7196	3.0658	3.4523
14	1.1495	1.3195	1.5126	1.7317	1.9799	2.2609	2.5785	2.9372	3.3417	3.7975
15	1.1610	1.3459	1.5580	1.8009	2.0789	2.3966	2.7590	3.1722	3.6425	4.1772
16	1.1726	1.3728	1.6047	1.8730	2.1829	2.5404	2.9522	3.4259	3.9703	4.5950
17	1.1843	1.4002	1.6528	1.9479	2.2920	2.6928	3.1588	3.7000	4.3276	5.0545
18	1.1961	1.4282	1.7024	2.0258	2.4066	2.8543	3.3799	3.9960	4.7171	5.5599
19	1.2081	1.4568	1.7535	2.1068	2.5270	3.0256	3.6165	4.3157	5.1417	6.1159
20	1.2202	1.4859	1.8061	2.1911	2.6533	3.2071	3.8697	4.6610	5.6044	6.7275
21	1.2324	1.5157	1.8603	2.2788	2.7860	3.3996	4.1406	5.0338	6.1088	7.4002
22	1.2447	1.5460	1.9161	2.3699	2.9253	3.6035	4.4304	5.4365	6.6586	8.1403
23	1.2572	1.5769	1.9736	2.4647	3.0715	3.8197	4.7405	5.8715	7.2579	8.9543
24	1.2697	1.6084	2.0328	2.5633	3.2251	4.0489	5.0724	6.3412	7.9111	9.8497
25	1.2824	1.6406	2.0938	2.6658	3.3864	4.2919	5.4274	6.8485	8.6231	10.834
26	1.2953	1.6734	2.1566	2.7725	3.5557	4.5494	5.8074	7.3964	9.3992	11.918
27	1.3082	1.7069	2.2213	2.8834	3.7335	4.8223	6.2139	7.9881	10.245	13.110
28	1.3213	1.7410	2.2879	2.9987	3.9201	5.1117	6.6488	8.6271	11.167	14.421
29	1.3345	1.7758	2.3566	3.1187	4.1161	5.4184	7.1143	9.3173	12.172	15.863
30	1.3478	1.8114	2.4273	3.2434	4.3219	5.7435	7.6123	10.062	13.267	17.449
40	1.4889	2.2080	3.2620	4.8010	7.0400	10.285	14.974	21.724	31.409	45.259
50	1.6446	2.6916	4.3839	7.1067	11.467	18.420	29.457	46.901	74.357	117.39

기간	이자율									
	12%	14%	16%	18%	20%	22%	24%	26%	28%	30%
1	1.1200	1.1400	1.1600	1.1800	1.2000	1.2200	1.2400	1.2600	1.2800	1.3000
2	1.2544	1.2996	1.3456	1.3924	1.4400	1.4884	1.5376	1.5876	1.6384	1.6900
3	1.4049	1.4815	1.5609	1.6430	1.7280	1.8158	1.9066	2.0004	2.0972	2.1970
4	1.5735	1.6890	1.8106	1.9388	2.0736	2.2153	2.3642	2.5205	2.6844	2.8561
5	1.7623	1.9254	2.1003	2.2878	2.4883	2.7027	2.9316	3.1758	3.4360	3.7129
6	1.9738	2.1950	2.4364	2.6996	2.9860	3.2973	3.6352	4.0015	4.3980	4.8268
7	2.2107	2.5023	2.8262	3.1855	3.5832	4.0227	4.5077	5.0419	5.6295	6.2749
8	2.4760	2.8526	3.2784	3.7589	4.2998	4.9077	5.5895	6.3528	7.2058	8.1573
9	2.7731	3.2519	3.8030	4.4355	5.1598	5.9874	6.9310	8.0045	9.2234	10.604
10	3.1058	3.7072	4.4114	5.2338	6.1917	7.3046	8.5944	10.086	11.806	13.786
11	3.4785	4.2262	5.1173	6.1759	7.4301	8.9117	10.657	12.708	15.112	17.922
12	3.8960	4.8179	5.9360	7.2876	8.9161	10.872	13.215	16.012	19.343	23.298
13	4.3635	5.4924	6.8858	8.5994	10.699	13.264	16.386	20.175	24.759	30.288
14	4.8871	6.2613	7.9875	10.147	12.839	16.182	20.319	25.421	31.691	39.374
15	5.4736	7.1379	9.2655	11.974	15.407	19.742	25.196	32.030	40.565	51.186
16	6.1304	8.1372	10.748	14.129	18.488	24.086	31.243	40.358	51.923	66.542
17	6.8660	9.2765	12.468	16.672	22.186	29.384	38.741	50.851	66.461	86.504
18	7.6900	10.575	14.463	19.673	26.623	35.849	48.039	64.072	85.071	112.46
19	8.6128	12.056	16.777	23.214	31.948	43.736	59.568	80.731	108.89	146.19
20	9.6463	13.743	19.461	27.393	38.338	53.358	73.864	101.72	139.38	190.05
21	10.804	15.668	22.574	32.324	46.005	65.096	91.592	128.17	178.41	247.06
22	12.100	17.861	26.186	38.142	55.206	79.418	113.57	161.49	228.36	321.18
23	13.552	20.362	30.376	45.008	66.247	96.889	140.83	203.48	292.30	417.54
24	15.179	23.212	35.236	53.109	79.497	118.21	174.63	256.39	374.14	542.80
25	17.000	26.462	40.874	62.669	95.396	144.21	216.54	323.05	478.90	705.64
26	19.040	30.167	47.414	73.949	114.48	175.94	268.51	407.04	613.00	917.33
27	21.325	34.390	55.000	87.260	137.37	214.64	332.95	512.87	784.64	1192.5
28	23.884	39.204	63.800	102.97	164.84	261.86	412.86	646.21	1,004.3	1550.3
29	26.750	44.693	74.009	121.50	197.81	319.47	511.95	814.23	1,285.6	2015.4
30	29.960	50.950	85.850	143.37	237.38	389.76	634.82	1025.9	1,645.5	2620.0
40	93.051	188.88	378.72	750.38	1469.8	2847.0	5455.9	10347	19427	36119
50	289.00	700.23	1670.7	3927.4	9100.4	20797	46890	104358	229350	497929

〈 3 〉 기말연금의 현가계수 $(PVIFA_{r,n}) = \dfrac{(1+r)^n - 1}{r(1+r)^n}$

기간	이자율									
	1%	2%	3%	4%	5%	6%	7%	8%	9%	10%
1	0.9901	0.9804	0.9709	0.9615	0.9524	0.9434	0.9346	0.9259	0.9174	0.9091
2	1.9704	1.9416	1.9135	1.8861	1.8594	1.8334	1.8080	1.7833	1.7591	1.7355
3	2.9410	2.8839	2.8286	2.7751	2.7232	2.6730	2.6243	2.5771	2.5313	2.4869
4	3.9020	3.8077	3.7171	3.6299	3.5460	3.4651	3.3872	3.3121	3.2397	3.1699
5	4.8534	4.7135	4.5797	4.4518	4.3295	4.2124	4.1002	3.9927	3.8897	3.7908
6	5.7955	5.6014	5.4172	5.2421	5.0757	4.9173	4.7665	4.6229	4.4859	4.3553
7	6.7282	6.4720	6.2303	6.0021	5.7864	5.5824	5.3893	5.2064	5.0330	4.8684
8	7.6517	7.3255	7.0197	6.7327	6.4632	6.2098	5.9713	5.7466	5.5348	5.3349
9	8.5660	8.1622	7.7861	7.4353	7.1078	6.8017	6.5152	6.2469	5.9952	5.7590
10	9.4713	8.9826	8.5302	8.1109	7.7217	7.3601	7.0236	6.7101	6.4177	6.1446
11	10.368	9.7868	9.2526	8.7605	8.3064	7.8869	7.4987	7.1390	6.8052	6.4951
12	11.255	10.575	9.9540	9.3851	8.8633	8.3838	7.9427	7.5361	7.1607	6.8137
13	12.134	11.348	10.635	9.9856	9.3936	8.8527	8.3577	7.9038	7.4869	7.1034
14	13.004	12.106	11.296	10.563	9.8986	9.2950	8.7455	8.2442	7.7862	7.3667
15	13.865	12.849	11.938	11.118	10.380	9.7122	9.1079	8.5595	8.0607	7.6061
16	14.718	13.578	12.561	11.652	10.838	10.106	9.4466	8.8514	8.3126	7.8237
17	15.562	14.292	13.166	12.166	11.274	10.477	9.7632	9.1216	8.5436	8.0216
18	16.398	14.992	13.754	12.659	11.690	10.828	10.059	9.3719	8.7556	8.2014
19	17.226	15.678	14.324	13.134	12.085	11.158	10.336	9.6036	8.9501	8.3649
20	18.046	16.351	14.877	13.590	12.462	11.470	10.594	9.8181	9.1285	8.5136
21	18.857	17.011	15.415	14.029	12.821	11.764	10.836	10.017	9.2922	8.6487
22	19.660	17.658	15.937	14.451	13.163	12.042	11.061	10.201	9.4424	8.7715
23	20.456	18.292	16.444	14.857	13.489	12.303	11.272	10.371	9.5802	8.8832
24	21.243	18.914	16.936	15.247	13.799	12.550	11.469	10.529	9.7066	8.9847
25	22.023	19.523	17.413	15.622	14.094	12.783	11.654	10.675	9.8226	9.0770
26	22.795	20.121	17.877	15.983	14.375	13.003	11.826	10.810	9.9290	9.1609
27	23.560	20.707	18.327	16.330	14.643	13.211	11.987	10.935	10.027	9.2372
28	24.316	21.281	18.764	16.663	14.898	13.406	12.137	11.051	10.116	9.3066
29	25.066	21.844	19.188	16.984	15.141	13.591	12.278	11.158	10.198	9.3696
30	25.808	22.396	19.600	17.292	15.372	13.765	12.409	11.258	10.274	9.4269
40	32.835	27.355	23.115	19.793	17.159	15.046	13.332	11.925	10.757	9.7791
50	39.196	31.424	25.730	21.482	18.256	15.762	13.801	12.233	10.962	9.9148

기간	이자율									
	12%	14%	16%	18%	20%	22%	24%	26%	28%	30%
1	0.8929	0.8772	0.8621	0.8475	0.8333	0.8197	0.8065	0.7937	0.7813	0.7692
2	1.6901	1.6467	1.6052	1.5656	1.5278	1.4915	1.4568	1.4235	1.3916	1.3609
3	2.4018	2.3216	2.2459	2.1743	2.1065	2.0422	1.9813	1.9234	1.8684	1.8161
4	3.0373	2.9137	2.7982	2.6901	2.5887	2.4936	2.4043	2.3202	2.2410	2.1662
5	3.6048	3.4331	3.2743	3.1272	2.9906	2.8636	2.7454	2.6351	2.5320	2.4356
6	4.1114	3.8887	3.6847	3.4976	3.3255	3.1669	3.0205	2.8850	2.7594	2.6427
7	4.5638	4.2883	4.0386	3.8115	3.6046	3.4155	3.2423	3.0833	2.9370	2.8021
8	4.9676	4.6389	4.3436	4.0776	3.8372	3.6193	3.4212	3.2407	3.0758	2.9247
9	5.3282	4.9464	4.6065	4.3030	4.0310	3.7863	3.5655	3.3657	3.1842	3.0190
10	5.6502	5.2161	4.8332	4.4941	4.1925	3.9232	3.6819	3.4648	3.2689	3.0915
11	5.9377	5.4527	5.0286	4.6560	4.3271	4.0354	3.7757	3.5435	3.3351	3.1473
12	6.1944	5.6603	5.1971	4.7932	4.4392	4.1274	3.8514	3.6059	3.3868	3.1903
13	6.4235	5.8424	5.3423	4.9095	4.5327	4.2028	3.9124	3.6555	3.4272	3.2233
14	6.6282	6.0021	5.4675	5.0081	4.6106	4.2646	3.9616	3.6949	3.4587	3.2487
15	6.8109	6.1422	5.5755	5.0916	4.6755	4.3152	4.0013	3.7261	3.4834	3.2682
16	6.9740	6.2651	5.6685	5.1624	4.7296	4.3567	4.0333	3.7509	3.5026	3.2832
17	7.1196	6.3729	5.7487	5.2223	4.7746	4.3908	4.0591	3.7705	3.5177	3.2948
18	7.2497	6.4674	5.8178	5.2732	4.8122	4.4187	4.0799	3.7861	3.5294	3.3037
19	7.3658	6.5504	5.8775	5.3162	4.8435	4.4415	4.0967	3.7985	3.5386	3.3105
20	7.4694	6.6231	5.9288	5.3527	4.8696	4.4603	4.1103	3.8083	3.5458	3.3158
21	7.5620	6.6870	5.9731	5.3837	4.8913	4.4756	4.1212	3.8161	3.5514	3.3198
22	7.6446	6.7429	6.0113	5.4099	4.9094	4.4882	4.1300	3.8223	3.5558	3.3230
23	7.7184	6.7921	6.0442	5.4321	4.9245	4.4985	4.1371	3.8273	3.5592	3.3254
24	7.7843	6.8351	6.0726	5.4509	4.9371	4.5070	4.1428	3.8312	3.5619	3.3272
25	7.8431	6.8729	6.0971	5.4669	4.9476	4.5139	4.1474	3.8342	3.5640	3.3286
26	7.8957	6.9061	6.1182	5.4804	4.9563	4.5196	4.1511	3.8367	3.5656	3.3297
27	7.9426	6.9352	6.1364	5.4919	4.9636	4.5243	4.1542	3.8387	3.5669	3.3305
28	7.9844	6.9607	6.1520	5.5016	4.9697	4.5281	4.1566	3.8402	3.5679	3.3312
29	8.0218	6.9830	6.1656	5.5098	4.9747	4.5312	4.1585	3.8414	3.5687	3.3317
30	8.0552	7.0027	6.1772	5.5168	4.9789	4.5338	4.1601	3.8424	3.5693	3.3321
40	8.2438	7.1050	6.2335	5.5482	4.9966	4.5439	4.1659	3.8458	3.5712	3.3332
50	8.3045	7.1327	6.2463	5.5541	4.9995	4.5452	4.1666	3.8461	3.5714	3.3333

〈 4 〉 기말연금의 미래가치계수($CVIFA_{r,\,n}$) = $\dfrac{(1+r)^n - 1}{r}$

기간	이자율									
	1%	2%	3%	4%	5%	6%	7%	8%	9%	10%
1	1.0000	1.0000	1.0000	1.0000	1.0000	1.0000	1.0000	1.0000	1.0000	1.0000
2	2.0100	2.0200	2.0300	2.0400	2.0500	2.0600	2.0700	2.0800	2.0900	2.1000
3	3.0301	3.0604	3.0909	3.1216	3.1525	3.1836	3.2149	3.2464	3.2781	3.3100
4	4.0604	4.1216	4.1836	4.2465	4.3101	4.3746	4.4399	4.5061	4.5731	4.6410
5	5.1010	5.2040	5.3091	5.4163	5.5256	5.6371	5.7507	5.8666	5.9847	6.1051
6	6.1520	6.3081	6.4684	6.6330	6.8019	6.9753	7.1533	7.3359	7.5233	7.7156
7	7.2135	7.4343	7.6625	7.8983	8.1420	8.3938	8.6540	8.9228	9.2004	9.4872
8	8.2857	8.5830	8.8923	9.2142	9.5491	9.8975	10.260	10.637	11.028	11.436
9	9.3685	9.7546	10.159	10.583	11.027	11.491	11.978	12.488	13.021	13.579
10	10.462	10.950	11.464	12.006	12.578	13.181	13.816	14.487	15.193	15.937
11	11.567	12.169	12.808	13.486	14.207	14.972	15.784	16.645	17.560	18.531
12	12.683	13.412	14.192	15.026	15.917	16.870	17.888	18.977	20.141	21.384
13	13.809	14.680	15.618	16.627	17.713	18.882	20.141	21.495	22.953	24.523
14	14.947	15.974	17.086	18.292	19.599	21.015	22.550	24.215	26.019	27.975
15	16.097	17.293	18.599	20.024	21.579	23.276	25.129	27.152	29.361	31.772
16	17.258	18.639	20.157	21.825	23.657	25.673	27.888	30.324	33.003	35.950
17	18.430	20.012	21.762	23.698	25.840	28.213	30.840	33.750	36.974	40.545
18	19.615	21.412	23.414	25.645	28.132	30.906	33.999	37.450	41.301	45.599
19	20.811	22.841	25.117	27.671	30.539	33.760	37.379	41.446	46.018	51.159
20	22.019	24.297	26.870	29.778	33.066	36.786	40.995	45.762	51.160	57.275
21	23.239	25.783	28.676	31.969	35.719	39.993	44.865	50.423	56.765	64.002
22	24.472	27.299	30.537	34.248	38.505	43.392	49.006	55.457	62.873	71.403
23	25.716	28.845	32.453	36.618	41.430	46.996	53.436	60.893	69.532	79.543
24	26.973	30.422	34.426	39.083	44.502	50.816	58.177	66.765	76.790	88.497
25	28.243	32.030	36.459	41.646	47.727	54.865	63.249	73.106	84.701	98.347
26	29.526	33.671	38.553	44.312	51.113	59.156	68.676	79.954	93.324	109.18
27	30.821	35.344	40.710	47.084	54.669	63.706	74.484	87.351	102.72	121.10
28	32.129	37.051	42.931	49.968	58.403	68.528	80.698	95.339	112.97	134.21
29	33.450	38.792	45.219	52.966	62.323	73.640	87.347	103.97	124.14	148.63
30	34.785	40.568	47.575	56.085	66.439	79.058	94.461	113.28	136.31	164.49
40	48.886	60.402	75.401	95.026	120.80	154.76	199.64	259.06	337.88	442.59
50	64.463	84.579	112.80	152.67	209.35	290.34	406.53	573.77	815.08	1163.9

기간	이자율									
	12%	14%	16%	18%	20%	22%	24%	26%	28%	30%
1	1.0000	1.0000	1.0000	1.0000	1.0000	1.0000	1.0000	1.0000	1.0000	1.0000
2	2.1200	2.1400	2.1600	2.1800	2.2000	2.2200	2.2400	2.2600	2.2800	2.3000
3	3.3744	3.4396	3.5056	3.5724	3.6400	3.7084	3.7776	3.8476	3.9184	3.9900
4	4.7793	4.9211	5.0665	5.2154	5.3680	5.5242	5.6842	5.8480	6.0156	6.1870
5	6.3528	6.6101	6.8771	7.1542	7.4416	7.7396	8.0484	8.3684	8.6999	9.0431
6	8.1152	8.5355	8.9775	9.4420	9.9299	10.442	10.980	11.544	12.136	12.756
7	10.089	10.730	11.414	12.142	12.916	13.740	14.615	15.546	16.534	17.583
8	12.300	13.233	14.240	15.327	16.499	17.762	19.123	20.588	22.163	23.858
9	14.776	16.085	17.519	19.086	20.799	22.670	24.712	26.940	29.369	32.015
10	17.549	19.337	21.321	23.521	25.959	28.657	31.643	34.945	38.593	42.619
11	20.655	23.045	25.733	28.755	32.150	35.962	40.238	45.031	50.398	56.405
12	24.133	27.271	30.850	34.931	39.581	44.874	50.895	57.739	65.510	74.327
13	28.029	32.089	36.786	42.219	48.497	55.746	64.110	73.751	84.853	97.625
14	32.393	37.581	43.672	50.818	59.196	69.010	80.496	93.926	109.61	127.91
15	37.280	43.842	51.660	60.965	72.035	85.192	100.82	119.35	141.30	167.29
16	42.753	50.980	60.925	72.939	87.442	104.93	126.01	151.38	181.87	218.47
17	48.884	59.118	71.673	87.068	105.93	129.02	157.25	191.73	233.79	285.01
18	55.750	68.394	84.141	103.74	128.12	158.40	195.99	242.59	300.25	371.52
19	63.440	78.969	98.603	123.41	154.74	194.25	244.03	306.66	385.32	483.97
20	72.052	91.025	115.38	146.63	186.69	237.99	303.60	387.39	494.21	630.17
21	81.699	104.77	134.84	174.02	225.03	291.35	377.46	489.11	633.59	820.22
22	92.503	120.44	157.41	206.34	271.03	356.44	469.06	617.28	812.00	1067.3
23	104.60	138.30	183.60	244.49	326.24	435.86	582.63	778.77	1040.4	1388.5
24	118.16	158.66	213.98	289.49	392.48	532.75	723.46	982.25	1332.7	1806.0
25	133.33	181.87	249.21	342.60	471.98	650.96	898.09	1238.6	1706.8	2348.8
26	150.33	208.33	290.09	405.27	567.38	795.17	1114.6	1561.7	2185.7	3054.4
27	169.37	238.50	337.50	479.22	681.85	971.10	1383.1	1968.7	2798.7	3971.8
28	190.70	272.89	392.50	566.48	819.22	1185.7	1716.1	2481.6	3583.3	5164.3
29	214.58	312.09	456.30	669.45	984.07	1447.6	2129.0	3127.8	4587.7	6714.6
30	241.33	356.79	530.31	790.95	1181.9	1767.1	2640.9	3942.0	5873.2	8730.0
40	767.09	1342.0	2360.8	4163.2	7343.9	12937	22729	39793	69377	120393
50	2400.0	4994.5	10436	21813	45497	94525	195373	401374	819103	1659761

〈 5 〉 기초연금의현가계수($PVIFA_{r,\ n-1}$) = $\dfrac{(1+r)^{n-1}-1}{r\ (1+r)^{n-1}}$

기간	이자율									
	1%	2%	3%	4%	5%	6%	7%	8%	9%	10%
1	0.0000	0.0000	0.0000	0.0000	0.0000	0.0000	0.0000	0.0000	0.0000	0.0000
2	0.9901	0.9804	0.9709	0.9615	0.9524	0.9434	0.9346	0.9259	0.9174	0.9091
3	1.9704	1.9416	1.9135	1.8861	1.8594	1.8334	1.8080	1.7833	1.7591	1.7355
4	2.9410	2.8839	2.8286	2.7751	2.7232	2.6730	2.6243	2.5771	2.5313	2.4869
5	3.9020	3.8077	3.7171	3.6299	3.5460	3.4651	3.3872	3.3121	3.2397	3.1699
6	4.8534	4.7135	4.5797	4.4518	4.3295	4.2124	4.1002	3.9927	3.8897	3.7908
7	5.7955	5.6014	5.4172	5.2421	5.0757	4.9173	4.7665	4.6229	4.4859	4.3553
8	6.7282	6.4720	6.2303	6.0021	5.7864	5.5824	5.3893	5.2064	5.0330	4.8684
9	7.6517	7.3255	7.0197	6.7327	6.4632	6.2098	5.9713	5.7466	5.5348	5.3349
10	8.5660	8.1622	7.7861	7.4353	7.1078	6.8017	6.5152	6.2469	5.9952	5.7590
11	9.4713	8.9826	8.5302	8.1109	7.7217	7.3601	7.0236	6.7101	6.4177	6.1446
12	10.368	9.7868	9.2526	8.7605	8.3064	7.8869	7.4987	7.1390	6.8052	6.4951
13	11.255	10.575	9.9540	9.3851	8.8633	8.3838	7.9427	7.5361	7.1607	6.8137
14	12.134	11.348	10.635	9.9856	9.3936	8.8527	8.3577	7.9038	7.4869	7.1034
15	13.004	12.106	11.296	10.563	9.8986	9.2950	8.7455	8.2442	7.7862	7.3667
16	13.865	12.849	11.938	11.118	10.380	9.7122	9.1079	8.5595	8.0607	7.6061
17	14.718	13.578	12.561	11.652	10.838	10.106	9.4466	8.8514	8.3126	7.8237
18	15.562	14.292	13.166	12.166	11.274	10.477	9.7632	9.1216	8.5436	8.0216
19	16.398	14.992	13.754	12.659	11.690	10.828	10.059	9.3719	8.7556	8.2014
20	17.226	15.678	14.324	13.134	12.085	11.158	10.336	9.6036	8.9501	8.3649
21	18.046	16.351	14.877	13.590	12.462	11.470	10.594	9.8181	9.1285	8.5136
22	18.857	17.011	15.415	14.029	12.821	11.764	10.836	10.017	9.2922	8.6487
23	19.660	17.658	15.937	14.451	13.163	12.042	11.061	10.201	9.4424	8.7715
24	20.456	18.292	16.444	14.857	13.489	12.303	11.272	10.371	9.5802	8.8832
25	21.243	18.914	16.936	15.247	13.799	12.550	11.469	10.529	9.7066	8.9847
26	22.023	19.523	17.413	15.622	14.094	12.783	11.654	10.675	9.8226	9.0770
27	22.795	20.121	17.877	15.983	14.375	13.003	11.826	10.810	9.9290	9.1609
28	23.560	20.707	18.327	16.330	14.643	13.211	11.987	10.935	10.027	9.2372
29	24.316	21.281	18.764	16.663	14.898	13.406	12.137	11.051	10.116	9.3066
30	25.066	21.844	19.188	16.984	15.141	13.591	12.278	11.158	10.198	9.3696
40	32.163	26.903	22.808	19.584	17.017	14.949	13.265	11.879	10.726	9.7570
50	38.588	31.052	25.502	21.341	18.169	15.708	13.767	12.212	10.948	9.9063

기간	이자율									
	12%	14%	16%	18%	20%	22%	24%	26%	28%	30%
1	0.0000	0.0000	0.0000	0.0000	0.0000	0.0000	0.0000	0.0000	0.0000	0.0000
2	0.8929	0.8772	0.8621	0.8475	0.8333	0.8197	0.8065	0.7937	0.7813	0.7692
3	1.6901	1.6467	1.6052	1.5656	1.5278	1.4915	1.4568	1.4235	1.3916	1.3609
4	2.4018	2.3216	2.2459	2.1743	2.1065	2.0422	1.9813	1.9234	1.8684	1.8161
5	3.0373	2.9137	2.7982	2.6901	2.5887	2.4936	2.4043	2.3202	2.2410	2.1662
6	3.6048	3.4331	3.2743	3.1272	2.9906	2.8636	2.7454	2.6351	2.5320	2.4356
7	4.1114	3.8887	3.6847	3.4976	3.3255	3.1669	3.0205	2.8850	2.7594	2.6427
8	4.5638	4.2883	4.0386	3.8115	3.6046	3.4155	3.2423	3.0833	2.9370	2.8021
9	4.9676	4.6389	4.3436	4.0776	3.8372	3.6193	3.4212	3.2407	3.0758	2.9247
10	5.3282	4.9464	4.6065	4.3030	4.0310	3.7863	3.5655	3.3657	3.1842	3.0190
11	5.6502	5.2161	4.8332	4.4941	4.1925	3.9232	3.6819	3.4648	3.2689	3.0915
12	5.9377	5.4527	5.0286	4.6560	4.3271	4.0354	3.7757	3.5435	3.3351	3.1473
13	6.1944	5.6603	5.1971	4.7932	4.4392	4.1274	3.8514	3.6059	3.3868	3.1903
14	6.4235	5.8424	5.3423	4.9095	4.5327	4.2028	3.9124	3.6555	3.4272	3.2233
15	6.6282	6.0021	5.4675	5.0081	4.6106	4.2646	3.9616	3.6949	3.4587	3.2487
16	6.8109	6.1422	5.5755	5.0916	4.6755	4.3152	4.0013	3.7261	3.4834	3.2682
17	6.9740	6.2651	5.6685	5.1624	4.7296	4.3567	4.0333	3.7509	3.5026	3.2832
18	7.1196	6.3729	5.7487	5.2223	4.7746	4.3908	4.0591	3.7705	3.5177	3.2948
19	7.2497	6.4674	5.8178	5.2732	4.8122	4.4187	4.0799	3.7861	3.5294	3.3037
20	7.3658	6.5504	5.8775	5.3162	4.8435	4.4415	4.0967	3.7985	3.5386	3.3105
21	7.4694	6.6231	5.9288	5.3527	4.8696	4.4603	4.1103	3.8083	3.5458	3.3158
22	7.5620	6.6870	5.9731	5.3837	4.8913	4.4756	4.1212	3.8161	3.5514	3.3198
23	7.6446	6.7429	6.0113	5.4099	4.9094	4.4882	4.1300	3.8223	3.5558	3.3230
24	7.7184	6.7921	6.0442	5.4321	4.9245	4.4985	4.1371	3.8273	3.5592	3.3254
25	7.7843	6.8351	6.0726	5.4509	4.9371	4.5070	4.1428	3.8312	3.5619	3.3272
26	7.8431	6.8729	6.0971	5.4669	4.9476	4.5139	4.1474	3.8342	3.5640	3.3286
27	7.8957	6.9061	6.1182	5.4804	4.9563	4.5196	4.1511	3.8367	3.5656	3.3297
28	7.9426	6.9352	6.1364	5.4919	4.9636	4.5243	4.1542	3.8387	3.5669	3.3305
29	7.9844	6.9607	6.1520	5.5016	4.9697	4.5281	4.1566	3.8402	3.5679	3.3312
30	8.0218	6.9830	6.1656	5.5098	4.9747	4.5312	4.1585	3.8414	3.5687	3.3317
40	8.2330	7.0997	6.2309	5.5468	4.9959	4.5435	4.1657	3.8457	3.5712	3.3332
50	8.3010	7.1312	6.2457	5.5539	4.9993	4.5452	4.1666	3.8461	3.5714	3.3333

〈 6 〉 기초연금의 미래가치계수($CVIFA_{r,\, n+1}$) = $\frac{(1+r)^{n+1}-1}{r}$

기간	이자율									
	1%	2%	3%	4%	5%	6%	7%	8%	9%	10%
1	2.0100	2.0200	2.0300	2.0400	2.0500	2.0600	2.0700	2.0800	2.0900	2.1000
2	3.0301	3.0604	3.0909	3.1216	3.1525	3.1836	3.2149	3.2464	3.2781	3.3100
3	4.0604	4.1216	4.1836	4.2465	4.3101	4.3746	4.4399	4.5061	4.5731	4.6410
4	5.1010	5.2040	5.3091	5.4163	5.5256	5.6371	5.7507	5.8666	5.9847	6.1051
5	6.1520	6.3081	6.4684	6.6330	6.8019	6.9753	7.1533	7.3359	7.5233	7.7156
6	7.2135	7.4343	7.6625	7.8983	8.1420	8.3938	8.6540	8.9228	9.2004	9.4872
7	8.2857	8.5830	8.8923	9.2142	9.5491	9.8975	10.260	10.637	11.028	11.436
8	9.3685	9.7546	10.159	10.583	11.027	11.491	11.978	12.488	13.021	13.579
9	10.462	10.950	11.464	12.006	12.578	13.181	13.816	14.487	15.193	15.937
10	11.567	12.169	12.808	13.486	14.207	14.972	15.784	16.645	17.560	18.531
11	12.683	13.412	14.192	15.026	15.917	16.870	17.888	18.977	20.141	21.384
12	13.809	14.680	15.618	16.627	17.713	18.882	20.141	21.495	22.953	24.523
13	14.947	15.974	17.086	18.292	19.599	21.015	22.550	24.215	26.019	27.975
14	16.097	17.293	18.599	20.024	21.579	23.276	25.129	27.152	29.361	31.772
15	17.258	18.639	20.157	21.825	23.657	25.673	27.888	30.324	33.003	35.950
16	18.430	20.012	21.762	23.698	25.840	28.213	30.840	33.750	36.974	40.545
17	19.615	21.412	23.414	25.645	28.132	30.906	33.999	37.450	41.301	45.599
18	20.811	22.841	25.117	27.671	30.539	33.760	37.379	41.446	46.018	51.159
19	22.019	24.297	26.870	29.778	33.066	36.786	40.995	45.762	51.160	57.275
20	23.239	25.783	28.676	31.969	35.719	39.993	44.865	50.423	56.765	64.002
21	24.472	27.299	30.537	34.248	38.505	43.392	49.006	55.457	62.873	71.403
22	25.716	28.845	32.453	36.618	41.430	46.996	53.436	60.893	69.532	79.543
23	26.973	30.422	34.426	39.083	44.502	50.816	58.177	66.765	76.790	88.497
24	28.243	32.030	36.459	41.646	47.727	54.865	63.249	73.106	84.701	98.347
25	29.526	33.671	38.553	44.312	51.113	59.156	68.676	79.954	93.324	109.18
26	30.821	35.344	40.710	47.084	54.669	63.706	74.484	87.351	102.72	121.10
27	32.129	37.051	42.931	49.968	58.403	68.528	80.698	95.339	112.97	134.21
28	33.450	38.792	45.219	52.966	62.323	73.640	87.347	103.97	124.14	148.63
29	34.785	40.568	47.575	56.085	66.439	79.058	94.461	113.28	136.31	164.49
30	36.133	42.379	50.003	59.328	70.761	84.802	102.07	123.35	149.58	181.94
40	50.375	62.610	78.663	99.826	127.84	165.05	214.61	280.78	369.29	487.85
50	66.107	87.271	117.18	159.77	220.82	308.76	435.99	620.67	889.44	1281.3

기간	이자율									
	12%	14%	16%	18%	20%	22%	24%	26%	28%	30%
1	2.1200	2.1400	2.1600	2.1800	2.2000	2.2200	2.2400	2.2600	2.2800	2.3000
2	3.3744	3.4396	3.5056	3.5724	3.6400	3.7084	3.7776	3.8476	3.9184	3.9900
3	4.7793	4.9211	5.0665	5.2154	5.3680	5.5242	5.6842	5.8480	6.0156	6.1870
4	6.3528	6.6101	6.8771	7.1542	7.4416	7.7396	8.0484	8.3684	8.6999	9.0431
5	8.1152	8.5355	8.9775	9.4420	9.9299	10.442	10.980	11.544	12.136	12.756
6	10.089	10.730	11.414	12.142	12.916	13.740	14.615	15.546	16.534	17.583
7	12.300	13.233	14.240	15.327	16.499	17.762	19.123	20.588	22.163	23.858
8	14.776	16.085	17.519	19.086	20.799	22.670	24.712	26.940	29.369	32.015
9	17.549	19.337	21.321	23.521	25.959	28.657	31.643	34.945	38.593	42.619
10	20.655	23.045	25.733	28.755	32.150	35.962	40.238	45.031	50.398	56.405
11	24.133	27.271	30.850	34.931	39.581	44.874	50.895	57.739	65.510	74.327
12	28.029	32.089	36.786	42.219	48.497	55.746	64.110	73.751	84.853	97.625
13	32.393	37.581	43.672	50.818	59.196	69.010	80.496	93.926	109.61	127.91
14	37.280	43.842	51.660	60.965	72.035	85.192	100.82	119.35	141.30	167.29
15	42.753	50.980	60.925	72.939	87.442	104.93	126.01	151.38	181.87	218.47
16	48.884	59.118	71.673	87.068	105.93	129.02	157.25	191.73	233.79	285.01
17	55.750	68.394	84.141	103.74	128.12	158.40	195.99	242.59	300.25	371.52
18	63.440	78.969	98.603	123.41	154.74	194.25	244.03	306.66	385.32	483.97
19	72.052	91.025	115.38	146.63	186.69	237.99	303.60	387.39	494.21	630.17
20	81.699	104.77	134.84	174.02	225.03	291.35	377.46	489.11	633.59	820.22
21	92.503	120.44	157.41	206.34	271.03	356.44	469.06	617.28	812.00	1067.3
22	104.60	138.30	183.60	244.49	326.24	435.86	582.63	778.77	1040.4	1388.5
23	118.16	158.66	213.98	289.49	392.48	532.75	723.46	982.25	1332.7	1806.0
24	133.33	181.87	249.21	342.60	471.98	650.96	898.09	1238.6	1706.8	2348.8
25	150.33	208.33	290.09	405.27	567.38	795.17	1114.6	1561.7	2185.7	3054.4
26	169.37	238.50	337.50	479.22	681.85	971.10	1383.1	1968.7	2798.7	3971.8
27	190.70	272.89	392.50	566.48	819.22	1185.7	1716.1	2481.6	3583.3	5164.3
28	214.58	312.09	456.30	669.45	984.07	1447.6	2129.0	3127.8	4587.7	6714.6
29	241.33	356.79	530.31	790.95	1181.9	1767.1	2640.9	3942.0	5873.2	8730.0
30	271.29	407.74	616.16	934.32	1419.3	2156.8	3275.7	4968.0	7518.7	11350
40	860.14	1530.9	2739.5	4913.6	8813.6	15784	28185	50140	88804	156512
50	2689.0	5694.8	12106	25740	54598	115322	242263	505733	1048453	2157690

찾아보기

ㅅ

ㅇ

ㅈ

ㅊ

ㅌ

ㅍ

ㅎ

저 자 약 력

전기수

건국대학교 대학원 졸업 (경영학박사)
숭실대학교 중소기업대학원 졸업 (경영학석사)
현) 건국대학교 대학원 신산업융합학과 겸임교수
하진경영연구원 대표컨설턴트
드림E&C 책임전문위원
AAI엔젤투자클럽 전문위원
신용보증기금 경영자문단 자문위원
전) 대림대학교 겸임교수
중소기업진흥공단 연수원 초빙교수
저서) K-IFRS 현대 회계원리 (도서출판 청람, 공저)
논문) 중소벤처기업 경영컨설팅이 경영성과에 미치는 영향에 관한 실증 연구

알기쉬운 원가계산 -기초와 실무활용-

초 판 1쇄 인쇄 —— 2014년 2월 1일
초 판 1쇄 발행 —— 2014년 2월 5일
지은이 —— 전 기 수
펴낸이 —— 전 두 표
펴낸곳 —— 도서출판 두남
서울시 강동구 성내로6길 34-16 두남빌딩
신 고 : 제25100-1988-9호
TEL : 02) 478-2065, 2066, 2067, 2311
FAX : 02) 478-2068
E-mail : dunam1@unitel.co.kr
http://www.dunam.co.kr

정가 27,000원

ISBN 978-89-6414-485-5 93320